Die Rechtsbeziehung zwischen
angestelltem Chefarzt und Krankenhausträger

Europäische Hochschulschriften
Publications Universitaires Européennes
European University Studies

Reihe II
Rechtswissenschaft

Série II Series II
Droit
Law

Bd./Vol. 3263

PETER LANG
Frankfurt am Main · Berlin · Bern · Bruxelles · New York · Oxford · Wien

Dominik Peris

Die Rechtsbeziehung zwischen angestelltem Chefarzt und Krankenhausträger

PETER LANG
Europäischer Verlag der Wissenschaften

Die Deutsche Bibliothek - CIP-Einheitsaufnahme

Peris, Dominik:

Die Rechtsbeziehung zwischen angestelltem Chefarzt und Krankenhausträger / Dominik Peris. - Frankfurt am Main ; Berlin ; Bern ; Bruxelles ; New York ; Oxford ; Wien : Lang, 2002
(Europäische Hochschulschriften : Reihe 2, Rechtswissenschaft ; Bd. 3263)
Zugl.: Heidelberg, Univ., Diss., 2000
ISBN 3-631-36895-X

D 16
ISSN 0531-7312
ISBN 3-631-36895-X

www.peterlang.de

Für Anna

Vorwort

Die vorliegende Arbeit wurde von der Juristischen Fakultät der Universität Heidelberg im Februar 2000 als Dissertation angenommen. Für die Drucklegung sind Rechtsprechung und Literatur bis Ende 2000 berücksichtigt.

Allen danke ich, die mich bei der Anfertigung des Manuskriptes unterstützt haben. Herzlicher Dank gilt meinem Doktorvater Herrn Prof. Dr. Dr. h.c. Adolf Laufs für seine Begleitung, Anregungen und Hinweise. Herrn Prof. Dr. Karl-Heinz Misera danke ich für die Übernahme des Zweitgutachtens.

Herzlich danke ich für Ihre Unterstützung Herrn Rechtsanwalt Emil Reiling, Frau Silke Christ, Herrn Herbert Heddesheimer und besonders Frau Rechtsanwältin Anna Peris, meiner Ehefrau.

Frankfurt, im Juni 2001

Inhaltsverzeichnis

1 Einleitung

Chefärzte und solche Ärzte, die es werden wollen, profitieren bei der anhaltend gespannten Lage auf dem Arbeitsmarkt von ihrer hohen Qualifikation für den klinischen Bereich, dem inzwischen größten Sektor der medizinischen Professionen.[1] Längst absolvieren dem Chefarzt nachgeordnete Ärzte nicht nur ihre Ausbildung in der Klinik, sondern finden dort dauerhaft Anstellung, rund 30 % der Krankenhausärzte sogar auf Lebenszeit. Allerdings sind selbst für Mediziner die Bedingungen auf dem deutschen Arbeitsmarkt schwieriger geworden, wie die erstmals auf 9.913 gestiegene Zahl der vorübergehend oder dauernd erwerbslosen Ärzte belegt.[2]

Infolge der eingetretenen überwiegenden Sperrung der Niederlassungsbezirke konkurrieren immer mehr Absolventen um die Arbeitsplätze in den 2.325 Krankenhäusern, in der Erwartung, aus dem erhöhten Personalbedarf[3] Vorteile zu ziehen. Doch gibt es derzeit bei rund 85.000 Medizinstudenten im Jahr etwa 9.800 Absolventen, wohingegen voraussichtlich nur 36.000 Arbeitsplätze in den nächsten fünf bis zehn Jahren frei werden.[4] Es rückt also auf dem klinischen Sektor, in dem die Altersgruppe der über 50jährigen einen Anteil von nur 16 % ausmacht, eine mehr als doppelt so große Ärztezahl in dieselbe Altersgruppe nach. Für die nachfolgende Generation wird der Arbeitsmarkt weitgehend verschlossen sein.[5] Wenn auch diesen negativen Zahlen die Erwartung des Marburger Bundes gegenübersteht, einige tausend zusätzliche Stellen im Klinikbereich durch die strikte Anwendung des Arbeitszeitgesetzes zu schaffen[6], fehlt aber solchen Maßnahmen jegliche Finanzierungsgrundlage.

---

1 Laufs, in: Laufs/Uhlenbruck, Handbuch des ArztR, § 3 Rdnr. 10 Fußn. 14.

2 Die Arbeitslosenquote liegt bezogen auf die Gesamtzahl der Berufstätigen im September 2000 bei 2,3 % und beträgt somit weniger als ein Drittel der auf die Gesamtzahl aller Berufstätigen bezogenen Quote, vgl. Clade, DÄBl 2001, S. A 1367 ff.

3 Tätigkeitsbericht der Bundesärztekammer '97, S. 82 (Stichtag 31.12.1996).

4 Clade, DÄBl 1997, S. A 1101.

5 Schwarzenau, DÄBl 1998, S. A 85 f. Allerdings reichten nach einer Umfrage des Marburger Bundes die in den Kliniken geleisteten Überstunden aus, um 33.000 vollangestellte Ärzte zu beschäftigen, vgl. Clade, DÄBl 1998, S. A 997.

6 Flintrop, DÄBl 2000, S. A 671, 674; Clade, DÄBl 1998, S. A 1519, 1522. - Durch die Entscheidung des EuGH v. 03.10.2000 (Rs C-303/98, Sindicato de Médicos/ Conselleria), NZA 2000, 1227, wonach der Bereitschaftsdienst von Klinikärzten insgesamt als Arbeitszeit (im Sinne des Arbeitszeitschutzes) anzusehen ist, ver-

Arbeitsplätze im klinischen Bereich sind daher nach dem Abflauen der durch das Gesundheitsstrukturgesetz induzierten Niederlassungswelle verstärkter Nachfrage ausgesetzt. Schon seit Mitte der siebziger Jahre überwiegt die Zahl der Krankenhausärzte die Zahl der in einer Praxis niedergelassenen Ärzte. Ende 1997 waren nach Angaben der Bundesärztekammer von den insgesamt 350.854 registrierten Ärzten 134.637 in Krankenhäusern tätig (immerhin rund 38 %), gegenüber 114.955 in einer Praxis Niedergelassenen (rund 33 %). Von diesen 134.637 Krankenhausärzten sind rund 13.100 in leitender Position beschäftigt[7], wobei der Anteil beamteter Ärzte, einhergehend mit der Privatisierung zahlreicher Kliniken, rückläufig ist, auch im Hochschulbereich. Eine weitere Gruppe von niedergelassenen Ärzten einschließlich der von ihnen angestellten Ärzte, insgesamt 6.361 an der Zahl, versorgen ihre ambulant behandelten Patienten zusätzlich stationär als Belegärzte im Krankenhaus.[8]

Für die angehenden Chefärzte besteht angesichts des Wettbewerbs das Bedürfnis, den zwischen den vielfältigen zwingenden Vorschriften des Berufs-, Arbeits- und Krankenhausrechts verbliebenen Spielraum für die Aushandlung ihrer Arbeitsbedingungen zu nutzen. Denn trotz gewisser Einschränkungen durch gesetzliche Vorgaben bestehen noch genügend Freiräume für die Vertragsgestaltung - wie etwa bei der möglichen Beteiligung des Chefarztes an der Einstellung und Entlassung von nachgeordneten Ärzten durch den Krankenhausträger.

Im Vordringen begriffen ist heute außerdem die Frage nach der vertraglichen Vereinbarung über die Beteiligung des Chefarztes an der wirtschaftlichen Verantwortung. Läßt sich die stärkere Inpflichtnahme nur mit entsprechend größerem Einfluß des leitenden Arztes auf die Kostenfaktoren rechtfertigen, führt dies zwangsläufig zu der Frage nach einer zukünftigen Veränderung der arbeitsrecht-

---

schärft sich der Handlungsdruck, vgl. Clade, DÄBl 2000, S. C 2233 und Flintrop, DÄBl 2001, S. C 871; allerdings liegt dem ArbZG im Bereich des Bereitschaftsdienstes ein abweichendes Verständnis von Arbeitszeit zugrunde, vgl. Tietje, NZA 2001, 241, 244. Zur Zuordnung des Bereitschaftsdienstes zur regelmäßigen Arbeitszeit und den Folgen für die Vergütung vgl. BAG, Urt. v. 24.10.2000, Az.: 9 AZR 634/99.

7 Tätigkeitsbericht der Bundesärztekammer ´97, S. 78 (Stichtag 31.12.1997). - Hat sich seit 1960 die Zahl der Klinikärzte von 21.544 auf 107.468 erhöht, stieg die Zahl der leitenden Ärzte nur von 5.431 auf rund 11.811, weshalb sich ihr Anteil an der Ärzteschaft von ursprünglich 18 % auf rund 10 % reduziert hat, vgl. DKG, Zahlen, Daten, Fakten ´98, S. 63. Zur Systematik der Statistik vgl. ebenda S. 36 f. sowie den Tätigkeitsbericht der Bundesärztekammer ´98, S. 79.

8 DKG (Hrsg.), Zahlen, Daten, Fakten ´98, S. 63 (Stichtag 31.12.1997). Der Tätigkeitsbericht der Bundesärztekammer ´98, S. 78, nennt 5.958 Belegärzte.

lichen Stellung des Chefarztes.[9] Werde „mehr Selbstverwaltung und damit mehr Möglichkeit zu ökonomischem und eigengestalterischem Denken und Handeln" eingeräumt, sei „auch die Ärzteschaft bereit, an einer grundsätzlichen Neuordnung der Krankenhausfinanzierung und -planung sowie der Krankenhausstrukturen und ihres ärztlichen Dienstes sachverständig mitzuwirken", heißt es im Tätigkeitsbericht der Bundesärztekammer von 1997.[10] Einigkeit besteht also in der Diagnose, daß „die derzeitige Struktur der Krankenhäuser und insbesondere ihrer ärztlichen Dienste ... dem erreichten Stand der Medizin und der damit verbundenen Differenzierung in zahlreiche Spezialitäten vielfach nicht mehr gerecht" wird.[11] Unklar bleibt nur, welche Konsequenzen daraus zu ziehen sind.[12]

Ausgehend von den „*Grundsätzen für die Gestaltung von Verträgen zwischen Krankenhausträgern und leitenden Abteilungsärzten (Chefärzten)*", die 1957 zwischen der Deutschen Krankenhausgesellschaft und dem Verband der Chefärzte festgelegt wurden, entwickelte sich eine Vielzahl von verschiedenen Musterverträgen für das Berufsbild des leitenden Krankenhausarztes.[13] Das Ziel einer Vereinheitlichung, das seinerzeit noch den Antrieb für die Niederlegung von Grundsätzen gab, scheint heute unerreichbar.[14] Doch bieten die veröffentlichten Musterverträge überwiegend taugliche Anhaltspunkte für individuelle Anstel-

---

9 Für die DKG Pföhler, KH 1996, 329 ff., und für den Verband der leitenden Krankenhausärzte Hoffmann, KH 1996, 502 ff.

10 Vgl. S. 83 f.

11 Tätigkeitsbericht der Bundesärztekammer '98, S. 112; ebenso die in Fußn. 9 Genannten. Zur früheren Kritik an der hierarchischen Stellung des Chefarztes exemplarisch Hess, KHA 1970, 25.

12 Zu den künftigen Herausforderungen ärztlicher Leitungs- und Organisationsstrukturen, vgl. Genzel/Siess, MedR 1999, 1 ff.

13 Genannt seien hier: „Beratungs- und Formulierungshilfe Chefarzt-Vertrag der Deutschen Krankenhausgesellschaft", 5. Aufl. 1996; „Mustervertrag für leitende Krankenhausärzte" der Arbeitsgemeinschaft für Arztrecht, abgedruckt in ArztR 1997, 321-346; Hartmut Münzel, Chefarzt- und Belegarztvertrag, Beck'sche Musterverträge Bd. 23, München, 2. Aufl. 2001 (1. Aufl. 1995); Ulrich Weber/Knut Müller, Chefarzt- und Belegarztvertrag, RWS-Vertragsmuster Bd. 10, Köln 1999; Günter Schaub, Arbeitsvertrag mit einem leitenden Arzt (Chefarzt), abgedruckt in: Beck'sches Formularbuch zum Bürgerlichen, Handels- und Wirtschaftsrecht, bis zur 5. Aufl. 1995 (S. 354 ff.). Vertragsmuster gibt es außerdem von Bölke/Robbers, in: diess., Die stationäre Krankenbehandlung, 1990; Jobst-Hubertus Bauer, Chefarztvertrag, abgedruckt in: Wurm/Wagner/Zartmann, Das Rechtsformularbuch, S. 1345 ff. Nicht mehr aktuell ist das Muster von Hans-Jürgen Rieger „Verträge zwischen Ärzten und Krankenhausträgern (Träger caritativer Einrichtungen)", Nr. 42 der Heidelberger Musterverträge, Heidelberg 1974.

14 Vgl. den Tätigkeitsbericht der Bundesärztekammer '97, S. 121, und '98, S. 115, wonach die mit der Deutschen Krankenhausgesellschaft 1987 unternommenen Bemühungen scheiterten.

lungsverträge. Und so sind die den Krankenhausträger oder Arzt beratenden Juristen imstande, den Freiraum kundig zu nutzen und den Bedürfnissen der Vertragspartner Rechnung zu tragen.

Vorweggeschickt sei aber einschränkend, daß es sich bei dem Chefarztvertrag des angestellten Mediziners stets um eine konkrete Vereinbarung mit dem Krankenhausträger handelt, weshalb allgemeingültige Aussagen über den Chefarztvertrag nur begrenzt möglich sind.[15] Aber immerhin führen die in der Praxis verbreiteten Musterverträge, insbesondere derjenige der Deutschen Krankenhausgesellschaft (DKG), zu einer gewissen Vereinheitlichung.[16]

Trotz der Vertragsmuster gehören die Dienstverträge zwischen Krankenhausträgern und anzustellenden Chefärzten zu den besonders schwierigen, insbesondere arbeitsrechtlich problematischen Aufgaben von Juristen.[17] Eingehende Beratung der Parteien ist beim Abschluß eines Chefarztvertrages angebracht.[18] Doch widerlegt die vielfältige Spruchpraxis den negativen Befund von *Narr,* wonach in wenigen Bereichen die Machtposition eines Vertragspartners so einseitig ausgenutzt wird, wie im Verhältnis Krankenhausträger/Chefarzt, wenn es um den Abschluß von Verträgen geht. „Häufig besteht die Vertragsfreiheit nur darin, daß ein Bewerber, wenn er in die engere Wahl kommen will, sich verpflichten muß, die Grundsätze eines ihm vorgelegten Mustervertrages anzuerkennen."[19] Durchaus aber mag es sich für einen Bewerber schwierig gestalten, den angebotenen Vertragsentwurf in seinem Inhalt und seiner Bedeutung richtig einzuschätzen[20] und nicht immer ist dem angehenden Chefarzt die Annahme des vorformulierten Vertragsangebotes zu empfehlen, gleichwohl folgt das Aushandeln von Vertragsbedingungen den Gesetzen des Marktes.[21]

Die vorliegende Monographie will für die Vertragspraxis Verhandlungsspielräume aufzeigen, außerdem einen Beitrag zu einigen zwischen Krankenhausärzten und Krankenhausträgern, auch in der Politik umkämpften, strittigen Fragen leisten. Klärungsbedarf besteht etwa in Bezug auf die arbeitsrechtliche Stellung des angestellten Chefarztes - ist er einfacher Arbeitnehmer oder leitender Ange-

---

15 Vgl. Quaas, KH 1995, 528.

16 Der Vertrag der Arbeitsgemeinschaft für Arztrecht, ebenso wie derjenige von Münzel und Weber/Müller, orientiert sich in Aufbau und Regelungsgehalt ersichtlich an diesem Vorbild, dessen Grundstrukturen sich weitgehend durchgesetzt haben, vgl. Zuck, Rechtsfragen der Ambulanz, Rdnr. 79; H. Schwinge, FS E. Schwinge, S. 175, 176.

17 Zuck, NZA 1988, 763.

18 Deutsch, MedizinR, Rdnr. 90.

19 Ärztliches Berufsrecht, Rdnr. 1118 (Stand: Okt. 1983).

20 Baur, DÄBl 1997, S. A 149.

21 Ratzel, Der Frauenarzt 1994, 54, 60.

stellter?[22] Damit verbunden stellt sich die Frage, ob die Anstellung des Chefarztes auf Lebenszeit durch ein wiederholt befristetes Anstellungsverhältnis ersetzt werden soll.[23]

Kostensenkung bezweckende Reformbestrebungen auf dem Krankenhaussektor setzen mit Grund an bei dem Abbau von Fehlbelegungen durch Kürzung der Budgets und stellen das bisherige Abrechnungssystem in Frage[24], die Grundstrukturen eines neuen patienten- und fallorientierten Fallpauschalensystems für die Abrechnung von Krankenhausleistungen sind gelegt.[25] Darüber hinaus gefordert wird die Einbindung der Chefärzte in das Krankenhausmanagement durch die Übernahme der „Budgetverantwortung" für ihre Fachabteilung. Dies führt wieder zurück zu der Ausgangsfrage, welcher arbeitsrechtlichen Stellung der Chefarzt bedarf, verbunden mit der Überlegung, welche Gestaltungsmacht der Chefarzt benötigt, um die Geschicke der von ihm geleiteten Fachabteilung zu bestimmen.

Soll der Mediziner über die Sorge für die ihm anvertrauten Patienten hinaus Aufgaben der Krankenhausleitung übernehmen, die von wirtschaftlichem Sachverstand getragen werden muß, bedarf er entsprechender Qualifikation.[26] Nur konsequent sind daher die weiterreichenden Forderungen nach Einführung eines hauptberuflichen ärztlich-kaufmännischen Direktors, die einen Bruch mit den überkommenen Krankenhausstrukturen zur Folge hätten.

Gegenstand der Untersuchung sind im weiteren die Haftungsbeziehungen zwischen Krankenhausträger, Krankenhausarzt und Patient im Rahmen der

---

22 Das Feld der beamteten Chefärzte wird gestreift.

23 Vgl. zu Plänen der CSU-Landtagsfraktion, SZ v. 21.04.1998.

24 Vgl. die mit dem Gesundheitsstrukturgesetz (v. 21.12.1992, BGBl I S. 2266) eingeführte Budgetierung von 1993 bis 1995 (§ 17 I a KHG); dann die durch die BPflVO 1996 ermöglichte geringe prozentuale Steigerung in Anlehnung an die Tarifverhandlungen im öffentlichen Dienst; ferner die Kürzung der Krankenhausbudgets von 1997 bis 1999 durch das Beitragsentlastungsgesetz (v. 1.11.1996 BGBl I S. 1631); bis hin zur Festsetzung und Fortentwicklung von Fallpauschalen und Sonderentgelten auf dem Krankenhaussektor durch das 2. GKV-NOG (v. 23.6.1997, BGBl I S. 1520), die 5. ÄndVO zur BPflVO v. 9.12.1997 (BGBl I S. 2874) - hierzu vertiefend Krauskopf, in: Laufs/Uhlenbruck, Handbuch des ArztR, § 23 Rdnr. 27, 34, und 37; Genzel, ArztR 1998, 43 ff. - und nun das Gesundheitsreformgesetz 2000 v. 22.12.1999, BGBl. I S. 2626, das „Diagnosis Related Groups" (DRG) nach australischem Vorbild für die Zeit ab dem 01.01.2003 vorsieht.

25 Clade, DÄBl 2000, S. C 1453 ff.

26 Vgl. Hohmann, DÄBl 1997, S. A 1107. - Die Gewährleistung einer die Integration fördernden Zusammenarbeit zwischen den Ärzten und den übrigen Krankenhausmitarbeitern fordert die Bundesärztekammer, die feststellt, daß die Struktur der Krankenhäuser und ihrer ärztlichen Dienste dem Stand der Medizin nicht mehr gerecht werden, vgl. den Tätigkeitsbericht '97, S. 117 f.

Wahlbehandlung sowohl innerhalb des totalen Krankenhausvertrages mit Arztzusatzvertrag als auch innerhalb des gespaltenen Arzt-Krankenhaus-Vertrages. Zu unterscheiden sind ferner die Einstandspflichten von Krankenhausträger und Chefarzt für die Ambulanz, in Abhängigkeit vom jeweiligen Betreiber, dem Träger oder dem Chefarzt. Schließlich folgt die Betrachtung der seit je umstrittenen Zusammenarbeit von ärztlichem und nichtärztlichem Personal.

Nicht vertieft werden können hingegen Fragen wie etwa die in einer Entschließung des 101. Deutschen Ärztetages geforderte Abkehr vom überkommenen Chefarztsystem verbunden mit einem Übergang zu der im Ausland praktizierten Teamarbeit.[27] Die Kritiker anerkennen zwar, daß sich ein gänzlich hierarchiefreies Krankenhaus nicht realisieren ließe und die Kollegialstruktur nicht im Wege einer Revolution durchzusetzen wäre[28], doch vermögen auch sie die mit der Einführung der Teamstruktur aufgeworfenen offenen Fragen nach der ärztlichen Einstandspflicht nicht zu lösen.[29]

Ebenfalls unberücksichtigt bleiben müssen Rechtsfragen der anstehenden Organisationsreform der Universitätskliniken ebenso wie die nach der Stellung der schwindenden Zahl beamteter Ärzte. Dies gilt auch für das immer wieder als Problempunkt aufgeworfene Liquidationsrecht des Chefarztes bei wahlärztlichen Leistungen[30], das Gegenstand zahlreicher Untersuchungen war[31] und durch die

---

27 DÄBl 1998, S. A 1464 ff. Im Anschluß an die auf dem 75. Ärztetag beschlossenen „Westerländer Leitsätze" (1972), die vom 80. Deutschen Ärztetag verabschiedeten „Reformthesen" (1977) sowie das auf dem 97. Deutschen Ärztetag (1994) verabschiedete gesundheitspolitische Programm.

28 Die Umwälzung müsse evolutionär und im Konsens mit den Krankenhausträgern vonstatten gehen, meinen ihre Verfechter. Bisher waren allerdings die Appelle wirkungslos, vgl. Clade, DÄBl 1998, S. A 1430, 1432.

29 Instruktiv Westermann, NJW 1974, 577 ff.: Diskutiert werden Gesamtschuldnerschaft, Haftung der Beteiligten nach §§ 830 Abs. 1 S. 2, 840 BGB, eine generelle Umkehr der Beweislast zugunsten des Patienten sowie die Gesamtverantwortung des Teamleiters. Wegen der haftungsrechtlichen Bedenken stets ablehnend die DKG, vgl. zuletzt Pföhler, KH 1996, 329, 331. - Zu schlicht ist die Differenzierung zwischen Ärzten, die noch lernen, und Ärzten, die es schon können [Fachärzten] und Klinikfachärzten, die zusätzlich Verwaltungs- und Führungsfunktionen wahrnehmen (dazu Clade, DÄBl 1998, S. A 1430, 1432).

30 Zu den Bestrebungen, das Liquidationsrecht gänzlich auf die Träger zu überführen und leitenden Krankenhausärzten für die Behandlung von Privatpatienten nurmehr pauschale Zuschläge zu gewähren, Göben, Forschung & Lehre, 2000, 196 ff. und Clade, DÄBl 2001, S. C 459 f. (für das Hochschuldienstrecht); zu Recht kritisch gegenüber derartigen Bestrebungen, Hess, DÄBl 1998, S. A 938, 942; ablehnend auch der 103. Deutsche Ärztetag in seiner Entschließung zum Tagesordnungspunkt VI, vgl. DÄBl 2000, S. C 1062, 1064.

31 Vgl. zuletzt kritisch Münzel, in: Madea (Hrsg.), Innere Medizin und Recht, 1996, S. 149 ff.

erneut geforderte Beteiligung der nachgeordneten Ärzte Brisanz erhält.[32] Die Fragen bergen einigen Sprengstoff, zumal in Anbetracht der außergewöhnlich hohen Einkünfte mancher Chefärzte[33] - ohne daß sich dies mit dem Vorwurf des Sozialneids abtun ließe.[34] Um den Rahmen der vorliegenden Untersuchung nicht zu sprengen, bleibt die umfassende Darstellung der Fragen der Kostensenkung Berufenen überlassen.[35]

Schließlich sei eingangs zum titelgebenden Begriff des „Chefarzt" ausgeführt, daß die Bezeichnung juristisch weder definiert noch als Titel oder gar Berufsbezeichnung geschützt wird. Vielmehr handelt es sich um eine Dienstbezeichnung, die für den ärztlichen Leiter von Krankenhäusern oder Krankenhausabteilungen allgemein üblich ist.[36] Im weiteren soll der Begriff „Chefarzt" verstanden werden als Bezeichnung für denjenigen Arzt, der in seiner Fachabteilung oder in seinem Funktionsbereich sein Fachgebiet medizinisch selbständig vertritt.[37] Synonym verwendet wird im Text für die Bezeichnung „Chefarzt" der Begriff des leitenden Arztes.[38]

---

32 Während der von der Deutschen Krankenhausgesellschaft (DKG) herausgegebene Mustervertrag in seinem § 8 Abs. 2 eine Beteiligung an den Einnahmen des Krankenhausträgers vorsieht, fordert die Bundesärztekammer ein dem Arzt eingeräumtes eigenes Liquidationsrecht, vgl. Tätigkeitsbericht der Bundesärztekammer ´97, S. 121, und ´98, S. 116.

33 Neben ihren Gehältern nahmen 149 bayerische Chefärzte von Privatpatienten pro Jahr über 126 Millionen DM ein, an denen sie ganz überwiegend ihre Mitarbeiter beteiligten, vgl. SZ v. 24./25.5.1997.

34 So Leititis, QualiMed 1997, 13; a.A. Siess, Ärztliche Leitungsstrukturen und Führungsaufgaben im modernen Krankenhaus, 1998, S. 225. - Zu den ideologisch motivierten Auseinandersetzungen der siebziger Jahre, Vogt, DÄBl 1996, S. A 2934 f.

35 Tätigkeitsbericht der Bundesärztekammer '97, S. 81: „Die Gesamtausgaben der gesetzlichen Krankenversicherung für Krankenhausbehandlungen stiegen von 6 Milliarden DM in 1970 auf nahezu 65 Milliarden DM in 1995." - Zu den Ansätzen, durch „Outsourcing" Krankenhausabteilungen zu privatisieren und Kosten zu senken vgl. die Hinweise der DKG zur Ausgliederung von Krankenhausabteilungen und Bohle, f & w 1997, 371 f.

36 Laufs, in: Laufs/Uhlenbruck, Handbuch des ArztR, § 12 Rdnr. 8; Schmelcher, KHA 1962, 136.

37 Dies umfaßt auch den Fachgruppenarzt, Teamarzt oder Abteilungsarzt, vgl. zum Begriff auch Genzel, in: Laufs/Uhlenbruck, Handbuch des ArztR, § 89 Rdnr. 17.

38 Genzel, in: Laufs/Uhlenbruck, Handbuch des ArztR, § 89 Rdnr. 23, insbes. Fußn. 17. Andernorts wird der Begriff des Leitenden Arztes auch für den Ärztlichen Direktor verwendet, vgl. etwa U. Steffen, ArztR 1995, 263, 267.

2 Organisation und Struktur des Krankenhausträgers

Unterschieden werden muß eingangs zwischen dem „Krankenhaus“ (oder dem „Institut“) als tatsächlicher Einrichtung des Gesundheitswesens und dem Krankenhausträger als der die Einrichtung führenden Rechtsperson. Dies verdient Beachtung, obgleich selbst Bundes- und Landesgesetzgeber[39] und die Rechtsprechung[40] terminologisch nicht immer sauber trennen, weil die Rechtspflichten die Rechtsperson betreffen. Entscheidend kommt es also auf den „Krankenhausträger" an, weil nur er Zurechnungssubjekt von Rechten und Pflichten ist[41], wie etwa denjenigen aus dem Beschäftigungsverhältnis des Chefarztes.

2.1 Historische Entwicklung

Grund für die vielgestaltige Ausprägung von Krankenhausträgern ist die historische Entwicklung[42] des Krankenhauswesens, in der sich die freiheitliche und die pluralistische Gesellschaftsordnung spiegelt.[43] Während sich die Errichtung und der Betrieb von Krankenhäusern über Jahrhunderte im vorwiegend gesetzesfreien Raum bewegt hat, setzte in diesem Jahrhundert eine Verrechtlichung ein[44]. Einschneidend wirkte insbesondere die Einführung des § 30 Gewerbeordnung (GewO)[45], wonach private Krankenhäuser einer Konzession bedürfen. Mit dem Erlaß des Krankenhausfinanzierungsgesetzes 1972 (KHG)[46] und der Bundespfle-

---

39 Gitter, Zum Privatliquidationsrecht der leitenden Krankenhausärzte, S. 23.

40 Vgl. etwa BGHZ 138, 91 = NJW 1998, 1778.

41 Reichel, Angestellte Chefärzte im Wandel der Krankenhausstrukturen, 1976, S. 29 f.

42 Wiemeyer, Krankenhausfinanzierung und Krankenhausplanung in der Bundesrepublik Deutschland, 1984, S. 11.

43 Genzel, in: Laufs/Uhlenbruck, Handbuch des Arztrechts, § 85 Rdnr. 1: Aus dem Sozialstaatsprinzip folge eine Existenz- und Funktionsgarantie.

44 Für immer noch dürftig hält sie Gitter, a.a.O., S. 21.

45 Vom 21.6.1869.

46 Gesetz zur wirtschaftlichen Sicherung der Krankenhäuser und zur Regelung der Krankenhauspflegesätze v. 29.6.1972, BGBl I S. 1009, in der Neufassung v. 10.4.1997, BGBl I S. 885, zuletzt geändert durch das GKV-Gesundheitsreformgesetz 2000 v. 22.12.1999, BGBl I S. 2626.

gesatzverordnung 1973 (BPflVO)[47] folgte ein weiterer Schritt zur Verrechtlichung des Krankenhaussektors.[48] Den Gesetzeszweck des KHG definiert § 1 als „die wirtschaftliche Sicherung der Krankenhäuser, um eine bedarfsgerechte Versorgung der Bevölkerung mit leistungsfähigen, eigenverantwortlich wirtschaftenden Krankenhäusern zu gewährleisten und zu sozial tragbaren Pflegesätzen beizutragen."

Seit dem Erlaß des KHG versteht der Bundesgesetzgeber unter Krankenhaus gemäß § 2 Nr. 1 „Einrichtungen, in denen durch ärztliche und pflegerische Hilfeleistung Krankheiten, Leiden oder Körperschäden festgestellt, geheilt oder gelindert werden sollen oder Geburtshilfe geleistet wird und in denen die zu versorgenden Personen untergebracht und verpflegt werden können." Maßgeblich - etwa für die Geltung des ArbZG - ist jedoch die konkretisierende Definition[49] des § 107 Abs. 1 SGB V.[50]

Längst haben sich die Krankenhäuser zu denjenigen Einrichtungen des Gesundheitswesens entwickelt, an denen die modernsten medizinischen Erkenntnisse und fortgeschrittensten medizinisch-technischen Geräte zur Anwendung kommen.[51] Diese ausgreifende Spezialisierung der Medizin in verschiedene Disziplinen begünstigte den Trend zu Großkrankenhäusern[52], innerhalb derer die medizinische Dienstleistung zentralisiert und die reine Krankenpflege dezentralisiert wurde.[53] Beispielhaft dafür steht das Aachener Großklinikum. Und durch gesetz-

---

47 Verordnung zur Regelung der Krankenhauspflegesätze vom 25.4.1973, BGBl I S. 333, in der Neufassung v. 26.9.1994, BGBl I S. 2750, zuletzt geändert durch die 5. Änderungsverordnung v. 9.12.1997, BGBl I S. 2874.

48 Möglich wurde dies erst durch die Grundgesetzänderung des 22. Gesetzes zur Änderung des Grundgesetzes vom 12.5.1969, die in Art. 74 Nr. 19 a GG als weiteren Bereich aus dem Gesundheitswesen das Krankenhauswesen in die Bundeszuständigkeit für die konkurrierende Gesetzgebung einfügte, dazu Gitter, a.a.O., S. 21 f.

49 Ergänzt um organisatorische und funktionelle Kriterien, vgl. Genzel, in: Laufs/Uhlenbruck, Handbuch des ArztR, § 83 Rdnr. 12.

50 Danach sind Krankenhäuser „Einrichtungen, die 1. der Krankenhausbehandlung oder der Geburtshilfe dienen, 2. fachlich-medizinisch unter ständiger ärztlicher Leitung stehen, über ausreichende, ihrem Versorgungsauftrag entsprechende diagnostische und therapeutische Möglichkeiten verfügen und nach wissenschaftlich anerkannten Methoden arbeiten, 3. mit Hilfe von jederzeit verfügbarem ärztlichem, Pflege-, Funktions und medizinisch-technischem Personal darauf eingerichtet sind, vorwiegend durch ärztliche und pflegerische Hilfeleistung Krankheiten der Patienten zu erkennen, zu heilen, ihre Verschlimmerung zu verhüten, Krankheitsbeschwerden zu lindern oder Geburtshilfe zu leisten, und in denen 4. die Patienten untergebracht und verpflegt werden können."

51 Wiemeyer, a.a.O., S. 15.

52 Zu den synonym gebrauchten Begriffen Krankenhaus und Klinik vgl. Genzel, in: Laufs/Uhlenbruck, Handbuch des ArztR, § 83 Rdnr. 26.

53 Ackerknecht/Murken, Geschichte der Medizin, S. 173.

liche Maßnahmen, wie das KHG, gelangte das Krankenhauswesen unter die Kontrolle der öffentlichen Hand. Den kleineren freigemeinnützigen und privaten Krankenanstalten bleibt die Existenz durch den gesetzlich geforderten hohen personellen und medizintechnischen Aufwand immer seltener möglich.[54] Mit dem KHG verbunden wurde das duale Krankenhausfinanzierungssystem, wonach die Pflegesätze zur Deckung der Betriebskosten dienen[55], und die öffentliche Hand die Investitionskosten trägt. Die Finanzierung steht heute im Mittelpunkt der Kritik um die Kostenexplosion im Gesundheitswesen. Zwar finden durch den im Rahmen des 2. GKV-NOG[56] eingefügten § 17 Abs. 4b KHG nun Instandhaltungskosten im Pflegesatz Berücksichtigung, jedoch hatten die gesetzlich Krankenversicherten bis einschließlich 1997[57] ein „Krankenhaus-Notopfer" zu entrichten[58], um die Instandhaltungskosten zu gewährleisten. Die Finanzierung der Investitionskosten bei Einführung der „Diagnosis Related Groups" (DRG) bleibt umstritten.[59]

2.2 Kriterien der Unterscheidung

Werden Kliniken auch nach ihrer Ziel- und Zwecksetzung, nach ihrer Aufgabenstellung oder betrieblichen Funktion unterschieden[60], sollen vorrangig die Rechtsform der Trägerschaft und die Betriebsform der Klinik in den Blick genommen werden.[61] Diese besitzt Einfluß auf die Rechtsbeziehung zu den Chef-

54 Ackerknecht/Murken, a.a.O., S. 174.

55 Zu den Einzelheiten vgl. Genzel, in: Laufs/Uhlenbruck, Handbuch des ArztR, § 86 Rdnr. 1 ff.

56 Vom 23.6.1997, BGBl I S. 1520. Eine entsprechende Regelung innerhalb der BPflVO hatte das BVerwG verworfen, vgl. BVerwGE 91, 363 = NJW 1993, 2391.

57 Vgl. Hoffmann, AuK 1998, 290, 294.

58 Vgl. Art. 17 § 2 S. 1 des 2. GKV-NOG. Die Verfassungsmäßigkeit des „Krankenhaus-Notopfers" als Sozialversicherungsbeitrag bejahend BSG, NJW 2000, 3446.

59 Clade, DÄBl 2000, S. C 1893, 1894. Zur Einführung weiterführend Klitzsch, DÄBl 2000, S. C 2078 ff.

60 Instruktiv Genzel, in: Laufs/Uhlenbruck, Handbuch des Arztrechts, § 83 Rdnr. 26-37; MünchArbR-Richardi, § 196 Rdnr. 23.

61 Anknüpfung für die Rechtsbeziehung bietet häufig allein die Unterscheidung zwischen öffentlichen Krankenhäusern, also von Körperschaften des öffentlichen Rechts betriebenen, und von privaten Krankenhäusern, also von natürlichen oder juristischen Personen betriebenen Einrichtungen - obgleich dies über die Rechtsform des Betriebes nichts besagt, vgl. Reichel, a.a.O., S. 27 ff. Vgl. allgemein Knorr/Wernick, Rechtsformen der Krankenhäuser, 1994.

ärzten.[62] Durch den Träger heben sich die Kliniken voneinander ab. So wird unterschieden zwischen privatrechtlichen[63], freigemeinnützigen[64] und öffentlich-rechtlichen Trägern[65], von denen die erstgenannten Träger Ärzte im Angestelltenverhältnis beschäftigen und die letztgenannten ihre Mitarbeiter noch zu einem Teil im Beamtenverhältnis führen.[66] Allerdings tendieren die öffentlich-rechtlichen Träger zur Ablösung der Beamtenverhältnisse durch Angestelltenverhältnisse - im Gefolge der Umwandlung der öffentlich-rechtlichen Betriebsform in die privatrechtliche.

Bei nicht öffentlich-rechtlichen Krankenhausträgern können sich die privatrechtlichen Verträge ebenfalls deutlich unterscheiden, je nachdem ob es sich um einen Tendenzbetrieb handelt oder nicht. Davon abhängig gestaltet sich dann die Anwendbarkeit der arbeitsrechtlichen Schutzvorschriften - so ist etwa das Betriebsverfassungsgesetz in Tendenzbetrieben generell nicht anwendbar.[67] Für die Rechtsstellung des Chefarztes ist daher die Trägerschaft von wesentlicher Bedeutung, ebenso für seine Haftung, denn beamtete Ärzte vermögen sich auf das Verweisungsprivileg des § 839 BGB zu berufen.[68]

---

62 Dazu ausführlich Schmid, Die Passivlegitimation im Arzthaftpflichtprozeß. Unter Berücksichtigung der Organisation der Krankenversorgung, S. 17-21.

63 Betrieben von natürlichen oder juristischen Personen des Privatrechts, die eine Konzession nach § 30 GewO erlangt haben.

64 Religiöse, humanitäre oder soziale Vereinigungen mit gemeinnütziger Zielsetzung.

65 Wie Körperschaften, Anstalten oder Stiftungen des öffentlichen Rechts.

66 Im Jahre 1996 gab es in Gesamtdeutschland insgesamt 2.269 allgemeine Krankenhäuser, wovon ausgewiesenermaßen 831 öffentliche, 835 freigemeinnützige und 374 private Krankenhausträger sind. Es bestehen weitere 229 Krankenhäuser mit ausschließlich psychiatrischen oder psychiatrischen und neurologischen Betten, vgl. Statistisches Bundesamt (Hrsg.), Fachserie 12 Gesundheitswesen, Reihe 6.1, Grunddaten der Krankenhäuser und Vorsorge- oder Rehabilitationseinrichtungen, 1996.

67 Maßgeblich sind die kirchlichen Richtlinien, vgl. Richardi, FS Kissel, S. 967 ff.; ders., NZA 1998, 113 ff.; Dütz, NJW 1994, 1369 ff.; Mayer-Maly, Krankenhausstruktur, Betriebsverfassung und Kirchenautonomie, 1975.

68 Eine weitere Unterscheidung ergibt sich durch die Art und Weise der medizinischen Patientenbetreuung. In Anstaltskrankenhäusern erfolgt sie überwiegend durch festangestellte Ärzte, in Belegkrankenhäusern durch niedergelassene Ärzte, die auf der Grundlage eines Belegarztvertrages berechtigt sind, eigene Patienten stationär zu behandeln - allerdings sind reine Belegarztkliniken selten.

2.3 Die Krankenhausträger

2.3.1 Öffentlich-rechtliche Krankenhausträger

Öffentlich-rechtliche Krankenhausträger sind die von Gebietskörperschaften wie dem Bund, den Ländern, den Gemeindeverbänden, den Gemeinden oder den Sozialversicherungsträgern betriebenen Kliniken. Die staatlichen Krankenhausträger stellen die größte Zahl der Träger, sie werden nach dem KHG gefördert.

Eine Ausnahme gilt allerdings für die Hochschulkliniken, die zu den besonderen universitären Einrichtungen zählen. Ihre Aufgaben werden durch das Hochschulrahmengesetz des Bundes und die Hochschulgesetze der Länder präzisiert. Aber auch sie sind gemäß § 109 Abs. 4 S. 2 SGB V verpflichtet, die Behandlung von gesetzlich Krankenversicherten zu übernehmen. Ihre Finanzierung erfolgt durch die Förderung ausschließlich nach dem Hochschulbauförderungsgesetz[69], soweit es sich um Investitionen handelt. Im übrigen findet gemäß § 2 Nr. 4 KHG der normale Pflegesatz auch in den Hochschulkliniken Anwendung.[70] Inzwischen werden Hochschulkliniken zu rechtlich selbständigen Betrieben reformiert, etwa als Anstalten des öffentlichen Rechts oder als GmbH.[71]

2.3.2 Kommunale Krankenhausträger

Die kommunalen Krankenhäuser gehören traditionell zu der nach Art. 28 Abs. 2 GG geschützten Selbstverwaltung der Gemeinde, auch wenn sich der Handlungsspielraum durch die Einbindung in ein öffentliches Planungssystem von Bundes- und Landesgesetzgebung verengt hat.[72] Vielgestaltig ist die nähere Ausgestaltung der Trägerschaft[73], als Anstalt des öffentlichen Rechts, als Körperschaft des öf-

---

69 Vgl. § 5 Abs. 1 Nr. 1 KHG.

70 Handelt es sich um eine Universitätsklinik ist Träger nicht das Land, sondern die Universität, vgl. BGH NJW 1986, 1542; BGHZ 96, 360; BGH NJW 1988, 2298; BGH MedR 1999, 321; ebenso Kurzawa, VersR 1977, 799 ff. Die Berufung auf die fehlende Passivlegitimation kann nach langjähriger Prozeßdauer ausnahmsweise gegen Treu und Glauben verstoßen, vgl. BGH VersR 1971, 227; OLG Schleswig VersR 1996, 634.

71 Weiterführend zu den Reformen Karthaus/Schmehl, MedR 2000, 299 ff.; Lippert, RPG 1999, 99 ff.; Büssing/Theis, RPG 1996, 49 ff.; Heintzen, DÖV 1997, 530 ff.; Leuze, MedR 1996, 493 ff.; Sandberger, Forschung & Lehre 1997, 568 ff. - Die Überlegungen sind allerdings mit Blick auf die anstehende Studienreform nicht unbedenklich, vgl. Haage, MedR 1998, 209 ff.

72 Genzel, in: Laufs/Uhlenbruck, Handbuch des ArztR, § 1 Rdnr. 6 a.E.

73 Dazu Genzel, BayVBl 1984, 609 ff.

fentlichen Rechts oder inzwischen verstärkt in Form der GmbH[74], nachdem „eigenverantwortlich wirtschaftende Krankenhäuser“ zum Ziel des KHG (§ 1 Abs. 1) wurden.[75] Die Landeskrankenhausgesetze enthalten insoweit unterschiedlich vorgaben.[76]

2.3.3 Freigemeinnützige Krankenhausträger

Unter den freigemeinnützigen Trägern wird eine Vielzahl von verschiedenen Trägern zusammengefaßt, wie Stiftungen, Kirchen aber auch weltliche Vereinigungen. Beispielhaft seien aufgeführt der deutsche Caritas-Verband, das diakonische Werk, das deutsche Rote Kreuz, die Arbeiterwohlfahrt und der paritätische Wohlfahrtsverband.

Allen freigemeinnützigen Krankenhausträgern gemeinsam ist ihre bedarfs- oder gemeinwirtschaftliche Struktur, die in erster Linie auf die unmittelbare Dekkung des Bedarfs an Gesundheitsleistungen ausgerichtet ist, und zwar zum Wohle einer übergeordneten Gesamtheit. Im Gegensatz dazu steht die erwerbswirtschaftliche Struktur privater Kliniken, die in erster Linie auf die Erwirtschaftung von Gewinn ausgerichtet sind.[77]

2.3.4 Religiös verfaßte Krankenhausträger

Die religiös verfaßten Krankenhausträger, beispielsweise die der Inneren Mission, haben eine eigene Rechtsstellung. Ihre durch Art. 4 Abs. 1, Abs. 2 GG und Art. 140 GG bestimmte besondere Grundrechtssituation[78] hat maßgeblichen Einfluß auf die Gestaltung der Anstellungsverträge der Ärzte. So ergänzen sich nach der Rechtsprechung des BVerfG die Vorschriften der Art. 4 und Art 140 GG gegenseitig und bilden ein einheitliches Grundrecht der Freiheit der Religionsausübung, das auch für das Vertragsrecht Autonomie gewährt (Art. 137 Abs. 3 S. 1 Weimarer Reichsverfassung [WRV][Selbstbestimmungsrecht] und Art. 138

---

74 Hoffmann, AuK 1993, 77. Gefahren für den Sicherstellungsauftrag sieht Clade, DÄBl 1998, S. A 1949. Den Prozeß der Privatisierung für unumkehrbar hält Gössler, RPG 1999, 95, 96.

75 Zum Gesundheitsstrukturgesetz vgl. Genzel, MedR 1994, 83.

76 Vertiefend Lübbers, RPG 1999, 105, 108 f. und umfassend Buse, Geeignete Rechtsformen für kommunale Krankenhäuser, 2000.

77 Genzel, in: Laufs/Uhlenbruck, Handbuch des ArztR, § 85 Fußn. 17.

78 BVerfGE 46, 73, 83; BVerfGE 57, 220, 241.

Abs. 2 WRV [Kirchengutsgarantie]).[79] Arbeitsrechtlich modifiziert sind die innere Organisation, die Personalauswahl und die Personalführung. Erforderlich ist eine gewisse weltanschauliche Übereinstimmung von Beschäftigtem und Krankenhausträger.

2.3.5 *Privatrechtliche Krankenhausträger*

Bei privaten Krankenhausträgern wird unterschieden zwischen solchen Krankenhäusern, die von einer natürlichen Person - etwa einem Chefarzt - betrieben werden und solchen, die von einer juristischen Person des Privatrechts[80] unterhalten werden. Zum Betrieb einer „Privatkrankenanstalt" ist nach der sicherheitsrechtlichen Vorschrift des § 30 Abs. 1 GewO eine Konzession vonnöten[81]. Allerdings bedarf es zu einer Erteilung keines langwierigen Prüfungsverfahrens, denn die Prüfungsvoraussetzungen sind gering.[82]

Privatrechtlich betriebene Krankenhäuser dienen der Durchführung einer stationären Krankenbehandlung, schließen Unterbringungs- und Verpflegungsleistungen ein und werden mit Gewinnerzielungsabsicht geführt.[83] Für eine Einbindung in den Planungshaushalt erfordert das KHG die Gemeinnützigkeit der Einrichtung i.S.v. § 67 Abgabenordnung (AO)[84], die abhängig von der sozialen Nützlichkeit ist.[85]

---

79 Genzel, in: Laufs/Uhlenbruck, Handbuch des ArztR, § 85 Rdnr. 22 ff.

80 Für den Fall der gesamtschuldnerischen Haftung von Arzt und privatem Krankenhausträger gegenüber dem Patienten wird das ernstliche Risiko der Insolvenz des Krankenhausträgers mit der Folge der faktischen Haftungsverlagerung allein auf den Chefarzt gesehen, vgl. Nolte, ZfSH/SGB 1993, 12, 14, im Anschluß an Kurzawa, VersR 1977, 799, 801.

81 Zum Begriff der Privatklinik BVerwG NJW 1985, 1414.

82 Da der Vollzug in der Praxis nicht unerhebliche Schwierigkeiten aufweist, tritt für eine Novellierung ein Neft, BayVBl 1996, 40.

83 BVerwG GewArchiv 1982, 200. Auch wenn die Gesellschaftsanteile von einem öffentlich-rechtlichen Träger gehalten werden, gilt die Krankenanstalt als privat, indes tritt die Gewinnerzielungsabsicht zurück, sofern die Einrichtung zur Erfüllung der den staatlichen, kommunalen oder sonstigen öffentlich-rechtlichen Körperschaften obliegenden öffentlichen Aufgaben betrieben wird. Dann prägt die öffentliche Zweckbestimmung den Charakter, weshalb eine Konzessionspflicht nicht besteht, vgl. Neft, BayVBl 1996, 40, 42.

84 Tipke, in: Tipke/Kruse, Abgabenordnung, Vor § 51 Rdnr. 1 ff.

85 Dies berührt die umstrittene Problematik der Krankenhausfinanzierung.

3 Organisation des ärztlichen Dienstes

Bedarf es der Kompetenzzuweisung innerhalb des Krankenhausträgers[86], gilt dies ebenfalls für den klinischen Betrieb. Dynamische Prozeßabläufe und Arbeitsteilung kennzeichnen die schwerlich zu vereinheitlichende Organisation der Krankenhäuser.[87] Vorgaben regelt das KHG. Aufgrund seiner in § 1 KHG niedergelegten Aufgabenstellung der bedarfsgerechten (medizinischen) Versorgung sichert sich der Krankenhausträger ärztliche Tätigkeit im Krankenhaus. Zu diesem Zweck bindet er approbierte Ärzte - viele mit der Anerkennung als Fachärzte - durch Anstellungs- oder Beamtenverhältnisse in seine Organisationsgewalt ein.[88] Zum ärztlichen Dienst treten zwei weitere Funktionsbereiche hinzu, der Pflege- und Verwaltungsdienst.

Der Bereich, in dem der Krankenhausträger die Verantwortung für die Organisation des Betriebes trägt, wächst beständig. Es sind nicht nur die allgemeinen Verkehrssicherungspflichten zu beachten, sondern es ist auch eine hinreichende Zahl qualifizierten ärztlichen wie nichtärztlichen Personals vorzuhalten, und es bedarf der dem Standard der Klinik angemessenen technischen Instrumente. Außerdem ist die ordnungsgemäße Hygiene zu gewährleisten. Klare Anweisungen über die Zuständigkeit und Vertretung, die Behandlungsführung, die Überwachung von Personal und Patienten, die Dokumentation und Patientenaufklärung sind ebenfalls Aufgabe des Trägers. Die Koordination und Kontrolle der klinischen Abläufe vermag der letztverantwortliche Krankenhausträger jedoch ohne die Chefärzte nicht zu leisten. Es ist aber wiederum die Pflicht des Trägers, die Dienstaufgaben der Chefärzte eindeutig festzulegen und sie bei der Ausführung

---

86 Als oberstes Organ des Krankenhausträgers kommen etwa in Betracht Stadtrat, Kreistag, Gemeindekirchenrat, Kirchenvorstand, Ordensleitung, Gesellschafterversammlung, Oberstes Stiftungsorgan oder obere Verwaltungsorgane wie Landrat, Oberbürgermeister, Verwaltungsrat, Stiftungsvorstand. Vgl. Genzel, in: Laufs/Uhlenbruck, Handbuch des ArztR, § 89 Rdnr. 19 u. 20. - Die betriebswirtschaftlich orientierte Matrixordnung hat sich nicht durchgesetzt, vgl. Eichhorn, in: Müller, Führungsaufgaben, S. 77 m.w.N.

87 Genzel, in: Laufs/Uhlenbruck, Handbuch des ArztR, § 89 Rdnr. 1 und 2. - Haftungsrechtlich bedeutsam wird etwa die Unterscheidung der Leistungsstellen „Station“ und „Ambulanz“.

88 Ausnahmen von der Anwendung des KHG sind geregelt in § 3; dort erwähnt werden vom Bund getragene Krankenhäuser, Krankenhäuser im Straf- und Maßregelvollzug, Polizeikrankenhäuser, Krankenhäuser der Renten- und Unfallversicherer.

der übertragenen Organisationsaufgaben zu überwachen.[89] Den hohen Anforderungen entsprechend ergibt sich im Schadensfalle daher häufig die Einstandspflicht des Krankenhausträgers wegen Organisationspflichtverletzung[90] (§ 823 Abs. 1 BGB) neben der eingreifenden Haftung eines oder mehrerer Chefärzte, die für Diagnose und Therapie die letzte Verantwortung zu tragen haben.

Die Leitungsstrukturen von Krankenhäusern werden in einigen Bundesländern gesetzlich geregelt.[91] Allen Kliniken gemeinsam ist jedoch die vertikale und horizontale Gliederung.

3.1 Die horizontale Gliederung

Der Begriff der „horizontalen Gliederung" bezeichnet die Arbeitsteilung zwischen mehreren verschiedenen medizinischen Disziplinen[92], ohne die eine klinische Behandlung nicht mehr denkbar ist. Sie gewährleistet eine Steigerung der Effizienz und der Qualität der Krankenversorgung, womit allerdings auch Risiken einhergehen.[93]

Im wesentlichen kennzeichnen drei Grundsätze die horizontale Zusammenarbeit der verschiedenen Fachrichtungen: die prinzipielle Gleichberechtigung[94], die Selbstverantwortung und schließlich der Vertrauensgrundsatz.[95] Der Vertrauensgrundsatz beschränkt die Haftung auf diejenigen Personen, die in rechtlicher Verantwortung für die schadensstiftende Maßnahme stehen. Er besagt, daß die „bei der Behandlung eines Patienten kooperienden Angehörigen der unterschied-

---

89 Laufs, in: Laufs/Uhlenbruck, Handbuch des ArztR, § 102 Rdnr. 1-21.

90 Bergmann, VersR 1996, 810.

91 Dazu vertiefend Genzel, in: Handbuch des ArztR, § 89 Rdnr. 11; Genzel/Siess, MedR 1999, 1, 6 Fußn. 30.

92 Lippert, NJW 1984, 2606, 2610; Deutsch, NJW 2000, 1745, 1746.

93 Diese gründen sich etwa auf Zuständigkeits- und Informationslücken der Ärzte. Es kann allerdings nicht Aufgabe der Rechtsprechung sein, durch die Aufstellung unnötiger Kontroll- und Mitarbeitspflichten für Nachbardisziplinen die Vorzüge dieser Arbeitsteilung wieder zu konterkarieren, vgl. Rumler-Detzel, VersR 1994, 254 f.

94 Dies bedeutet insbesondere Weisungsfreiheit.

95 Dieser ändert nichts an der Garantenstellung der beteiligten Ärzte, modifiziert aber deren Garantenpflichten, verdeutlicht Peter, Arbeitsteilung im Krankenhaus aus strafrechtlicher Sicht, S. 121, gegen Kamps, Ärztliche Arbeitsteilung und strafrechtliches Fahrlässigkeitsdelikt, S. 102; Wilhelm, Verantwortung und Vertrauen bei der Arbeitsteilung in der Medizin, S. 128. - Die von den Berufsverbänden vereinbarten Leitsätze präzisieren die Kompetenzverteilung zwischen den Fächern, wegweisend für alle anderen Disziplinen Opderbecke/Weißauer (Hrsg.), Entschließungen - Empfehlungen - Vereinbarungen. Ein Beitrag zur Qualitätssicherung in der Anästhesiologie, 2. Aufl. 1991.

lichen Fachgebiete sich bis zum Beweis des Gegenteils darauf verlassen können, daß die jeweiligen Kollegen ihr jeweiliges Fachgebiet beherrschen und über die hierfür notwendige Sachkunde verfügen und die entsprechenden organisatorischen Maßnahmen getroffen haben. Die Fachkollegen sind daher nicht verpflichtet, die Befunde der jeweils anderen zu überprüfen, und können sie ihrer weiteren Behandlung zugrunde legen."[96]

Ausnahmen sind denkbar, denn „wie es sich im einzelnen verhält, entscheidet der gute ärztliche Standard ... Erforderlich ist die Gegenkontrolle jedenfalls immer dann, wenn der Eingriff schwer oder gefährlich und die Kontrolle von Zeit und Schwierigkeitsgrad her" zumutbar ist[97]. Eine gegenseitige Überwachungspflicht besteht also nicht[98], denn sonst wäre etwa im Operationssaal die ärztliche Zusammenarbeit empfindlich gestört. Auch würden zusätzliche Risiken für den Patienten entstehen, wenn die Ärzte ihre Kräfte, anstatt sie vollständig auf die Erledigung ihrer Aufgabe zu konzentrieren, zugunsten einer wechselseitigen Überwachung verausgabten. Der Vertrauensgrundsatz gilt aber nur, soweit es um Gefahren geht, die ausschließlich in dem Aufgabenbereich eines der beteiligten Ärzte entstehen.[99] Ergibt sich das besondere Behandlungsrisiko erst aus der Kombination beiderseitiger Maßnahmen, haben sich die Ärzte über die Wahl der anzuwendenden Methode abzustimmen.[100]

Für die rechtliche Bewertung der Kooperation ist die tatsächliche Organisation im Krankenhaus maßgeblich, deren Zweckmäßigkeit, wie beschrieben, in den Händen des Krankenhausträgers liegt.[101] Vereinzelt bieten auch interdisziplinäre Absprachen eine Grundlage für die Verteilung von Aufgaben.[102] Eine Gesamt-

---

96 Lippert, NJW 1984, 2606, 2610; Deutsch, NJW 2000, 1745; Rumler-Detzel, VersR 1994, 254; BGH NJW 1980, 649; BGH NJW 1991, 1539.

97 Rumler-Detzel, VersR 1994, 254 f.

98 BGH NJW 1980, 649 f.

99 Der zum Dienst eingeteilte und angetretene Arzt hat (bei einem totalen Krankenhausaufnahmevertrag) eine Garantenstellung gegenüber dem Patienten, vgl. BGH NJW 2000, 2741.

100 BGH MedR 1999, 321.

101 Ein Verstoß gegen diese Pflicht führt zur Haftung des Trägers, vgl. Bergmann, VersR 1996, 810; Deutsch, MedizinR, Rdnr. 238 ff., der zwischen primärer Pflicht zur zweckmäßigen Organisation und sekundärer Pflicht zur Kontrolle (als Teil des Qualitätsmanagements) unterscheidet.

102 Steffen/Dressler, ArzthaftungsR, Rdnr. 234. Beispielhaft sei genannt: Die Vereinbarung der Berufsverbände von Chirurgen und Anästhesisten über die Zusammenarbeit bei der operativen Patientenversorgung v. 28.8.1982 (abgedruckt in MedR 1983, 21; vgl. auch Opderbecke/Weißauer, Entschließungen - Empfehlungen - Vereinbarungen, 2. Aufl. 1991), die Eingang in die Judikatur gefunden hat (vgl. BGH NJW 1991, 1539) sowie die Transfusionsrichtlinien (vgl. BAG NJW 1998, 1810 = MedR 1998, 334). - Läßt sich die Kooperation, beispielsweise aufgrund mangelnder

verantwortung eines bestimmten Fachgebietes, etwa der bettenführenden Abteilung, für die ärztliche Maßnahmen besteht intraoperativ nicht[103], wohl aber in der prä- und postoperativen Phase. Negative Kompetenzkonflikte und damit Haftungslücken dürfen nicht entstehen, weshalb in jeder Behandlungsphase der Behandlungsführende Arzt für die Koordination, den Informationsaustausch und die Entscheidung positiver Zuständigkeitskonflikte zu sorgen hat.[104]

3.2 Die vertikale Gliederung

Unter vertikaler Gliederung wird das hierarchische Verhältnis zwischen ärztlichem Vorgesetztem und nachgeordnetem ärztlichen wie nichtärztlichem Personal verstanden.[105] In einigen Bundesländern findet sich die Struktur sogar in den Landeskrankenhausgesetzen normiert.[106] Die Empfehlung der DKG[107], in Abkehr von dieser Leitungsstruktur zu einem Team-Konzept überzugehen, hat sich in Deutschland nicht durchsetzen können. Streitpunkte waren die nicht aufzulösende Frage nach der Bindung von nachgeordneten Ärzten an fachspezifische Weisungen des Chefarztes sowie die Frage nach der Einstandspflicht für Fehlverhalten. Zwar fallen bei der bestehenden und bewährten vertikalen Gliederung Anordnungs- und Durchführungsverantwortung auseinander, es läßt sich dann aber durch die Abgrenzung der Zuständigkeiten die Frage der Haftung beantworten, wobei die „Rollenverteilung in der Hierarchie in Grenzen eine Verteilung der Haftungszuständigkeiten" bewirkt.[108]

Dokumentation, nicht nachvollziehen, haften alle beteiligten Ärzte als Gesamtschuldner.

103 Peter, a.a.O., S. 124 f. Allerdings besteht bei nicht lösbaren Konflikten eine Kompetenz-Kompetenz, vgl. Laufs, in: Laufs/Uhlenbruck, Handbuch des ArztR, § 101 Rdnr. 4.

104 Laufs, in: Laufs/Uhlenbruck, Handbuch des ArztR, § 101 Rdnr. 9.

105 Vgl. Kistner, Wahlbehandlung und direktes Liquidationsrecht des Chefarztes, 1990, S. 7. Auch Pflegedienst und Verwaltung sind weiterhin hierarchisch geordnet.

106 Vgl. dazu die Übersicht bei Genzel, in: Laufs/Uhlenbruck, Handbuch des Arztrechts, § 89 Rdnr. 11 ff.

107 Nr. 3.6., abgedruckt in KH 1983, 3.

108 Steffen/Dressler, ArzthaftungsR, Rdnr. 223: „So kann die Führungsverantwortung des Chefarztes ... den Assistenzarzt von einer eigenverantwortlichen Überprüfung der Indikation zur Operation entlasten." - Soweit sich der nachgeordnete Dienst im Rahmen der Unterordnung bewegt, ist die deliktische Haftung eingeschränkt, vgl. etwa OLG Zweibrücken, MedR 1999, 419.

3.3 Zuordnung nach Kompetenzbereichen

Erwähnt sei schließlich noch die weitere Zuordnung von Kompetenzbereichen mit Blick auf die Leistungsstelle. So soll für die Chefarztambulanz der Chefarzt allein zuständig sein[109], für die stationäre Versorgung und die Ambulanz des Krankenhausträgers sowohl der Träger als auch der Chefarzt.[110]

109 Nach § 116 SGB V können Krankenhausärzte mit Zustimmung des Krankenhausträgers vom Zulassungsausschuß zur Behandlung ermächtigt werden, soweit und solange eine ausreichende ärztliche Versorgung der Versicherten ohne die besonderen Untersuchungs- und Behandlungsmethoden oder Kenntnisse von hierfür geeigneten Krankenhausärzten nicht sichergestellt ist. §§ 31 Abs. 7, 31a Abs. 3 Ärzte-ZV stellen allerdings die Ermächtigung zwingend unter eine Befristung, vgl. Krauskopf, in: Laufs/Uhlenbruck, Handbuch des Arztrechts, § 27 Rdnr. 48.

110 Deutsch, MedizinR, Rdnr. 248 f.

4 Ärztliche Leitungsstrukturen im Krankenhaus

Der Krankenhausträger bedient sich zur Realisierung des Krankenhausbetriebes der internen Krankenhausleitung.[111] Sie bildet die fachkundige[112] Spitze der Hierarchie, bestehend aus Vertretern der drei Säulen Verwaltung, Pflegedienst[113] und Ärzteschaft: dem Verwaltungsdirektor, dem Pflegedienstleiter sowie dem Ärztlichen Direktor.[114] Diese vertreten ihr Fach innerhalb der Krankenhausleitung. Gegenüber dem Krankenhausträger ist die Krankenhausleitung für die Durchführung der übertragenen Aufgaben, insbesondere der laufenden Geschäfte, verantwortlich. Allerdings erfolgen die Abstimmungsvorgänge nicht im Wege des einfachen Mehrheitsentscheides innerhalb der Klinikleitung, sondern der Krankenhausträger[115] behält sich die Letztentscheidung durch den Verwaltungsleiter vor.[116]

4.1 Ärztlicher Direktor

Der Ärztliche Direktor[117] übt kein Amt im statusrechtlichen Sinne aus, vielmehr ist dieser Begriff funktionell zu verstehen.[118] Der Ärztliche Direktor ist regelmä-

111 Dazu Hoffmann, in: Müller (Hrsg.), Führungsaufgaben, S. 93.

112 Zur Kritik an der oftmals mangelnden Sachkenntnis und Qualifikation innerhalb der Krankenhausträgerorgane, etwa in Bezug auf die Krankenhausausschüsse kommunaler Träger, vgl. Siess, a.a.O., S. 208 ff.

113 Um die Kompetenzen des Pflegedienstes wird gerungen, vgl. dazu Steffen, MedR 1996, 265 f. und Opderbecke, MedR 1996, 542 ff.; Molkentin, MedR 1999, 29 ff.

114 Ausdrücklich normiert in Baden-Württemberg, Hessen, Nordrhein-Westfalen und dem Saarland. - Indessen besteht in der Praxis eine Dominanz des Verwaltungsleiters innerhalb der Krankenhausleitung, vgl. Sachweh, ArztR 1993, 141, 145.

115 Die Entfernung der Entscheidungsträger von den Entscheidungen gehört zu den Schwachstellen der Krankenhausorganisation, vgl. Naegler, Struktur und Organisation des Krankenhaus-Managements unter besonderer Berücksichtigung der Abgrenzung zwischen Krankenhausträger und Krankenhaus-Direktorium. Ergebnis einer empirischen Untersuchung, S. 258.

116 Für das österreichische Recht behauptet einen Gleichrang der Mitglieder der Klinikleitung, Mayer, FS Tomandl, S. 547, 549 und weiter differenzierend S. 554 ff.

117 Debong/Sachweh, ArztR 1993, 141 ff.; Andreas, ArztR 1979, 99 f.

118 BVerfGE NJW 1980, 1327, 1332.

ßig der vom Klinikträger bestellte[119] ärztliche Leiter des Krankenhauses.[120] Der Träger ernennt ihn kraft seines Direktionsrechts auf unbestimmte Zeit[121] und umschreibt seine Leitungsaufgaben, etwa in Dienstanweisungen.[122] Es handelt sich dabei grundsätzlich um den Leiter einer Fachabteilung[123], der zugleich den Krankenhausbetrieb zu organisieren und zu beaufsichtigen hat.[124] Deshalb steht ihm ein Weisungsrecht gegenüber den anderen Chefärzten im Rahmen seiner Aufgaben zu, das sich vom Direktionsrecht des Trägers ableitet.[125] Der Ärztliche Direktor vertritt die medizinischen Belange gegenüber dem Krankenhausträger. Ihm folgen im Range nach der Chefarzt, der Oberarzt, die Assistenzärzte, die Ärzte im Praktikum[126], nicht dagegen die außerhalb der Hierarchie stehenden Belegärzte.

Einhergehend mit den Sparmaßnahmen im öffentlichen Gesundheitswesen verstärkt sich die Kritik an der Rolle des Ärztlichen Direktors. Da in immer stärkerem Maße auch von der Ärzteschaft Verständnis für die wirtschaftlichen Rahmenbedingungen der Krankenhausführung erwartet wird, verdichtet sich dieser Anspruch in der Person des Ärztlichen Direktors. Denn er stellt das Bindeglied zwischen Krankenhausträger und den Ärzten dar. So wird gefordert, der Ärztliche Direktor habe ein betriebswirtschaftlich orientierter Manager zu sein, wo-

---

119 Dies schließt eine vorherige Wahl durch die ärztlichen Kollegen nicht aus, vgl. Genzel, in: Laufs/Uhlenbruck, Handbuch des ArztR, § 89 Rdnr. 21.

120 Laufs, in: Laufs/Uhlenbruck, Handbuch des ArztR, § 12 Rdnr. 6, zählt zu seinen Aufgaben: die Gewährleistung des förderlichen Zusammenwirkens der Abteilungen, die Gewährleistung der Hygiene, die Gewährleistung der Fachaufsicht über die technischen und pflegerischen Dienste, die Sicherung der Dokumentation, Bedachtnahme auf den Stellenplan und auf den Sachbedarf.

121 Die Verpflichtung zur Übernahme dieser Aufgabe ergibt sich für den Chefarzt regelmäßig aufgrund vertraglicher Vereinbarung, vgl. DKG, Chefarztvertrag, § 5 Abs. 3 Nr. 4; Arbeitsgemeinschaft, Chefarztvertrag, § 5 Abs. 3 Ziff. 4; Münzel, Chefarztvertrag, § 4 Abs. 4 Buchst. d, Weber/Müller, Chefarztvertrag, § 4 Abs. 4 Ziff. 4.

122 U. Steffen, ArztR 1995, 263, 267.

123 Demgegenüber beschreibt der Begriff Verwaltungsdirektor, „ den ständigen Vertreter des Kanzlers einer Hochschule, der das Benehmen mit dem Klinischen Vorstand und dem Fachbereich Medizin herzustellen hat“, vgl. Leuze, MedR 1996, 493 ff.

124 Dafür erhält der Ärztliche Direktor eine pauschale Aufwandsentschädigung, die niedriger liegt als die Vergütung für einen hauptamtlich Tätigen.

125 Insoweit klarstellend die Regelung in DKG, Chefarztvertrag, § 2 Abs. 1 S. 2; Münzel, Chefarztvertrag, § 2 Abs. 2 S. 2; Arbeitsgemeinschaft, Chefarztvertrag, § 2 Abs. 1 S. 2; Weber/Müller, Chefarztvertrag, § 2 Abs. 3 S. 2.

126 Der Arzt im Praktischen Jahr ist nicht in diese Aufzählung aufzunehmen, da er sich noch in einem Ausbildungsverhältnis befindet und sich nur unselbständig betätigen darf, vgl. Laufs, in: Laufs/Uhlenbruck, Handbuch des ArztR, § 7 Rdnr. 17.

durch aber zwangsläufig die Rolle als leitender Arzt einer Fachabteilung ins Hintertreffen geraten müßte.

Eine zunehmende betriebswirtschaftliche Professionalisierung dieser Tätigkeit unter Aufgabe der ärztlichen Berufsausübung, also die Ausbildung eines eigenen Berufsstandes des Medizin-Managers[127], kann der Ärzteschaft jedoch nicht willkommen sein. Gerade die medizinische Fachkenntnis und tägliche Praxis in der eigenen Fachabteilung ließ den Ärztlichen Direktor bisher für die Ärzte als einen der ihren erscheinen und verbürgte dem Krankenhausträger die Praxisnähe. Da die notwendige wirtschaftliche Verantwortung alle Chefärzte gleichermaßen betrifft, weil sie etwa ein Abteilungsbudget einzuhalten haben, erweist sich die in der Person des Ärztlichen Direktors gebündelte Kompetenz auch als wenig zweckmäßig.

Welchen Weg sollten daher Reformen nehmen? Erfolgte einerseits eine gesetzliche Aufgabenzuweisung, ergäben sich Interessenkollisionen (nicht zuletzt mit der eigenen Abteilung), und der Ärztliche Direktor „säße bald zwischen den Stühlen“.[128] Andererseits wird gefordert, eine Abwertung der gegenwärtigen Stellung des Ärztlichen Direktors vorzunehmen, indem seine Aufgaben auf die Tätigkeit als Sprachrohr der Krankenhausärzte oder als oberster ärztlicher Schlichter des Krankenhauses[129] reduziert und dieselben auf das Chefarztgremium umverteilt werden.[130] Weil die organisatorischen Aufgaben letztlich auch die Macht zu ihrer Durchsetzung erfordern, wäre die bloße Rolle als „Sprecher der Chefärzte“ aber unzureichend.[131] Und trotz der Sympathie für eine die Legitimität von Entscheidungen erhöhende Beteiligung aller Chefärzte am Findungsprozeß ist Widerspruch gegen diesen Ansatz begründet. Längst nicht alle Chefärzte wollen an den vielfältigen Entscheidungsprozessen der Klinikleitung beteiligt sein und sehen sich zu konsensorientiertem Handeln bereit, weshalb ein derartiges Chefarztgremium kaum Gewicht erlangen könnte.

Der gegenwärtige Zustand eingeschränkter Beteiligungsmöglichkeiten des Ärztlichen Direktors, der die medizinischen Belange in der Krankenhausleitung vertritt, zeigt sich tauglicher, als die Kritiker meinen.[132] Ansatzpunkt für eine

127 Dafür Eichhorn, in: Müller (Hrsg.), Führungsaufgaben, S. 77 ff.

128 Sachweh, ArztR 1993, 141, 146.

129 Genzel/Siess, MedR 1999, 1, 7.

130 Debong und Sachweh, ArztR 1993, 141 ff.

131 Die mit der Sprecherrolle verbundene Tendenz und Gefahr der vorrangigen Interessenvertretung des Berufstandes kritisieren mit Recht Genzel/Siess, MedR 1999, 1, 8.

132 Allerdings sieht sich der Ärztliche Direktor heute durch das Aufgabenvolumen weithin überfordert. Trotz der Beanspruchung durch die Verwaltungsaufgaben darf der Mediziner die eigene Fachabteilung und seine Fortbildung nicht aus dem Blick verlieren, vgl. Genzel/Siess, MedR 1999, 1, 9.

verhaltene Reform könnte allerdings die eigenverantwortliche Wahl des Ärztlichen Direktors durch die Chefärzte auf vorher bestimmte Zeit sein, in Abkehr von der Ernennung durch den Krankenhausträger.[133]

4.2 Chefarzt

Der überwiegende Sprachgebrauch bezeichnet als Chefarzt den ärztlichen Leiter einer Krankenhausfachabteilung oder den Leiter eines Funktionsbereiches[134], der als Facharzt die Letztverantwortung für die ärztliche Versorgung trägt[135] und in medizinischer Hinsicht weisungsfrei ist.[136] Mit der Organisationsverantwortung geht das fachliche Weisungsrecht (und die Weisungspflicht) gegenüber den Oberärzten einher, Assistenzärzten und Ärzten im Praktikum, die sämtlich als nachgeordnete Ärzte bezeichnet werden.[137] Der Chefarzt hat ferner Sorge zu tragen und einzustehen etwa für die ordnungsgemäße Dokumentation, die Erstellung von Arztberichten und Gutachten, für die Einhaltung der Hygienevorschriften und des Abteilungsbudgets.[138]

4.3 Oberarzt

„Der Oberarzt fungiert als ständiger Vertreter des Chefarztes und ist in aller Regel ebenfalls Gebietsarzt.“ Ihm sind abhängig von der Dauer seiner klinischen Erfahrung bestimmte Aufgaben zur eigenverantwortlichen Erledigung übertragen. Bei Abwesenheit des Chefarztes nimmt er in Vertretung dessen Aufgaben wahr.

---

133 Dem anhaltenden Kostendruck im Gesundheitswesen entsprechend wird auf längere Sicht der Einzug betriebswirtschaftlich qualifizierter Mediziner in die Krankenhausleitung folgen. Die Weiterqualifizierungsprogramme zum Medizin-Manager finden bereits statt, sie werden einen neuen Hauptberuf begründen.

134 Laufs, in: Laufs/Uhlenbruck, Handbuch des ArztR, § 12 Rdnr. 8.

135 Schaub, Arbeitsrechts-Handbuch, § 16 Rdnr. 19. Die Letztverantwortung unter nachgeordneter pflegerischer Assistenz ist ein wesentliches Kriterium für ein Krankenhaus, vgl. Genzel, in: Laufs/Uhlenbruck, Handbuch des Arztrechts, § 83 Rdnr. 15.

136 BVerfG NJW 1963, 1667 f.

137 Lücke, Die Hierarchie des Ärztlichen Dienstes im Spannungsfeld von Direktionsrecht und freiem Beruf, 1995, S. 77.

138 Die „determinierende Qualität der Anordnung des ärztlichen Leiters in Bezug auf die Kompetenz des Pflegeleiters und des Verwaltungsleiters“ erklärt sich daraus, daß „der Betrieb jeder Krankenanstalt auf diesen zentralen Zweck hin orientiert zu erfolgen hat“, Pflegedienst und Verwaltung haben insoweit dienende Funktion, vgl. Mayer, FS Tomandl, S. 547-551.

„Zu seinen Hauptaufgaben gehört es, die auf seinem Feld meist in der Weiterbildung tätigen Ärzte zu beraten und zu überwachen.“[139]

In wachsendem Maße üben neben den Chefärzten auch die Oberärzte ihre Tätigkeit als Lebensstellung aus und leisten auf diese Weise einen wesentlichen Beitrag zur Qualität und Kontinuität der fachärztlichen Versorgung im Krankenhaus. Dieser mit einer Aufwertung verbundenen Vertragspraxis trägt auch das BAG Rechnung. Erhält ein Arzt arbeitsvertraglich die Stellung eines Oberarztes eingeräumt, so ist er nicht verpflichtet, den am Krankenhaus typischen Bereitschafts- und Stationsdienst der Assistenzärzte zu übernehmen.[140]

4.4 Assistenzarzt

Assistenzärzte erbringen ärztliche Dienste am Patienten unter Anleitung und Aufsicht des leitenden Arztes oder seines Vertreters. Dabei verfügen sie selbst nicht über eine eigene Entscheidungskompetenz in Diagnostik und Therapie, auch sind sie nicht gegenüber anderen Ärzten weisungsberechtigt.[141] Häufig sind sie zudem Ärzte in der Weiterbildung.

4.5 Ärzte in der Aus- und Weiterbildung

Ärzte in der Aus- und Weiterbildung sind solche, die ihre Zeit als Ärzte im Praktikum abgeleistet haben und voll approbiert sind. Sie stehen in einem privatrechtlichen Arbeitsverhältnis zum Krankenhaus und zugleich begründen sie ein öffentlich-rechtliches Weiterbildungsverhältnis mit einem zur Weiterbildung berechtigten Arzt.[142] Ziel der Weiterbildung ist der geregelte Erwerb eingehender Kenntnisse, Erfahrungen und Fertigkeiten für definierte ärztliche Tätigkeiten nach Abschluß der Berufsausbildung[143] als Arzt mit Facharztbezeichnung.[144]

---

139 Laufs, in: Laufs/Uhlenbruck, Handbuch des ArztR, § 12 Rdnr 10.

140 BAG, MedR 1994, 157.

141 Genzel, in: Laufs/Uhlenbruck, Handbuch des ArztR, § 90 Rdnr. 33.

142 Instruktiv dazu Nunius, Die ärztliche Weiterbildung im Krankenhaus, 1983, S. 154 ff.; dagegen kritisch, doch letztlich nicht überzeugend für ein rein privatrechtliches Verhältnis Lücke, a.a.O., S. 105-109 m.w.N. - Zum Weiterbildungsbefristungsgesetz v. 16.12.1997 (BGBl I S. 2994) vgl. N. H. Müller, MedR 1997, 461; ders., MedR 1998, 59; Haage, MedR 1998, 109 ff.; Kuhla/Schleusener, MedR 1999, 24 ff.; Dreher, DB 1999, 1396 ff.

143 So § 1 Abs. 1 S. 1 (Muster-) Weiterbildungsordnung (1992), abgedruckt in DÄBl 1992, S. A 3905-3916.

Verfügt der in der Aus- und Weiterbildung befindliche Arzt über mehrjährige Berufspraxis, können ihm etwa Aufgaben des Oberarztes übertragen werden, sofern der Facharztstandard gewahrt ist. Nicht die formelle Anerkennung als Facharzt erweist sich demnach als maßgeblich, sondern die bisher gesammelten Kenntnisse und Erfahrungen.[145] Überdies kann es „je nach Fachgebiet und konkreter Behandlungssituation durchaus unterschiedlicher Beurteilung unterliegen, in welcher Weise dem Facharztstandard Genüge getan werden kann.“[146]

4.6 Arzt im Praktikum

Der Arzt im Praktikum (AiP) übt die ärztliche Tätigkeit aufgrund einer Erlaubnis nur vorübergehend aus[147]. Vorgesehen ist die mindestens neunmonatige Tätigkeit im nichtoperativen und die sechsmonatige Tätigkeit im operativen Bereich[148]. Auch wenn die Tätigkeit des AiP nach Auffassung des BAG noch zur Ausbildung gehören soll, finden dennoch die arbeitsrechtlichen Schutzvorschriften auf ihn in vollem Umfang Anwendung.[149]

4.7 Belegarzt

Der Belegarzt[150], der im Schwerpunkt seiner Tätigkeit als freier niedergelassener Vertragsarzt mit eigener Praxis arbeitet, erhält aufgrund eines bürgerlichrechtlichen Vertrages sui generis[151] mit dem Krankenhausträger die Berechti-

---

144 Der Arbeitsvertrag kann zum Erwerb einer Gebietsanerkennung bis zu maximal acht Jahre befristet werden, vgl. Gesetz über befristete Arbeitsverträge mit Ärzten in der Weiterbildung v. 16.12.1997, BGBl I S. 2994.

145 BGH NJW 1992, 1560; BGH NJW 1993, 2989; dazu Weißauer/Opderbecke, MedR 1993, 447 ff.; Steffen, MedR 1995, 360 f.

146 Laufs, NJW 1994, 1562, 1564.

147 § 14 Abs. 4 BÄO.

148 Im einzelnen sei auf die §§ 34a ff. ÄAppO verwiesen.

149 Schaub, Arbeitsrechts-Handbuch, § 16 Rdnr. 18; Laufs, in: Laufs/Uhlenbruck, Handbuch des ArztR, § 7 Rdnr. 30 zum Streitstand.

150 Zur Definition vgl. § 23 BPflVO 1995: „Belegärzte sind die nicht am Krankenhaus angestellten Vertragsärzte, die berechtigt sind, ihre Patienten (Belegpatienten) im Krankenhaus unter Inanspruchnahme der hierfür bereitgestellten Dienste, Einrichtungen und Mittel stationär und teilstationär zu behandeln, ohne hierfür vom Krankenhaus eine Vergütung zu erhalten.“ Ebenso § 121 Abs. 2 SGB V.

151 Vgl. „Beratungs- und Formulierungshilfe für den Abschluß eines Belegarztvertrages" der DKG aus dem Jahre 1992; Münzel, Chefarztvertrag, S. 76 ff.; Weber/Müller, Chefarztvertrag, S. 82 ff.; MünchArbR-Richardi, § 197 Rdnr. 7; Genzel, in:

gung, mit eigenen Patienten Krankenhausbetten zu belegen, das heißt, Einrichtungen und Dienstleistungen des Krankenhausträgers zu nutzen. Dieser Belegarztvertrag enthält Elemente des Dienst-, Miet- und Gesellschaftsrechts und begründet kein Angestelltenverhältnis[152]. Für die Versorgung von Kassenpatienten im gesperrten Planungsbereich bedarf der Belegarzt einer Sonderzulassung nach § 103 Abs. 7 SGB V.[153] Die ärztliche Behandlung des Patienten wird von ihm erbracht und auch selbst liquidiert[154], währenddessen das Krankenhaus die Versorgung schuldet und abrechnet[155], wie es der Pflegesatz vorsieht.[156]

Daneben bestehen jedoch keine Zahlungsverpflichtungen des Krankenhausträgers für die Arbeitsleistung des Belegarztes.[157] Für eine Inanspruchnahme des nachgeordneten ärztlichen Dienstes schuldet der Belegarzt dem Krankenhausträger ein Entgelt. Wurden bisher Stellung und Haftung des Belegarztes auch nicht restlos geklärt[158], sind dennoch Bestrebungen auf eine Ausweitung des Belegarztsystems gerichtet[159], insbesondere als kooperatives Belegarztsystem, als Zusammenwirken mehrerer Belegärzte gleicher Fachrichtung in einer Belegabteilung.

4.8 Dienstaufgaben des Chefarztes

Zu den im Chefarztvertrag geregelten Dienstaufgaben des Chefarztes gehört die stationäre Behandlung der Patienten der eigenen Abteilung und die konsiliarärzt-

---

Laufs/Uhlenbruck, Handbuch des ArztR, § 90 Rdnr. 71; Franzki/Hansen, NJW 1990, 737 ff.; R. Eichholz, Die Rechtsstellung des Belegarztes, 1973.

152 BGH NJW 1982, 2603.

153 Dazu Wagener, MedR 1998, 410 ff.

154 Für Kassenpatienten ist die Behandlung Teil der vertragsärztlichen Versorgung, die Privatliquidation erfolgt nach Maßgabe der GOÄ.

155 Ein Fall des gespaltenen Krankenhausvertrages, dazu später.

156 § 23 Abs. 2 BPflVO 1996. Für die Belegärzte wird in anderen Krankenhäusern, in denen die entsprechende Fachabteilung hauptamtlich geführt wird, ein Abteilungspflegesatz gebildet, der kraft Vereinbarung dann für den Belegarzt gilt. Er umfaßt auch die Kosten für Krankenhausärzte, sofern der Belegarzt nicht als Wahlarzt gesondert abrechnet, vgl. Tuschen/Quaas, § 23 BPflVO, S. 406 f.

157 Es handelt sich überspitzt ausgedrückt um eine frühe Form des modernen „Outsourcing“.

158 Vgl. Arbeitsgemeinschaft RAe im Medizinrecht e.V. (Hrsg.), Das Belegarztsystem, 1994; Franzki/Hansen, NJW 1990, 737 ff. - Zur Haftung des Krankenhausträgers wegen Organisationspflichtverletzung vgl. BGH NJW 1996, 2429 = MedR 1996, 466.

159 Für eine Ausweitung des Belegarztsystems die Bundesärztekammer, vgl. Tätigkeitsbericht '97, S. 100.

liche Tätigkeit für andere Abteilungen. Als Dienstaufgabe hinzugekommen sind mit dem GSG die prä- und poststationäre Tätigkeit gemäß § 115a SGB V und das ambulante Operieren nach § 115b SGB V[160]. Zudem sind über Bereitschaftsdienst und Rufbereitschaft des Chefarztes Vereinbarungen geboten.[161]

4.9 Grundsatz der persönlichen Leistungspflicht und die Grenzen der Delegation

Für den Chefarzt besteht grundsätzlich eine persönliche Leistungspflicht der ärztlichen Behandlung gegenüber den Kassenpatienten, sofern die Schwere der Erkrankung einen persönlichen Einsatz erforderlich macht[162], gegenüber Privatpatienten besteht sie kraft des Wahlbehandlungsvertrages. Auch den Kassenpatienten ist es unbenommen, den Chefarzt generell durch eine Wahlleistungsvereinbarung an sich zu binden.[163]

Die persönliche Leistungspflicht darf aber nicht zu eng verstanden werden. Zulässigerweise überträgt der Chefarzt - wie in den Musterverträgen geregelt - eigene Dienstaufgaben, „soweit nicht die Art oder die Schwere der Krankheit sein persönliches Tätigwerden erfordern, den ärztlichen Mitarbeitern - entsprechend ihrem beruflichen Bildungsstand, ihren Fähigkeiten und Erfahrungen - bestimmte Tätigkeitsbereiche oder Einzelaufgaben zur selbständigen Erledigung."[164] Es bleibt eine Wahlleistung des Chefarztes, wenn er dabei „die Behandlungsregie führt, d. h. das Geschehen überwacht und nötigenfalls steuernd eingreift"[165], also die Leistung unter Aufsicht nach dessen fachlicher Weisung

---

160 Die Erweiterung um sonstige stationsersetzende Eingriffe durch das Gesundheitsreformgesetz 2000 v. 22.12.1999, BGBl I S. 2626, wird die Erweiterung der Dienstaufgaben nach sich ziehen.

161 In größeren Häusern wird es aus Sicht des Krankenhausträgers mit der Organisation der Dienste durch den Chefarzt sein Bewenden haben, wohingegen in kleineren Kliniken eine Beteiligung des Chefarztes gewünscht wird.

162 Regelmäßig wird der Chefarzt durch einen Wissensvorsprung und längere Erfahrung im Vergleich zu den nachgeordneten Ärzten zur Behandlung berufen sein.

163 Vgl. schon BGH NJW 1953, 779; Narr, MedR 1989, 215 ff.; zuletzt Wienke/Sauerborn, MedR 1997, 82, 84, zu LG Bonn MedR 1997, 81 (vor Einführung der neuen GOÄ zum 1.1.1996).

164 DKG, Chefarztvertrag, § 6 Abs. 1 S. 1; ebenso Arbeitsgemeinschaft, Chefarztvertrag, 6 Abs. 1, und Weber/Müller, Chefarztvertrag, § 6 Abs. 3; eleganter Münzel, Chefarztvertrag, § 5 Abs. 1.

165 Eine Delegation einer Tätigkeit liegt dann vor, wenn sie nicht zum originären Verantwortungsbereich des Beauftragten gezählt werden kann, aufgrund von vorheriger Unterweisung und anschließend einwandfreier Umsetzung aber zu dessen Aufgabengebiet zugehörig wurde.

erbracht wird.[166] Dies steht nicht im Widerspruch zu § 613 BGB[167], der für Zweifelsfälle eine höchstpersönliche Leistungspflicht regelt. Denn selbst ein Privatpatient kann und wird nicht erwarten, daß der Chefarzt ständig anwesend bleibt und für jede ärztliche Verrichtung zur Verfügung steht.[168]

Eine Begrenzung der Delegation ergibt sich durch die Delegationsfähigkeit der Behandlung, wie etwa durch die Art der geschuldeten Leistung, durch die Schwere des Krankheitsfalls und durch die Qualifikation des nachgeordneten Arztes.[169] Demnach ist die Vertretung des Chefarztes insbesondere für den Fall seiner Verhinderung[170] grundsätzlich unbedenklich.[171] Indes scheidet die vollständige Übertragung der Behandlungspflicht auf einen Stellvertreter aus[172],

---

166 Dementsprechend § 6 Abs. 1 S. 1 der Allgemeinen Vertragsbedingungen (AVB) für Krankenhäuser, 1995. Erreicht wird somit der Gleichlauf mit § 4 Abs. 2 S. 1 der GOÄ. Allerdings scheint es eine der arbeitsteiligen medizinischen Tätigkeit unangemessen enge Interpretation, jede Tätigkeit des Chefarztes, die nicht höchstpersönlich erbracht wird, überhaupt nicht als Wahlleistung des Chefarztes anzusehen, wie es Rombach, a.a.O., S. 156, im Anschluß an Luxenburger, a.a.O., S. 186 f., unternimmt. Denn „der Liquidationsanspruch entsteht demnach nicht nur für die höchstpersönliche, manuelle Tätigkeit oder durch physische Präsenz gekennzeichnete Erbringung aller Leistungen, sondern auch durch die Lenkungsfunktion im Sinne eines ‹Medizin-Managements›“, die der Chefarzt innehat, vgl. Wienke/Sauerborn, MedR 1997, 83 f.

167 So die überwiegende Spruchpraxis, vgl. OLG Köln ArztR 1998, 280; OLG Hamm NJW 1995, 2420; OLG Karlsruhe NJW 1987, 1489.

168 Hinsichtlich der Kernleistungen kann der Einsatz eines anderen Arztes anstelle des Wahlarztes jedoch, falls der Patient nicht einverstanden ist, zivil- und strafrechtliche Folgen haben, vgl. OLG Celle NJW 1982, 706.

169 Eine Pflicht zur Aufklärung darüber, daß eine beabsichtigte Operation ohnehin vom Chefarzt durchgeführt werde, besteht im Hinblick auf den Abschluß einer Wahlleistungsvereinbarung nicht, vgl. OLG Stuttgart, MedR 1995, 320, 322.

170 Zu denken ist an Abwesenheit wegen Krankheit, Urlaub, Fortbildung oder Lehrtätigkeit.

171 Jedoch ist „nunmehr zwingend geregelt, daß bei privat vereinbarter, von der GOÄ abweichender Gebührenhöhe der in Aussicht genommene Chefarzt bei Abwesenheit seinem Oberarzt die Behandlung nicht übertragen kann, wenn er nicht den vereinbarten - erhöhten - Vergütungsanspruch verlieren will,“ so Taupitz, ArztR 1996, 209, 211, zu § 2 Abs. 3 GOÄ. Zudem (S. 210) macht ein Hinweis auf eine mögliche Vertretung durch andere Ärzte eine Honorarvereinbarung unwirksam, vgl. § 2 Abs. 2 S. 3 GOÄ.

172 Bei der Verwendung allgemeiner Geschäftsbedingungen verstößt dies gegen § 11 Nr. 13 AGBG, sofern der Stellvertreter nicht namentlich bezeichnet wird, vgl. dazu Rombach, a.a.O., S. 155 f.; a.A. Kubis, NJW 1989, 1513, der in der Delegation eine nach § 613 S. 1 BGB unzulässige Substitution im Sinne des § 664 BGB sieht, mit der Folge, daß ein unmittelbarer Anwendungsfall des § 11 Nr. 13 AGBG nicht vorliegt, weshalb vielmehr § 10 Nr. 4 AGBG zur Anwendung kommen soll. Rombach

wenn etwa nachgeordnete Ärzte in vollem Umfang die Entscheidung über die Behandlung treffen und diese durchführen.[173]

Den Chefarzt als Abteilungsleiter trifft „die Verantwortlichkeit dafür, daß er für die Erfüllung seiner Aufgaben geeignetes Personal ausgewählt hat, das der Aufgabe gewachsen ist und über die entsprechende Qualifikation verfügt"[174]. Die Anleitung ebenso wie die Kontrolle des nachgeordneten ärztlichen Dienstes bleibt demnach Teil seiner Führungstätigkeit[175], es müssen von ihm die nachgeordneten Ärzte wenigstens stichprobenhaft überprüft werden[176], auch im Hinblick auf den Fortbestand ihrer bereits erworbenen Qualifikation. Verstöße des leitenden Arztes gegen diese Pflichten begründen seine Haftung wegen Organisationsverschuldens[177], sofern in die Verpflichtung persönlich trifft.[178] Freilich sind alle Ärzte, die im Rahmen der Delegation mit Aufgaben betraut werden[179], nicht von der generell bestehenden Pflicht entbunden, sich selbst kritisch einzuschätzen und begründete Bedenken gegen die Übertragung vorzubringen.[180] Die entsprechenden Grundsätze gelten auch für die Übertragung von Aufgaben auf das nichtärztliche Personal.[181]

---

weist zutreffend daraufhin, daß die Regelung des § 664 BGB nur im Auftragsverhältnis zur Anwendung gelangt.

173 Genzel, in: Laufs/Uhlenbruck, Handbuch des ArztR, § 91 Rdnr. 18.

174 Nicht erforderlich ist bei Operationen die Behandlung durch einen Facharzt, vielmehr reicht es aus, wenn der eingreifende Arzt über die konkret erforderlichen Kenntnisse und Erfahrungen verfügt, die insoweit der Qualifikation eines Facharztes entsprechen, vgl. BGH NJW 1993, 2989. In Abweichung davon erfordert § 13 des Vertrages über das ambulante Operieren streng die Ausführung durch Fachärzte, vgl. Baur, AuK 1995, 385 f.

175 Die ambulante Notfallbehandlung ist regelmäßig Sache des Chefarztes.

176 Häufig werden sich im Rahmen der Teamarbeit ausreichende Möglichkeiten der Kontrolle ergeben.

177 Zur Haftung des Krankenhausträgers und des Chefarztes Deutsch, NJW 2000, 1745, 1747; Kern, MedR 2000, 347 ff.

178 BGH NJW 1994, 1594. Zu vollziehen sind vom Chefarzt die vier Gedankenschritte: Prüfung der Delegationsfähigkeit, die sorgfältige Auswahl des Ausführenden, die Kontrolle der sachgerechten Ausführung und im Zweifelsfall die sachgerechte Anleitung, vgl. Ratzel, Der Frauenarzt 1994, 54 f.

179 Für die Delegation von Chefarztaufgaben auf mehrere „ständige" Vertreter Biermann/Ulsenheimer/Weißauer, MedR 2000, 107, 111.

180 Stets ist eine ärztliche Haftung wegen Übernahmeverschuldens zu bedenken, vgl. dazu Uhlenbruck, in: Laufs/Uhlenbruck, § 43 Rdnr. 2; BGHZ 88, 248; BGH JR 1986, 248 m. Anm. Ulsenheimer.

181 Indes bleiben zahlreiche Aufgaben, die allein von Ärzten wahrgenommen werden können. Zur Abgrenzung von Aufgaben, über deren Verteilung Richtlinien bestehen, vgl. BAG NJW 1998, 1810 = MedR 1998, 334.

Trägt demnach der Chefarzt die Anordnungs- und die Durchführungsverantwortung für den nachgeordneten Arzt und für das Pflegepersonal, sind die Ursachen eines Schadensfalles und die Kompetenzverteilungen im Blick hierauf genau zu ermitteln.

Außerdem entscheidet der Chefarzt etwa über die Behandlungsmethoden, welche medizinisch-technischen Geräte verwendet werden, wie die Patientenaufklärung durchzuführen ist und die ordnungsgemäße Dokumentation der Behandlungen zu erfolgen hat. Und schließlich entbindet die mögliche Übertragung solcher Aufgaben auf den Oberarzt den Chefarzt nicht von einer Überprüfung desselben.

5 Rechtsbeziehungen zwischen Chefarzt und Träger

5.1 Der Chefarzt als Beamter oder Angestellter

Nur ausnahmsweise sind Chefärzte beamtet, etwa im Hochschulbereich.[182] Nach den Bewandtnissen des Einzelfalls wird die Nebentätigkeit ausgehandelt, weshalb sich hierfür mustergültige Vereinbarungen nicht herausgebildet haben. Überwiegend beschäftigt werden Chefärzte im Angestelltenverhältnis, wobei die Arbeitsbedingungen einzelvertraglich[183] - regelmäßig aber in Anlehnung an den Mustervertrag der DKG - ausgehandelt werden.[184] Im Rahmen des Beschäftigungsverhältnisses bestimmt der Arbeitgeber dann einseitig die Dienstpflichten im Hinblick auf Zeit, Ort und Art der Leistung. Eine Grenze findet das Weisungsrecht jedoch in den Vorschriften der Gesetze, des Kollektiv- und des Individualarbeitsvertragsrechts: es darf nur nach billigem Ermessen (§ 315 BGB) ausgeübt werden.[185] Überdies ergeben sich Grenzen des Weisungsrechts in Bezug auf die medizinische Leistung, die weisungsfrei ist.

5.2 Der freie Beruf des Arztes

Der Beruf des Arztes gilt unabhängig von der Form der Beschäftigung als Angestellter oder Beamter als freier Beruf.[186] Was aber die juristische Bedeutung des freien Berufes ist, zeigt sich seit jeher umstritten.[187] Um eine Definition des

---

182 Vgl. Laufs, in: Laufs/Uhlenbruck, Handbuch des ArztR, § 7 Rdnr. 2.

183 Der BAT findet nach seinem § 3 Buchst. i keine Anwendung.

184 Die Vergütung stützt sich auf die drei Säulen des Grundgehaltes (nach Maßgabe von BAT-Vergütungsgruppen), der Liquidationseinnahmen aus der stationären wahlärztlichen Behandlung sowie aus der ambulanten Tätigkeit.

185 BAG DB 1980, 1603. Weiterführend Schaub, Arbeitsrechts-Handbuch, § 45 Rdnr. 23 ff.

186 § 1 Abs. 2 Bundesärzteordnung (BÄO, v. 2.10.1961, BGBl I S. 1857, i.d.F. der Bekanntmachung v. 16.4.1987, BGBl I S. 1218, zuletzt geändert durch Art. 1 Nr. 1 des Gesetzes v. 27.9.1993, BGBl I S. 1666) und § 1 Abs. 1 S. 2 MuBO 1997, abgedruckt in NJW 1997, 3076 ff.

187 Laufs, in: Laufs/Uhlenbruck, Handbuch des ArztR, § 3 Rdnr. 7; Taupitz, Die Standesordnung der freien Berufe, S. 17 ff.; Narr, Ärztliches BerufsR, 1988, Rdnr. 37 ff. Zu den gegenwärtigen Bedrängnissen Laufs, FS Deutsch, S. 625 ff.;

„amorphen Phänomens“ wurde bislang in Rechtsprechung wie Schrifttum vergeblich gerungen.[188] So interpretiert das BVerfG den Begriff rein soziologisch und versteht die Freiberufler als eine Gruppe von Selbständigen, die durch die vorwiegend geistig-schöpferische Art ihrer Berufstätigkeit ausgezeichnet sind.[189] Der Gesetzgeber traf etwa in § 18 Abs. 1 Nr. 1 des Einkommenssteuergesetzes eine Regelung, die sich mit der enumerativen Aufzählung bestehender Berufe behilft[190]. Nicht anders formulierte zunächst das Partnerschaftsgesellschaftsgesetz von 1994[191] in seinem § 1 Abs. 2. Inzwischen ergänzt enthält das Gesetz eine Generalklausel, wonach freie Berufe „im allgemeinen auf der Grundlage besonderer beruflicher Qualifikation oder schöpferischer Begabung die persönliche, eigenverantwortliche und fachliche unabhängige Erbringung von Dienstleistungen höherer Art im Interesse der Auftraggeber und der Allgemeinheit zum Inhalt“ haben.[192] Die Regelung vereint das Bekannte und Bewährte.[193]

In der Literatur sind verschiedene Standpunkte ausgeprägt, wie der freie Beruf zu charakterisieren sei. Es finden sich durchaus Anhänger des rein soziologischen Standpunktes.[194] Jedoch überwiegt heute die Beschreibung mit Hilfe eines Typusbegriffes[195], wonach Freiberufler durch bestimmte, verschieden stark ausgeprägte Merkmale gekennzeichnet und auch geschützt werden.[196] Diese im einzelnen nicht einheitliche Lehre vom materiellen Rechtsbegriff faßt den freien Beruf des Arztes als die institutionelle Sicherung weisungsfreier und eigenverantwortlicher ärztlicher Behandlungstätigkeit auf, deren Ausübung durch das ärztliche Berufsethos und das Gewissen des Arztes bestimmt werde.[197]

---

188 Vgl. Taupitz, a.a.O., S. 17 ff., der eine umfassende Analyse leistet (S. 11-150).

189 BVerfGE 10, 354, 364; BVerfGE 46, 224, 241 f.

190 Deshalb kritisch eine Gleichbehandlung der freien Berufe und der Gewerbetreibenden im Einkommens- und Gewerbesteuerrecht fordernd Freier, Der Tatbestand der freien Berufe als Anknüpfungspunkt für Steuerrechtsdifferenzierungen, S. 238 ff.

191 Vom 25.7.1994, BGBl I S. 1744.

192 Vom 22.07.1998, BGBl I S. 1881.

193 Die Definition soll nach dem Willen des Gesetzgebers die Bedeutung des freien Berufs betonen, damit sich die Grenzen zur gewerblichen Tätigkeit nicht verwischen. Sie ist zugleich Maßstab und Appell an den Freien Beruf in seiner Besonderheit und seiner gemeinschaftswichtigen Verpflichtung.

194 Freier, a.a.O., S. 21.

195 Ihm folgt der Gesetzgeber mit der neuen Definition in § 1 Abs. 2 Partnerschaftsgesellschaftsgesetz.

196 Taupitz, a.a.O., S. 148 f.; Laufs, in: Laufs/Uhlenbruck, Handbuch des ArztR, § 3 Rdnr. 5; Gitter, a.a.O., S. 12 f.; Michalski, Der Begriff des freien Berufes im Standes- und Steuerrecht, 1989, S. 156 ff., und im Anschluß daran Lücke, a.a.O., S. 38 ff.

197 Schiwy/Dalichau, Deutsches Arztrecht, § 1 BÄO Anm. 4 (Stand: 1996).

Für ein solches materielles Verständnis des freien Berufes sprechen die zugestandene Selbstverwaltung und eigene Rechtsetzung im Rahmen der Satzungsgewalt. Dieser Freiraum etwa der Ärzte wird gewährt durch § 1 Abs. 2 Bundesärzteordnung (BÄO), in dem es heißt, „der ärztliche Beruf ist kein Gewerbe, er ist seiner Natur nach ein freier Beruf".[198] Ebenso formuliert es die Musterberufsordnung der Ärzte in ihrem § 1 Abs. 1 S. 2.[199] Den Arzt kennzeichnen die hohe Qualifikation, die Weisungsfreiheit, die Bindung an berufliche Tradition und die standesethischen Normen, im Gegensatz zur Tätigkeit anderer Selbständiger wie etwa der Heilpraktiker.[200] Demgegenüber verkürzt den Wortlaut und Sinngehalt der BÄO, wer die freie Natur des Berufs allein mit der selbständigen, „freiberuflichen“ Berufsausübung verbindet und die Norm als präambelartige und nur programmatische Vorschrift deutet.[201]

Indes hat „die Aussage des Gesetzgebers, daß der Arztberuf ein „freier Beruf“ sei, nichts an der Realität ändern sollen, daß viele Ärzte ihren Beruf in abhängiger Stellung - insbesondere als abhängige Ärzte in Krankenhäusern - ausüben“[202]. Die angestellte oder beamtete Tätigkeit als Arzt im Krankenhaus oder als ambulant tätiger Vertragsarzt[203], steht der Freiheit der ärztlichen Berufsausübung nicht entgegen, weil zwischen Anstellung und der Ausübung des ärztlichen Berufs unterschieden werden muß.[204] Der Zusatz in § 1 Abs. 2 BÄO, ein „seiner Natur

198 Nach der Ansicht des Gesundheitsausschusses soll die „Freiheit des ärztlichen Tuns“ gewährleistet werden, unabhängig davon, in welcher Form der Beruf ausgeübt wird (BT-Drucks. 3/2810, S. 1), vgl. Schiwy/Dalichau, Deutsches Arztrecht, § 1 BÄO Anm. 4 (Stand: 1996).

199 MuBO 1997, NJW 1997, 3076 ff. Die Musterberufsordnung entfaltet Rechtswirkung, wenn sie in Landesrecht (Satzungsrecht) überführt wurde. Dazu bedarf es der Fassung eines Satzungsbeschlusses durch die Kammerversammlung einer Landesärztekammer und der Genehmigung durch die Aufsichtsbehörde.

200 Schiwy/Dalichau, Deutsches Arztrecht, § 1 BÄO Anm. 3 unter Hinweis auf die Entscheidung des LG Tübingen v. 28.1.1983 - 1 S 249/82 - . Vgl. dazu auch BFH ArztR 1997, 21 (verneinend für Arzt der Laboratoriumsmedizin mit bis zu 55 Arbeitnehmern).

201 Wohlhage, Das Liquidationsrecht der leitenden Krankenhausärzte bei Selbstzahlern, 1971, S. 44 f.

202 BGH NJW 1978, 589, 591.

203 Nach Ansicht des BVerfG (E 11, 30 = NJW 1960, 715) baut das Kassenarztsystem auf dem Arztberuf als einem freien Berufe auf.

204 Laufs, in: Laufs/Uhlenbruck, Handbuch des ArztR, § 3 Rdnr. 9 f.; Staudinger-Richardi, Vor §§ 611 ff. BGB Rdnr. 1278; kritisch hingegen Ratzel/Lippert, § 1 MuBO, Rdnr. 7.

nach" freier Beruf verdeutlicht, daß das Beschäftigungsverhältnis, also die wirtschaftlichen Formen[205] der Berufsausübung unbedeutend sind.[206]

5.3 Die Weisungsfreiheit des Arztes

Als Kennzeichen für die Berufsfreiheit wird die im ärztlichen Berufsrecht[207] verankerte und anerkannte[208] Weisungsfreiheit des Arztes aufgeführt. Deren Reichweite stellt sich indessen geringer dar, als der Unbefangene zunächst glauben möchte. Denn dienstrechtlich, das heißt in allen nichtärztlichen Angelegenheiten ist der Arzt kraft seines Arbeitsvertrages oder Beamtenverhältnisses an Weisungen des Dienstherrn gebunden. Zu erwähnen sind die folgenden Bereiche: die Urlaubs- und Vertretungsregeln, die betriebstechnische Organisation, die Zusammenarbeit mit anderen Ärzten, mit nachgeordnetem Pflegepersonal und mit der Verwaltung sowie die Benutzung von Labors und anderen technischen Einrichtungen. Aber unabhängig und frei von Weisungen Dritter bleibt seit jeher der angestellte oder beamtete[209] Chefarzt aufgrund der berufsrechtlich verbürgten Freiheit im Rahmen der Heilbehandlung in allen medizinischen Fragen. Er hat die Behandlung allein nach den sachlichen Erfordernissen durchzuführen und ist dabei dem Gemeinwohl verpflichtet.[210] Dem trägt das Vertragsmuster zum Chefarztvertrag der DKG[211] Rechnung, in dessen § 2 es heißt: „Der Arzt ist in seiner ärztlichen Verantwortung bei der Diagnostik und Therapie unabhängig und nur dem Gesetz verpflichtet. Im übrigen ist er an Weisungen des Krankenhausträgers

---

205 Genzel, in: Laufs/Uhlenbruck, Handbuch des ArztR, § 90 Rdnr. 2; a.A. Wohlhage, a.a.O., S. 44.

206 Schiwy/Dalichau, Deutsches Arztrecht, § 1 BÄO Anm. 4 (Stand 1996).

207 § 2 Abs. 4 MuBO 1997 (abgedruckt in: NJW 1997, 3076 ff.): „Der Arzt darf hinsichtlich seiner ärztlichen Entscheidungen keine Weisungen von Nichtärzten entgegennehmen."

208 BVerfGE 16, 294.

209 Genzel, in: Laufs/Uhlenbruck, Handbuch des ArztR, § 90 Rdnr. 7, spricht insoweit von einer Modifikation des beamtenrechtlichen Pflichtverhältnisses aufgrund des Berufsbildes.

210 BAGE 11, 225, 230 = NJW 1961, 2085 = AP Nr. 24 zu § 611 BGB Ärzte, Gehaltsansprüche, m. Anm. Molitor = SAE 1962, 90 m. Anm. Herschel, und BGH NJW 1978, 589 (allgemein für Krankenhausärzte); BGH ArztR 1998, 88 (Chefarzt). Die insoweit nach Umsetzung in Landesrecht zwingende Vorgabe der Muster-Berufsordnung verkennt Lücke, a.a.O., S. 73, der meint, die Weisungsfreiheit werde erst Bestandteil des Chefarztvertrages und erlange durch ihn Geltung. - Im österreichischen Recht verficht Mayer ein Weisungsrecht des Anstaltsträgers, vgl. FS Tomandl, S. 547, 556.

211 Beratungshilfe- und Formulierungshilfe Chefarzt-Vertrag, 5. Aufl. 1996.

(...) gebunden." Diese Grundsätze beanspruchen nicht nur für Chefärzte, sondern für alle Krankenhausärzte Geltung. Sie sind für das Verhältnis zwischen nachgeordneten Ärzten und Krankenhausträger ebenfalls bestimmend, weshalb auch ihnen gegenüber folglich direkte medizinisch-fachliche Weisungen des Krankenhausträgers ausscheiden.[212]

5.4 Chefarzt und nachgeordnete Ärzte

Allerdings muß die zugleich aufgeworfene Frage nach der Beschaffenheit der Beziehung zwischen Chefarzt und nachgeordneten Ärzten eine differenziertere Beantwortung erfahren. Es liegt durchaus nahe, die ärztliche Weisungsfreiheit als eine generelle Weisungsfreiheit zu betrachten, die unabhängig von der hierarchischen Funktion für alle Ärzte gilt. So lassen weder BÄO noch MuBO ihrem Wortlaut nach eine Weisungsfreiheit allein des Chefarztes oder nur zwischen Ärzten und Nichtärzten erkennen. Im Einklang damit finden sich in der Literatur Stimmen, die eine bindende Wirkung von Weisungen des Chefarztes gegenüber nachgeordneten Ärzten ablehnen und gegen jegliche Beschränkung von Ärzten eintreten.[213] Andere verfechten Kollegialentscheidungen.[214]

Die überwiegende Ansicht befürwortet richtigerweise ein Weisungsrecht des Chefarztes gegenüber den nachgeordneten Ärzten, das sich auf den medizinisch-fachlichen Bereich erstreckt.[215] Die wohlverstandene Freiheit des Berufes bedeutet, Freiheit von Weisungen eines jeden, der nicht selbst den Beruf des Arztes ausübt und sich den Standesregeln unterworfen sieht. Zum einen wird auf diese Weise der kooperationsbedürftigen arbeitsteiligen Organisation eines klinischen Betriebes[216] entsprochen[217], weshalb der Arzt in der Folge seine Aufgabe den Geboten der ärztlichen Sitte entsprechend erfüllt (§ 1 Abs. 1 S. 4 BÄO). Und

212 Ob sich der Krankenhausträger der Chefärzte zum Zwecke fachlicher Weisungen bedienen kann, bleibt unerheblich; a.A. Lücke, a.a.O., S. 31.

213 Zuletzt Lücke, a.a.O., S. 98 f.; Narr, Ärztliches Berufsrecht, Rdnr. 36, 39 f.; Gitter, a.a.O., S. 14 ff.; Staudinger-Richardi, Vor §§ 611 ff. BGB Rdnr. 1287 f., der dies aber faktisch wieder stark einschränkt durch die Behauptung, ein nachgeordneter Arzt dürfe keine ärztliche Tätigkeit vornehmen, mit der er sich in Widerspruch zu Weisungen des leitenden Arztes begibt.

214 Im Verhältnis zum Krankenhausträger, nicht dem Patienten, vgl. Grafe/Debong, ArztR 1997, 95, 97.

215 RGRK-Nüßgens, § 823 BGB Anh. II, Rdnr. 221; Genzel, in: Laufs/Uhlenbruck, Handbuch des ArztR, § 88 Rdnr. 17.

216 Reichel, a.a.O., S. 14.

217 Laufs, Arztrecht, Rdnr. 518. - Ebenso wird dies den Bedürfnissen der überkommenen, aber traditionell hierarchischen Struktur der Abteilungsorganisation gerecht.

zum anderen gründet sich das Weisungsrecht des Chefarztes gegenüber dem nachgeordneten Arzt entscheidend auf der Letztverantwortlichkeit des leitenden Arztes. Dieser soll im Schadensfall möglicherweise vertraglich, stets aber deliktisch haften für Fehler bei der Auswahl und beim Einsatz nachgeordneter Ärzte, bei der Organisation des ärztlichen Dienstes am Patienten in der von ihm geleiteten Abteilung.[218] Verantwortung erfordert aber Gestaltungsmacht.[219]

Diese alleinige persönliche Einstandspflicht für die Abteilung stellt das Charakteristikum dar, das den Chefarzt ausmacht. Ohne ein Weisungsrecht müßte an die Stelle seiner Letztverantwortung eine kollektive Einstandspflicht der behandelnden Ärzte treten, eine dem Schuldprinzip abträgliche Haftungszuweisung[220], die mit der Aufhebung des Chefarztsystems zwangsläufig verbunden wäre.

5.5 Umfang des chefärztlichen Weisungsrechts

Wer mit der überwiegenden Ansicht ein Weisungsrecht des Chefarztes befürwortet, muß sich gleichwohl nach dessen Grenzen befragen lassen. Als überzeugend erweist sich die auf § 1 Abs. 1 S. 4 BÄO gründende, verbreitete Formel, wonach das Weisungsrecht endet, wenn dem Arzt eine den berufsethischen Grundsätzen und seinem Gewissen widersprechende Entscheidung abverlangt wird.[221] Denn „der ärztliche Beruf verlangt, daß der Arzt seine Aufgabe nach seinem Gewissen und nach den Geboten der ärztlichen Sitte erfüllt."[222] Das BAG

---

218 Umgekehrt rechtfertigt sich auch die Einstandspflicht des leitenden Arztes für Fehler der nachgeordneten Ärzte durch die ihm eingeräumte Gestaltungsmöglichkeit, die das Weisungsrecht verschafft. Vgl. dazu Debong, ArztR 1997, 95, 99; Genzel, in: Laufs/Uhlenbruck, Handbuch des ArztR, § 88 Rdnr. 20 f.

219 Für ein Weisungsrecht Hoffmann, KH 1996, 502, 505: „Wenn es den ‹Chefarzt› im Krankenhaus bisher nicht gegeben hätte, müßte man ihn im Hinblick auf den ausgeweiteten Pflichtenkatalog erfinden."

220 Laufs, FS Gernhuber, S. 245, 257.

221 Laufs, in: Laufs/Uhlenbruck, Handbuch des ArztR, § 3 Rdnr. 11.

222 Lücke, a.a.O., S. 85, unterscheidet demgegenüber, die nach Art. 4 GG geschützte Gewissensentscheidung im allgemeinen Sinne und - als weitere Kategorie - die berufsethische Gewissensentscheidung, wie sie das BVerwG in Anlehnung an das allgemeine Persönlichkeitsrecht beschrieb (E 27, 303, 305: „Der Beruf des Arztes ist ... in einem hervorragenden Maß ein Beruf, in dem die Gewissensentscheidung des einzelnen Betriebsangehörigen im Zentrum der Arbeit steht. In den entscheidenden Augenblicken seiner Tätigkeit befindet sich der Arzt in einer unvertretbaren Einsamkeit, in der er - gestützt auf sein fachliches Können - allein auf sein Gewissen gestellt ist."). Die Unterscheidung bleibt fragwürdig, weil die Ausübung des Arztberufes für derlei ethische Stufenverhältnisse nicht zugänglich ist.

stellt insoweit auf den subjektiven Gewissensbegriff ab[223], wonach Gewissensentscheidung jede ernste, sittliche, d. h. an den Kategorien von Gut und Böse orientierte Entscheidung ist, die der einzelne in einer bestimmten Lage als für sich bindend und verpflichtend erfährt.[224]

Demgegenüber wird dem nachgeordneten Arzt von der Literatur[225] als Voraussetzung für die individuelle ärztliche Handlungsverantwortung eine gewisse Weisungsfreiheit zuerkannt, wonach er jedenfalls einzelne Weisungen zurückweisen und nicht zu einer bestimmten Behandlungsmethode gezwungen werden könne.[226] Um eine aus dieser bloßen „Ablehnungsbefugnis" in der Mehrzahl der Fälle unweigerlich resultierende faktische Weisungsgebundenheit zu vermeiden, wird inzwischen sogar ein weisungsfreier Kernbereich ärztlichen Handelns propagiert.[227] Demnach soll auch gegenüber dem Chefarzt eine ärztliche Handlungsfreiheit des nachgeordneten Arztes bestehen, die sich auf die im Rahmen der medizinischen Standards bestehende Therapiefreiheit, die Freiberuflichkeit, das Berufsrecht gründe und letztlich durch Art. 2 Abs. 1 GG verfassungsrechtlich geschützt sei.

Diese beiden freiheitlicheren Positionen verkennen indessen die haftungsrechtlichen Auswirkungen: Neben der stets eingreifenden Handlungsverantwortung des einzelnen Arztes, muß es im Dienste des Patienten bei einer Letztverantwortung des Chefarztes verbleiben.[228] Und diese läuft der Annahme einer Ablehnungsbefugnis ebenso wie der eines weisungsfreien Kernbereiches des nachgeordneten Arztes letztlich zuwider. Eine solche Vorstellung zu Ende gedacht, könnte der nachgeordnete Arzt durch eine Ablehnung der aufgetragenen Behandlung jederzeit selbst die eigene Haftung ausschließen, wohingegen der Chefarzt einstandspflichtig bliebe. Setzte sich der nachgeordnete Arzt über eine Anweisung hinweg und führte die Behandlung nach eigenem Gutdünken, aber fehlerhaft durch, müßte der letztverantwortliche Chefarzt wegen der Verletzung

---

223 BAG AP Nr. 1 zu § 611 BGB Gewissensfreiheit = MedR 1990, 288; BAG AP Nr. 27 zu § 611 BGB Direktionsrecht. - Zugrunde liegen muß eine nach außen tretende, rational mitteilbare und intersubjektiv nachvollziehbare tiefe Ernsthaftigkeit und absolute Verbindlichkeit persönlicher Selbstbestimmung. Für den subjektiven Gewissensbegriff auch Wendeling-Schröder, BB 1988, 1742, 1747.

224 BAG NZA 1990, 144.

225 Narr, Ärztliches Berufsrecht, Bd. 1, Rdnr. 40; Rieger, Lexikon des Arztrechts, Rdnr. 123; Laufs, FS Weitnauer, S. 363, 372; Staudinger-Richardi, Vor §§ 611 ff. BGB, Rdnr. 1290 (in der Vorauflage [1989, Rdnr. 1641] spricht Richardi weitergehend von einer selbständigen Handlungsverantwortung des Arztes; ebenso ders., in: MünchArbR, § 197 Rdnr. 26).

226 Narr, Ärztliches Berufsrecht, Bd. 1, Rdnr. 40.

227 So neuerdings Lücke, a.a.O., S. 86 ff.

228 Genzel, in: Laufs/Uhlenbruck, Handbuch des ArztR, § 88, Rdnr. 17.

seiner Aufsichts- und Überwachungspflicht dennoch haften. Die Haftung des Chefarztes wäre also von seinem eigenen Verschulden getrennt[229], unter Verstoß gegen das Verschuldensprinzip. Solange eine Einstandspflicht des Chefarztes für nachgeordnete Ärzte besteht, bedarf er auch einer Gestaltungsmacht, die untrennbar mit einem Weisungsrecht verbunden ist.

Schließlich widerlegt sich die These eines weisungsfreien Kernbereichs[230] selbst: Wenn in Fällen mit hoher Komplikationsdichte und in der Notfallmedizin die Verpflichtung auf das Patientenwohl einen Eingriff in die Weisungsunabhängigkeit ausnahmsweise rechtfertigen soll, dann bleibt der behauptete weisungsfreie Kernbereich ärztlichen Handelns bloße Schimäre. Denn kritische Situationen gehören in der Klinik zum Alltag.[231] Die übrigen verbleibenden medizinischen Verrichtungen erlauben es letztlich nicht, von einem generell bestehenden Kernbereich weisungsfreien ärztlichen Handelns zu sprechen. Die Grenze des Weisungsrechts bestimmt sich im Ergebnis weiterhin nach der Formel, wonach der Arzt eine dem Gewissen widersprechende Handlung verweigern kann.[232]

5.6 Ableitung des chefärztlichen Weisungsrechts

Die Rechtsnatur des chefärztlichen Weisungsrechts steht außer Streit. Es handelt sich nicht um eine geschäftsähnliche Handlung, sondern um ein einseitiges Rechtsgeschäft, weil durch eine Willenserklärung eine Rechtspflicht des Erklärungsempfängers begründet wird.[233] Schwieriger zu beantworten ist indessen die Frage, inwiefern der Chefarzt in medizinischen Fragen anstelle des Krankenhausträgers das Weisungsrecht auszuüben vermag.

So läßt sich ein originäres Weisungsrecht des Chefarztes nicht mit Hilfe der Standesregeln begründen. In § 29 Abs. 1 S. 1 MuBO 1997 wird lediglich die Pflicht geprägt, sich untereinander kollegial zu verhalten.[234] Ein originäres Weisungsrecht ergibt sich des weiteren nicht unmittelbar aus dem Beschäftigungs-

229 Die (anerkannte) Berechtigung, eine medizinische Maßnahme aus ernsthaften Gewissensgründen abzulehnen (vgl. Laufs, in: Laufs/Uhlenbruck, Handbuch des ArztR, § 4 Rdnr. 10 m.w.N.), zwingt den Arzt dazu, den Konflikt offenzulegen und auszutragen, weshalb dem Chefarzt regelmäßig Steuerungsmöglichkeiten erhalten bleiben.

230 Lücke, a.a.O., S. 83.

231 Genzel, in: Laufs/Uhlenbruck, § 88 Rdnr. 12.

232 Vgl. etwa BAG MedR 1990, 288, zur Ablehnung von Arzneimittelversuchen.

233 Schaub, Arbeitsrechts-Handbuch, § 31 Rdnr. 32.

234 Zu den Schwächen der Norm Ratzel, in: Ratzel/Lippert, MuBO, § 29 Rdnr. 1.

verhältnis, weil dieses zwischen den nachgeordneten Ärzten und dem Krankenhausträger, nicht aber mit dem Chefarzt besteht.

Ferner käme eine Ausübungsermächtigung[235] durch den Krankenhausträger zugunsten des Chefarztes in Betracht, setzte aber voraus, daß der Krankenhausträger das ihm generell zustehende Weisungsrecht in die Hände des Chefarztes legt, der es im eigenen Namen ausübt, ohne jedoch selbst Rechtsinhaber zu werden. Zu Recht wird dagegen eingewendet, der Chefarzt solle aus Gründen des innerbetrieblichen Friedens medizinische Weisungen nicht im eigenen Namen, sondern im Namen der Krankenhausleitung aussprechen.[236]

Weiterhin kommt eine Abtretung des Direktionsrechts durch den Krankenhausträger auf den Chefarzt nach § 398 BGB in Betracht. Stellt sich schon die Frage, ob die (isolierte) Abtretung des Direktionsrechts überhaupt möglich ist[237], vermögen erst recht die Folgen der Abtretung nicht zu überzeugen. Es entäußerte sich der Träger dann seines Weisungsrechts im Ganzen, die Abtretung müßte das Direktionsrecht als unteilbares Recht vollständig erfassen. In der Folge müßte jede Einflußnahme des Krankenhausträgers auf die nachgeordneten Ärzte durch den Chefarzt vermittelt werden, auch soweit lediglich der dienstrechtliche Bereich berührt wird.[238]

Geeignetes Instrument zur Übertragung des Direktionsrechtes stellt letztlich die Stellvertretung nach §§ 164 ff. BGB dar. Für den medizinisch-fachlichen Bereich handelt der Chefarzt im Auftrag und im fremden Namen des Klinikträgers. Die dienstrechtlichen Regelungen trifft der Krankenhausträger dagegen selbst, indem er die Vertretungsvollmacht des Chefarztes auf das Medizinische beschränkt.[239] Unerheblich bleibt dabei, ob der Chefarzt Weisungen ausdrücklich im Namen des Vertretenen ausspricht oder ob aus den Umständen resultiert, daß sie in dessen Namen erfolgen sollen.[240]

Als Besonderheit bleibt zu vermerken, daß sich das Direktionsrecht des Krankenhausträgers in medizinisch-fachlicher Hinsicht zunächst als bloße Hülle darstellt, weil nach § 1 Abs. 1 S. 4 MuBO die Ausübung durch den Krankenhausträger nicht in Betracht kommt. Vielmehr erstarkt das Weisungsrecht des

---

235 Larenz, SchuldR I/1, § 34 V c, S. 598 f., nicht ohne Bedenken zum Fall der Einziehungsermächtigung.

236 Lücke, a.a.O., S. 36.

237 Es handelt sich wohl um ein unselbständiges Gestaltungsrecht, vgl. Soergel-Kraft, § 611 BGB, Rdnr. 38.

238 Schwierig in der Handhabung für den Klinikträger wäre dieses Direktionsrecht auch im Falle eines Chefarztwechsels, denn der Ausscheidende müßte sich zur Rückabtretung des Direktionsrechts bereit finden.

239 Die den Mitarbeitern im Außenverhältnis kundgetane Bevollmächtigung gestaltet sich im Außenverhältnis jederzeit frei widerruflich.

240 § 164 Abs. 1 S. 2 BGB.

Krankenhausträgers durch die Bevollmächtigung des Chefarztes - sie ermöglicht die Ausübung erst.

6 Der Chefarzt als Arbeitnehmer

Um die Bedeutung des Chefarztes für den Krankenhausbetrieb und seinen Gestaltungsspielraum hierin ermessen zu können, ist der arbeitsrechtliche Status des Chefarztes zu klären. Von der sich verringernden Zahl von beamteten Chefärzten abgesehen, gründet sich das Anstellungsverhältnis des Chefarztes ganz überwiegend auf einen Dienstvertrag[241], bei dem unterschieden wird nach seiner Ausprägung als freier Dienstvertrag und als abhängiger Arbeitsvertrag.[242] Für die Frage, ob der Chefarzt als Arbeitnehmer oder als Dienstnehmer zu qualifizieren ist, ist die Beurteilung des Chefarztvertrages maßgeblich. Als Arbeitnehmer gilt, wer auf Grund eines privatrechtlichen Vertrages oder eines ihm gleichgestellten Rechtsverhältnisses im Dienst eines anderen zur abhängigen und weisungsgebundenen Arbeit verpflichtet ist.[243]

Wenn nach heute fast einhelliger Ansicht in der Rechtsprechung[244] und Literatur[245] dem angestellten Chefarzt die Arbeitnehmereigenschaft zuerkannt wird,

---

241 Lippert, in: Lippert/Kern, Arbeits- und Dienstrecht der Krankenhausärzte von A-Z, Rdnr. 109.

242 BAG MedR 1991, 159.

243 Hueck/v. Hoyningen-Huene, § 1 KSchG Rdnr. 22.

244 BAGE 11, 225, 230 = NJW 1961, 2085 = AP Nr. 24 zu § 611 BGB Ärzte, Gehaltsansprüche, m. Anm. Molitor = SAE 1962, 90 m. Anm. Herschel; BAG NZA 2000, 427 = ArztR 2000, 102.

245 MünchHandArb-Richardi, § 27 Rdnr. 36; Schaub, Arbeitsrechts-Handbuch, § 16 Rdnr. 21 m.w.N.; APS-Preis, Grundlagen C. Rdnr. 47; Gamillscheg, Arbeitsrecht I, S. 29, 165 ff. - Lieb, Arbeitsrecht, Rdnr. 2 ff., stellt fest, Schwierigkeiten ergäben sich in Grenzfällen, wie etwa bei der (Uralt-) Frage, ob (angestellte) Chefärzte als Arbeitnehmer angesehen werden können. Die fachliche Weisungsfreiheit sei aber mit der Arbeitnehmereigenschaft durchaus vereinbar, ebenso wie das Liquidationsrecht und das Betreiben einer Privatpraxis, weil sie die Haupttätigkeit nicht berührten und auch der Chefarzt hinsichtlich Zeit und Ort der Arbeitsleistung der Weisungsgebundenheit unterliege. Besonderheiten der Chefarztstellung etwa im betriebsverfassungsrechtlichen Bereich könne durch Einordnung als leitender Angestellter Rechnung getragen werden. Steinmeyer/Waltermann, Casebook Arbeitsrecht, S. 3 f., bejahen die Arbeitnehmereigenschaft: Daß von weitgehender Weisungsunabhängigkeit noch nicht auf Selbständigkeit geschlossen werden könne, zeige der klassische Fall des BAG, NJW 1961, 2085 f. - Chefarzt. Bejahend ebenfalls Bauschke, in: AR-Blattei, Arbeitnehmer I und II, Ziff. 110.1 Rdnr. 216: Chefärzte sind Arbeitnehmer (Ziff. 110.1. und Ziff. 110.2 allgemein zum Arbeitnehmerbegriff) und ErfK-Preis, § 611 BGB Rdnr. 15 u. 105. Für die Arbeitnehmereigen-

so beruht dies auf den Erwägungen, daß ein Arzt üblicherweise Dienststunden einhalten muß, dem Krankenhausträger seine gesamte Arbeitskraft zur Verfügung stellt und zur Behandlung aller Krankenhauspatienten verpflichtet ist.[246] Zudem wird dem Chefarzt in Bezug auf die Arbeitsorganisation regelmäßig eine weitere Kraft übergeordnet[247], er wird (jedenfalls auch) fest besoldet und vom Krankenhausträger versichert. Die Auswahl und Bestellung der sämtlichen Hilfskräfte ist Sache des Krankenhausträgers[248], der letztlich im Rahmen der bestehenden Krankenhausstruktur nicht auf den Chefarzt verzichten kann.[249]

Zwar vermögen die leitenden Ärzte in Fragen der ärztlichen Behandlung weisungsfrei zu entscheiden, aber in den arbeitsorganisatorischen Fragen sind sie fremder Bestimmungsgewalt im Rahmen des Betriebes unterworfen. In der Person des Chefarztes liegen daher die eine Arbeitnehmereigenschaft begründenden

---

schaft tritt auch Griebeling ein mit der Begründung: „Wenn ein Chefarzt einer großen Klinik in seiner Attitüde von Macht, Geld und Einfluß uns als Arbeitnehmer entgegenkommt, runzeln wir womöglich die Stirn ... Aber die Krankenhausleitung kann ihm seine Operationszeiten vorgeben, die Ambulanz, den Operationssaal und die Mitarbeiter zuweisen. Das Krankenhaus hat tausend Möglichkeiten, die Tätigkeit seiner Chefärzte zu regulieren, ihnen Aufgaben zuzuweisen und sie ihnen auch wieder wegzunehmen" (vgl. RdA 1998, 208, 209 u. 212). Für streitig halten demgegenüber die Arbeitnehmereigenschaft Hanau/Adomeit, Arbeitsrecht, Kap. E 2.: „Der Chefarzt eines großen Krankenhauses kann Arbeitnehmer (leitender Angestellter) sein" (bis 10. Aufl. 1994). Zöllner/Loritz, Arbeitsrecht, § 4 III 5 a bb: „Streitig ist ... die Arbeitnehmereigenschaft von Chefärzten. Sie sind meist in bezug auf die gesamte Erbringung ihrer ärztlichen Tätigkeit nicht nur de facto, sondern auch de jure weisungsfrei. Weder die Verkehrsanschauung noch irgendwelche Sachgründe nötigen zu ihrer Einbeziehung in das Arbeitsrecht." Fernliegend dagegen Kasseler Handbuch-Worzalla, 1.1, Rdnr. 318: Die Beurteilung sei häufig problematisch. Daß der Chefarzt über seine Anwesenheit weitgehend selbst disponieren dürfe, überwiegend selbst liquidiere und selbst Hilfskräfte einstellen könne, spreche ggf. für freie Mitarbeit. Ohne Hinweis etwa Dütz, Arbeitsrecht; Hromadka/Maschmann, Arbeitsrecht, Bd. 1, und Brox/Rüthers, Arbeitsrecht. - Die Arbeitnehmereigenschaft schon früher bejahend Molitor, Krankenhaus und Chefarzt, S. 13 ff.; verneinend Knur, KHA 1949, Heft 1, S. 24 ff.; ders., KHA 1952, S. 81, 86; Nipperdey, KHA 1949, Heft 4, S. 4-22.

246 Das BAG bekräftigte, es komme für die Arbeitnehmerstellung vor allem auf das Weisungsrecht des Arbeitgebers an, das Inhalt, Durchführung, Zeit, Dauer und Ort der Arbeit betreffen könne und über die Weisungsrechte hinausgehen müsse, die Auftraggebern von Werkunternehmern und freien Dienstherren zustehen, vgl. EzA § 611 BGB Arbeitnehmerbegriff Nr. 74.

247 Zum einen der Ärztliche Direktor, aber zum anderen auch die Verwaltungsleitung des Krankenhausträgers.

248 Reinhardt, Die dogmatische Begründung der Haftungsbeschränkung des Arbeitnehmers, 1977, S. 37 f.

249 Weber/Müller, Chefarztvertrag, Einführung Rdnr. 1.

Merkmale vor, wie die persönliche und wirtschaftliche Abhängigkeit, die Eingliederung in den Betrieb[250] und das fehlende Unternehmerrisiko.[251] Auch besteht die für eine Qualität als Arbeitnehmer erforderliche Weisungsgebundenheit hinsichtlich Ort und Zeit der Arbeitsleistung.

Demgegenüber erweist sich die fachliche Weisungsgebundenheit bei Diensten höherer Art, wie etwa dem medizinischen Dienst[252], für die Arbeitnehmereigenschaft als nicht erforderlich. Denn die „Art der Tätigkeit kann es mit sich bringen, daß dem Dienstverpflichteten - wie etwa Chefärzten ... ein hohes Maß an Gestaltungsfreiheit, Eigeninitiative und fachlicher Selbständigkeit verbleibt."[253] Zu Recht stellte das BAG[254] entgegen der Auffassung *Nipperdeys*[255] fest, „daß der Chefarzt eines Krankenhauses oder einer Abteilung eines Krankenhauses bei seiner rein ärztlichen Tätigkeit, d. h. bei der Behandlung der Patienten, eigenverantwortlich und an Weisungen des Krankenhausträgers nicht gebunden ist, schließt nicht aus, daß sein Beschäftigungsverhältnis dennoch ein Arbeitsverhältnis sein kann. Ein Arbeitsverhältnis ist es dann, wenn der Chefarzt im übrigen im wesentlichen weisungsgebunden und damit vom Krankenhausträger persönlich abhängig ist."

Wenngleich Chefärzte im Ergebnis ganz überwiegend als einfache Arbeitnehmer zu qualifizieren sind, gilt dies nicht im Hinblick auf das Arbeitsentgelt. Denn der bei Arbeitsverträgen mit öffentlich-rechtlichen Krankenhausträgern zur Anwendung gelangende Bundes-Angestelltentarifvertrag (BAT)[256] mit der Son-

---

250 BAG AP Nr. 15, 24, 42, 43, 45 zu § 611 BGB Abhängigkeit.

251 Dies hat das BAG auch für den Ärztlichen Direktor bestätigt, BAG MedR 1991, 159, unter Verweis auf BAG, AP Nr. 24 zu § 611 BGB Ärzte, Gehaltsansprüche = SAE 1962, 90 m. Anm. Herschel.

252 Zur historischen Entwicklung des freien Dienstvertrages vgl. Rombach, a.a.O., S. 23.

253 Hueck/v. Hoyningen-Huene, § 1 KSchG Rdnr 25; BAG AP Nr. 42 zu § 611 BGB Abhängigkeit.

254 BAGE 11, 225, 230 = NJW 1961, 2085 = AP Nr. 24 zu § 611 BGB Ärzte, Gehaltsansprüche, m. Anm. Molitor = SAE 1962, 90 m. Anm. Herschel.

255 KHA 1949, 4, 17-21.

256 Zuletzt neu vorgelegt am 13.06.2000.

derregelung SR 2 c BAT[257] ist für die Chefärzte nicht anwendbar (§ 3 lit. i BAT).[258]

257 Schaub, Arbeitsrechts-Handbuch, § 16 Rdnr. 21. - Allerdings kann der Arbeitsvertrag eine entsprechende Anwendung des BAT vorsehen.

258 Beachtung verdient schließlich die ausgreifende Zuweisung von Streitigkeiten an die Arbeitsgerichte. So wird die Zuständigkeit der Arbeitsgerichte „weitgehend aus Zweckmäßigkeitsgründen ... auch auf Ansprüche ausgedehnt, die in so greifbar naher Beziehung zu einem Arbeitsverhältnis stehen, daß sie überwiegend durch das Arbeitsverhältnis bestimmt werden." Streiten sich etwa Chirurg und Radiologe über die Honorarteilung ist im übrigen der Rechtsweg zu den Arbeitsgerichten gegeben, weil es sich um eine bürgerliche Rechtsstreitigkeit zwischen Arbeitnehmern handelt, für die nach § 2 Abs. 1 Nr. 9 ArbGG der Rechtsweg zu den Arbeitsgerichten gegeben ist, vgl. BGH NJW 1998, 2745 = ArztR 1998, 103. - Wollen Krankenhausträger und Chefarzt die unmittelbare Anrufung der Gerichte für Arbeitssachen zugunsten eines Schlichtungsverfahrens ausschließen, bedarf es einer ausdrücklichen Vereinbarung, vgl. BAG ArztR 2000, 66.

7 Der Chefarzt als leitender Angestellter

Als Vorgesetzter nachgeordneter Ärzte trägt der Chefarzt die Verantwortung für die Organisation der Abteilung, für die Aus- und Weiterbildung ebenso wie für die wirtschaftliche Führung der Abteilung und ist einstandspflichtig gegenüber dem Krankenhausträger wie auch dem Patienten. Auch das individuell ausgestaltete Entgelt für seine Tätigkeit als Chefarzt weist auf eine Sonderrolle innerhalb des Krankenhausbetriebes hin. Diese Faktoren lassen eine arbeitsrechtlich herausgehobene Stellung erwarten.

Die aufzuwerfende Fragestellung, ob der Chefarzt „leitender Angestellter" im Sinne der arbeitsrechtlichen Schutzgesetze ist, beinhaltet durchaus eine gewisse Provokation.[259] Die Chefärzte empfinden sich nach ihrer Selbsteinschätzung oftmals als „leitend" tätig, ebenso beurteilen sie manche Krankenhausträger. Doch die bloße Bezeichnung eines Angestellten im Arbeitsvertrag als „leitend" reicht nicht aus.[260] Ein einheitlicher Oberbegriff des leitenden Angestellten existiert nicht, Abgrenzungsmerkmale ergeben sich aus den einschlägigen arbeitsrechtlichen Schutzvorschriften.[261]

Nach soziologischer Betrachtung sind leitende Angestellte solche Personen, denen unternehmerische Teilaufgaben, insbesondere bedeutende Arbeitgeberfunktionen, übertragen worden sind.[262] Bei größeren Unternehmen vermag der Unternehmer die Betriebsführung nicht allein auszuüben, er muß vielmehr leitende Angestellte damit betrauen und sich darauf verlassen, daß sie ihm uneingeschränkt zur Verfügung stehen, das heißt den Betrieb gegenüber den anderen Arbeitnehmern und auch nach außen hin ohne Gegnerschaft führen.[263] Da in Krankenhäusern - unabhängig von ihrer Größe - die medizinische Kompetenz ebenso wie das fachliche Weisungsrecht nur in den Händen eines Mediziners selbst zu liegen vermag, ergäbe die rein soziologische Betrachtung, daß Chefärzte im Krankenhaus in der Funktion als leitende Angestellte eingesetzt werden.

---

259 Dahm/Lück, "Der Chefarzt: ‹Leitender Angestellter› im Sinne von § 5 III BetrVG oder nur ‹leitender Abteilungsarzt›?", MedR 1992, 1 ff.

260 Hess/Schlochauer/Glaubitz, § 5 BetrVG, Rdnr. 32.

261 BAGE 32, 381 = AP Nr. 22 zu § 5 BetrVG 1972.

262 Hromadka, Das Recht der leitenden Angestellten im historisch-gesellschaftlichen Zusammenhang, S. 335 f. setzt an bei Prokura, Gehalt, Eigenverantwortlichkeit und besonderen Erfahrungen und Kenntnissen

263 BAG AP Nr. 11 und Nr. 15 zu § 5 BetrVG 1972.

Juristisch maßgeblich hingegen erweist sich für die Zuordnung des Chefarztes zu den leitenden Angestellten das Vorliegen objektiver juristischer Kriterien. Diese objektiven juristischen Kriterien unterscheiden sich in Abhängigkeit vom Zweck des jeweiligen Gesetzes, weshalb es einen arbeitsrechtlich einheitlichen Begriff des leitenden Angestellten nicht gibt.[264] Für jede dieser gesetzlichen Regelungen ist infolgedessen der betroffene Personenkreis eigenständig zu ermitteln.[265] Genannt wird der „leitende Angestellte" in § 14 Abs. 2 KSchG, § 5 Abs. 3 BetrVG, § 18 Abs. 1 Nr. 1 ArbZG, § 3 Abs. 2 Nr. 1 und Nr. 2 MitbestG, § 2 Abs. 2 Nr. 2 der 2. DVO zum ArbNErfG, § 16 Abs. 4 Nr. 4 SGG und der Sache nach in § 22 Abs. 2 Nr. 2 ArbGG.

Die arbeitsrechtlichen Schutzvorschriften zugunsten von Arbeitnehmern zeigen sich im Hinblick auf leitende Angestellte wegen der Ausübung von Arbeitgeberfunktionen wie folgt modifiziert:

Leitende Angestellte

1. sind von den Vorschriften des Arbeitszeitgesetzes ausgenommen (§ 18 ArbZG),
2. gelten nicht als Arbeitnehmer i.S.d. Betriebsverfassungsrechts (§ 5 BetrVG),
3. bilden aber einen Sprecherausschuß (§ 1 SprAuG)[266],
4. sind nach dem Mitbestimmungsgesetz besonderen Bestimmungen unterworfen (§ 3 Abs. 3 Nr. 2 MitbestG[267]),
5. sind abgeschwächtem Kündigungsschutz unterworfen (§ 14 Abs. 2 KSchG),
6. dürfen nur auf Arbeitgeberseite als ehrenamtliche Richter bei den Arbeits- und Sozialgerichten tätig sein (§§ 22 Abs. 2 Nr. 2, 37 Abs. 2, 43 Abs. 3 ArbGG, § 16 Abs. 4 Nr. 4 SGG).

Die unübersichtliche Rechtslage läßt sich historisch[268] und nach den jeweiligen Zwecken der Gesetze erklären: Den Gesetzgeber leitete das Ziel, die mit der Qualifikation als leitender Angestellter verbundene Einschränkung des arbeits-

---

264 Schaub, Arbeitsrechts-Handbuch, § 14 Rdnr. 1; MünchArbR-Richardi, § 26 Rdnr. 5; APS-Biebl, § 14 KSchG Rdnr. 16.

265 Fitting, § 5 BetrVG, Rdnr 116.

266 Fragen der Zuordnung bei Wahlen zu den Angestellten oder leitenden Angestellten regelt § 18a BetrVG .

267 „Angestellte im Sinne dieses Gesetzes sind die in § 5 Abs. 3 des Betriebsverfassungsgesetzes bezeichneten leitenden Angestellten". Durch den Verweis werden die Auslegungs- und Abgrenzungsprobleme des BetrVG übernommen, vgl. dazu Raiser, MitbestG, Kommentar, § 3 Rdnr. 24 ff.

268 Zu den Wurzeln des Begriffs Schipp, Die Stellung des leitenden Angestellten im Kündigungsschutzprozeß, 1993, S. 4 ff.

rechtlichen Schutzes nicht allzu stark auszudehnen.[269] Weil leitende Angestellte ebenfalls zu den Arbeitnehmern zählen, steht ihre generelle Schutzbedürftigkeit im Arbeitsleben außer Frage.[270]

Die Rolle der Chefärzte ist ungeklärt. Führten Ende des 19. Jahrhunderts wachsende Mobilität und Verschlechterung der wirtschaftlichen Lebensbedingungen dazu, daß die Beschäftigten austauschbar wurden, schlossen sich die verschiedenen Berufe - wie „Buchhalter, Ingenieure, Werkführer, Revierförster, Bankdirektoren, Expedienten, wissenschaftliche Hilfsarbeiter, Hütteninspektoren, Verwalter" zusammen im deutschen Privatbeamtenverband, der für eine staatsbeamtenähnliche Versorgung eintrat.[271] Im Kampf um eine Altersversicherung bildete sich die neue, nicht auf die Industrie beschränkte Gruppe der Angestellten[272] heraus. Die Ärzte gehörten nicht dazu. Ein Grund dafür war, daß sie zu dieser Zeit überwiegend als Selbständige arbeiteten und Festanstellungen an den wenigen Kliniken die Ausnahme waren.[273]

Die Herausbildung des leitenden Angestellten begann mit der Entstehung von Großunternehmen, in denen die großen Entscheidungen dem Unternehmer verblieben, aber die Leitung eines Betriebs oder einer Abteilung einem Angestellten anvertraut werden mußte, der dafür eine um ein Vielfaches über den Durchschnittsgehältern liegende Vergütung erhielt. Die Gruppe bildete sich in der Weimarer Zeit heraus und erhielt nach dem Zweiten Weltkrieg die Bedeutung einer „dritten Kraft, als Faktor ‹Intelligenz oder Disposition› zwischen Kapital und Arbeit".[274]

In den fünfziger Jahren zählten dann auch die Chefärzte nach überwiegender Ansicht in der Literatur zu den leitenden Angestellten.[275] Die heute gültige Einschätzung soll, getrennt nach den jeweiligen arbeitsrechtlichen Schutzgesetzen,

---

269 Schaub, Arbeitsrechts-Handbuch, § 14 Rdnr. 1: Nach seinen Angaben macht die Zahl der leitenden Angestellten rund 1,5 % der am Erwerbsleben beteiligten Personen aus.

270 Schaub, Arbeitsrechts-Handbuch, § 14 Rdnr. 30; Bauschke, in: AR-Blattei, Arbeitnehmer I, Ziff. 110.1 Rdnr. 216. - Für die gerade gefundene Qualität als Arbeitnehmer bliebe die mögliche Einordnung als leitende Angestellte im Sinne der arbeitsrechtlichen Vorschriften daher ohne Belang.

271 Hromadka, a.a.O., S. 30.

272 Zur Entstehung des Begriffs vgl. Hromadka, a.a.O., S. 48 ff.

273 In ihrer Tätigkeit waren die Ärzte den leitenden Angestellten nicht fern, über die es heißt, „die neuen Stellen erforderten einen neuen Typus von Angestellten, der an der Stelle des Unternehmers tätig werden konnte, jemand der im Grunde selbst das Zeug zum Unternehmer hatte ... Das Ideal des Bürgers war die Selbständigkeit, denn das bedeutet persönliche Freiheit, Freiheit von Beschränkungen durch andere", vgl. Hromadka, a.a.O., S. 92.

274 Hromadka, a.a.O., S. 240.

275 Vgl. Erman-Küchenhoff, Vor § 611 BGB, 4. Aufl. 1967, Anm. 3a m.w.N.

im weiteren untersucht werden, beginnend mit dem jüngsten, dem Arbeitszeitgesetz.

8 Das Arbeitszeitgesetz

8.1 Anwendung in Krankenhäusern

Das Arbeitszeitgesetz (ArbZG)[276] kommt nach Maßgabe der Übergangsvorschrift des § 26 seit dem 1. 1. 1996 für Ärzte und das Pflegepersonal in Krankenhäusern und andere Einrichtungen zur Behandlung, Pflege und Betreuung von Personen zur Anwendung. Nach einer Übergangszeit von 18 Monaten, die Umstellungsschwierigkeiten vermeiden sollte[277], hat die zum 1.7.1994 in Kraft getretene[278] Neuregelung des ArbZG auch für den Gesundheitssektor Geltung, bedeutsam etwa wegen der Ruhezeiten (§ 5).

Das ArbZG trat an die Stelle der bisher gültigen Arbeitszeitordnung (AZO)[279] und beseitigte die auf das Pflegepersonal anwendbare Verordnung über die Arbeitszeit in Krankenpflegeanstalten (KrAZO).[280] Die alte, vom BAG in ständiger Rechtsprechung[281] abschlägig beschiedene Frage nach der Anwendung der Arbeitszeitordnung (AZO) von 1938 auf Krankenhausärzte ist durch die Neuregelung hinfällig geworden. Die neue maximale Arbeitszeitschranke für angestellte Ärzte stellt eine deutliche Verbesserung dar[282], denn erstmals gibt es nun eine gesetzliche Begrenzung der Arbeitszeit von Ärzten. Schützen doch Bundesangestelltentarifvertrag (BAT), dessen kirchliche Fassung und die Arbeitsvertragsrichtlinien (AVR) in den konfessionellen Einrichtungen nicht vor Überlastung der Ärzte.[283] Die Fortgeltung der bestehenden Tarifverträge und Arbeitsvertrags-

---

276 V. 6.6.1994, BGBl I S. 1170.

277 BT-Drucks. 12/5888 S. 34.

278 Vgl. Art. 19 S. 2 Arbeitszeitrechtsgesetz.

279 Aus dem Jahre 1938.

280 Aus dem Jahre 1924.

281 Grundlegend dazu BAG AP § 611 BGB - Ärzte, Gehaltsansprüche - Nr. 17 = NJW 1960, 1413 (Ls). Stellvertretend für die zahlreichen Kritiker Samland, Die Arbeitszeit der angestellten Krankenhausärzte, 1981; Böhm-Witting, Anm. zu BAG AP § 611 Ärzte, Gehaltsansprüche Nr. 17; Denecke-Neumann, AZO, Kommentar, 9. Aufl., § 1 Rdnr. 4 u. 43; Rieger, Die Arbeitszeit in Krankenanstalten, 1963, S. 11 f.

282 Kempter, NZA 1996, 1190, 1191.

283 Und Patienten nicht vor übermüdeten Ärzten, vgl. Winter/Blümling/Sabin, in: Arbeitsgemeinschaft Rechtsanwälte im Medizinrecht e.V. (Hrsg.), Krankenhaus im Brennpunkt, S. 83.

richtlinien in konfessionellen Krankenhäusern beschränkte aber zunächst die praktische Bedeutung des neuen Gesetzes.

Grundsätzlich müssen nach § 5 Abs. 1 ArbZG Arbeitnehmer nach Beendigung der täglichen Arbeitszeit von acht bis zehn Stunden eine ununterbrochene Ruhezeit von mindestens elf Stunden erhalten.[284] Diese Ruhezeit kann nach Abs. 2 der Vorschrift auf zehn Stunden verkürzt werden, wenn sie innerhalb eines Kalendermonats oder innerhalb von vier Wochen durch Verlängerung einer anderen Ruhezeit auf mindestens zwölf Stunden ausgeglichen wird. Abs. 3 der Norm gewährt zusätzliche Flexibilität. Kürzungen der Ruhezeit durch Inanspruchnahme während des Bereitschaftsdienstes oder der Rufbereitschaft, die nicht mehr als die Hälfte der Ruhezeit betragen, sind ausgleichspflichtig und können zu anderen Zeiten ausgeglichen werden.[285]

Im Hinblick auf den Chefarzt birgt das Arbeitszeitgesetz - im Gegensatz zu anderen arbeitsrechtlichen Schutzvorschriften - wenig Interpretationsschwierigkeiten. Ausweislich des § 18 Abs. 1 Nr. 1 ArbZG findet das Gesetz keine Anwendung auf leitende Angestellte im Sinne des § 5 Abs. 3 BetrVG sowie auf die Chefärzte[286], die ausdrücklich aufgeführt werden, wobei das Gesetz diesen Begriff nicht näher bestimmt, sondern voraussetzt.[287]

Aufgeworfen ist zunächst die Frage, ob der deutsche Gesetzgeber durch die Benennung der Chefärzte den Anforderungen des EG-Rechts zu Genüge entsprochen hat, im weiteren zu untersuchen ist dann, ob sich durch die Benennung der Chefärzte zwingende, verallgemeinerungsfähige Folgerungen für die arbeitsrechtliche Einordnung des Chefarztes ergeben.

284 Der Arbeitsablauf in der Klinik erfordert dementsprechend drei Schichten pro Tag, dazu kritisch aus ärztlicher Sicht Dobrinski, BayÄBl 1998, 9.

285 Durch Tarifvertrag ist eine abweichende Regelung von § 5 Abs. 1 nach § 7 Abs. 1 Nr. 3 und von § 5 Abs. 3 nach § 7 Abs. 2 Nr. 1 möglich.

286 Aus der Erwähnung der Chefärzte läßt sich nicht der Umkehrschluß ableiten, der Gesetzgeber habe den Chefarzt nicht als leitenden Angestellten gesehen. Weder Wortlaut noch Gesetzgebungsmaterialien tragen diese Sichtweise. Da in öffentlichrechtlich betriebenen und kirchlich verfaßten Kliniken das BetrVG keine Anwendung findet, bedurfte es für das ArbZG einer ausdrücklichen Regelung. Anderer Auffassung sind Baur, AuK 1995, 353; Debong, ArztR 1996, 123 f.; Rehborn/Jorzig, AuK 1998, 87, 89; Jansen, in: Rieger (Hrsg.), Lexikon des Arztrechts, Anm. 1280 Rdnr. 6.

287 Schliemann, § 18 ArbZG Rdnr. 22. Im weiteren wird dem bereits in der Einleitung beschriebenen Verständnis des Begriffs „Chefarzt" gefolgt.

8.2 Europarechtliche Vorgaben

Die EG-Richtlinie 93/104/EG v. 23. 11. 1993[288] verpflichtet die Mitgliedsstaaten grundsätzlich dazu, jedem Arbeitnehmer, also auch dem Chefarzt, pro 24-Stunden-Zeitraum eine Mindestruhezeit von elf zusammenhängenden Stunden zu gewähren. Nach Art. 17 Abs. 1 lit. a können die Mitgliedsstaaten von Art. 3 abweichen in Bezug auf „leitende Angestellte oder sonstige Personen mit selbständiger Entscheidungsbefugnis". Der Regierungsentwurf[289] führt dazu aus: „Zur Bestimmung des Begriffs der Angestellten in leitender Stellung (Nummer 1) wird aus Gründen der Rechtssicherheit und Rechtsklarheit auf die Legaldefinition dieses Personenkreises in § 5 Abs. 3 des Betriebsverfassungsrechts verwiesen. Ferner werden in Anlehnung an § 3 Buchstabe i des Bundes-Angestelltentarifvertrages (BAT) auch Chefärzte vom Anwendungsbereich des Gesetzes ausgenommen."

Diese Erläuterung gibt für die Qualifikation der Chefärzte neben den leitenden Angestellten[290] als „sonstige Personen mit selbständiger Entscheidungsbefugnis" im Sinne der EG-Richtlinie indessen nichts her.[291] Es läßt sich spekulieren, die Weisungsfreiheit des Chefarztes in medizinischen Angelegenheiten begründe eine „selbständige Entscheidungsbefugnis" im genannten Sinne. Dann wäre die Umsetzung der EG-Richtlinie vordergründig gelungen. Es bleiben aber Zweifel, ob nicht gerade eine - dem Chefarzt fehlende spezifisch arbeitsrechtliche Entscheidungskompetenz[292] - von der EG-Richtlinie 93/104/EG als Voraussetzung intendiert war. Deren Ausnahmeregelung in Art. 17 Abs. 1 lit. a für „leitende Angestellte oder sonstige Personen mit selbständiger Entscheidungsbefugnis" unterstellt eine Entsprechung des Adressatenkreises der zu erlassenden nationalen Norm mit denjenigen Personen, die nach dem deutschen Recht zu den leitenden Angestellten zählen.[293] Für Chefärzte ist die Frage der Zuordnung zu den leitenden Angestellten jedoch nicht geklärt.

288 Abl. EG Nr. L 307/18.
289 BT-Drucks. 12/5888, S. 32.
290 Schaub, Arbeitsrechts-Handbuch, § 16 Rdnr. 21.
291 Unerheblich ist durch die ausdrückliche Nennung der Chefärzte, ob der Chefarzt tatsächlich auch leitender Angestellter im Sinne des § 5 Abs. 3 BetrVG ist, vgl. Baeck/Deutsch, ArbZG, § 18 Rdnr. 20.
292 Wie etwa die Personalhoheit.
293 BT-Drucks. 12/5888, S. 20: Für die übrigen Arbeitnehmer bleibt der deutsche Gesetzgeber an die Mindestvorschriften gebunden. - Zur Rechtslage in Österreich vgl. Stärker, RdM 1998, 67 ff.

Des weiteren vermag die Bezugnahme des deutschen Gesetzgebers auf § 5 Abs. 3 BetrVG[294] und insbesondere § 3 lit. i des BAT nicht zu überzeugen, wonach Chefärzte in Anlehnung an den BAT aus dem Geltungsbereich des Gesetzes ausgenommen werden. Dagegen spricht zum einen die Gesetzessystematik: der Anwendungsbereich des BAT ist enger als der des ArbZG. So entfaltet der BAT unmittelbare und zwingende Wirkung nur im Falle beiderseitiger Tarifgebundenheit[295], wohingegen das ArbZG als zwingendes Recht in allen Krankenhäusern gilt und zwar unabhängig davon, ob sie in öffentlich-rechtlicher oder privater Form betrieben werden.[296] Vermittelt durch das ArbZG entfaltet die tarifvertragliche Sonderregelung für Chefärzte nunmehr von Rechts wegen Wirkung auch für nicht tarifgebundene Kliniken.[297] Zum anderen scheint die Bezugnahme des Gesetzgebers auf die Regelung des § 3 lit. i BAT[298] aus der Nähe besehen gänzlich ungeeignet. Zwar zielt diese ersichtlich auf leitende Angestellte, aber ob die im BAT exemplarisch genannten Chefärzte, Kurdirektoren und Werksdirektoren tatsächlich zu den leitenden Angestellten zählen, bleibt fragwürdig. § 3 lit. i BAT enthält keine Bestimmung des Begriffs „Chefarzt“[299] und für die Aufzählung innerhalb des BAT findet sich letztlich kein arbeitsrechtliches Vorbild.[300]

8.3 Rechtslage in Bezug auf Chefärzte

Kommt das ArbZG nach dem Wortlaut des § 18 Abs. 1 Nr. 1 auf den Chefarzt nicht zur Anwendung[301], ist der Arbeitgeber lediglich aufgrund der ihm oblie-

294 Zur betriebsverfassungsrechtlichen Rechtsstellung des Chefarztes im folgenden Kapitel.

295 Das verbreitete Vertragsmuster der DKG enthält in § 1 eine Vereinbarung, wonach einzelne Vorschriften des BAT Anwendung finden sollen, jedoch gehört § 3 Buchst. i BAT nicht dazu.

296 Zmarzlik/Anzinger, ArbZG, § 18 Rdnr. 10.

297 Das schießt auch hinaus über das Ziel des Gesetzgebers, den Tarifvertragsparteien mehr Befugnisse und Verantwortung als bisher zu übertragen, vgl. BT-Drucks. 12/5888, S. 20.

298 „Der Tarifvertrag gilt nicht für ... leitende Ärzte (Chefärzte) ... und sonstige vergleichbare leitende Angestellte, wenn ihre Arbeitsbedingungen einzelvertraglich besonders vereinbart sind oder werden“.

299 Baeck/Deutsch, ArbZG, § 18 Rdnr. 19.

300 Die Bezugnahme auf den BAT wird nicht hinterfragt, vgl. etwa ErfK-Wank, § 18 ArbZG Rdnr. 3 im Anschluß an MünchArbR-Richardi, § 197 Rdnr. 15.

301 Der Hinweis auf die Personengruppe der Chefärzte mache deutlich, daß es nach den Vorstellungen des Gesetzgebers andere leitende Angestellte gebe, die aus dem Anwendungsbereich des ArbZG nicht ausgenommen seien, meint Bauschke, in: AR-Blattei, Arbeitnehmer II, Ziff. 110.2 Rdnr. 33.

genden Fürsorgepflicht gehalten, leitende Ärzte nicht in einer die Gesundheit mißachtenden Weise zur Arbeitsleitung heranzuziehen.[302] So hat sich eine Verbesserung der Rechtslage zugunsten des Chefarztes durch das ArbZG nicht ergeben. Oberarzt, Assistenzarzt und Arzt im Praktikum unterstehen hingegen dem Schutz des ArbZG.

Es fragt sich, ob die Notwendigkeit besteht, Chefärzte de lege ferenda ebenfalls in den Geltungsbereich des ArbZG einzubeziehen? Der Zweck des Gesetzes besteht nach § 1 ArbZG darin, einerseits die Sicherheit und den Gesundheitsschutz der Arbeitnehmer bei der Arbeitszeitgestaltung zu gewährleisten und die Rahmenbedingungen für flexible Arbeitszeiten zu verbessern (Nr. 1), andererseits den Sonntag und die staatlich anerkannten Feiertage als Tage der Arbeitsruhe und der seelischen Erhebung der Arbeitnehmer zu schützen (Nr. 2). Theoretisch besteht ein solches Bedürfnis, die Sicherheit und den Gesundheitsschutz des Chefarztes bei der Arbeitszeitgestaltung zu schützen, ebenso wie für die in das Gesetz einbezogenen nachgeordneten Ärzte. Außerdem gilt es die mittelbaren Auswirkungen der arbeitszeitlichen Belastung auf den zu behandelnden Patienten im Auge zu behalten, für den jeder überbeanspruchte Arzt, unabhängig von der Hierarchiestufe, zur Gefahr werden kann.[303] Weiter zeigt sich die durch § 18 ArbZG erstmals vorgenommene Differenzierung zwischen Chefärzten und nachgeordneten Ärzten im früheren Arbeitszeitrecht ohne Beispiel.[304] Weder in der Rechtsprechung noch in der die Neuregelung bestätigenden[305] oder die frühere Rechtsprechung ablehnenden[306] Literatur findet sich diese Unterscheidung.

---

302 Zmarzlik/Anzinger, ArbZG, § 18 Rdnr. 4.

303 So schon 1981 Samland, a.a.O., S. 37, 44. - Allerdings zielt das neue Arbeitszeitgesetz auf den Gesundheitsschutz des einzelnen Arbeitnehmers, nicht aber auf den der Allgemeinheit.

304 Das BAG gründete seine Auffassung von der Unanwendbarkeit der AZO auf Ärzte zuvorderst auf die historische Entwicklung der Arbeitszeitgesetzgebung, wonach alle Ärzte außerhalb des personellen Geltungsbereiches anzusiedeln seien. Zur inhaltlichen Analyse des Urteils (AP Nr. 17 zu § 611 BGB Ärzte, Gehaltsansprüche), vgl. Samland, a.a.O., S. 65 ff.

305 Meisel/Hiersemann, AZO, § 1 Rdnr. 61; BAG, Urt. v. 31.3.1960 - 5 AZR 4443/57, in: AR-Blattei D, Arzt, Entscheidungen 1 m. Anm. Molitor.

306 Samland, NJW 1980, 629; Böhm-Witting, Anm. zu BAG AP § 611 BGB Ärzte, Gehaltsansprüche Nr. 17; Denecke-Neumann, AZO, § 1 Rdnr. 4; Rieger, a.a.O., S. 11 f.

8.4 Praktische Bedeutung des ArbZG

Allerdings zeigt es sich, daß die Praxis ein solches Bedürfnis nach gesetzlicher Festlegung der Arbeitszeit des Chefarztes nicht erkennen läßt. So regeln die Musterverträge chefärztliche Dienstaufgaben, ohne je einen zeitlichen Rahmen festzuhalten.[307] Die vertraglich eingeräumte Führung und fachliche Leitung der Abteilung erlaubt dem Chefarzt, die Arbeitszeiteinteilung frei zu gestalten und die eigene Überlastung durch Delegation von Aufgaben an nachgeordnete Ärzte zu vermeiden.[308] Eine Einbeziehung in das ArbZG scheint somit letztlich nicht geboten.

Nicht verkannt werden darf aber, daß ein Korrektiv für den Fall der Selbstüberlastung des Chefarztes, etwa durch übermäßige Ausweitung der zur Liquidation berechtigenden Nebentätigkeit, fehlt. Weil der Krankenhausträger durch das regelmäßig zu entrichtende Nutzungsentgelt[309] an steigenden Einnahmen aus der Nebentätigkeit beteiligt ist, zieht er aus übermäßiger Tätigkeit des Chefarztes wirtschaftlichen Nutzen. Es fehlt demnach an einem wirtschaftlichen Interessengegensatz zwischen Krankenhausträger und Chefarzt, der ein Einschreiten des Trägers bei Überlastung und Übermüdung des Chefarztes begünstigte.[310] Mittelbar verhaltenssteuernd wirkt daher allein das zivilrechtliche Haftungsrecht.

Praktisch erwiesen sich im übrigen die Vorgaben des ArbZG bisher für die nachgeordneten angestellten Krankenhausärzte als realitstätsfern, die Umsetzung erfolgt nur schleppend.[311] Das Krankenhausfinanzierungsrecht und die knappen Ressourcen verhindern die deutliche Erhöhung der Planstellen, die das Arbeitszeitgesetz erfordert.[312]

---

307 Vgl. §§ 1, 4, 5, 6 des DKG-Mustervertrag; Münzel, Chefarztvertrag §§ 3, 4; Weber/Müller, Chefarztvertrag, §§ 3, 4.

308 Eine mit der leitenden Funktion verbundene Möglichkeit zur weitgehend freien Zeiteinteilung bejahen etwa Schlarmann/Buchner, NJW 1998, 3401, 3402.

309 Vgl. dazu Genzel, in: Laufs/Uhlenbruck, Handbuch des ArztR, § 91 Rdnr. 40.

310 Bei ambulanter Nebentätigkeit fließt das Festgehalt jedoch nicht in die Kostenerstattung mit ein, vgl. BAG MedR 1995, 201.

311 Teichner, MedR 1999, 255, 256.

312 Kienzle/Jansen, DÄBl 1997, S. A 2477 ff.: Der Versuch einer kostenneutralen Neuorganisation gefährdete allerdings das Interesse des Patienten an der Kontinuität der ärztlichen Behandlung; anders die Kalkulation der Ärztekammer Berlin, DÄBl 1999, S. A 2578 ff.; für differenzierte Arbeitszeitmodelle auch der 103. Deutsche Ärztetag in seiner Entschließung zum Tagesordnungspunkt VI, vgl. DÄBl 2000, S. C 1062, 1065.

8.5 Folgen für das Haftungsrecht

Seit dem Inkrafttreten des ArbZG behelfen sich die Kliniken, durch die Anordnung von Überstunden anstatt neue Arbeitsplätze zu schaffen. Die Abgeltung von Überstunden ist für sich betrachtet finanziell günstiger[313], und bislang fehlen Untersuchungen über Behandlungszwischenfälle, die sich auf Arbeitsüberlastung zurückführen lassen, und deren Haftungsfolgen. Schließlich erreicht wird die Kostenneutralität des ArbZG in den Kliniken dadurch, daß die abgeleisteten Überstunden nicht abgegolten werden.[314] Die gebotenen Neueinstellungen erhöhen durch ausgreifende Arbeitsteilung zwar möglicherweise das Risiko von Informationsdefiziten, senken aber die Gefahr des durch Übermüdung bedingten Fehlverhaltens.

Nach höchstrichterlicher Maßgabe ist der Krankenhausträger „zum Schutz der Patienten verpflichtet, durch geeignete Organisationsmaßnahmen sicherzustellen, daß keine durch einen anstrengenden Nachtdienst übermüdeten Ärzte zu Operationen eingeteilt werden.“[315] Der zu fordernde Standard ist haftungsrechtlich auch bei ärztlicher Unterversorgung und bei personellen Engpässen zu gewährleisten. Der Dynamik des haftungsrechtlichen Standardbegriffs entsprechend[316] läßt sich der Umfang der gebotenen Personalausstattung jedoch nicht verallgemeinernd festlegen.

Die Vorgaben des ArbZG, dessen Nichteinhaltung immerhin strafrechtlich geahndet werden kann, setzen aber für den Umfang der Inanspruchnahme der Mitarbeiter Grenzen, die der Klinikträger beachten muß, ohne daß deshalb die Annahme eines Organisationsfehlers präjudiziert wäre. Verstöße gegen die Beschränkungen des ArbZG, die derzeit in Krankenhäusern eher die Regel als die Ausnahme sind[317], rechtfertigen generell die Annahme eines Organisationsfehlers nicht. Es steht insoweit nicht zu erwarten, daß der auf eine Würdigung des Einzelfalles bedachte VI. Zivilsenat des BGH sich zu einer verallgemeinernden

313 Vgl. Kienzle, in: Arbeitsgemeinschaft Rechtsanwälte im Medizinrecht e.V. (Hrsg.), Krankenhaus im Brennpunkt, S. 120 f.

314 Clade, DÄBl 1998, S. A 997; Anonymus, DÄBl 1998, S. A 2296.

315 BGH NJW 1986, 776 und BGH NJW 1995, 2189.

316 Instruktiv zum Begriff des Standards, Kullmann, VersR 1997, 529 ff.

317 Flintrop, DÄBl 2000, S. A 671. - Auf dem 101. Deutschen Ärztetag wurde die Überwachung durch die konsequente Anwendung des ArbZG gefordert, die Gewerbeaufsicht angemahnt ebenso wie die Auflösung des Widerspruchs zwischen Arbeitszeitgesetz und der Mittelbegrenzung für die Krankenhäuser, DÄBl 1998, S. A 1464, 1467. Abzuwarten bleibt, inwieweit die mit der Kontrolle betrauten örtlichen Ämter für Arbeitsschutz ihre Aufgabe erfüllen werden. Die Schonfrist nach Einführung des Arbeitszeitgesetzes im Krankenhausbereich ist zwischenzeitlich jedoch abgelaufen (ebenso Teichner, MedR 1999, 255, 256).

Sichtweise nach Maßgabe des ArbZG entschließt. Denn das ArbZG weist selbst Durchbrechungen seiner strengen Anforderungen auf. Nach § 5 Abs. 2 des ArbZG vermag in Krankenhäusern die tägliche Ruhezeit um bis zu eine Stunde verkürzt werden, und § 5 Abs. 3 ArbZG erlaubt während des Bereitschaftsdienstes und der Rufbereitschaft Kürzungen der Ruhezeit bis zu einem Umfang von fünfeinhalb Stunden, der Hälfte der Mindestruhezeit von elf Stunden. Billigt die gesetzliche Regelung selbst derlei (ausgleichspflichtige) Abweichungen, scheidet ein Verstoß gegen Organisationspflichten bei Überschreitungen des gesetzlichen Rahmens insoweit aus. Organisatorisch Rechnung zu tragen bleibt den Anforderungen des Gesetzes nur bei der Planung der Bereitschaftsdienste und der erforderlichen Ruhezeiten.[318]

Daß bei einem Verdacht auf einen Behandlungsfehler ein Verstoß gegen das Arbeitszeitgesetz zu Beweiserleichterungen bis hin zur Beweislastumkehr führen wird, scheint demnach nicht zu erwarten.[319] Die haftungsrechtliche Relevanz des Arbeitszeitgesetzes ist im Ergebnis gering. Und die bezweckte Entlastung des Mitarbeiters wird durch die anhaltenden finanziellen Engpässe konterkariert. Schließlich scheint die Prognose realistisch, wonach auch die Verhängung von Ordnungsstrafen die Umsetzung des ArbZG nicht befördern kann.[320] Nur flexiblere Sonderregelungen für den Krankenhaussektor vermögen letztlich Abhilfe zu schaffen.[321]

---

318 Nach Auffassung des BAG (DB 1998, 1521 = BB 1998, 960 = ArztR 1998, 229, 230) darf auch der AiP in den Bereitschaftsdienst einbezogen werden, sofern er gezeigt hat, daß er das kann, und zugleich Rufbereitschaft für einen approbierten Arzt besteht.

319 Anderer Ansicht Teichner, in: Arbeitsgemeinschaft Rechtsanwälte im Medizinrecht e.V. (Hrsg.), Krankenhäuser im Brennpunkt, S. 121; ders., MedR 1999, 255, 256 ff.

320 Winter/Blümling/Sabin, a.a.O., S. 92; zu den möglichen Ursachen Flintrop, DÄBl 2000, 671, 674 f.

321 Fehlenden Realitätsbezug kritisiert Teichner, MedR 1999, 255, 258.

9 Das Kündigungsschutzgesetz

9.1 Anwendbarkeit des KSchG

Das Kündigungsschutzgesetz (KSchG) findet in Krankenhäusern Anwendung; weil in Kliniken in der Regel mehr als fünf Arbeitnehmer beschäftigt sind[322], ist der Geltungsbereich des Gesetzes eröffnet (§ 23). Das KSchG gilt grundsätzlich auch für den Chefarzt, weil er zu den Arbeitnehmern zählt.[323]

9.2 Chefarzt als leitender Angestellter?

Weniger eindeutig läßt sich demgegenüber die Frage beantworten, ob der Chefarzt im Sinne des KSchG leitender Angestellter mit eingeschränktem oder einfacher Angestellter mit umfassendem Kündigungsschutz ist. In der Rechtsprechung führten solcherlei Überlegungen bislang ein Schattendasein[324], in der Literatur finden sich zu der Frage vertiefende Stellungnahmen.[325]

9.3 § 14 Abs. 1 Nr. 1 und Nr. 2 KSchG

Einschränkungen ergeben sich für den arbeitsrechtlichen Schutz des Chefarztes nicht aus § 14 Abs. 1 Nr. 1 und Nr. 2 KSchG.[326] Die Kündigungsschutzvorschriften kommen nach der genannten Nr. 1 in Betrieben einer juristischen Person für die Mitglieder des Organs, das zur gesetzlichen Vertretung der juristischen Person berufen ist, und nach Nr. 2 in Betrieben einer Personengesamtheit

---

322 § 23 Abs. 1 S. 2 KSchG in der seit dem 1.1.1999 geltenden Fassung.

323 Zuck, KH 1983, 411, 412; ders., f & w 1994, 162; Wirzbach, KH 1968, 420, 426; allgemein zu den leitenden Angestellten im Sinne des KSchG als Arbeitnehmer ErfK-Ascheid, § 14 KSchG Rdnr. 7.

324 Überzeugend Dahm/Lück, MedR 1992, 1, 2: „Materiell sind die Gründe für den Trennungswunsch von Chefarzt und Krankenhaus häufig so gestaltet, daß keiner der Beteiligten Wert darauf legt, deren Berechtigung vor den Augen der Öffentlichkeit auszutragen."

325 Moll, MedR 1997, 293 ff. m.w.N.

326 Hueck/v. Hoyningen-Huene, KSchG, § 14 Rdnr. 1.

für die durch Gesetz, Satzung oder Gesellschaftsvertrag zur Vertretung der Personengesamtheit berufenen Personen nicht zur Anwendung.[327] Chefärzte aber üben eine solche Vertretungsfunktion regelmäßig nicht aus, wenngleich sie im haftungsrechtlichen Kontext als Organe des Krankenhausträgers gemäß §§ 31, 89 BGB angesehen werden, weil sie den Krankenhausträger repräsentieren.[328] Eine dem haftungsrechtlichen Verständnis entsprechende extensive Auslegung des Begriffs Organ wäre hingegen für das KSchG schwerlich denkbar - mit Blick auf die Schutzfunktion des Arbeitsrechts. Die in § 14 Abs. 1 KSchG genannten Personen sind im Sinne des Arbeitnehmerschutzes keine Arbeitnehmer, die Vorschrift hat klarstellenden Charakter.[329]

9.4 § 14 Abs. 2 S. 1 KSchG

Weiter stellt sich die Frage, ob sich der Chefarzt unter § 14 Abs. 2 S. 1 KSchG subsumieren läßt. Die Norm findet Anwendung für die Gruppe der leitenden Angestellten wie die typologische Aufzählung, „Geschäftsführer, Betriebsleiter und ähnliche leitende Angestellte, soweit diese zur selbständigen Einstellung oder Entlassung von Arbeitnehmern berechtigt sind", erkennen läßt.[330] Während im Unterschied dazu § 5 Abs. 3 BetrVG[331] den leitenden Angestellten definiert, bleiben die Vorgaben des KSchG erkennbar wertungsbedürftig und sind nicht abschließend.[332]

327 Der BGH betrachtet sie nicht als Arbeitnehmer und hält lediglich die analoge Anwendung einzelner auf der Treue- und Fürsorgepflicht beruhender Vorschriften des Arbeitsrechts auf das Dienstverhältnis für geboten, vgl. BGH NJW 1981, 1270.

328 Chefärzte werden üblicherweise in den Betrieben einer Personengesamtheit nicht zu den durch Gesetz, Satzung oder Gesellschaftsvertrag zur Vertretung der Personengesamtheit berufenen Personen bestimmt, § 14 Abs. 1 Nr. 2 KSchG gelangt daher nicht zur Anwendung, vgl. BGHZ 101, 215 = NJW 1987, 2925.

329 BAG NZA 1987, 845; Backmeister/Trittin, § 14 KSchG Rdnr. 1.

330 KR-Rost, § 14 KSchG, Rdnr. 28.

331 Fitting, § 5 BetrVG, Rdnr. 116.

332 Indessen erweist sich das Verhältnis von BetrVG und KSchG als einfacher, als die begriffliche Inkongruenz zunächst vermuten läßt. Festzuhalten ist, daß leitende Angestellte im kündigungsschutzrechtlichen Sinne denkbar sind, die nicht auch als leitende Angestellte im Sinne des BetrVG gelten, weil die Einstellungs- oder Entlassungsbefugnis alternativ ausreicht. Andererseits sind die Anforderungen des KSchG höher, weil es sich um Geschäftsleiter, Betriebsleiter oder ähnliche Angestellte handeln muß, weshalb es Arbeitnehmer gibt, die nach § 5 Abs. 3 BetrVG als leitende Angestellte anzusehen sind, nicht jedoch nach § 14 KSchG. Der umgekehrte Fall dürfte indessen kaum vorkommen, vgl. Hueck/v. Hoyningen-Huene, § 14 KSchG Rdnr. 12.

Chefärzte sind regelmäßig hauptberuflich weder „Geschäftsführer" noch fungieren sie als „Betriebsleiter"[333] - es sei denn in kleinen Privatkliniken - weshalb kündigungsschutzrechtlich einzig die Einordnung als diesen „ähnliche leitende Angestellte" in Betracht kommt.[334] Für die Qualifikation als „ähnlicher leitender Angestellter" im Sinne des KSchG genügt die alternative Befugnis zur Einstellung- oder Entlassung - im Gegensatz zum kumulativen Erfordernis des § 5 Abs. 3 Nr. 1 BetrVG, wonach leitender Angestellter ist, wer zur selbständigen Einstellung und Entlassung berechtigt ist. Als maßgeblich für den Kündigungsschutz erweist sich außerdem die selbständige Ausübung wesentlicher unternehmerischer Funktionen[335], daß also der Angestellte unternehmensbezogene Aufgaben wahrnimmt und sich in einem funktional bedingten Interessengegensatz zu den übrigen Arbeitnehmern befindet (sog. Interessenpolarität).[336] Letztlich entscheidend für den eingeschränkten Bestandsschutz des Arbeitsverhältnisses ist dabei die besondere Vertrauensstellung des leitenden Angestellten im Verhältnis zum Arbeitgeber.[337] Angesichts der vielfältigen Variationen der Beschäftigung von Führungskräften im täglichen Leben bleibt die Beurteilung als leitender Angestellter eine Einzelfallentscheidung.[338]

Die Subsumtion der Chefärzte unter das Merkmal der alternativen Befugnis zur selbständigen Einstellung oder Entlassung[339] erweist sich aber als ausge-

333 Maßgeblich für die Qualifikation ist die Wahrnehmung unternehmerischer Teilaufgaben, das heißt, nur wenn der Angestellte kraft seiner leitenden Funktion maßgeblichen Einfluß auf die wirtschaftliche, technische, kaufmännische, organisatorische, personelle oder wissenschaftliche Führung des Unternehmens oder eines Betriebes ausübt und zur selbständigen Einstellung- oder Entlassung berechtigt ist, entspricht er den gesetzlichen Leitbildern eines „Geschäftsführers" oder „Betriebsleiters", vgl. KR-Rost, § 14 KSchG Rdnr. 27.

334 Zur Suspendierung des ursprünglichen Arbeitsverhältnisses, vgl. BAG NZA 1994, 212.

335 Im Unterschied dazu sind bei § 5 Abs. 3 BetrVG nur alternativ die Einstellung- und Entlassungsbefugnis erforderlich, vgl. Dorndorf/Weller/Hauck, § 14 KSchG Rdnr. 22.

336 Vgl. LAG Berlin DB 1987, 179. Weiter einengend fordert das LAG, allein die Befugnis zur Einstellung oder Entlassung reiche nicht aus, vielmehr müsse die Stellung Geschäftsführern und Betriebsleitern ähnlich sein, weshalb nur solche Angestellte als leitend angesehen werden könnten, „die mit ähnlichen Kompetenzen ausgestattet sind, wie dies in der betrieblichen Wirklichkeit üblicherweise bei Leitern maßgeblicher unternehmerischer Teilbereiche der Fall ist".

337 Schipp, a.a.O., S. 27 m.w.N.

338 Backmeister/Trittin, § 14 KSchG Rdnr. 8.

339 Eingehend zu diesem Merkmal Hromadka, a.a.O., S. 192 f., wonach der Kündigungsschutz für leitende Angestellte zunächst nach Maßgabe des als Vorbild dienenden Betriebsverfassungsrechts eingeschränkt gewesen sei, weil sie zu den Arbeitgebervertretern zählten. Später habe man den eingeschränkten Schutz gerecht-

schlossen, weil sie bisher ganz überwiegend nur ein eng umgrenztes Vorschlagsrecht bei Einstellung und Entlassung nachgeordneter Ärzte besitzen und ihnen im Hinblick auf nichtärztliche Mitarbeiter lediglich ein Anhörungsrecht zusteht.[340] Diese Feststellung mit Blick auf die Chefärzte entspricht der für andere Berufsgruppen ebenfalls geschwundenen Bedeutung dieser Tatbestandsalternative infolge der strengen Interpretation durch die Spruchpraxis. Weil nach Auffassung des BAG „gerade bei solchen hochspezialisierten Kräften wegen ihrer Einseitigkeit und beschränkten Verwendbarkeit auf dem allgemeinen Arbeitsmarkt ein erhebliches Schutzbedürfnis gegenüber sozial ungerechtfertigten Kündigungen" besteht[341], zeigt sich in den Judikaten kaum je eine Stellung als ähnlich einem Geschäftsführer oder Betriebsleiter.[342]

Durch den hohen arbeitsrechtlichen Schutz erweist sich das Vertragsauflösungsrisiko gering, und folgerichtig wird das Anstellungsverhältnis des Chefarztes mancherorts als „Lebensstellung" angesehen.[343] Im Regelfall bedarf also die Kündigung des Chefarztes einer sozialen Rechtfertigung (§ 1 Abs. 1 KSchG), die eingreift, wenn Gründe in der Person oder in dem Verhalten des Arbeitnehmers vorliegen oder sie durch dringende betriebliche Erfordernisse bedingt ist, die ei-

---

fertigt mit dem Hinweis, wegen des besonderen Vertrauensverhältnisses müsse dem Arbeitgeber eine ordentliche Kündigung möglich bleiben, es bestehe ein geringeres soziales Schutzbedürfnis.

340 Vgl. § 7 Abs. 2 des Mustervertrages der DKG, wonach der Arzt das Recht hat „bei der Einstellung ..." von nachgeordneten Ärzten, „Vorschläge zu unterbreiten" und bei der Einstellung von Mitarbeitern der Abteilung im medizinisch-technischen Dienst gehört wird; ebenso Arbeitsgemeinschaft, Chefarztvertrag, § 7 Abs. 2; nach Weber/Müller, Chefarztvertrag, § 7 Abs. 2, wird die Einstellung des Chefarztvertreters an die Zustimmung des Chefarztes geknüpft, allerdings soll der Krankenhausträger nach § 7 Abs. 3 Vorschläge des Chefarztes betreffend nachgeordnete Ärzte (also auch des Chefarztvertreters!) aus sachlichen Gründen zurückweisen können. Weiter abgeschwächt die Beteiligung bei Münzel, Chefarzt, der in § 7 Abs. 1 seines Mustervertrages nur ein Anhörungsrecht vorsieht.

341 BAG BB 1961, 1382, 1383. Generell kritisch Hromadka, a.a.O., S. 330: Die Ausnahmestellung des leitenden Angestellten beruhe mehr auf einem historischen Versehen als auf Notwendigkeit, sie sei in ihrer Beschränkung auf eine Teilgruppe inkonsequent; für den vollen Kündigungsschutz tritt ebenfalls ein Wagener, BB 1975, 1403 f.

342 Die Frage, ob der Chefarzt im Lager des Arbeitgebers stehe, läßt sich nicht auf die Frage beschränken, ob er ein umgrenztes Vorschlagsrecht bei Einstellung und Entlassung nachgeordneter Ärzte besitzt und ihm im Hinblick auf nichtärztliche Mitarbeiter lediglich ein Anhörungsrecht zusteht.

343 Moll, MedR 1997, 293; Arbeitsgemeinschaft, Chefarztvertrag, § 20, in den Erläuterungen.

ner Weiterbeschäftigung entgegenstehen (§ 1 Abs. 2 S. 1 KSchG).[344] Fehlt es daran - etwa weil der Arbeitgeber keine Gründe für die Kündigung mitteilt - stellt das Arbeitsgericht fest, daß das Arbeitsverhältnis nicht aufgelöst ist.[345]

Das Arbeitsgericht hat aber entweder auf Antrag des Arbeitnehmers das Arbeitsverhältnis gegen Zahlung einer Abfindung aufzulösen, wenn dem Arbeitnehmer die Fortsetzung des Arbeitsverhältnisses nicht zuzumuten ist, oder auf Antrag des Arbeitgebers, wenn Gründe vorliegen, die eine den Betriebszwecken dienliche weitere Zusammenarbeit zwischen Arbeitgeber und Arbeitnehmer nicht erwarten lassen (vgl. § 9 Abs. 1 S. 1 und 2 KSchG).[346]

In deutlicher Abweichung von den Regelungen für Arbeitnehmer stehen diejenigen für leitende Angestellte. So sieht § 14 Abs. 2 S. 2 KSchG für leitende Angestellte vor, daß der Antrag des Arbeitgebers an das Arbeitsgericht auf Auflösung des Arbeitsverhältnisses (§ 9 Abs. 1 KSchG) keiner Begründung bedarf, wenn das Arbeitsverhältnis durch die Kündigung des Arbeitgebers zwar nicht aufgelöst wurde, aber dieser im Prozeß einen Antrag auf Auflösung des Arbeitsverhältnisses gestellt hat. Die entfallende Begründungspflicht stärkt die Rechtsposition des Arbeitgebers im Vergleich zur Auflösung nach § 9 Abs. 1 S. 2 KSchG[347] entscheidend.[348] Während bei einfachen Arbeitnehmern, also gemäß § 9 Abs. 1 S. 2 KSchG, die antragsgemäße Auflösung des Arbeitsverhältnisses vom Gesetzgeber als Ausnahmefall konzipiert ist und deshalb hohen Anforderungen an die Begründung genügen muß[349], kehrt die Norm des § 14 Abs. 2 S. 2

344 Zur ordentlichen Kündigung DKG, Chefarztvertrag § 18 Abs. 3; Münzel, Chefarztvertrag, § 21 Abs. 3; Weber/Müller, Chefarztvertrag, § 22 Abs. 3, hingegen sieht die Arbeitsgemeinschaft die Kündigung grundsätzlich nur aus wichtigem Grunde vor (§ 626 BGB), vgl. Chefarztvertrag, § 20 Abs. 3. Dadurch ausgeschlossen wird die mögliche Auflösung des Arbeitsverhältnisses gegen Zahlung einer Abfindung, „wenn Gründe vorliegen, die eine weitere Zusammenarbeit zwischen Arbeitgeber und Arbeitnehmer nicht erwarten lassen“ (§ 9 Abs. 1 S. 2 KSchG).

345 Bei unwirksamer Kündigung sind dem Chefarzt, sofern ihm die Tätigkeit vom Krankenhausträger verwehrt wurde, regelmäßig die Liquidationsausfälle im stationären und ambulanten Bereich zu ersetzen, vgl. LAG Hamm, ArztR 1998, 74.

346 Allerdings sind die Anforderungen an eine solche Vertragsauflösung hoch.

347 Für diese sind nur objektiv nachweisbare Gründe bestimmend, nicht aber subjektive Empfindungen - wie etwa ein zerstörtes Vertrauensverhältnis.

348 Debong, ArztR 2000, 102: „Der Kündigungsschutz leitender Angestellter im Sinne des § 14 Abs. 2 KSchG ist dadurch praktisch aufgehoben.“

349 Die erforderliche Begründung für einen Auflösungsantrag durch den Arbeitgeber liegt nämlich erst dann vor, wenn er Gründe vorträgt, die eine den Betriebszwecken dienliche weitere Zusammenarbeit mit dem Arbeitnehmer nicht erwarten lassen. Daran sind wegen des dem KSchG zugrundeliegenden Gedankens des Bestandsschutzes nicht zu geringe Anforderungen zu stellen, vgl. Hueck/v. Hoyningen-

KSchG das Regel-Ausnahme-Verhältnis um: Das Stellen des Antrags führt regelmäßig zur Auflösung des Arbeitsverhältnisses; so hat der Gesetzgeber „mit dieser Bestimmung berücksichtigt, daß zwischen dem Arbeitgeber und seinem leitenden Angestellten ein besonderes Vertrauensverhältnis zu bestehen pflegt und bestehen muß, wenn eine erfolgreiche Zusammenarbeit möglich sein soll."[350] Das Auflösungsinteresse des Arbeitgebers geht deshalb dem Bestandsschutzinteresse des Arbeitnehmers vor, dem zum Ausgleich für die ordentliche Kündigung während der Dauer des Beschäftigungsverhältnisses eine regelmäßig hohe Vergütung und danach eine Abfindung zusteht.

Sollte nun der Chefarzt in Anbetracht dieser Regelungen als leitender Angestellter im Sinne des Kündigungsschutzrechtes qualifiziert werden? Das nach der Vorstellung des Gesetzgebers[351] die Beziehung zwischen Arbeitgeber und Angestelltem in Führungsfunktion kennzeichnende Charakteristikum eines besonderen Vertrauensverhältnisses findet sich zwischen Krankenhausträger und Chefarzt. Ohne ein besonderes Vertrauensverhältnis ist gerade im Krankenhaus eine gedeihliche Zusammenarbeit ausgeschlossen. Die erforderliche besondere Nähebeziehung zwischen Krankenhausträger und Chefarzt besitzt unter Berücksichtigung der völligen Weisungsfreiheit des Chefarztes in ärztlichen Angelegenheiten großes Gewicht. Ohne Vertrauen in die Fähigkeiten und gewissenhafte Berufsausübung des Chefarztes vermag der Träger das Anstellungsverhältnis nicht aufrechtzuerhalten.[352]

Das eingrenzende Kriterium der besonderen Vertrauensstellung verwerfen kritische Stimmen als insbesondere für Großbetriebe untauglich und verweisen zur Rechtfertigung des eingeschränkten Kündigungsschutzes auf die nur begrenzt nachprüfbare unternehmerische Dispositionsfreiheit.[353] Weil Arbeitnehmer in führenden Funktionen die wirtschaftliche Entwicklung des Unternehmens erheb-

---

Huene, § 9 KSchG Rdnr. 38; Herschel/Löwisch, § 9 KSchG Rdnr. 36; KR-Spilger, § 9 KSchG Rdnr. 52.

350 Hueck/v. Hoyningen-Huene, § 14 KSchG Rdnr. 28.

351 BT-Drucks. V/3919, S. 9.

352 Auch das erhebliche Haftungsrisiko des Krankenhausträgers, für Fehlverhalten eines Chefarztes einstehen zu müssen, läßt das Erfordernis einer besonderen Vertrauensbeziehung geboten erscheinen. Kann der Arbeitgeber in kleineren Betrieben häufig an die Stelle seines Führungspersonals treten und Aufgaben an sich ziehen, oder Arbeiten auf andere Führungspersonen weiter übertragen, bleibt dem Träger gegenüber dem leitenden Arzt ein solches Vorgehen verwehrt. Die medizinischen Aufgaben eines Chefarztes kann und darf der Träger grundsätzlich nicht übernehmen. Andere Chefärzte, so sie in derselben Fachrichtung tätig sind, vermögen das Ressort eines Kollegen nicht zusätzlich zu übernehmen.

353 Rumler, Der Kündigungsschutz leitender Angestellter, S. 20 f.; KR-Rost, § 14 KSchG Rdnr. 5, 5a; Säcker, BB 1972, 1197, 1200, Schipp, a.a.O., S. 223.

lich beeinflussen könnten, müsse die Unternehmensleitung darauf vertrauen können, daß die führenden Positionen mit geeigneten, im Sinne und zum Wohl des Unternehmens wirkenden Persönlichkeiten besetzt seien.[354] An die Stelle des wechelseitigen Vertrauensverhältnisses trete so das letztlich einseitige Bestimmungsrecht des Unternehmers.[355]

Ob nun auf ein besonderes Vertrauensverhältnis abgestellt wird, oder ob es darauf ankommen soll, welchen wirtschaftlichen Einfluß der Chefarzt auf das Unternehmen nimmt - es besteht nach beiden Anknüpfungspunkten ein Interesse des Krankenhausträgers daran, den Chefarzt als leitenden Angestellten zu beschäftigen, weil er in führender Position beschäftigt die wirtschaftliche Entwicklung des „Unternehmens“ Krankenhaus bestimmt.

9.5 Individualvertragliche Vereinbarung

Die Bewertung des Chefarztes als leitender Angestellter läßt sich jedoch nur in Fällen vornehmen, in denen der Anstellungsvertrag des Chefarztes von den bekannten Vertragsmustern abweicht und individualvertraglich die selbständige Einstellungs- oder Entlassungsbefugnis einräumt.[356] Allerdings haben Chefärzte bislang eine dementsprechende Vereinbarung kaum je angestrebt, zumal sowohl der Verband der leitenden Krankenhausärzte Deutschlands e.V.[357], als auch die den Interessen der Chefärzte verbundene[358] Arbeitsgemeinschaft für Arztrecht e.V. insoweit eine klar ablehnende Haltung einnehmen.[359]

---

354 Rumler, a.a.O., S. 21.

355 Längst finden sich Großkliniken mit einer Vielzahl von Abteilungen und Mitarbeitern, weshalb das Abstellen auf ein Vertrauensverhältnis in diesen Fällen antiquiert wirkt. In Anerkennung eines einseitigen Bestimmungsrechts erweist sich die Gleichstellung von Chefarzt und leitendem Angestellten gerechtfertigt. Denn auch im klinischen Bereich gibt es unternehmerische Zielsetzungen, welche die wirtschaftliche Entwicklung des Unternehmens „Krankenhaus“ wesentlich beeinflussen und abhängig sind von der Führungsperson. Zu denken ist beispielsweise an neue Behandlungskonzepte, die Träger und Arzt nur gemeinsam zu entwickeln vermögen, weil der Träger neue diagnostische Geräte bereitstellen und der Chefarzt ihren Einsatz gestalten muß.

356 Allerdings muß die vertraglich eingeräumte Befugnis zudem mit der tatsächlichen Durchführung des Arbeitsverhältnisses in Einklang stehen, vgl. BAG NZA 1991, 267.

357 Vgl. Baur, DÄBl 1997, S. A 149.

358 Der Mustervertrag „erläutert gerade dem auf juristischem Gebiet nicht geschulten Arzt in leitender Funktion ... worauf er achten sollte“, so das Vorwort von Junghanns, ArztR 1997, 319, 320.

359 Erläuterungen zu § 7 Abs. 2 des Chefarztvertrages.

Wird durch eine individualvertragliche Abrede eine den Anwendungsbeispielen „Geschäftsführer“ und „Betriebsleiter“ ähnliche Vorgesetztenstellung mit Arbeitgeberfunktion vereinbart, indem der Chefarzt die Einstellungs- oder Entlassungsbefugnis erhält, zählt er aber noch nicht ohne weiteres zu den leitenden Angestellten.[360] Weitere Voraussetzungen müssen erfüllt sein.

9.5.1 *Selbständigkeit der Entscheidung*

An der gebotenen Selbständigkeit der Entscheidung über Einstellung oder Entlassung fehlt es, wenn die Maßnahme des leitenden Angestellten im Innenverhältnis zum Arbeitgeber von der Zustimmung einer anderen Person abhängig gemacht wird, es sei denn, es handelt sich lediglich um die Vorgabe, sich noch beraten zu lassen.[361] Handlungsanleitungen in Gestalt von Personalauswahlrichtlinien und allgemeinen Dienstanweisungen schmälern die Eigenverantwortlichkeit indessen nicht.[362]

9.5.2 *Bedeutende Anzahl von Arbeitnehmern*

Als weiteres Kriterium muß sich die Berechtigung zur Einstellung und Entlassung auf eine bedeutende Anzahl von Arbeitnehmern beziehen[363], die allerdings in einer Betriebsabteilung beschäftigt sein können.[364] Die dem Chefarzt eingeräumte Personalhoheit gegenüber dem nachgeordneten Arzt ebenso wie dem Pflegepersonal seiner Abteilung vermag den höchstrichterlichen Anforderungen

---

360 Bei etwa rein beratenden, ordnenden oder fachlich anleitenden Führungsaufgaben, vgl. Hueck/v. Hoyningen-Huene, § 14 KSchG Rdnr. 18.

361 Hueck/v. Hoyningen-Huene, § 14 KSchG Rdnr. 22.

362 Rumler, a.a.O., S. 32. Um einen Grenzfall handele es sich, wenn die personelle Maßnahme in einem mehr als formalen Zusammenwirken mit einer anderen Stelle, wie etwa der Personalabteilung, verwirklicht wird.

363 BAG AP Nr. 1 zu § 1 KSchG Personenbedingte Kündigung; Hueck/v. Hoyningen-Huene, § 14 KSchG Rdnr. 18; KR-Rost, § 14 KSchG Rdnr. 29; Kittner/Trittin, § 14 KSchG Rdnr. 21. Deshalb reicht das Recht des Chefarztes zur selbständigen Einstellung von Medizinalpraktikanten nicht aus, vgl. BAG AP Nr. 24 BGB Ärzte, Gehaltsansprüche. - In Entsprechung zu § 5 Abs. 3 Nr. 1 BetrVG, a.A. Hromadka, BB 1990, 57, 59.

364 BAG AP Nr. 1 zu § 1 KSchG Personenbedingte Kündigung; Hueck/v. Hoyningen-Huene, § 14 KSchG Rdnr. 18; KR-Rost, § 14 KSchG Rdnr. 29.

zu entsprechen.[365] Die Bildung von Fachabteilungen in den Kliniken setzt einen gewissen Personalumfang voraus. Diesbezügliche Entscheidungen sind auch für den Bestand und die Entwicklung einer Klinik von Bedeutung.[366] Im weiteren erforderlich ist dann - wie sich bereits aus dem Wortlaut des Gesetzes ergibt[367] - eine faktische Ausübung dieser Befugnisse durch den leitenden Angestellten.[368]

9.5.3 Wesentlicher Teil der Tätigkeit

Gestritten wird darüber, ob die erforderliche Einstellungs- oder Entlassungsbefugnis einen *wesentlichen Teil* der Tätigkeit des leitenden Angestellten ausmachen müsse, so daß die Tätigkeit durch diese unternehmerischen Funktionen schwerpunktmäßig bestimmt wird.

Eine solche Einschränkung praeter legem verlangen die Befürworter[369], um die nur vertretungsweise Wahrnehmung von Befugnissen auszuklammern. Damit verkehren sich indes Wortlaut und Absicht des Gesetzgebers.[370] Nach dieser Lesart genügte allein der Personalleiter eines Unternehmens den Anforderungen des § 14 Abs. 2 S. 2 KSchG. In seiner Funktion könnte die Befugnis zur Einstellung oder Entlassung den „wesentlichen Teil" der Tätigkeit ausmachen.[371] Weil dieses Ergebnis kaum mehr plausibel ist, bleibt die genannte Einschränkung ab-

---

365 Auf einem anderen Blatt aber steht, daß diese Personalhoheit für die Krankenhausträger überwiegend inakzeptabel ist, weil die einhergehende Einflußmöglichkeit des Chefarztes auf die Kostenseite nicht ohne weiteres erwünscht ist.

366 Damit die Ähnlichkeit mit Betriebsleitern und Geschäftsführern gewährleistet ist, stellt Schaub zu Recht fest, daß nur solche Angestellte gemeint sind, die durch ihre Personalentscheidung für den Bestand und die Entwicklung des Unternehmens oder Betriebes bedeutsame Entscheidungen zu fällen haben, vgl. Arbeitsrechts-Handbuch, § 212 Rdnr. 25, zum BetrVG.

367 Moll, MedR 1997, 293, 295, unter Hinweis auf Schipp, a.a.O., S. 98 f.

368 BAG EzA § 5 BetrVG Nr. 47.

369 Hueck/v. Hoyningen-Huene, § 14 KSchG Rdnr. 23; Herschel/Löwisch, § 14 KSchG Rdnr. 15; KR-Rost, § 14 KSchG Rdnr. 32 m.w.N.; Dorndorf/Weller/Hauck, § 14 KSchG Rdnr. 27; ErfK-Ascheid, § 14 KSchG Rdnr. 13.

370 Vgl. BT-Drucks. V/3919, S. 9, wonach leitende Angestellte in der Regel in besonderer Vertrauensstellung tätig seien, bei deren Zerstörung die Lösung des Arbeitsverhältnisses durch den Arbeitgeber möglich sein sollte. - Die einengende Interpretation der Rspr. ist aber in Bezug auf das BetrVG durch Gesetz vom 23.12.1988 (BGBl I S. 2312 ff.) bestätigt worden, denn dieses bezweckte die Präzisierung des Begriffs des leitenden Angestellten (vgl. BT-Drucks. 11/2503, S. 24), vgl. dazu Fitting, § 5 BetrVG Rdnr. 121-123.

371 Sofern er nicht selbst an die Mitwirkung eines gesetzlichen Vertretungsorgans gebunden ist, vgl. Moll, MedR 1997, 293, 295; Rumler, a.a.O., S. 252.

zulehnen[372]. Schließlich nimmt der Chefarzt seine das Personal betreffenden Aufgaben nicht nur vertretungsweise, sondern dauerhaft wahr.[373]

9.5.4 Zusammenfassung der Kriterien

Im Ergebnis läßt sich die Qualifikation des Chefarztes als leitender Angestellter nur selten bejahen. Ein solcher Fall liegt vor, sofern der Chefarzt kraft seines Arbeitsvertrages nach eigenen Vorstellungen (möglicherweise unter Beachtung bestehender Personalauswahlrichtlinien) Mitarbeiter seiner Fachabteilung einstellen oder entlassen kann, und diese Entscheidungen von der Personalabteilung lediglich formal vollzogen werden.[374]

9.6 Die Rechtsprechung zum KSchG

Es läßt sich schwerlich abschätzen, inwieweit Ausgestaltungen des Chefarztvertrages in der Praxis anzutreffen sind, die sich nicht an den eingangs zitierten Musterverträgen orientieren und den Chefarzt dementsprechend als nichtleitenden Angestellten ausweisen. Vereinzelte Entscheidungen befaßten sich mit der Einordnung des Chefarztes als leitendem Angestellten im Sinne des Kündigungsschutzgesetzes, unlängst ist es wieder zu einer höchstrichterlichen Stellungnahme gekommen.

9.6.1 Die Entscheidung des BAG (1961)

In den sechziger Jahren befand das BAG zutreffend und knapp, die Befugnis zur Einstellung von Medizinalpraktikanten nach eigener Wahl genüge nicht, um den Chefarzt als leitenden Angestellten zu qualifizieren.[375] Eine weitere Entscheidung

---

372 Rumler, a.a.O., S. 33; im Anschluß daran Schipp, a.a.O., S. 98 f.; Moll, MedR 1997, 293, 295. - Moderat auch BAGE 75, 153 = DB 1994, 1931 = AP Nr. 3 zu § 14 KSchG = EzA § 14 KSchG Nr. 3 m. Anm. Bährle.

373 Vgl. allgemein Dorndorf/Weller/Hauck, § 14 KSchG Rdnr. 27 m.w.N.

374 Eine wirtschaftlich-unternehmerische Verantwortung ist insoweit nicht erforderlich (a.A. LAG Baden-Württemberg ArztR 1993, 115 = LAGE § 14 KSchG Nr. 2), weil die medizinische Leitung als organisatorische und wissenschaftliche Führungsaufgabe hinlängliche Bedeutung zukommt, vgl. Moll MedR 1997, 293, 298.

375 BAGE 11, 225, 230 = NJW 1961, 2085 = AP Nr. 24 zu § 611 BGB Ärzte, Gehaltsansprüche, m. Anm. Molitor = SAE 1962, 90 m. Anm. Herschel.

bezog sich zwar auf die fristlose Kündigung eines Chefarztes durch ein städtisches Krankenhaus, die Fragestellung wurde indessen nicht vertieft.[376]

9.6.2 Die Entscheidung des LAG Baden-Württemberg (1993)

Das LAG Baden-Württemberg befand hingegen in einer eingehenden Begründung seiner Entscheidung, daß der Chefarzt kein leitender Angestellter im Sinne des KSchG sei.[377] Zwar traf nach der konkreten Fallgestaltung der Chefarzt die Auswahl der Bewerber selbst, aber die Anstellung erfolgte nur im Einvernehmen mit dem Träger[378], weshalb das Gericht zu Recht den gebotenen Entscheidungsspielraum vermißte und konstatierte, „der notwendige eigene Entscheidungsspielraum ist dann nicht mehr gewahrt, wenn der Arbeitgeber sich die Genehmigung zu den Einstellungen oder Entlassungen vorbehält oder durch fortlaufende Einzelanweisungen maßgeblich auf die Personalentscheidung Einfluß nimmt." Fragwürdig zeigt sich dann die weitere Begründung, wenn es heißt: „Die unternehmerische Tätigkeit muß durch diese Funktion schwerpunktmäßig bestimmt werden. Die Ausübung der Befugnisse muß also einen wesentlichen Teil der Tätigkeit des Angestellten ausmachen; sie muß seine Stellung im Betrieb prägen".[379]

9.6.3 Die Entscheidung des LAG Frankfurt (1994)

Das LAG Frankfurt[380] entschied knapp, das Arbeitsverhältnis zwischen Chefarzt und Krankenhausträger sei nicht beendet worden, weil der Krankenhausträger ein Fehlverhalten des Mediziners unsubstantiiert vorgetragen habe. Die Darlegung erweise sich nicht als entbehrlich, denn der Chefarzt sei kein leitender Angestellter, weil er nicht über die Befugnis zur selbständigen Einstellung und Entlassung von Arbeitnehmern verfüge.

---

376 Entscheidung v. 28.8.1987 - 7 AZR 68/86, KRS I 87.071.

377 LAG Baden-Württemberg ArztR 1993, 115 = LAGE § 14 KSchG Nr. 2; ähnlich ArbG Suhl, ArztR 1997, 203.

378 LAG Baden-Württemberg ArztR 1993, 115, 117 = LAGE § 14 KSchG Nr. 2: Die Einstellungen betrafen vier Ärzte und die Entlassung eines Pflegers.

379 Das LAG Baden-Württemberg berief sich auf die Kommentierungen KR-Becker, § 14 KSchG Rdnr. 27 (3. Aufl. 1989) und Herschel/Löwisch, § 14 KSchG Rdnr. 10, 16 (6. Aufl. 1984) - dazu kritisch auch Moll, MedR 1997, 293, 297.

380 LAG Frankfurt ArztR 1994, 263.

9.6.4 Die Entscheidung des LAG Köln (1996)

Im Mittelpunkt einer Entscheidung des LAG Köln[381] stand eine Druckkündigung des Chefarztes, doch unterstellte das Gericht zutreffend, daß er als Arbeitnehmer Kündigungsschutz beanspruchen könne und daß die Kündigung nur bei objektivem Vorliegen eines Kündigungsgrundes gerechtfertigt sei.[382] Der vom beklagten Krankenhausträger hilfsweise gestellte Auflösungsantrag drang nicht durch, weil das LAG die Begründung als unzureichend ansah. Zu einer möglichen Entbehrlichkeit der Begründung nach § 14 Abs. 2 KSchG finden sich hingegen keine Ausführungen,[383]

9.6.5 Die Entscheidung des LAG Nürnberg (1998)

In einer - nicht rechtskräftig gewordenen - Entscheidung[384] befaßte sich das LAG Nürnberg mit der Kündigung eines Chefarztes, der vertraglich dazu berechtigt war, die nachgeordneten Mitarbeiter im Auftrag des Krankenhausträgers einzustellen, wobei er laut Vertrag „wegen etwaiger nichtfachlicher Gründe in der Person des Bewerbers, vor dem Hintergrund der in der Präambel beschriebenen Dienstgemeinschaft, die vorherige Zustimmung der Krankenhausleitung einzuholen hat. Die arbeitsvertragliche Abwicklung der Einstellung erfolgt durch den Verwaltungsdirektor des Krankenhauses." Wegen dieser Abwicklung der Einstellungen von Mitarbeitern im Außenverhältnis durch den Verwaltungsdirektor verneinte das LAG die Qualifikation des Chefarztes als leitender Angestellter.

9.6.6 Die Entscheidung des BAG (1999)

Das BAG hob das vorgenannte Urteil des LAG Nürnberg auf und verwies den Rechtsstreit zurück, weil das Berufungsgericht hinsichtlich des gestellten Auflösungsantrags nicht alle wesentlichen Umstände vollständig und widerspruchsfrei gewürdigt habe, bestätigte aber, daß der klagende Chefarzt nicht als leitender Angestellter im Sinne des § 14 Abs. 2 KSchG anzusehen sei.[385] Es fehle jeden-

---

381 LAG Köln ArztR 1997, 157.

382 Eine Sammlung von Patientenbeschwerden unterliegt nicht dem Einsichtsrecht des § 13 BAT, vgl. BAG KH 1992, 553; Deutsch, MedizinR, Rdnr. 91.

383 LAG Köln ArztR 1997, 157, 160.

384 LAG Nürnberg ArztR 1998, 304 = MedR 1999, 231.

385 NZA 2000, 427 = ArztR 2000, 102. Der Leitsatz lautet: „Von einer selbständigen Einstellungsbefugnis des ‹ähnlichen leitenden Angestellten› im Sinne des § 14

falls bei den - beschriebenen - vertraglichen Bestimmungen an der kumulativ erforderlichen Berechtigung zur selbständigen Einstellung und Entlassung von Arbeitnehmern.

Maßgeblich waren die folgenden Gründe: Die Einstellungskompetenz des Chefarztes werde in erheblicher Weise eingeschränkt durch die (arbeitsvertraglich vorbehaltene) Prüfungskompetenz des Krankenhausträgers, ob ein einzustellender Mitarbeiter dem besonderen Leitbild einer kirchlichen Dienstgemeinschaft eines katholischen Krankenhauses entspreche. Des weiteren werde die eingeschränkte Einstellungsbefugnis des Chefarztes auch dadurch deutlich, daß er den Arbeitsvertrag nicht selbst unterschreibe, sondern die Abwicklung der Einstellung durch den Verwaltungsdirektor des Krankenhauses erfolge. Die tatsächliche Übung habe dieser vertraglichen Maßgabe entsprochen und schließlich setzte die Einstellung nachgeordneter Ärzte die vorherige Stellenfreigabe durch die Krankenhausleitung voraus, weshalb § 14 Abs. 2 KSchG nicht anzuwenden sei.[386]

9.7 Die arbeits- und medizinrechtliche Literatur

Scheidet nach den allgemeinen Grundsätzen der höchstrichterlichen Rechtsprechung eine Qualifikation des Chefarztes als leitender Angestellter im Sinne des KSchG aus, fragt sich, ob diese Einschätzungen vom Schrifttum geteilt wird. In der arbeitsrechtlichen Literatur findet der Chefarzt nur selten ausdrückliche Erwähnung bei den Ausführungen zu leitenden Angestellten. Die Stellungnahmen, die eine Qualifikation des Chefarztes als leitender Angestellter verneinen[387] und

Abs. 2 Satz 1 KSchG kann nicht die Rede sein, wenn diese dem Angestellten - hier dem Chefarzt - nur intern, nicht aber auch im Außenverhältnis zusteht (im Anschluß an BAG 28. September 1961 - 2 AZR 428/60 - AP KSchG § 1 Personenbedingte Kündigung Nr. 1)."

386 Daß der betroffene Chefarzt zum leitenden Angestellten im Sinne der Mitarbeitervertretungsordnung (MAVO) bestimmt worden war, trage nur der nach der MAVO erforderlichen Exemtion Rechnung.

387 Hueck/v. Hoyningen-Huene, § 14 KSchG Rdnr. 18 u. 21 unter Hinweis auf LAG Bad.-Württ. LAGE § 14 KSchG Nr. 2 und Nr. 24 unter Bezugnahme auf die (richtige) Entscheidung des BAG, AP Nr. 24 zu § 611 BGB Ärzte, Gehaltsansprüche = SAE 1962, 90 m. Anm. Herschel, wonach die Einstellungsbefugnis, die sich nur auf einen Medizinalpraktikanten bezieht, nicht ausreiche; ebenso Dorndorf/Weller/Hauck, § 14 KSchG Rdnr. 26; KR-Rost, § 14 KSchG Rdnr. 28 f.; Kittner/Trittin, § 14 KSchG Rdnr. 22 u. 23; Löwisch, KSchG, § 14 Rdnr. 19 u. 21; Knorr/Bichlmeier/Kremhelmer, Handbuch des Kündigungsrechts, Kap. 13, Rdnr. 221 f.

ungenau einschränken[388], überwiegen, manche Positionen bleiben vage[389], und bejahende Standpunkte bleiben selten.[390] Die zivilrechtlichen Großkommentare sind zur Frage unergiebig.[391]

Die medizinrechtlichen Stimmen beantworten die Frage nach der kündigungsschutzrechtlichen Einordnung des Chefarztes uneinheitlich. Es fehlen Angaben[392] oder sie bleiben auf allgemeine Hinweise beschränkt[393], etwa mit dem Befund, das KSchG sei generell anwendbar[394], es beurteile sich nach der im Einzelfall eingeräumten Unternehmensfunktion[395]. Aber nur wenige unterstellen eine Eigenschaft des Chefarztes als leitender Angestellter[396] oder fordern sie offen.[397] Es überwiegen die ablehnenden Stellungnahmen.[398]

---

388 Schaub, Arbeitsrechts-Handbuch, § 16 Rdnr. 21: „Leitende Angestellte sind sie nur, wenn sie Mitglied der Krankenhausverwaltung sind" - obgleich dies nichts über die vom Gesetz geforderte Einstellungs- oder Entlassungsbefugnis aussagt. Die Einschätzung entspricht derjenigen von W. Eichholz in der AR-Blattei (D) Arzt I, I. Übersicht, Blatt 2.

389 MünchHandArb-Richardi, § 25 Rdnr. 12 ff., der zudem nicht zwischen KSchG und BetrVG differenziert.

390 Zum alten Recht Erman-Küchenhoff, Vor § 611 BGB Rdnr. 57.

391 MüKo-Müller-Glöge, § 611 BGB, Rdnr. 80: Der Krankenhausarzt werde aufgrund Arbeitsvertrages tätig, es sei für den Chefarzt ein freier Dienstvertrag denkbar (unter Hinweis aus BAG NJW 1961, 2085); Soergel-Kraft, § 611 BGB Rdnr. 104 ff. ohne Nachweis; Richardi vertritt neuerdings die Ansicht, der Chefarzt könne leitender Angestellter im Sinne des § 5 Abs. 3 S. 2 BetrVG sein (in: Staudinger, Vor §§ 611 ff. BGB Rdnr. 1305); zuvor war er der Auffassung, der Chefarzt zähle zu den leitenden Angestellten, sofern die Abteilung von erheblicher Bedeutung sei (vgl. ders., in: Staudinger, Vor §§ 611 ff. BGB Rdnr. 391, 12. Auflage, 1989).

392 Siegmund-Schultze, ArztR 1991, 211 ff.

393 Lippert, in: Lippert/Kern, a.a.O., S. 98, wohl im Anschluß an Schaub, Arbeitsrechts-Handbuch, § 16 Rdnr. 21; Wirzbach, KH 1968, 420, 426.

394 Rippel, ku 1986, 910, 913; Narr, Ärztliches Berufsrecht, Rdnr. 1130 (Stand: Okt. 1983) mit dem Hinweis, auf außerordentliche Kündigungen finde das Kündigungsschutzgesetz keine Anwendung.

395 Genzel, in: Laufs/Uhlenbruck, Handbuch des ArztR, § 90 Rdnr § 31 Fußn. 42.

396 Büsken, a.a.O., S. 179, aufgegeben wohl in VersR 1994, 1141, 1149; Busse, a.a.O., S. 163 f. Unpräzise Reichel, a.a.O., S. 46, der Chefarzt könne: „grundsätzlich als leitender Angestellter qualifiziert werden ... ob auch eine der arbeitsrechtlichen Sonderbestimmungen für leitende Angestellte auf einen Chefarzt angewendet werden kann, ist im Einzelfall nach den besonderen Voraussetzungen und dem Gesamtzusammenhang zu bestimmen". Chefärzte als Beispiel leitender Angestellter nennt Bauschke, in: AR-Blattei, Arbeitnehmer I, Ziff. 110.1. Rdnr. 216.

397 In einer ersten tiefschürfenden Untersuchung Moll, MedR 1997, 293, 299 f.

398 Rieger, Lexikon des Arztrechts, Rdnr. 505; Siegmund-Schultze, ArztR 1992, 45, und 357, 362; Andreas, ArztR 1979, 99 f. u. ArztR 2000, 4, 5; Debong, ArztR 1987, 318; 320; Jansen, KHuR 1999, 66, 67; ders., in: Rieger (Hrsg.), Lexikon des

Fehl geht allerdings die Ablehnung unter Hinweis auf das Arbeitszeitgesetz.[399] Aus dessen Unterscheidung zwischen leitenden Angestellten und Chefärzten ist für das KSchG nichts zu gewinnen, weil die ausdrückliche Erwähnung der Chefärzte deklaratorischen Charakter besitzt. Die Klarstellung scheint durchaus geboten, kommt doch die Arbeitszeitregelung auf den Krankenhaussektor erstmals zur Anwendung. Im übrigen beurteilt sich die Eigenschaft als leitender Angestellter weiterhin, wie seit je nach Maßgabe des jeweiligen arbeitsrechtlichen Schutzgesetzes.

Ebenfalls nicht zu überzeugen vermag die Einschätzung[400], der Chefarzt werde auch in dem seltenen Fall nicht zum leitenden Angestellten, wenn der Krankenhausträger eines in der Rechtsform der GmbH geführten Hauses alle Chefärzte zu GmbH-Geschäftsführern mache, obgleich diese dem § 14 Abs. 1 Nr. 1 KSchG unterfielen und unbeschränkte Vertretungsmacht für die Klinik nach außen besäßen. Die Begründung dieser Auffassung, ein Chefarzt könne kaum „gleichzeitig seine Abteilung leiten und die Verantwortung für das ganze Haus übernehmen" zeigt zwar berechtigte Bedenken, der klare Wortlaut des Gesetzes steht einer solchen einschränkenden Auslegung aber entgegen.

9.8 Stellungnahme

9.8.1 Vertragliche Ausgestaltung

Für Krankenhausträger und Chefärzte lassen sich durchaus Vorzüge einer Gestaltung des Chefarztvertrages erkennen, die mit der Einräumung der Stellung von Chefärzten als leitende Angestellte verbunden sind. Hierzu erforderlich ist nach geltendem Recht, daß Chefärzte die Geschicke ihrer Abteilung stärker als bisher bestimmen können, indem ihnen das Recht zur unabhängigen Einstellung und Entlassung von Personals eingeräumt wird, wozu sich also der Krankenhausträger der ihm bislang zukommenden Personalhoheit zu begeben hätte.[401] Zum Nutzen beider Vertragsparteien wäre der Chefarzt als der medizinisch kompetentere, der Behandlung von Patienten nähere Teil der Krankenhausorganisa-

---

Arztrechts, Anm. 1280 Rdnr. 5; indirekt Deutsch, MedizinR, Rdnr. 91; Lippert, in: Lippert/Kern, a.a.O., S. 98.

399 Etwa von Andreas/Debong, ArztR 1998, 11, 12.

400 Zuck, f & w 1994, 162; ders., NZA 1994, 961, 967; ders., KH 1983, 411, 412; ebenso Debong, ArztR 1987, 318, 320.

401 Daß die Träger die Aufgabe der Personalhoheit gutheißen, bezweifelt Hoffmann, KH 1996, 502, 507.

tion mit der Personalauswahl betraut[402], einzig der Finanzierungsrahmen wäre durch den Stellenplan des Krankenhausträgers vorgegeben. Infolgedessen wäre nach geltendem Recht die Auflösung des Chefarztvertrages vereinfacht[403] - zum möglichen Nutzen beider Parteien.[404] Den Krankenhausträgern sei deshalb geraten, „bei Neueinstellungen zu prüfen, ob der Dienstvertrag nicht so zu gestalten ist, daß der Chefarzt mit der Berechtigung zur Einstellung und/oder Entlassung der ärztlichen Mitarbeiter seiner Abteilung auch arbeitsrechtlich die Stellung erhält, die ihm im Krankenhaus aufgrund seiner Funktion und Kompetenz faktisch ohnehin zukommt.“[405] Denn „tatsächlich befindet der Chefarzt, ohne selbst verantwortlich zu sein, schon heute in der Regel über die Einstellung und Entlassung der ärztlichen Mitarbeiter der Abteilung, auch wenn die hierzu notwendigen Schritte von der Verwaltung, also dem Krankenhausträger, vollzogen werden.“[406] Es stellt sich folglich mit Grund die Frage, ob Chefärzte nicht vertraglich zu leitenden Angestellten gemacht werden können, indem ihr Status entsprechend den Erfordernissen vertraglich ausgestaltet wird.

Skeptisch fragt *Zuck,* sich von den gesetzlichen Vorgaben des KSchG entfernend, ob es ausreiche, dem Chefarzt die Letztentscheidungskompetenz im Rahmen von Einstellung und Entlassung von Personal einzuräumen oder ob er vielmehr auf die Lenkungsebene des Krankenhauses angehoben werden müsse.[407] Auch wer als Lenkungsebene innerhalb des Krankenhauses allein die Leitung der Fachabteilung begreift, wird diese Bedenken teilen und zugestehen: Voraussetzung für jede Beteiligung von Chefärzten an der Unternehmensführung, verbunden mit Personalhoheit innerhalb der Abteilung, ist das Interesse von Chefärzten an der Führungsverantwortung. In der Führungsverantwortung wird Verwaltungskompetenz zusätzlich zur medizinischen Befähigung des Chefarztes erforderlich, die bislang nicht erwartet werden darf, weil sie nicht zur medizinischen Ausbildung gehört.[408] Allzu negativ folgern aber Gegner einer solchen Gestaltung des Chefarztvertrages verallgemeinernd, weil es an der Verwaltungskompetenz ebenso wie an Kostenbewußtsein mangele, sei es „nicht empfehlenswert, Chefärzten die Position eines leitenden Angestellten einzuräumen“[409], andere

402 Die Auswahl von Bewerbern durch den Verwaltungsleiter oder gegebenenfalls durch den Personalleiter läßt sich ohne Stellungnahme des medizinisch Fachkundigen ohnehin nicht sachgerecht durchführen.
403 Quaas, KH 1995, 528, 530 f.
404 Dazu sogleich.
405 Moll, MedR 1997, 293, 300.
406 Bohle, ku 1997, 729, 731 f.
407 Zuck, NZA 1994, 961, 965.
408 Ansätze, den Erwerb und Einsatz von Verwaltungskompetenz durch Leistungsanreize zu fördern, sind bislang kaum zu verzeichnen.
409 Zuck, NZA 1994, 961, 965.

meinen, es gelte die Übernahme der Position des leitenden Angestellten mit dem daraus resultierenden verminderten Kündigungsschutz jedenfalls zu verhindern.[410] Dementsprechend sieht der Mustervertrag der Arbeitsgemeinschaft für Arztrecht in seinem § 7 Abs. 2 lediglich vor, daß „Einstellung ... oder Entlassungen der nachgeordneten Ärzte ... nur auf Vorschlag des Chefarztes“ erfolgen[411]. Entsprechend tritt auch der medizinisch-juristische Arbeitskreis Saar[412] für das schwache Erfordernis eines „Einvernehmens“ zwischen Chefarzt und Krankenhausträger bei Personalmaßnahmen ein.

9.8.2 Gegenwärtiger „Abfindungsschutz"

Im Falle der Kündigung des Arbeitnehmers durch den Arbeitgeber zeigt sich die gegenwärtige Rechtslage klar. Bei einfachen Arbeitnehmern ebenso wie bei leitenden Angestellten prüft das Arbeitsgericht, unterstellt das KSchG ist anwendbar, die nach § 1 KSchG erforderliche soziale Rechtfertigung der ausgesprochenen Kündigung. Grundsätzlich ist es dann zunächst Sache des Arbeitgebers, die zur Kündigung des einfachen Arbeitnehmers oder leitenden Angestellten führenden Gründe im Verfahren anzugeben.[413]

Falls das Arbeitsgericht die Kündigung als sozial ungerechtfertigt ansieht, weil die angeführten Gründe nicht hinreichen, kann der Arbeitgeber im Prozeß einen Auflösungsantrag nach § 9 Abs. 1 S. 2 KSchG stellen. Diesem Auflösungsantrag entspricht das Arbeitsgericht im Falle des einfachen Arbeitnehmers, wenn Gründe vorliegen, die eine dem Betriebszwecken dienliche weitere Zusammenarbeit nicht erwarten lassen. Im Fall des leitenden Angestellten findet § 9 Abs. S. 2 KSchG gemäß § 14 Abs. 2 KSchG mit der Maßgabe Anwendung, daß der Antrag des Arbeitgebers keiner Begründung bedarf.

Krankenhausträgern nehmen regelmäßig in der ordentlichen Kündigungserklärung[414] und im Kündigungsschutzprozeß des Chefarztes Abstand davon, vollständige (u.U. auch wahre) Angaben zu den Kündigungsgründen zu machen, sofern die Kündigung nicht auf betriebsbedingte Gründe zurückführt. Vorgeschobene oder nicht hinreichende personenbedingte oder verhaltensbedingte Gründe

---

410 Andreas, ArztR 1997, 291, 292.

411 Hennies, ArztR 1993, 205, 207.

412 Medizinisch-juristischer Arbeitskreis Saar (Hrsg.), Aktuelle Probleme und Perspektiven des Arztrechts, 1989, S. 169-173.

413 Zum vorläufigen Weiterbeschäftigungsanspruch während des Kündigungsschutzprozesses, vgl. ErfK-Ascheid, § 4 KSchG Rdnr. 94 ff.

414 Zur erforderlichen Abmahnung vgl. BAG MedR 1994, 329: Künstliche Insemination an katholischem Krankenhaus (fristlose Kündigung).

zur Rechtfertigung der Kündigung werden vorgetragen, die unverfänglichen Ursprungs sind, wie etwa die Behauptung eines eigenmächtigen Urlaubsantritts durch den Chefarzt.[415] Macht der Krankenhausträger aus begreiflichem Kalkül keine hinreichenden Angaben zu den Kündigungsgründen, wird das Arbeitsgericht die Kündigung für sozial nicht gerechtfertigt und damit rechtsunwirksam erachten.

Der sodann vom Krankenhausträger gestellte Auflösungsantrag führt den Krankenhausträger ebensowenig zum Ziel, da der Chefarzt nach geltendem Recht (regelmäßig) nicht leitender Angestellter des Krankenhausträgers ist und der Krankenhausträger deshalb nach § 9 Abs. 1 S. 2 KSchG gehalten ist, Gründe für den Auflösungsantrag vorzutragen[416], wonach eine den Betriebszwecken dienliche weitere Zusammenarbeit nicht zu erwarten ist. Allerdings wird der Krankenhausträger regelmäßig davon absehen, diejenigen Gründe vorzutragen, die eine den Betriebszwecken dienliche weitere Zusammenarbeit nicht erwarten lassen und die eine Auflösung des Arbeitsverhältnis herbeiführen könnten (§ 9 Abs. 1 S. 2 KSchG):[417] Bei verhaltensbedingten Gründen, etwa schweren Behandlungsfehlern des Chefarztes, oder personenbedingten Gründen, wie etwa Sucht, läßt der Krankenhausträger mit Grund davon ab, im Prozeß umfassend und wahrheitsgemäß unter Beteiligung der Öffentlichkeit vorzutragen[418], sei es zur Begründung der Kündigung, sei es zur Begründung des Auflösungsantrages. Erst recht wird der Krankenhausträger keine außerordentliche Kündigung[419] aussprechen.[420]

---

415 Kündigungsgrund kann aber die fehlende Bereitschaft des Chefarztes sein, Streit mit dem Oberarzt wegen dessen fachlichem Einsatz und Beteiligung am Liquidationserlös beizulegen, vgl. BAG ArztR 1975, 133.

416 Die Gründe müssen nicht geeignet sein, eine Kündigung sozial zu rechtfertigen, vgl. ErfK-Ascheid, § 9 KschG Rdnr. 21 m.w.N.

417 Vgl. zu den strengen Anforderungen, die nach dem Willen des Gesetzgebers nur im Ausnahmefall gegeben sein sollen, BAGE 25, 43 = EzA § 9 KSchG Nr. 1 = AP Nr. 2 zu § 9 KSchG = BB 1973, 984.

418 Käme es zu einer Auseinandersetzung über mögliche Kündigungsgründe führte sie möglicherweise in wochen- oder monatelange Auseinandersetzungen zwischen Krankenhausträger und Chefarzt. Eine Auflösung nach § 14 Abs. 2 KSchG vermeidet diese Schwierigkeiten, was Hoffmann, KH 1996, 502, 507, verkennt.

419 Diese unternimmt der Krankenhausträger insbesondere dann, wenn die ordentliche Kündigung vertraglich ausgeschlossen ist, wie durch § 53 Abs. 3 BAT. Danach ist der Angestellte unkündbar nach einer Beschäftigungszeit von 15 Jahren, frühestens jedoch nach Vollendung des 40. Lebensjahres. Die Unkündbarkeit bestimmt auch § 23 Abs. 2 des Chefarztvertrages der Arbeitsgemeinschaft.

420 Die Anforderungen an eine außerordentliche Kündigung sind mit Grund hoch. So befand etwa das LAG Düsseldorf, ein Behandlungsfehler müsse als grob zu bewerten sein, um eine fristlose Kündigung des Arztes zu rechtfertigen, vgl. MedR 1999,

Unterliegt der Krankenhausträger vor Gericht dementsprechend auch mit dem Auflösungsantrag, führt das jedoch in der Praxis längst nicht zu einer Fortsetzung des Arbeitsverhältnisses. Nach verlorenem Prozeß wird der Krankenhausträger dann jedenfalls außergerichtlich auf die Vertragsaufhebung gegen Zahlung einer Abfindung hinwirken, weil dies zumeist mit geringerem wirtschaftlichen Risiko verbunden ist als die Fortsetzung des belasteten Arbeitsverhältnisses mit dem Chefarzt. Das Begehren des Kliniktärgers, sich von einem angestellten Chefarzt zu trennen, besteht somit auch nach einem Gerichtsverfahren unvermindert fort.

Dies belegen die aus publizierten Sachverhaltsdarstellung und Rechtsgründen hinlänglich aufscheinenden Anlässe von Rechtsstreitigkeiten, wie etwa: Das Vertrauen sei durch Abrechnungsstreitigkeiten gestört, die Abteilung gehe durch rückläufige Fallzahlen nieder[421], die Belegung sei nicht ausreichend[422], Dienstpflichten würden mißachtet[423] und andere Gründe, die eine Aufhebung von Fall zu Fall rechtfertigen können - ohne daß eine arbeitsrechtliche Handhabe bestünde.[424]

Es sichert also dem Chefarzt der in Anbetracht seiner exponierten Stellung ungewöhnlich starke Kündigungsschutz faktisch die Zahlung einer Abfindung, nicht aber die Anstellung. Dieser tatsächlichen Praxis entspricht die kündigungsschutzrechtliche Regelung für leitende Angestellte. Leitende Angestellte erhalten im Falle unwirksamer Kündigung und im Prozeß ohne Angabe von Gründen beantragter Vertragsauflösung kraft Gesetzes eine Abfindung.[425] Die in der Praxis außergerichtlich erfolgende vergleichsweise Einigung zwischen Chefarzt und Krankenhausträger kommt derjenigen zwischen leitendem Angestellten und Arbeitgeber im Arbeitsgerichtsprozeß nahe. Allerdings bleibt festzuhalten, daß bei einem außergerichtlichen Vergleich zum einen die richterliche Kontrolle der Vertragsauflösung zum Schutze des Arbeitnehmers nicht stattfindet und daß zum

39: Die Ermittlungsfrist der maßgeblichen Umstände betrage zwei Wochen, dann beginne die zweiwöchige Kündigungserklärungsfrist des § 626 Abs. 2 BGB.

421 LAG Köln ArztR 1997, 157.

422 LAG Frankfurt ArztR 1994, 293.

423 Wie vorstehend.

424 Zu behaupteten und tatsächlichen Kündigungsgründen Andreas, ArztR 1994, 210 ff.; vgl. auch LAG Frankfurt ArztR 1994, 293.

425 Es geht die Empfehlung an den Arbeitgeber bei der Kündigung leitender Angestellter dahin, gleichwohl Gründe anzugeben, die eine den Betriebszwecken dienliche weitere Zusammenarbeit nicht erwarten lassen, um die Höhe der Abfindung günstig zu beeinflussen (vgl. Hueck/v. Hoyningen-Huene, § 14 KSchG Rdnr. 30). Jedoch wird jedenfalls der Krankenhausträger die äußerstenfalls erfolgende Festsetzung von 12 Monatsverdiensten als Abfindung (vgl. § 10 Abs. 1 KSchG) sowohl einer drohenden dauerhaften Weiterbeschäftigung des Chefarztes als auch der Angabe vorbeschriebener Kündigungsgründe vorziehen.

anderen eine die Höhe der Abfindung limitierende Regelung, wie diejenige des § 10 KSchG, fehlt.

9.8.3 Herausgehobene Stellung des Chefarztes

Die arbeitsrechtliche Qualifikation des Chefarztes als einfacher Arbeitnehmer erfolgt trotz seiner herausgehobenen Stellung in der Krankenhaushierarchie, seiner besonderen medizinischen Fähigkeiten und deren Ansehen - mit denen die Fachabteilung „steht und fällt“ - sowie der Selbstbestimmung der Arbeitsleistung und Arbeitszeit, verbunden mit überdurchschnittlichen Einkünften[426]. Letztlich scheint es deshalb unangemessen, wenn sich die Kündigungsschutzvorschriften für den Chefarzt im Ergebnis einerseits ebenso darstellen wie etwa für eine Pflegekraft, andererseits aber Befähigung, Leistung, wirtschaftliche Bedeutung für die Klinik, Gestaltungsmacht und Einkünfte des Chefarztes einem leitenden Angestellten entsprechen.

Und auch das zivile Haftungsrecht ist als Argument für eine exponierte Stellung des Chefarztes als leitender Angestellter heranzuziehen. Weithin anerkannt ist die Einstandspflicht des Krankenhausträgers für Fehlverhalten des Chefarztes nach §§ 31, 89 BGB[427], ohne die Exkulpationsmöglichkeit des § 831 BGB. Als „verfassungsmäßig berufener Vertreter“ der das Krankenhaus tragenden Körperschaft haftet der Träger für den Chefarzt gemäß §§ 31, 89 BGB, weil dieser im medizinischen Bereich weisungsfrei ist.[428] Einen kaum verständlichen Wertungswiderspruch bedeutet es also, dem Chefarzt im Haftungsrecht eine „Sonderrolle“ zuzumessen, diese für das Liquidationsrecht aufrechtzuerhalten[429], doch für das Arbeitsrecht dann zu verneinen.[430]

Der gelegentlich gebrauchte Einwand, ein arbeitslos gewordener Chefarzt finde regelmäßig keine neuerliche Anstellung, weil die Branche wechselnde Anstellungen nicht kenne und weil der Chefarzt durch die lange Ausbildung fortgeschrittenen Alters sei, erweist sich auf Dauer nicht als stichhaltig. Denn die Krankenhausträger würden Anstellungswechsel ihres medizinischen Führungspersonals nicht als ungewöhnlich erkennen, sondern als Berufserfahrung zu schätzen lernen; aus dem mit der Fluktuation von Chefärzten verbundenen ver-

---

426 Die Hilfsregelung des § 5 Abs. 4 S. 4 BetrVG mag mittelbar als Vergleich dienen: Unter einem regelmäßigem Jahresarbeitsentgelt von DM 156.240,- (1998) zählt der Arbeitnehmer danach nicht zu den leitenden Angestellten.

427 Dazu nachfolgend im einzelnen.

428 Seit BGH NJW 1980, 1901, st. Rspr.

429 Zu Reformüberlegungen Schulenburg, DÄBl 1996, S. A 3254 ff.

430 Ebenso Moll, MedR 1997, 293, 299: „Ein nicht lösbarer Wertungswiderspruch“.

stärkten Erfahrungsaustausch ließe sich von Seiten der ärztlichen Kollegen wie der Krankenhausträger durchaus Nutzen ziehen, wie in anderen Branchen auch. Das gegebenenfalls vorgerückte Lebensalter eines Bewerbers zeigte die für die zu besetzende Führungsposition unerläßliche Berufs- und Lebenserfahrung.[431]

Blieben tatsächlich ältere leitende Ärzte ohne Anstellung, realisierte sich auch für Mediziner der verstärkte Wettbewerb auf dem Arbeitsmarkt, der andere Berufsgruppen seit langem auszeichnet.[432] Zudem besitzt die anhaltende Wettbewerbsfähigkeit einer Klinik Bedeutung nicht nur für die Chefärzte des Krankenhauses, sondern auch für den Erhalt der Arbeitsplätze anderer ärztlicher wie nichtärztlicher Mitarbeiter, wird doch der gute Ruf der Einrichtung maßgeblich von der Qualität der ärztlichen Leistung bestimmt, die im wesentlichen die Chefärzte prägen. Für eine arbeitsrechtliche Privilegierung von Chefärzten im Vergleich zu Führungskräften in Wirtschaft und Industrie besteht um so weniger Raum als der Gesundheitssektor unter verstärktem Kostendruck steht. Im übrigen trägt der Gesetzgeber dem bestehenden Schutzbedürfnis leitender Angestellter durchaus Rechnung, indem er sie in das KSchG aufnahm[433] und anstelle des Bestandsschutzes einen Abfindungsanspruch regelte, der - ebenso wie das regelmäßig höhere Einkommen - kompensierend für den möglichen Verlust des Arbeitsplatzes und damit der Einkommensgrundlage wirkt.

Besteht aufgrund der strukturellen Entsprechung der Beziehung von Arbeitgeber und leitendem Angestellten auf der einen Seite und dem Verhältnis von Krankenhausträger und Chefarzt auf der anderen Seite eine arbeitsrechtlich ähnliche Interessenlage, ist eine Gleichsetzung geboten. Doch erweist sich die entsprechende Vertragsgestaltung, die eine Qualifikation des Chefarztes als leitender Angestellter im Sinne des geltenden KSchG ermöglicht, letztlich als schwierig, wenn der Krankenhausträger nicht bereit ist, die - für die Betriebskosten bedeutsame - Personalhoheit auf den Chefarzt zu übertragen.[434] Es bleibt daher die Forderung an den Gesetzgeber: de lege ferenda den Chefarzt im Rahmen des KSchG den leitenden Angestellten gleichzustellen.[435]

431 Überzogen scheint die Vorstellung, es würden noch Jahrzehnte vergehen, bis sich für Chefärzte ein Markt auftue, vgl. Hoffmann, KH 1996, 502, 508 (zur Befristung). - Zur Absicherung der Versorgungszusagen beamtenähnlich versorgter Krankenhausärzte vgl. Boecken, ArztR 1998, Heft 10 S. I ff.

432 Zwar sind die Niederlassungsmöglichkeit der Chefärzte über 55 Jahren grundsätzlich ausgeschlossen (§ 98 Abs. 2 Nr. 12 SGB V), aber es sind auch andere Arbeitnehmer diesen Alters auf dem Arbeitsmarkt Beschränkungen unterworfen.

433 BT-Drucks. 5/3913, S. 9.

434 Zweifelnd spricht Hoffmann, KH 1996, 502, 507, von „Hochstilisierung".

435 Ähnlich Moll, MedR 1997, 293, 299: „Wenn das Arbeitsrecht nicht seinen Anspruch verlieren will (auch) ein Spiegelbild der sozialen Realität zu sein."

9.9 Lösungsvorschlag

In Betracht kommen für den Gesetzgeber zweierlei Regelungsansätze. Entweder vermag die Regelung des ArbZG als Muster für das KSchG zu dienen, die von ihrem Anwendungsbereich leitende Angestellte „sowie Chefärzte" ausnimmt. Dementsprechend wäre § 14 Abs. 2 S. 1 KSchG zu ergänzen, wonach „auf Geschäftsführer, Betriebsleiter und ähnliche leitende Angestellte ... *sowie Chefärzte* die Vorschriften dieses Abschnitts mit Ausnahme des § 3 Anwendung finden."[436]

Oder aber der Gesetzgeber korrigierte die Rechtsprechung zur erforderlichen selbständigen Einstellung und Entlassungsbefugnis leitender Angestellter durch eine die Anforderungen senkende Neufassung des § 14 Abs. 2 KSchG, wonach die Vorschriften Anwendung finden, „auf Geschäftsführer, Betriebsleiter und ähnliche leitende Angestellte, soweit diese an der Einstellung oder Entlassung von Arbeitnehmern *maßgeblich mitwirken* ...". Zu ergänzen wäre also die Berechtigung zur maßgeblichen Mitwirkung an personellen Maßnahmen, zu streichen wäre das Erfordernis der *selbständigen* Einstellung oder Entlassung; dieser letztgenannte Änderungsvorschlag führte allerdings über den Personenkreis der Chefärzte hinaus.

Beiden Änderungsvorschlägen gemeinsam ist, daß sie gleichermaßen dem Interesse sowohl des Krankenhausträgers als auch des Chefarztes dienten. Denn Rechtsfolge wäre die Qualifikation der Chefärzte als leitende Angestellte: entweder kraft ihrer Rechtsstellung als Chefärzte oder kraft ihrer arbeitsvertraglichen Beteiligungsrechte an personellen Maßnahmen.[437] Die gesetzliche Neuordnung erwiese sich im Falle des Rechtsstreits als vorteilhaft im Hinblick auf die richterliche Vermittlung zwischen den Interessen des Krankenhausträgers und des Chefarztes. Die im Kündigungsschutzprozeß regelmäßig erfolgende umfassende Offenlegung von Betriebsinterna, die zumeist geeignet sein wird, das Ansehen des Mediziners[438] wie des Krankenhausträgers[439] zu untergraben, würde zurück-

---

436 So in der Sache die DKG, vgl. Pföhler, KH 1996, 329, 332.

437 Bei entsprechender Vertragsgestaltung. - Die Musterverträge der DKG und der Arbeitsgemeinschaft sehen bereits eine „maßgebliche Beteiligung" des Chefarztes vor, indem sie ein Vorschlagsrecht des Chefarztes in Bezug auf die Einstellung und Entlassung der nachgeordneten Ärzte einräumen. Ähnlich Weber/Müller, Chefarztvertrag, § 7 Abs. 2 und Abs. 3, die - allerdings unklar - ein partielles Zustimmungserfordernis und ein Vorschlagsrecht des Chefarztes mit einem Zurückweisungsrecht des Krankenhausträgers verknüpfen. Einzig das von Münzel vorgeschlagene bloße Anhörungsrecht des Chefarztes reicht nicht aus, um von einer „maßgeblichen Mitwirkung" desselben sprechen zu können.

438 Zur Abwägung des Persönlichkeitsrechts des Chefarztes und der Rundfunkfreiheit vgl. BGH MedR 1998, 180 m. Problemstellung v. Cramer. Zu den Anforderungen

treten, da an den wichtigen Grund zur außerordentlichen Kündigung bzw. an die personen- oder verhaltensbedingten Gründe zur ordentlichen Kündigung nur geringe Anforderungen gestellt werden.[440] Der Vortrag des Krankenhausträgers zur Begründung der Kündigung des Chefarztes kann daher knapp gehalten sein.

Kommt das Arbeitsgericht zu dem Ergebnis, die Kündigung des Krankenhausträgers habe das Arbeitsverhältnis nicht aufgelöst, bedarf der Antrag des Krankenhausträgers an das Gericht, das Arbeitsverhältnis aufzulösen, keiner Begründung mehr.[441] Der Krankenhausträger ist also letztlich in der Lage, die mit der Zahlung einer Abfindung verbundene Auflösung des Vertrages ohne Angabe von die Einrichtung und/oder den Chefarzt herabsetzenden Gründen durch Urteil des Arbeitsgerichts gemäß § 9 Abs. 1 KSchG herbeizuführen.[442]

Daß aber die vom Arbeitsgericht festgesetzte Abfindung, die an einer gesetzlich begrenzten Anzahl[443] von Monatsverdiensten bemessen wird, regelmäßig geringer ausfällt[444] als die bislang vom Krankenhausträger für ein „freiwilliges Ausscheiden“ des Arztes ausgehandelte Abfindung, darf kaum erwartet werden. Zwar beschränkt sich die nach dem KSchG mögliche Abfindung auf einen Betrag bis zu achtzehn Monatsverdiensten[445], aber der für die Höhe der Abfindung dann kraft Gesetzes maßgebliche Monatsverdienst des Chefarztes, bestehend aus Festvergütung und variablen Nebeneinkünften, läßt sich schwerlich präzise ermitteln, weshalb das Arbeitsgericht die monatlichen Einkünfte schätzen wird.[446] Es liegt

---

an eine Suspendierung des beamteten Chefarztes, vgl. BVerfG ArztR 1995, 149 (Grundsatz der Verhältnismäßigkeit).

439 Geläufige Empfehlung ist aber, anläßlich des Auflösungsantrages gemäß § 14 Abs. 2 KSchG dennoch ausreichende Gründe darzutun, um der Festsetzung einer maximalen Abfindung durch das Gericht zu entgehen, vgl. Hueck/v. Hoyningen-Huene, § 14 KSchG Rdnr. 30.

440 BAG AP Nr. 49 zu § 626 BGB, BAG AP Nr. 42 zu § 626 BGB.

441 § 14 Abs. 2 S. 1 KSchG.

442 Zu den gebotenen differenzierten Abwägungen bei einfachen Arbeitnehmern, wie einem Oberarzt, vgl. etwa LAG Düsseldorf, MedR 1999, 39, 43 (außerordentliche Kündigung des nicht ordentlich kündbaren Arztes kann nur bei grobem Behandlungsfehler gerechtfertigt sein).

443 Nach § 10 Abs. 1 KSchG ist als Abfindung ein Betrag bis zu zwölf Monatsverdiensten festzusetzen, ab der Vollendung des fünfzigsten Lebensjahres nach fünfzehn Jahren Bestand des Arbeitsverhältnisses ein Betrag bis zu 15 Monatsverdiensten und ab der Vollendung des fünfundfünfzigsten Lebensjahres nach zwanzig Jahren Bestand des Arbeitsverhältnisses ein Betrag bis zu 18 Monatsverdiensten.

444 Moll, MedR 1997, 293, 294.

445 Voraussetzung ist, daß der Arbeitnehmer das fünfundfünzigste Lebensjahr vollendet hat und das Arbeitsverhältnis zwanzig Jahre bestand (§ 15 KSchG).

446 Bei Berechnung der Höhe der Abfindung sind auch die Gründe zu berücksichtigen, aus denen das Arbeitsverhältnis aufgelöst wird, das heißt der Arbeitgeber muß seinen Auflösungsantrag von Rechts wegen nicht begründen, hat es dann aber hinzu-

außerdem nahe, daß die Vertragspartner zukünftig schon bei Vertragsschluß eine „Abfindung“ für den Fall der späteren Vertragsauflösung nach § 9 Abs. 1 S. 2 KSchG vereinbaren werden.[447]

nehmen, wenn das Arbeitsgericht die Abfindung bis zur möglichen Höchstgrenze festsetzt, vgl. Dorndorf/Weller/Hauck, § 14 KSchG Rdnr. 33.

447 Ebenso Hoffmann, KH 1996, 502, 508.

10 Das Betriebsverfassungsgesetz

10.1 Anwendbarkeit des BetrVG

Eingangs zu prüfen ist, inwieweit das BetrVG in den Kliniken zur Anwendung gelangt. In Betrieben mit in der Regel mindestens fünf ständigen wahlberechtigten Arbeitnehmern, von denen drei wählbar sind, werden Betriebsräte gewählt (§ 1 BetrVG), so die Arbeitnehmer dies wünschen. Unter Betrieb verstanden wird „die organisatorische Einheit, innerhalb derer ein Arbeitgeber allein oder mit seinen Arbeitnehmern mit Hilfe von technischen und immateriellen Mitteln bestimmte arbeitstechnische Zwecke fortgesetzt verfolgt, die sich nicht in der Befriedigung des Eigenbedarfs erschöpfen."[448] Entsprechend dieser weiten Auslegung des Begriffs läßt sich eine Klinik durchaus unter den Begriff des „Betriebes" - mehrere zusammengehörige Krankenhäuser auch unter den weiteren Begriff des „Unternehmens"[449] - fassen.[450]

Allerdings findet das BetrVG gemäß § 130 BetrVG keine Anwendung auf Verwaltung und Betriebe des Bundes, der Länder, der Gemeinden und sonstiger Körperschaften, Anstalten und Stiftungen des öffentlichen Rechts. Unmittelbar von der öffentlichen Hand geführte Krankenhäuser fallen daher in den Anwendungsbereich des Personalvertretungsgesetzes des Bundes oder der Länder.[451] Besonderheiten gelten außerdem in den beiden folgenden Fällen: Erstens finden die Vorschriften des BetrVG gemäß § 118 Abs. 1 S. 1 BetrVG[452] für Tendenz-

448 Fitting, § 1 BetrVG, Rdnr. 54 f. - Bei richtiger Betrachtungsweise sei der Betrieb das arbeitstechnische Spiegelbild des Unternehmens und bei Unternehmen mit mehreren Betrieben auch dessen Teilorganisation, BAG AP Nr. 2 zu § 5 BetrVG 1972. Kritisch zum Begriff Richardi, ArbuR 1991, 33, 39.

449 Unter Unternehmen ist die organisatorische Einheit zu verstehen, die bestimmt wird durch den wirtschaftlichen oder ideellen Zweck, dem ein Betrieb oder mehrere organisatorisch verbundene Betriebe desselben Unternehmens dienen, vgl. Hueck/v. Hoyningen-Huene, § 1 KSchG Rdnr. 71; Staudinger-Richardi, Vor §§ 611 ff. BGB, Rdnr. 435 ff.

450 Dahm/Lück, MedR 1992, 1, 3.

451 Für die Abgrenzung allein maßgeblich ist die formelle Rechtsform des Betriebes.

452 Das sind Unternehmen bzw. Betriebe, die unmittelbar und überwiegend 1. politischen, koalitionspolitischen, konfessionellen, karitativen, erzieherischen, wissenschaftlichen oder künstlerischen Bestimmungen oder 2. Zwecken der Berichterstat-

unternehmen bzw. Tendenzbetriebe keine Anwendung, soweit die Eigenart des Unternehmens oder des Betriebs dem entgegensteht.[453] Zu den Tendenzbetrieben können in privater Rechtsform betriebene Krankenhäuser mit karitativer Zielrichtung zählen.[454] Zweitens sind nach § 118 Abs. 2 BetrVG Religionsgemeinschaften und ihre karitativen und erzieherischen Einrichtungen von der Anwendung des BetrVG ausgenommen, da eine Erstreckung der staatlichen Gesetzgebung wegen der verfassungsrechtlich garantierten Autonomie der Kirchen bedenklich wäre.[455] Die evangelische und katholische Kirche sind öffentlichrechtlich organisiert, weshalb sie § 130 BetrVG unterfallen; sie haben aber Mitarbeitervertretungen gebildet, die viele Ähnlichkeiten mit dem BetrVG aufweisen.[456]

10.2 BetrVG und SprAuG

Die Frage nach der Einordnung des Chefarztes in das BetrVG[457] findet sich bisher nicht eindeutig beantwortet, dabei läßt sich der Praxisbezug einer Bewertung der betriebsverfassungsrechtlichen Stellung nicht leugnen. So kann es etwa bei Betriebsratswahlen innerhalb des Krankenhauses darauf ankommen, ob sich die Chefärzte als einfache Arbeitnehmer oder als leitende Angestellte qualifizieren lassen. Leitende Angestellte sind weder aktiv noch passiv zum Betriebsrat wahlfähig, noch bei der Festlegung der Zahl der zu wählenden Betriebsratsmitglieder mitzuzählen.[458] Entsprechend dem Interessengegensatz zwischen Arbeitgeber

---

tung oder Meinungsäußerung, auf die Art. 5 Abs. 1 S. 2 GG Anwendung findet, dienen.

453 Maßgeblich ist, ob die Einschränkung der Beteiligungsrechte durch die Tendenz bedingt oder doch im Hinblick auf die Tendenz erforderlich ist, weil sonst deren Verwirklichung durch Beteiligungsrechte des Betriebsrates gegebenenfalls verhindert oder ernstlich beeinträchtigt werden könnte (vgl. BAG AP Nr. 50 zu § 118 BetrVG 1972). Abzustellen ist auf den konkreten Einzelfall (vgl. BAG AP Nr. 44 zu § 118 BetrVG 1972), wobei die Tendenznähe der Maßnahme als solche erheblich ist, wie auch die Frage, inwieweit die von einer Maßnahme betroffene Person den Tendenzcharakter mit verwirklicht, also selbst Tendenzträger ist (vgl. Fitting, § 118 BetrVG Rdnr. 31).

454 Vgl. BAG AP Nr. 57 und Nr. 58 zu § 118 BetrVG 1972; Etzel, BetrVG, Rdnr. 1430.

455 Fitting, § 118 BetrVG, Rdnr. 48 m.w.N.

456 V. Hoyningen-Huene, BetrVG, S. 33. Zur Mitarbeitervertretung der evangelischen Kirche vgl. Richardi, FS Kissel, S. 967 ff. und zu den Grundlagen des Arbeitsrechts in der katholischen Kirche vgl. Dütz, NJW 1994, 1369 ff.

457 Ebensowenig wie die nach der Einordnung in das KSchG.

458 Fitting, § 5 BetrVG, Rdnr. 119; BAG AP 1 zu § 8 BetrVG 1972.

und der durch den Betriebsrat repräsentierten Belegschaft werden leitende Angestellte vom BetrVG nicht erfaßt, weil sie unternehmerische Teilaufgaben wahrnehmen und im Verhältnis zur Belegschaft den Arbeitgeber vertreten.[459]

Ergäbe sich eine klare Ausgrenzung des Chefarztes aus dem Anwendungsbereich des BetrVG, ließe sich innerhalb des Krankenhauses ein Sprecherausschuß nach den Regeln des seit 1989 geltenden SprAuG[460] bilden, der die Interessen der Berufsgruppe kollektiv vertreten könnte. Ein weiteres tritt hinzu: Zwar unterscheiden sich Mitbestimmung von Betriebsrat und Sprecherausschuß gering[461], es bedarf aber der Anhörung des zuständigen, also „richtigen" Organs durch den Arbeitgeber bei jedem Ausspruch einer Kündigung gegenüber einem Chefarzt[462] - es besteht kein Wahlrecht.[463]

Allerdings setzt die Anhörungspflicht das Bestehen eines Sprecherausschusses voraus.[464] Das mag Grund dafür sein, daß die Frage nach der Beurteilung der Chefärzte als leitende Angestellte oder als einfache Arbeitnehmer bislang keine Rolle spielte. Denn soweit ersichtlich wurden Sprecherausschüsse in Krankenhäusern nicht gebildet. Blieb die Einordnung von Chefärzten bis heute unklar, kommen auf den ersten Blick nur der Verwaltungsleiter[465], der Pflegedienstleiter und der Ärztliche Direktor einer Klinik als leitende Angestellte in Betracht. Das hat zur Konsequenz, daß es regelmäßig an der gemäß § 1 Abs. 1 SprAuG erforderlichen Anzahl von mindestens zehn leitenden Angestellten zur Bildung eines Sprecherausschusses fehlt. Selbstverständlich rechtfertigte es die Schaffung einer eigenen Interessenvertretung nicht, den Kreis der leitenden Angestellten großzügiger zu bestimmen, um eine „angemessene Gruppenstärke" zu erreichen. Jedoch

---

459 ErfK-Eisemann, § 5 BetrVG Rdnr. 30.

460 V. 20.12.1988, BGBl I S. 2312.

461 Der Sprecherausschuß muß vor dem Ausspruch einer Kündigung des leitenden Angestellten ebenso gehört werden (§ 31 Abs. 2 SprAuG) wie der Betriebsrat vor der Kündigung des einfachen Arbeitnehmers (§ 102 Abs. 1 BetrVG).

462 Die Mitbestimmung des Betriebsrates folgt aus § 102 Abs. 1 BetrVG, die des Sprecherausschusses aus § 31 Abs. 2 SprAuG.

463 Das formale Zuordnungsverfahren bei Wahlen der in Betracht kommenden Mitarbeiter regelt § 18a BetrVG, ohne darüber hinausgehende allgemein verbindliche Wirkung zu haben. Zu Recht kritisch gegen das äußerstenfalls anzuwendende Losverfahren (§ 18a Abs. 3) vgl. v. Hoyningen-Huene, BetrVG, S. 44, der fragt „Recht oder Lotterie?"; Fitting, § 18a BetrVG Rdnr. 5, und Löwisch, SprAuG, § 31 Rdnr. 19, empfehlen bei Kündigungen im Zweifelsfall sowohl den Sprecherausschuß als auch den Betriebsrat anzuhören. - Entschieden wird über die Zuordnung im arbeitsgerichtlichen Beschlußverfahren nach §§ 2a, 80 ff. ArbGG, vgl. ErfK-Eisemann, § 5 BetrVG Rdnr. 42.

464 BAG BB 1985, 1066.

465 Zur Vergütung der Führungskräfte vgl. Clade, DÄBl 2001, S. C 874 f.

wären in vielen Kliniken zehn leitende Angestellte leicht zu zählen, gehörten die Chefärzte dazu[466], und in der Folge wäre ein Sprecherausschuß zu bilden.[467]

Die Abgrenzung der leitenden Angestellten von den einfachen Arbeitnehmern erweist sich generell als schwierig, auch wenn § 5 Abs. 3 des BetrVG eine Legaldefinition leistet.[468] Erstens lassen sich leitende Angestellte durch die gesetzliche Generalklausel, die für alle Wirtschaftszweige sowie für Unternehmen sehr unterschiedlicher Größe, Struktur und Organisation gilt, kaum exakt genug erfassen.[469] Zweitens hat die Beurteilung stets auf Grund der zu ermittelnden individuellen, tatsächlich ausgeübten Aufgaben zu erfolgen.[470] Daß die Einschätzung der Rolle der Chefärzte unklar blieb, verwundert demnach nicht.

10.3 Chefarzt als leitender Angestellter?

Liegt die Zahl der leitenden Angestellten je nach Branche zwischen 0,8% und 4,3% der Arbeitnehmer[471], stellt die Gruppe der Chefärzte und Oberärzte einen Anteil von rund 10% der ärztlichen Angestellten.

Ob die Chefärzte zu den leitenden Angestellten zu zählen sind, soll ermittelt werden durch den Versuch einer Subsumtion des Chefarztes unter den Wortlaut des § 5 Abs. 3 BetrVG nach dem Verständnis der Norm in höchstrichterlicher Rechtsprechung und der vorherrschenden Literatur. Die Vorschrift des § 5 Abs. 3 BetrVG enthält eine abschließende Legaldefinition des leitenden Angestellten für das BetrVG.[472] Es besteht nicht eine einzige typologische Voraussetzung, son-

---

466 Allgemein Fitting, § 5 BetrVG, Rdnr. 120; a.A. Martens RdA 1989, 73, 74.

467 Dieser besteht aus einer Person bei 10 bis 20, aus drei Mitgliedern bei 21 bis 100 leitenden Angestellten (§ 4 Abs. 1 SprAuG).

468 GK-Kraft, § 5 BetrVG, Rdnr. 70: Dem BetrVG liegt kein Oberbegriff des leitenden Angestellten zugrunde.

469 Wlotzke, § 5 BetrVG, Anm. II 1 b. - Zur historischen Entstehung umfassend Hromadka, Das Recht der leitenden Angestellten im historisch-gesellschaftlichen Zusammenhang, 1979; knapp und instruktiv v. Hoyningen/Huene, BetrVG, S. 38 ff.

470 Für die arbeitsrechtliche Beurteilung maßgeblich ist nicht der Vertrag, sondern die ausgeübte Tätigkeit, vgl. BAGE 51, 1 = EzA § 5 BetrVG 1972 Nr. 42 = NZA 1986, 484 = DB 1986, 1131; v. Hoyningen-Huene, BetrVG, S. 41 f.

471 Fitting, § 5 BetrVG, Rdnr. 124.

472 Der Begriff des leitenden Angestellten im BetrVG deckt sich nicht mit dem des KSchG, vgl. Hueck/v. Hoyningen-Huene, § 14 KSchG Rdnr. 27. Die Verfassungsmäßigkeit, insbesondere von § 5 Abs. 3 S. 2 Nr. 2 BetrVG, wurde wegen der Verwendung zahlreicher unbestimmter Rechtsbegriffe bestritten, doch nach Ansicht des BVerfG verstößt die Norm weder gegen das Rechtsstaatsprinzip noch gegen das Bestimmtheitsgebot (vgl. AP Nr. 27 zu § 5 BetrVG 1972 = SAE 1978, 284 m. Anm. Buchner).

dern das Gesetz nennt den mit Einstellungs- und Entlassungsbefugnis Tätigen sowie den kraft Generalvollmacht und Prokura Ermächtigten und den eigenverantwortlich unternehmerische Aufgaben Wahrnehmenden.[473] Die Tatbestandsmerkmale des § 5 Abs. 3 BetrVG sind zwingendes Recht, die nicht durch Tarifvertrag, Betriebsvereinbarung oder vertragliche Vereinbarung abbedungen werden können.[474]

Der Grund der Sonderregelung für leitende Angestellte liegt in dem natürlichen Interessengegensatz zwischen Arbeitgeber und Arbeitnehmer. Einerseits müssen sich die leitenden Angestellten kraft ihres Aufgabengebietes mit den Interessen des Unternehmers identifizieren, andererseits benötigen sie ebenfalls des arbeitsrechtlichen Schutzes gegenüber dem Arbeitgeber - sie können in ihrer Person diesen Gegensatz nicht austragen.[475]

Es besteht nun eine umfangreiche höchstrichterliche Kasuistik zu leitenden Angestellten, die sich indessen kaum generalisieren läßt und nur geringen Aussagewert besitzt.[476] Eine Stellung als leitender Angestellter zugesprochen bekamen etwa der als Prüfungsleiter eingesetzte Wirtschaftsprüfer[477], der für die Flugsicherheit Verantwortliche in einem Luftfahrtunternehmen[478], der Grubenfahrsteiger[479], der Betriebsleiter, der Abteilungsleiter für Organisation und Unternehmensplanung[480], der Leiter einer Forschungsabteilung, der auch am Abschluß von Lizenzverträgen beteiligt war[481], der Leiter des Ausbildungswesens[482], der Abteilungsleiter des TÜV[483], der Hauptabteilungsleiter für das Rechnungswesen[484] sowie der Chefpilot, der die Durchführung des Flugbetriebs zu gewährleisten hat[485] - um nur einige Beispiele zu nennen.[486]

---

473 Vgl. GK-Kraft, § 5 BetrVG, Rdnr. 69; BAG AP Nr. 22 zu § 5 BetrVG 1972 = DB 1980, 1548: Es bestehe kein vom Gesetzgeber vorausgesetzter Begriff des leitenden Angestellten im Sinne des BetrVG, es gelte die tatbestandliche Regelung.

474 GK-Kraft, § 5 BetrVG Rdnr. 4; Fitting, § 5 BetrVG, Rdnr. 133 f.; ErfK-Eisemann, § 5 BetrVG Rdnr. 30.

475 Der Arbeitgeber verfolgt wirtschaftliche Interessen, der Arbeitnehmer ist persönlich und wirtschaftlich abhängig, vgl. Fitting, § 5 BetrVG, Rdnr. 124 ff.; BAG AP Nr. 22 zu § 5 BetrVG 1972; BAG AP Nr. 32 zu § 5 BetrVG 1972.

476 Fitting, § 5 BetrVG, Rdnr. 193 mit den Nachweisen im einzelnen.

477 BAG AP Nr. 5 zu § 5 BetrVG 1972 = EzA § 5 BetrVG 1972 Nr. 16.

478 BAG AP Nr. 16 zu § 5 BetrVG 1972 = EzA § 5 BetrVG 1972 Nr. 27.

479 BAG AP Nr. 2 und 3 zu § 5 BetrVG 1972.

480 BAG AP Nr. 6 und 7 zu § 5 BetrVG 1972 = EzA § 5 BetrVG 1972 Nr. 11 und 15.

481 BAG AP Nr. 14 zu § 5 BetrVG 1972.

482 BAG AP Nr. 16 zu § 5 BetrVG 1972 = EzA § 5 BetrVG 1972 Nr. 27.

483 BAG AP Nr. 24 zu § 5 BetrVG 1972.

484 BAG AP Nr. 55 zu § 5 BetrVG 1972.

485 BAG AP Nr. 42 zu § 5 BetrVG = EzA § 5 BetrVG 1972 Nr. 49.

486 Weitere Nachweise bei Richardi, § 5 BetrVG Rdnr. 224-226 und 229 a.E.

Verneint wurde die Zugehörigkeit zur Gruppe der leitenden Angestellten[487] für einen Hauptabteilungsleiter des Hauptbüros eines Großunternehmens[488], einen Abteilungsleiter der mechanischen Fertigung und des Rechnungswesens, den Betriebsleiter eines Supermarktes[489] sowie den Betriebsarzt.[490]

Für die Frage, ob der Chefarzt leitender Angestellter im Sinne des BetrVG ist, sind allein die arbeitsvertraglich zugewiesenen Aufgaben und Funktionen entscheidend[491] sowie deren faktische Wahrnehmung[492], die sich unter die drei nachfolgenden alternativen Regelungen des § 5 Abs. 3 S. 2 Nr. 1 bis Nr. 3 BetrVG fügen lassen.

10.3.1 § 5 Abs. 3 S. 2 Nr. 1 BetrVG

Gemäß § 5 Abs. 3 S. 2 Nr. 1 BetrVG ist leitender Angestellter, „wer nach Arbeitsvertrag und Stellung im Unternehmen oder im Betrieb zur selbständigen Einstellung und Entlassung von im Betriebe oder in der Betriebsabteilung beschäftigten Arbeitnehmern berechtigt ist." Die Berechtigung zu personellen Maßnahmen soll sich also nicht beziehen auf im Unternehmen[493], sondern nur auf im Betrieb oder in der Betriebsabteilung beschäftigte Arbeitnehmer, weshalb entsprechende Befugnisse des Chefarztes in Bezug auf die eigene Fachabteilung ausreichen.

Ferner soll einem leitenden Angestellten die Berechtigung zur selbständigen Einstellung und Entlassung zukommen, wobei sich die Berechtigung kumulativ auf die Einstellung und Entlassung beziehen muß.[494] Die betriebsverfassungsrechtliche Regelung formuliert deshalb höhere Anforderungen als § 14 Abs. 2 S. 1 KSchG, der die alternative Einstellungs- oder die Entlassungsbefugnis voraussetzt.

Vornehmlich problematisch zeigt sich die gebotene Selbständigkeit der arbeitsrechtlichen Maßnahme, in der sich der Interessengegensatz zwischen Arbeitgeber und Arbeitnehmer spiegelt. Das BAG stellte dazu fest, dem leitenden

487 Nachweise bei Richardi, § 5 BetrVG Rdnr. 228-229 u. 231.
488 BAG AP Nr. 2 zu § 5 BetrVG = EzA § 5 BetrVG 1972 Nr. 9.
489 BAG AP Nr. 1 zu § 105 BetrVG 1972 = EzA § 102 BetrVG 1972 Nr. 16.
490 LAG Baden-Württemberg AP Nr. 17 zu § 5 BetrVG verneinend; LAG München, Beschl. v. 22.3.1978, 3 (4) TaBV 41/77 bejahend.
491 Fitting, § 5 BetrVG, Rdnr. 133.
492 BAG AP Nr. 37 zu § 5 BetrVG 1972; ErfK-Eisemann, § 5 BetrVG Rdnr. 31.
493 Zum früheren Gesetzestext und der älteren Rechtsprechung vgl. BAG AP Nr. 32 zu § 5 BetrVG 1972, GK-Kraft, § 5 BetrVG, Rdnr. 76 f.
494 Fitting, § 5 BetrVG, Rdnr. 141, unter Bezugnahme auf die Entscheidung des BAG v. 17.11.1983 - 6 AZR 291/83 - .

Angestellten müsse diese Befugnis auch im Innenverhältnis gegenüber dem Arbeitgeber zustehen[495], im Außenverhältnis allein genüge sie nicht.[496] Bedürften Entscheidungen der Zustimmung des Arbeitgebers oder einer übergeordneten wie auch gleichgeordneten Stelle im Betrieb, seien sie nicht als selbständig zu qualifizieren.[497] In der Literatur wird diese enge Interpretation der Norm, die kaum mehr einen Anwendungsbereich erkennen läßt, nicht mehr angezweifelt, weil der Gesetzgeber die Rechtsprechung bestätigt habe.[498] Besteht im Betrieb eine Personalabteilung, wird der Leiter einer Fachabteilung verpflichtet, Einstellung und Entlassung nur nach Absprache mit derselben durchzuführen. In der Folge scheidet ein Fachabteilungsleiter als leitender Angestellter aus. Somit kommt für alle Betriebe mit eigener Personalabteilung allenfalls noch der Personalabteilungsleiter selbst als leitender Angestellter im Sinne des § 5 Abs. 1 S. 2 Nr. 1 BetrVG in Betracht.[499] In der Praxis sieht sich dieser aber regelmäßig seinerseits verpflichtet, eine konkrete Personalentscheidung nach Absprache mit dem betroffenen Fachabteilungsleiter zu treffen.[500] Sobald indessen eine andere Person „mitentscheidet", fehlt es am Merkmal der Selbständigkeit[501], weshalb heute nicht einmal mehr der Personalabteilungsleiter eine selbständige Entscheidung trifft. Die aus der Vernunft des arbeitsteiligen Zusammenwirkens geborene Notwendigkeit von solchen wechselseitigen Absprachen schließt nach Auffassung der Rechtsprechung[502] die Subsumtion von Arbeitnehmern unter die Alternative Nr. 1 nahezu gänzlich aus.[503]

---

495 BAG AP Nr. 28 zu § 5 BetrVG 1972; Hromadka, BB 1990, 59; Fitting, § 5 BetrVG, Rdnr. 140; GK-Kraft, § 5 BetrVG, Rdnr 79.

496 BAG AP Nr. 1 zu § 1 KSchG personenbedingte Kündigung; AP Nr. 19 zu § 1 KSchG betriebsbedingte Kündigung.

497 Fitting, § 5 BetrVG, Rdnr. 143; Wlotzke, DB 1989, 111, 119; Löwisch, § 5 BetrVG, Rdnr. 22; Hromadka, BB 1990, 59; a.A. H. P. Müller, DB 1988, 1597.

498 Buchner, NZA 1989 Beil. I, 2 und 6.

499 GK-Kraft, § 5 BetrVG, Rdnr. 79.

500 Buchner, NZA 1989 Beil. I, 2 und 6: In vielen Verträgen von Angestellten werde hinsichtlich von Einstellungen oder Entlassungen vereinbart, der Mitarbeiter habe sich „ins Benehmen zu setzen"; auch „einvernehmlich", „nach Rücksprache", „nicht gegen den Willen" sind häufig gebrauchte Formulierungen.

501 Hromadka, BB 1990, 59. - Anderes gilt, wenn sich der Personalabteilungsleiter in begründeten Fällen über das Votum hinwegsetzen kann, vgl. GK-Kraft, § 5 BetrVG, Rdnr. 80.

502 BAG AP Nr. 28 zu § 5 BetrVG 1972.

503 Vgl. dazu Fitting, § 5 BetrVG, Rdnr. 143; Wlotzke, DB 1989, 111, 119; Hromadka, BB 1990, 59. GK-Kraft, § 5 BetrVG, Rdnr. 58, und Fitting, § 5 BetrVG, Rdnr. 143, unterstellen denn auch, die Norm werde auch künftig nur für einen kleinen Personenkreis zutreffen.

Richtet sich dagegen berechtigte Kritik, wird die Regelung indes - überwiegend unter Berufung auf den Normzweck - weiter einschränkend ausgelegt, wonach sich die Befugnis zur selbständigen Einstellung und Entlassung auf einen erheblichen Teil der Arbeitnehmer erstrecken müsse.[504] Das BAG meint, „nur bei Verantwortung für eine bedeutende Zahl von Arbeitnehmern ist ein Entscheidungsspielraum und eine eigenverantwortliche Identifikation mit unternehmerischen Zielsetzungen denkbar."[505] Bestätigung fand diese Position im Schrifttum.[506] Kritische Einwände gegen die genannten Einschränkungen lassen sich aber im Anschluß an die teilweise Neufassung durch den Gesetzgeber nicht länger aufrechterhalten. Weil § 5 Abs. 3 S. 2 Nr. 3 BetrVG a. F. zu Schwierigkeiten bei der Auslegung geführt hatte, zielte die Gesetzesänderung im Jahre 1988 darauf[507], den Gesetzeswortlaut des § 5 insgesamt präziser zu fassen[508]. Der Gesetzgeber wollte in Kenntnis der Kritik den betroffenen Personenkreis weder einengen noch erweitern. Deshalb schließt das BAG[509] ebenso wie die ganz überwiegende Ansicht in der Literatur[510] unabweisbar auf die Billigung der bisherigen Rechtsprechung durch den Gesetzgeber. Im weiteren wird dementsprechend die vorherrschende, enge Interpretation des § 5 Abs. 3 S. 2 Nr. 1 BetrVG für die Subsumtion zugrunde gelegt.

Empirische Feststellungen zu den vertraulich behandelten Chefarztverträgen liegen nicht vor; es sehen aber die geläufigen Musterverträge durchweg eine ge-

---

504 Daß die selbständige Wahrnehmung von Einstellungs- und Entlassungsbefugnissen einen wesentlichen Teil der Tätigkeit des Angestellten ausmachen solle, mithin die Tätigkeit prägen müsse, wird nur für das KSchG gefordert, vgl. LAG Baden-Württemberg, LAGE § 14 KSchG Nr. 2; Herschel/Löwisch, § 14 KSchG, Rdnr. 15; Hueck/v. Hoyningen-Huene, § 14 KSchG Rdnr. 23.

505 BAG AP Nr. 28 zu § 5 BetrVG 1972 (= DB 1982, 1990) im Anschluß an BAG, AP Nr. 22 zu § 5 BetrVG 1972.

506 GK-Kraft, § 5 BetrVG, Rdnr. 79; Hromadka, BB 1990, 59; ErfK-Eisemann, § 5 BetrVG Rdnr. 32.

507 Gesetz v. 20.12.1988, BGBl I S. 2312, inkraftgetreten am 1.1.1989. Zur Gesetzgebungsgeschichte Schipp, a.a.O., S. 49 ff.; rechtstechnisch kritisch gegenüber der Neufassung Raiser, MitbestG, Kommentar, § 3 Rdnr. 3.

508 GK-Kraft, § 5 BetrVG, Rdnr. 79; Begründung zum Entwurf, BT-Drucks. 11/2503, S. 1 und 24 f. sowie Ausschußbericht BT-Drucks. 11/3618, S. 7, 8. Insbesondere sollte die Abgrenzung des § 5 Abs. 3 S. 2 Nr. 3 für die Praxis leichter handbar gemacht werden.

509 BAG AP Nr. 42 zu § 5 BetrVG 1972.

510 Fitting, § 5 BetrVG, Rdnr. 123 u. 154; Buchner, NZA 1989 Beil. I, 2, 6; GK-Kraft, § 5 BetrVG, Rdnr. 88; Wlotzke, DB 1989, 111, 118, 121; H.-P. Müller, DB 1988, 1697, 1698. Im Anschluß an die Neufassung des § 5 BetrVG wurde gestritten: Martens, RdA 1989, 73 ff., vertrat die Auffassung, es handele sich um eine völlige Neufassung, wohingegen die überwiegende Auffassung unter Berufung auf die Gesetzesmaterialien einen modifizierten Fortbestand der alten Regelung annahm.

wisse Beteiligung der leitenden Ärzte bei Einstellungen und Entlassungen von Krankenhauspersonal vor - mit Unterschieden in der Ausprägung.

Der Mustervertrag der DKG regelt bei Personalentscheidungen ein Vorschlagsrecht des Chefarztes für nachgeordnete Ärzte und eine Anhörungspflicht bei nichtärztlichen Mitarbeitern.[511] Die Arbeitsgemeinschaft für Arztrecht[512] formuliert in ihrem Vertragsmuster, der leitende Arzt einer Abteilung habe bei Personalentscheidungen im ärztlichen Bereich seiner Abteilung ein die Geschäftsführung bindendes, alleiniges Vorschlagsrecht[513], im nichtärztlichen Bereich solle der leitende Abteilungsarzt an allen Personalentscheidungen seines Bereichs beteiligt werden. Im Unterschied zum DKG-Entwurf sind personelle Maßnahmen *nur* auf Vorschlag des Chefarztes möglich.[514] Weil das ausschließliche Initiativrecht an die Zustimmung einer wenigstens gleichgeordneten Stelle geknüpft bleibt, erfüllt auch diese arztfreundliche Klausel nicht die Anforderungen an die selbständige Einstellung und Entlassung im Sinne des BetrVG. Gleichwohl erlangt der Chefarzt bei einer solchen Vertragsklausel eine den leitenden Angestellten ähnliche Machtfülle.[515] Bedenklich stimmt eine solche Regelung[516], weil sie dem Krankenhausträger die eigene unternehmerische Entscheidung durch eine Bindung an das alleinige Vorschlagsrecht des Chefarztes nimmt. Demgegenüber verschafft Münzel in seinem Mustervertrag dem Chefarzt eine zu geringe Beteiligung, indem er es bei einem Anhörungsrecht desselben beläßt.[517] Ebensowenig überzeugt die umständliche Empfehlung des medizinisch-juristischen Arbeitskreises Saar[518]: Vereinbart werden solle ein Vorschlagsrecht des Chefarztes in Bezug auf Einstellungen und Entlassungen von nachgeordnetem Personal. Das Vorschlagsrecht solle im weiteren auf den Ärztlichen Direktor übergehen, geknüpft an die Bedingung, dasselbe nur im Einvernehmen mit dem betroffenen Chefarzt auszuüben.

Der zitierte DKG-Entwurf vermittelt den Ausgleich zwischen den Interessen von Chefarzt und Krankenhausträger überzeugend. Auf diese Weise korrespon-

---

511 Chefarztvertrag, § 7 Abs. 2.

512 Chefarztvertrag, § 7 Abs. 2.

513 Das Vorschlagsrecht des Chefarztes sieht sich freilich an den Stellenplan des Klinikträgers gebunden.

514 Der Krankenhausträger bleibt berechtigt, den Vorschlag abzulehnen mit der Folge, daß der Chefarzt einen neuen unterbreiten kann. - Zum Wortlaut des § 7 Abs. 2, vgl. ArztR 1997, 329. Vgl. auch Kendel und Hennies, ArztR 1993, 203 ff.

515 Vgl. Hennies, ArztR 1993, 203, 207.

516 Das BAG hatte in einer Entscheidung über ein Vorschlagsrecht zu entscheiden, das nicht ausschließlich war und zudem „im Vernehmen" mit weiteren Mitarbeitern ausgeübt werden sollte, vgl. BAG AP Nr. 28 zu § 5 BetrVG.

517 Chefarztvertrag, § 7 Abs. 1.

518 Aktuelle Probleme und Perspektiven des Arztrechts, 1989, S. 169 ff.

dieren die Entscheidungsbefugnisse des Chefarztes mit seiner Letztverantwortung für die Abteilung[519], ohne Bevormundung des Krankenhausträgers. Es wäre keine überzeugende Lösung, dem Chefarzt künftig - in Abhängigkeit vom Stellenplan - ein alleiniges Auswahlrecht einzuräumen. Denn neben dem Chefarzt haftet regelmäßig auch der Krankenhausträger, er benötigt also ebenfalls Einflußmöglichkeit auf die Einstellung und Entlassung von Mitarbeitern.[520] Daher sollten Chefarzt und Träger zusammenwirken, wobei zwischen den jeweiligen Arbeitsfeldern der Mitarbeiter differenziert werden muß. Für den Chefarzt bedeutsam erweist sich einerseits die Besetzung der Stellen von Oberärzten und Assistenzärzten - mit denen eine direkte Zusammenarbeit am Patienten stattfindet. Andererseits will der Chefarzt aber nicht mit allen Fragen der Arbeitsorganisation belastet werden. Die Einstellung des nichtärztlichen Personals erweist sich für ihn zumeist als nachrangig.[521] Schon um eine sachgerechte Entscheidung treffen zu können, wird der Krankenhausträger den Chefarzt insoweit jedenfalls anhören.[522]

Mit Blick auf die geläufigen Muster für Chefarztverträge scheidet die Tatbestandsalternative des § 5 Abs. 3 S. 2 Nr. 1 BetrVG im Ergebnis aus. So verfügen die Chefärzte lediglich über ein begrenztes Vorschlagsrecht, soweit es um die Einstellung und Entlassung von nachgeordneten Ärzten geht, über ein Anhörungsrecht in Bezug auf die Einstellung oder Entlassung der nichtärztlichen Mitarbeiter.[523] Stets bedarf es eines Zusammenwirkens zwischen Chefarzt und Krankenhausträger. Allerdings könnten Chefärzte als Arbeitnehmer, die nicht unter die Voraussetzungen der Nr. 1 fallen, leitende Angestellte nach Nr. 2 und Nr. 3 sein.[524]

---

519 Den Zusammenhang von Verantwortung und Gestaltungsrechten betont ebenfalls Genzel, in: Laufs/Uhlenbruck, Handbuch des ArztR, § 89 Rdnr. 25.

520 Die Personalhoheit läßt sich von der Einstandspflicht für die Mitarbeiter nicht trennen, was im Ergebnis für eine gemeinsame Entscheidungsbefugnis in Personalangelegenheiten bei gemeinsamer Haftung von Träger und Chefarzt spricht.

521 Zu Recht differenzierend zwischen Krankenpflegepersonal, Sekretärinnen, medizinisch-technischen Assistenten, den Krankengymnasten, Ergotherapeuten u.a. Kendel, ArztR 1993, 203, 204.

522 Dahm/Lück, MedR 1992, 1, 4: „auch ohne vertraglichen Vorbehalt".

523 Vgl. § 7 Abs. 2 des Mustervertrages der DKG, wonach der Arzt das Recht hat, „bei der Einstellung ... von nachgeordneten Ärzten ... Vorschläge zu unterbreiten" und bei Mitarbeitern der Abteilung im medizinisch-technischen Dienst „wird der Arzt gehört"; ebenso Arbeitsgemeinschaft, Chefarztvertrag, § 7 Abs. 2 und Weber/ Müller, Chefarztvertrag, § 7 Abs. 2 und Abs. 3. Weiter abgeschwächt die Beteiligung bei Münzel, Chefarztvertrag, der in § 7 Abs. 1 seines Mustervertrages nur ein Anhörungsrecht vorsieht.

524 Vgl. allgemein Fitting, § 5 BetrVG, Rdnr. 143.

10.3.2 § 5 Abs. 3 S. 2 Nr. 2 BetrVG

In Entsprechung zu den Überlegungen im Rahmen des § 14 Abs. 1 KSchG vermag die Frage außer Betracht zu bleiben, ob der Chefarzt im Sinne des § 5 Abs. 3 S. 2 Nr. 2 BetrVG ein leitender Angestellter ist, der „Generalvollmacht oder Prokura hat und die Prokura auch im Verhältnis zum Arbeitgeber nicht unbedeutend ist".[525] Denn ganz regelmäßig verfügt ein Chefarzt weder über Generalvollmacht[526] noch über Prokura.[527]

10.3.3 § 5 Abs. 3 S. 2 Nr. 3 BetrVG

Einzig unter die Voraussetzungen des § 5 Abs. 3 S. 2 Nr. 3 BetrVG[528] könnten die Chefärzte zu subsumieren sein[529], zumal bei der Prüfung der Frage „personelle Befugnisse, die zur Bejahung der Tatbestandsgruppe der Nr. 1 nicht ausreichen, mitberücksichtigt werden" können.[530] Gemäß § 5 Abs. 3 S. 2 Nr. 3 BetrVG ist leitender Angestellter, „wer nach Arbeitsvertrag und Stellung im Unternehmen oder im Betrieb regelmäßig sonstige Aufgaben wahrnimmt, die für den Bestand und die Entwicklung des Unternehmens oder eines Betriebes von Bedeutung sind und deren Erfüllung besondere Erfahrung und Kenntnisse voraussetzt, wenn er dabei entweder Entscheidungen im wesentlichen frei von Weisungen trifft oder sie maßgeblich beeinflußt; dies kann auch bei Vorgaben insbesondere auf Grund von Rechtsvorschriften, Plänen oder Richtlinien sowie bei Zusammenarbeit mit anderen leitenden Angestellten gegeben sein." Diese Regelung enthält die

---

525 BAG AP Nr. 55 zu § 5 BetrVG 1972 = DB 1995, 1333.

526 Generalvollmacht bezeichnet im Wirtschaftsleben die umfassende, über die Prokura hinausgehende Vollmacht zur Führung des gesamten Geschäftsbetriebes, etwa § 105 Abs. 1 Aktiengesetz.

527 Die Prokura ermächtigt zu allen Arten von gerichtlichen und außergerichtlichen Rechtshandlungen, die der Betrieb eines Handelsgewerbes mit sich bringt, mit Ausnahme der Veräußerung und Belastung von Grundstücken, vgl. § 49 HGB. Zum erforderlichen Umfang der Prokura vgl. BAG AP Nr. 55 zu § 5 BetrVG 1972 = DB 1995, 1333.

528 Zur ausreichenden rechtlichen Bestimmtheit der Norm vgl. BVerfG v. 24.11.1981 - BVL 4/80.

529 Ebenso Dahm/Lück, MedR 1992, 1, 3.

530 BAG, AP Nr. 28 zu § 5 BetrVG 1972 im Anschluß an BAG, AP Nr. 19 zu § 5 BetrVG 1972.

schwierigste und schwammigste Definition des leitenden Angestellten[531], den Grundtatbestand.[532]

Mit der funktionsbezogenen Umschreibung in § 5 Abs. 3 S. 2 Nr. 3 BetrVG wird abgestellt auf die Bedeutung der Aufgaben für das Unternehmen, die Entscheidungsfreiheit sowie die Kenntnisse und Erfahrungen des Angestellten.[533] Nach dem Zweck des Gesetzes sollen nur diejenigen Angestellten erfaßt werden, die der Unternehmensleitung wegen ihrer Tätigkeit und wegen ihrer Funktion, anstelle des Unternehmers tätig zu sein, nahestehen.[534] Dementsprechend soll nach dem Willen des Gesetzgebers die überwiegende Zahl der leitenden Angestellten durch diese Tatbestandsalternative erfaßt werden.[535]

In Betracht kommen sonstige[536] unternehmerische Teilaufgaben wirtschaftlicher, technischer, kaufmännischer, organisatorischer, personeller oder wissenschaftlicher Art.[537] Wirtschaftliche Teilaufgaben erfüllt der Chefarzt bislang nicht, selbst wenn ein internes abteilungsbezogenes Budget aufgestellt wird, solange er lediglich die Pflicht hat, „auf dessen Einhaltung hinzuwirken".[538] Unschwer läßt sich aber der Chefarzt als leitender Angestellter denken wegen seiner organisatorischen Aufgaben etwa der Überwachung, Anleitung und Ausbildung des nachgeordneten ärztlichen Dienstes, der Überwachung der Pflegekräfte, der Organisation von Ruf- und Bereitschaftsdienst sowie der Überwachung der Hy-

531 v. Hoyningen-Huene, BetrVG, S. 43.

532 Erfk-Eisemann, § 5 BetrVG Rdnr. 34.

533 Fitting, § 5 BetrVG, Rdnr. 154. - Unstreitig diente auch hinsichtlich der Nr. 3 die Neufassung durch den Gesetzgeber allein der Verdeutlichung, eine Erweiterung des Kreises der leitenden Angestellten war nicht intendiert, vgl. BAG, AP Nr. 42 zu § 5 BetrVG.

534 BAG, AP Nr. 22 zu § 5 BetrVG 1972: Währenddessen ist als weiteres Merkmal ein Interessengegensatz zwischen leitenden Angestellten und Arbeitnehmern, ein Gegnerbezug nicht mehr erforderlich.

535 BT-Drucks. 11/2503, S. 30. - Zum streitigen Verhältnis der Tatbestandsalternativen, vgl. GK-Kraft, § 5 BetrVG Rdnr. 90.

536 Nr. 3 wird daher teilweise bezeichnet als Grundtatbestand der Norm; es werde erkennbar, daß der leitende Angestellte nach seiner Funktion zu ermitteln sei, vgl. Hromadka, BB 1990, 59, 62; Martens, RdA 1989, 73, 76; H.-P. Müller, DB 1988, 1698. Andere meinen, es müsse eine den Nrn. 1 und 2 vergleichbare Führungsaufgabe vorliegen, vgl. Wlotzke, DB 1989, 111, 120; Engels/Natter, BB 1989, Beilage VIII, S. 8; Richardi, NZA 1990, Beilage I, 4; Fitting, § 5 BetrVG, Rdnr. 158; ErfK-Eisemann, § 5 BetrVG Rdnr. 34.

537 Fitting, § 5 BetrVG, Rdnr. 155.

538 Vgl. DKG, Chefarztvertrag, § 3 Abs. 2, und Arbeitsgemeinschaft, Chefarztvertrag, § 3 Abs. 2, regeln nur die gemeinsame Erstellung; Weber/Müller, Chefarztvertrag, § 6 Abs. 1, lediglich eine Pflicht des Chefarztes, auf die Einhaltung des Budgets hinzuwirken; ohne Bestimmung in Bezug auf das Budget Münzel, Chefarztvertrag, § 6.

giene in der Fachabteilung, ebenso wie wegen seiner personellen Befugnisse zur Erteilung von Weisungen und zur Aus- und Weiterbildung der Mitarbeiter und gegebenenfalls seiner eigenen unternehmerischen Tätigkeit in der Chefarztambulanz mit Hilfe des nachgeordneten Dienstes.

Indessen genügte die eher seltene Beschäftigung des angestellten Chefarztes mit Forschungsaufgaben nicht.[539] Außerdem sind weder die Zahl der dem Angestellten unterstellten Mitarbeiter noch die Festlegung von Einkommensgrenzen noch die Wahrnehmung von Aufgaben auf einer bestimmten Leitungsebene im Unternehmen noch das Vorhandensein einer bestimmten Ausbildung maßgeblich. Ebensowenig sind Aufsichts- und Überwachungsfunktionen sowie die Durchführung unternehmerischer Entscheidungen bereits zu den Leitungsaufgaben zu zählen, die schlichte Vorgesetztenstellung reicht nicht.[540]

Dem Wortlaut entsprechend müssen Einwirkungsmöglichkeiten eröffnet sein, die für das Unternehmen, zumindest aber für den Bestand und die Entwicklung eines Betriebes (oder Unternehmens) von Bedeutung sind.[541] Die erste Alternative zielt ab auf die Führungsfunktion in der Linie, bei der dem Linienangestellten rechtlich und tatsächlich ein eigener erheblicher Entscheidungsspielraum zur Verfügung stehen muß, der „mit weitgehender Weisungsfreiheit und Selbstbestimmung im Rahmen seines Tätigkeitsbereich versehen“ ist.[542] Weil der Chefarzt seine Krankenhausabteilung führt, könnte er möglicherweise zu den in der Linie tätigen leitenden Angestellten zu zählen sein.[543]

Das arbeitsrechtliche Handeln „im wesentlichen frei von Weisungen“[544] erfordert einen rechtlich und tatsächlich eigenen Entscheidungsspielraum.[545]

---

539 Richardi, ArbuR 1991, 33, 40: Die Forschung müßte der Verwirklichung der unternehmerischen Zielsetzung dienen. Im übrigen sind im Bereich der forschenden Hochschulmedizin bisher überwiegend beamtete Ärzte beschäftigt.

540 BAG, AP Nr. 32 zu § 5 BetrVG 1972: Also das Recht, im Rahmen des dem Arbeitnehmer zugewiesenen Aufgabenbereiches die notwendigen Anordnungen zu treffen, die zur Durchführung des arbeitstechnischen Zweckes des Betriebs gehören.

541 BAG, AP Nr. 32 zu § 5 BetrVG 1972.

542 BAG, AP Nr. 32 zu § 5 BetrVG 1972. Der Wortlaut der Neufassung des Gesetzes knüpft an diese Entscheidung an, vgl. Richardi, ArbuR 1991, 33, 40.

543 Unerheblich ist es, wenn ein Teil der Tätigkeit des Mitarbeiters in Routineangelegenheiten besteht. Erforderlich ist nur, daß er bei Wahrnehmung der für den Bestand und die Entwicklung bedeutsamen Aufgaben weisungsfrei oder maßgeblich beeinflussend wirkt, vgl. Wlotzke, DB 1989, 111, 120.

544 Zum früheren, ebenso verstandenen Merkmal „eigenverantwortlich“ vgl. Richardi, ArbuR 1991, 33, 40.

545 BAG AP Nr. 32 zu § 5 BetrVG; Fitting, § 5 BetrVG, Rdnr. 162: Nicht mit der Sach-, Personal- oder Führungsverantwortung zu verwechseln, a.A.: Martens, RdA 1989, 73, 78. - Umstritten ist weiter, ob eine unternehmerische Maßnahme des Mit-

Durchaus steht dem Chefarzt eine eigene erhebliche Kompetenz zu - in allen medizinischen Fragen kraft des Berufsrechts.[546] Indessen bleibt der Chefarzt auf dem anderen Feld[547] seiner nicht unmittelbar medizinischen Aufgaben dem Direktionsrecht des Krankenhausträgers unterworfen[548] - ohne daß die ärztlich „notwendige Weisungsfreiheit“[549] kompensierend wirken könnte.[550] Auch ein Vorschlags- oder Anhörungsrecht des Chefarztes in Personalfragen stellt keine Beteiligung an der Unternehmensführung dar, weil der Arbeitgeber eine Anhörung schon mit Blick auf eine sachgerechte Entscheidung anstreben wird und weil bei einer Mißachtung des Vorschlags- oder Anhörungsrecht durch den Arbeitgeber Sanktionen regelmäßig nicht vorgesehen sind.[551] Auch die vertragliche Vorgabe, der Krankenhausträger müsse sich mit dem Chefarzt „ins Benehmen setzen" oder „Einvernehmen erzielen“, führt nicht zu einer anderen Bewertung.[552] Bei wertender Gesamtbetrachtung kann von einem überwiegend weisungsfreien Entscheidungsspielraum des Chefarztes also nicht die Rede sein.

---

arbeiters nur dann vorliegt, wenn eine Beteiligung des Betriebsrates notwendig wird, vgl. Dahm/Lück, MedR 1992, 1, 4.

546 § 1 Abs. 1 S. 3 und § 2 Abs. 4 MuBO 1997, abgedruckt in NJW 1997, 3076. Vgl. dazu Gitter, a.a.O., S. 17; Andreas, ArztR 1979, 100; Narr, Ärztliches Berufsrecht, Rdnr. 37 ff.; Rieger, Lexikon des Arztrechts, Rdnr. 123 u. 505; Dahm/Lück, MedR 1992, 1, 4.

547 Dies gilt für die betriebstechnische Organisation, die Zusammenarbeit mit anderen Krankenhausärzten, dem Pflegepersonal und der Verwaltung, die Benutzung des Labors oder anderer Einrichtungen der Klinik, die Urlaubs- und Vertretungsregelung usw., vgl. Gitter, a.a.O., S. 17 f.

548 Gitter, a.a.O., S. 17 f.; Reinhard bei Kuhns I, S. 340.

549 BAGE 11, 225, 230 = NJW 1961, 2085 = AP Nr. 24 zu § 611 BGB Ärzte, Gehaltsansprüche m. Anm. Molitor = SAE 1962, 90 m. Anm. Herschel.

550 Sie gilt für alle angestellten und beamteten Ärzte gleichermaßen, ohne daß diese insgesamt als leitende Angestellte betrachtet werden könnten. Als Abgrenzungskriterium ist die medizinische Weisungsfreiheit daher ungeeignet, vgl. Dahm/Lück, MedR 1992, 1, 4.

551 Dahm/Lück, MedR 1992, 1, 4: „Mitwirkungsrudiment“.

552 Vgl. Dahm/Lück, MedR 1992, 1, 4, Fußn. 27; BAG AP Nr. 16 zu § 611 BGB Fleischbeschauer-Dienstverhältnis: „Unter dem Begriff des Benehmens ist eine Mitwirkungsform zu verstehen, die schwächer ist als das Einvernehmen oder die Zustimmung, und es erfordert keine völlige Willensübereinstimmung (vgl. BVerwGE 11, 195, 200 = AP Nr. 1 zu § 15 ArbGG 1953). Mit „im Benehmen“ wird umschrieben, daß dem anderen ein gewisser Einfluß auf die Willensbildung zustehe (BAG AP Nr. 3 zu § 611 BGB Arzt-Krankenhaus-Vertrag). Von seiner Bedeutung liegt das „Benehmen“ zwischen „Einvernehmen“ und „Anhören“, denn stärker als die Anhörung setzt das Benehmen eine Fühlungnahme, den Versuch einer Einigung voraus, die von dem Willen getragen wird, auch die Belange der anderen Seite zu berücksichtigen und sich mit ihr zu verständigen. Erhebliche Einwände oder Bedenken der anderen Beteiligten dürfen nicht einfach unbeachtet bleiben, sondern es

Die zweite Alternative der Norm in Gestalt der maßgeblichen Beeinflussung von Entscheidungen betrifft den Fall, daß die eigentlichen Entscheidungsträger an den durch Tatsachen und Argumente vorbereiteten Vorschlägen des Stabsangestellten „nicht vorbeigehen können“[553], wenn - so die Kontrollfrage - die Unternehmensleitung von Vorschlägen nicht ohne interne Begründung abzuweichen vermag.[554] Zweifelhaft scheint bereits, ob die Gruppe der Chefärzte als dem Krankenhausträger unterstellter Stab verstanden werden kann, da ein Chefarzt nicht wie ein Stabsmitarbeiter auf die Zusammenarbeit mit anderen Arbeitnehmern angewiesen ist, sondern jeder Chefarzt für sich innerhalb seiner Abteilung die eigenen Geschicke bestimmt.[555] Nur selten werden Vorschläge von Chefärzten an den Krankenhausträger Bindungswirkung erlangen. Finden aber lediglich Anregungen und Bedenken Berücksichtigung, genügt das den vorgenannten Anforderungen nicht.[556] Lehnt der Krankenhausträger eine personelle Maßnahme ab, sieht keiner der Musterverträge einen damit einhergehenden Begründungszwang vor.[557]

Die Interpretation der Norm im Hinblick auf die Linien- oder Stabsangestellten ist jedoch nicht erschöpfend, so daß die Ausgangsfrage bleibt, ob Einwirkungsmöglichkeiten eröffnet sind, die für den Bestand und die Entwicklung eines Betriebes Bedeutung erlangen. Einen weiteren Anknüpfungspunkt für eine solche Bedeutung böte eine über eine bloße Vorgesetztenstellung hinausgehende Personalverantwortung[558], welche Chefärzten indessen regelmäßig fehlt. Wie im Rahmen der Prüfung des § 5 Abs. 3 S. 2 Nr. 1 BetrVG ersichtlich wurde, kommt dem Chefarzt regelmäßig nur eine Personalführungsfunktion zu, verbunden mit einer Beteiligung an personellen Maßnahmen.[559] Eine den genannten hohen Anforderungen vergleichbare gefestigte Teilhabe an der Führung des Krankenhauses

---

ist darauf hinzuwirken, aufgetretene Differenzen nach Möglichkeit auszugleichen. Wenn allerdings bei einer solchen Fühlungnahme Meinungsunterschiede nicht zu überbrücken sind, muß der Wille derjenigen Person, die zu einer Regelung befugt ist, den Ausschlag geben, vgl. BSG, DVBl 1969, 746, 747.

553 BAG AP Nr. 22 zu § 5 BetrVG.

554 GK-Kraft, § 5 BetrVG Rdnr. 92, 100 ff.; MünchArbR-Richardi, § 25 Rdnr. 46; Fitting, § 5 BetrVG, Rdnr. 163; ähnlich BT-Drucks. 11/2503, S. 30.

555 Arbeitsteiliges Zusammenwirken und konsiliarische Tätigkeit schließt dies nicht aus.

556 BAG AP Nr. 32 zu § 5 BetrVG 1972.

557 Einen Begründungszwang fordert etwa Genzel, in: Laufs/Uhlenbruck, Handbuch des ArztR, § 89 Rdnr. 25.

558 BAG AP Nr. 32 zu § 5 BetrVG 1972.

559 Fitting, § 5 BetrVG, Rdnr. 169. Zu Aufsichtsaufgaben BAG AP Nr. 30 zu § 5 BetrVG 1972.

kommt den Chefärzten bislang nicht zu[560], weshalb die Voraussetzungen des § 5 Abs. 3 S. 2 Nr. 3 BetrVG nicht erfüllt sind.

Dessen ungeachtet aber erfüllen die Chefärzte weitere Merkmale des § 5 Abs. 3 S. 2 Nr. 3 BetrVG. Sie haben durchweg die zur Erfüllung der Aufgabe besonderen Kenntnisse und Erfahrungen[561], auch nehmen sie die für den Betrieb bedeutsamen Aufgaben regelmäßig wahr und nicht nur vorübergehend oder gelegentlich, weshalb die unternehmerische Aufgabenstellung im Sinne der Nr. 3 die Tätigkeit des Chefarztes schwerpunktmäßig bestimmt.[562] Auch läßt sich schwerlich leugnen, daß die Aufgaben des Chefarztes für den Bestand und die Entwicklung des Krankenhauses von Bedeutung sind, weil es in erster Linie von den Fähigkeiten und Neigungen des leitenden Abteilungsarztes abhängt, wer und wessen Krankheiten in einer Abteilung behandelt werden und wie deren Belegung erfolgt.[563] Um ein maßgebliches Beeinflussen von Entscheidungen bejahen zu können, wäre etwa eine umfassende Übertragung der Budgetverantwortung auf den Chefarzt erforderlich[564], verbunden mit einem Handlungsspielraum, der die wirtschaftlich bedeutsamen Entscheidungen für die eigene Abteilung mitumfaßt. Der Chefarzt müßte in der Folge etwa bei personellen Maßnahmen, bei der Anschaffung von medizinisch-technischen Geräten mit Stimmrecht am Entscheidungsprozeß des Krankenhausträgers beteiligt sein.[565]

---

560 Die Aufteilung von Kliniken in Fachabteilungen steht dem nicht entgegen, denn diese resultiert aus der medizinischen Notwendigkeit zur Spezialisierung, die wiederum die Zusammenarbeit über die Fächergrenzen hinweg erforderlich macht, vgl. zur Abteilungsbildung BAG AP Nr. 11 u. 24 zu § 5 BetrVG 1972. - Die Bindung an Dienstanweisungen des Krankenhausträgers steht der Teilhabe an der Krankenhausführung ebenfalls nicht entgegen, vgl. BAG AP Nr. 22 zu § 5 BetrVG 1972.

561 Ohnedies sind die Anforderungen an dieses Merkmal nicht hoch, genügen doch durch längere praktische Tätigkeit oder Selbststudium erworbene Kenntnisse, vgl. BAG AP Nr. 11 und Nr. 14 zu § 5 BetrVG 1972.

562 BAG AP Nr. 42 zu § 5 BetrVG 1972; BAG EzA § 5 BetrVG Nr. 49 = NZA 1990, 820 = BB 1990, 1700; BAG NJW 1974, 965 = AP Nr. 1 zu § 5 BetrVG 1972 = BB 1974, 553; Wlotzke, DB 1989, 111, 121; GK-Kraft, § 5 BetrVG, Rdnr. 105 ff.; Fitting, § 5 BetrVG Rdnr. 168; ablehnend H.-P. Müller, DB 1988, 1697, 1698; Martens, RdA 1989, 73, 77; Moll, MedR 1998, 293, 297. Es wird jedenfalls ein beachtlicher Teil der Arbeitszeit von diesen Tätigkeiten beansprucht, vgl. BAG, AP Nr. 32 zu § 5 BetrVG 1972; krit. H.-P. Müller, DB 1988, 1697, 1698.

563 Vgl. Zuck, f & w 1988, 60 ff.

564 Zu Ansätzen, Möglichkeiten und Grenzen einer Erfolgsbeteiligung, vgl. Fack, KH 1990, 25 ff.

565 Zur modernen Leitungsstruktur, vgl. Genzel, in: Laufs/Uhlenbruck, Handbuch des Arztrechts, § 89 Rdnr. 18 ff.

Letztlich sind aber regelmäßig die Tatbestandsmerkmale des § 5 Abs. 3 S. 2 Nr. 3 BetrVG nicht sämtlich erfüllt, weshalb der Chefarzt nicht leitender Angestellter im betriebsverfassungsrechtlichen Sinne ist.

10.3.4 Exkurs: Der Ärztliche Direktor

Nicht zu überzeugen vermag die abweichende Beurteilung des Chefarztes als leitender Angestellter, sofern er die Funktion des Ärztlichen Direktors wahrnimmt, „wenn er [der Chefarzt] als Ärztlicher Direktor Mitglied der Krankenhausleitung ist und in dieser Funktion Einfluß auf die wirtschaftliche Führung, insbesondere die personelle Besetzung des Krankenhauses hat“[566]. Diese Auffassung entfernt sich von den Vorgaben des § 5 Abs. 3 S. 2 Nrn. 1 bis 3 BetrVG. Selbst innerhalb der Krankenhausleitung erhält der Ärztliche Direktor kraft seines Amtes[567] weder die Befugnis zur selbständigen Einstellung und Entlassung (Nr. 1), noch entscheidet er im wesentlichen weisungsfrei oder beeinflußt Entscheidungen gar maßgeblich (Nr. 3); in seiner Funktion als Ärztlicher Direktor nimmt der Chefarzt auch nicht regelmäßig sonstige Aufgaben wahr, die für den Bestand und die Entwicklung des Betriebes von Bedeutung sind.[568] Denn der Einfluß des Ärztlichen Direktors zeigt sich innerhalb der Klinikleitung beschränkt, eine eigene Entscheidungskompetenz fehlt ihm.

---

566 Andreas, ArztR 1993, 115 ff.; Debong, ArztR 1987, 318, 320; W. Eichholz, in: AR-Blattei (D) Arzt I, I Übersicht, Blatt 2.

567 Die entsprechenden Befugnisse können auf den Arbeitnehmer nur im Wege der Vereinbarung übertragen werden, zudem müssen sie in den Grundzügen auch im Arbeitsvertrag festgelegt werden, vgl. GK-Kraft, § 5 BetrVG, Rdnr. 72-74; Wlotzke, DB 1989, 111, 119.

568 Die Gegenposition führte zu einer Aufspaltung der arbeitsrechtlichen Stellung des Chefarztes als einfachem Arbeitnehmer und dem Ärztlichen Direktor als leitendem Angestellten, die höchst problematisch ist: Denn es bestimmte der Arbeitgeber in der Folge vermittels seines Direktionsrechtes einseitig den Kündigungsschutz des Chefarztes. Mit der Ernennung zum Ärztlichen Direktor ginge der Chefarzt seines Schutzes als Arbeitnehmer verlustig, ohne zugleich eine verbürgte Beteiligung innerhalb der Krankenhausleitung zu erhalten. Die finanziell kaum reizvolle Position als Ärztlicher Direktor zwischen Krankenhausträger und den übrigen Chefärzten wäre weiter entwertet. Eine arbeitsrechtliche Gleichstellung von Chefärzten wie Ärztlichen Direktoren bleibt geboten - entweder zählen sie beide zu den einfachen Arbeitnehmern oder beide zu den leitenden Angestellten.

10.3.5 *§ 5 Abs. 4 BetrVG*

Eine weitere Prüfung des § 5 Abs. 4 BetrVG erübrigt sich, denn nur wenn nach der Subsumtion des § 5 Abs. 3 S. 2 Nr. 3 rechtliche Zweifel verbleiben, findet die Vorschrift Anwendung.[569] Die gesetzestechnische einzigartige Regelung zielt darauf ab[570], Entscheidungshilfe weniger für die Gerichte als für die Wahlvorstände im Falle von rechtlichen Zweifeln bei der Anwendung des Abs. 3 S. 2 Nr. 3 zu geben.[571] Die Anwendung der Regelung Nr. 4 bleibt die Ausnahme, wenn das Auslegungsergebnis der Nr. 3 nach Ausschöpfung aller Erkenntnismöglichkeiten ungewiß bleibt.[572] Diesem Verständnis der Norm entspricht es, wenn die Arbeitsgerichte Rechtsstreite nach Abs. 3 S. 2 Nr. 3 BetrVG entscheiden und kaum auf die formalen Merkmale des Abs. 4 zurückgreifen.[573] Die Bestimmung bleibt deshalb praktisch ohne Bedeutung[574] und erweist sich damit als höchst fragwürdig.[575] Sie vermag für die Bewertung der Stellung des Chefarztes keine neuen Aufschlüsse zu geben, denn das Vorliegen der formalen Merkmale gibt

---

569 Dieser bestimmt: „Leitender Angestellter nach Absatz 3 Nr. 3 ist im Zweifel, wer
1. aus Anlaß der letzten Wahl des Betriebsrats, des Sprecherausschusses oder von Aufsichtsratsmitgliedern der Arbeitnehmer oder durch rechtskräftige gerichtliche Entscheidung den leitenden Angestellten zugeordnet worden ist oder
2. einer Leitungsebene angehört, auf der in dem Unternehmen überwiegend leitende Angestellte vertreten sind, oder
3. ein regelmäßiges Jahresarbeitsentgelt erhält, das für leitende Angestellte in dem Unternehmen üblich ist, oder
4. falls auch bei der Anwendung der Nummer 3 noch Zweifel bleiben, ein regelmäßiges Jahresarbeitsentgelt erhält, welche das Dreifache der Bezugsgröße nach § 18 des Vierten Buches Sozialgesetzbuch überschreitet."

Ein redaktioneller Fehler liegt in dem Verweis auf Abs. 3 Nr. 3, anstelle des Abs. 3 S. 2 Nr. 3, vgl. GK-Kraft, § 5 BetrVG Rdnr. 117. - Das dreifache der Bezugsgröße des § 18 SGB IV beträgt 2001 mehr als DM 161.280.

570 BT-Drucks. 11/2503, S. 25, 30, 31.

571 Folglich erweist sich eine Zuordnung nach Nr. 3 möglich, auch ohne daß Merkmale des Abs. 4 erfüllt sind., vgl. Richardi, ArbuR 1991, 33, 41. Jedoch kann es auch Angestelle geben, die Merkmale des Abs. 4 erfüllen, aber nach Abs. 3 keine leitenden Angestellten sind, vgl. Fitting, § 5 BetrVG, Rdnr. 179.

572 GK-Kraft, § 5 BetrVG, Rdnr. 119; Fitting, § 5 BetrVG, Rdnr. 179.

573 Fitting, § 5 BetrVG, Rdnr. 181.

574 A.A. noch H. P. Müller, DB 1988, 1699 ff., Martens, RdA 1989, 73, 83.

575 Der Versuch einer Subsumtion des Chefarztes unter die Voraussetzungen birgt die Gefahr eines Zirkelschlusses: Durch den Vergleich mit leitenden Angestellten soll im Streitfalle eine Zuordnung erfolgen. Besteht indessen eine Vergleichsgruppe nicht, liegt es nahe, die Qualifikation als leitender Angestellter zu verneinen (problematisch insoweit Dahm/Lück, MedR 1992, 1, 5).

keinen Hinweis auf das Vorhandensein statusbegründender Merkmale nach § 5 Abs. 3 S. 2 Nr. 3 BetrVG.[576]

10.4 Die Rechtsprechung zum BetrVG

Zur kaum erschlossenen Frage nach der Qualifikation des Chefarztes im betriebsverfassungsrechtlichen Sinne findet sich bislang keine eindeutige höchstrichterliche Feststellung. Ebenso wie in Bezug auf das KSchG wäre zu erwarten, die Frage sei häufig relevant und befasse auch die Arbeitsgerichte. Wenn der Chefarzt zu den leitenden Angestellten zählte, bestünde etwa eine bloße Mitteilungspflicht des Arbeitgebers gegenüber dem Betriebsrat nach § 105 BetrVG. Handelte es sich hingegen nicht um einen leitenden Angestellten, folgt daraus die Mitbestimmungspflicht des Betriebsrates bei der Einstellung des Chefarztes gemäß § 99 BetrVG.

Im weiteren soll eine kritische Übersicht über die bisherige Rechtsprechung gegeben werden, bevor die Positionen der arbeitsrechtlichen wie medizinrechtlichen Literatur untersucht werden.

10.4.1 Der Standpunkt des BAG

Bisher gibt es keinen Spruch des BAG zur der Frage, ob der Chefarzt als leitender Angestellter zu beurteilen ist. Es finden sich allerdings Ausführungen in einer Entscheidung zum Betriebsübergang, die im Zusammenhang mit der Kündigung des Chefarztes einer Röntgenabteilung auf eine Anwendbarkeit des BetrVG hinweist.[577] Da es der Kläger aber versäumte, die ordnungsgemäße Anhörung des Betriebsrates überhaupt zu bestreiten, blieb es dem Gericht verwehrt, in die sachliche Prüfung der arbeitsrechtlichen Stellung einzutreten.

Ohne daß eine Anwendung des BetrVG in Rede stand, beurteilte das BAG im Jahre 1995[578] die Stellung des Chefarztes als „leitend“. Dementsprechend gering gestalteten sich die Anforderungen an die Exemtion des Chefarztes aus der Ordnung für Mitarbeitervertretungen im Bistum Trier. Das Gericht beschied knapp, „daß Chefärzte eine leitende Stellung innehaben, die ihre Herausnahme aus dem persönlichen Geltungsbereich der Ordnung für Mitarbeitervertretungen im Bistum Trier durch den Dienstgeber zuläßt, steht außer Streit.“

576 Fitting, § 5 BetrVG, Rdnr. 182.
577 BAG AP Nr. 36 zu § 613a BGB.
578 BAG NZA 1995, 1197 = ArztR 1996, 268 = NJW 1996, 2446 (Ls).

10.4.2 Die Entscheidung des LAG Hannover (1954)

Das LAG Hannover vertrat im Jahre 1954[579] den Standpunkt, der Chefarzt der chirurgischen Abteilung eines größeren Krankenhauses sei als leitender Angestellter im Sinne des § 4 Abs. 2c BetrVG[580] zu qualifizieren. In der Entscheidung heißt es, „der Chefarzt einer solchen Abteilung nimmt schlechthin Aufgaben wahr, die wegen ihrer Bedeutung für den Bestand des Krankenhauses nur auf Grund persönlichen Vertrauens des Arbeitgebers im Hinblick auf die besonderen Erfahrungen und Kenntnisse des Betreffenden übertragen werden. Außerdem hängt gerade von dem Chefarzt der Chirurgischen Abteilung mehr als von denen anderer Abteilungen der Ruf eines Krankenhauses weitgehend ab, so daß deswegen die Aufgaben, die er wahrnimmt, wegen ihrer entscheidenden Bedeutung für den Bestand des Krankenhauses nur auf Grund besonderen Vertrauens übertragen zu werden pflegen. Auch der Umstand, daß der Chefarzt maßgeblichen Einfluß bei der Besetzung der Assistentenstellen und bei der Einstellung der Funktionsschwestern hat, daß er die Zeugnisse für die Assistenzärzte und in besonderen Fällen auch für die Schwestern ausstellt, läßt ihn als einen „leitenden Angestellten" erscheinen, ohne Rücksicht darauf, daß er selbst die Einstellungen und Entlassungen nicht unmittelbar vornimmt und im übrigen ein ärztlicher Direktor die Verwaltungsaufgaben des Arbeitgebers im Krankenhaus wahrnimmt."

Die seinerzeit gültige Norm läßt sich nicht unmittelbar mit derjenigen des engeren geltenden § 5 Abs. 3 BetrVG vergleichen.[581] Der Kreis der leitenden Angestellten umfaßte diejenigen Angestellten, die selbständige Einstellungs- und Entlassungsbefugnis besaßen oder ein über der Versicherungspflichtgrenze liegendes Einkommen bezogen und eine Vertrauensstellung innehatten. Das LAG stellte nicht auf die Personalhoheit ab[582], sondern bejahte die Übertragung von Aufgaben, die „wegen ihrer Bedeutung für den Bestand des Krankenhauses nur auf Grund des persönlichen Vertrauens des Arbeitgebers im Hinblick auf die besonderen Erfahrungen und Kenntnisse des Betreffenden übertragen werden" und

579 LAG Hannover, DB 1954, 328.

580 In der Fassung v. 11.10.1952, BGBl I S. 681.

581 Leitende Angestellte waren „1. solche, die zu selbständiger Einstellung und Entlassung von Arbeitnehmern berechtigt sind, die im Betrieb oder in einer Betriebsabteilung beschäftigt werden; 2. solche, denen Generalvollmacht oder Prokura erteilt ist; 3. solche, die nicht angestelltenversicherungspflichtig sind und Aufgaben wahrnehmen, die regelmäßig wegen ihrer Bedeutung für den Bestand und die Entwicklung des Betriebes nur auf Grund persönlichen Vertrauens des Arbeitgebers bestimmten Personen im Hinblick auf deren besondere Erfahrungen und Kenntnisse übertragen werden."

582 „... Ohne Rücksicht darauf, daß er [der Chefarzt] selbst die Einstellungen und Entlassungen nicht unmittelbar vornimmt ...".

beurteilte den Chefarzt als leitenden Angestellten. Die heute geltenden erweiterten Voraussetzungen lägen wohl nicht vor.[583]

10.4.3 Die Entscheidung des LAG Hamm (1955)

In einem - nicht rechtskräftig gewordenen - Judikat von 1955[584] bejahte das LAG Hamm die Qualifikation eines Chefarztes als Arbeitnehmer. Soweit aus der nur teilweise erfolgten Veröffentlichung des Urteils abzulesen, wurde jedenfalls auch eine Einordnung als leitender Angestellter vorgenommen.

10.4.4 Die Entscheidung des LAG Köln (1990)

Das LAG Köln hat in einem unveröffentlichten Urteil aus dem Jahre 1990[585] einem Chefarzt der Chirurgie die Qualifikation als leitender Angestellter im Sinne des BetrVG zuerkannt. Zur Begründung wurde ausgeführt, „wie das Arbeitsgericht ist auch das Berufungsgericht der Auffassung, daß diese Voraussetzung bei dem Kläger [Chefarzt] vorliegen. Er nimmt in ganz erheblichem Umfange unternehmerische Aufgaben wahr und ist demnach auf der Unternehmerseite anzusiedeln. Ausweislich seines Dienstvertrages ist der Kläger für die ärztliche Leitung der chirurgischen Abteilung des Krankenhauses allein verantwortlich (§§ 3,4), er hat das Recht auf wichtige, sein Aufgabengebiet betreffende Entscheidungen Einfluß zu nehmen (§ 2 Abs. 1), einschließlich des Stellenplanes (§ 6 Abs. 2), er hat einen ordnungsgemäßen Betrieb des Krankenhauses und seiner Abteilungen im besonderen zu gewährleisten. Er hat für die Einhaltung rechtlicher Bestimmungen Sorge zu tragen (§§ 3 Abs. 1, 6 Abs. 5), und er leitet die Ausbildung ärztlicher und nichtärztlicher Mitarbeiter sowie der Medizinstudenten (§ 4 Abs. 4 Ziffern 3 u. 4). Der Kläger arbeitet darüber hinaus selbstverantwortlich, und er hat einen außerordentlich großen Entscheidungsspielraum. Er trägt für seine und die Arbeit seiner unterstellten Mitarbeiter die Verantwortung gegenüber den Patienten und der Krankenhausverwaltung, und er hat Weisungs- und Beurteilungs-

---

583 „... Wenn er dabei die Entscheidung im wesentlichen frei von Weisungen trifft oder sie maßgeblich beeinflußt ...".

584 LAG Hamm, Urteil v. 17.11.1955 - 2 Sa 262/55 -, mitgeteilt von Schmelcher in seiner Anmerkung, KHA 1957, 80. Im Mittelpunkt der Entscheidung stand die schließlich positiv beschiedene Frage, ob der Chefarzt als Arbeitnehmer zu bewerten sei.

585 Vom 20.11.1990 - 9 Sa 452/90 - rk, mitgeteilt bei Dahm/Lück, MedR 1992, 1, 2 ff., die zu Recht die Nichtzulassung der Revision rügen.

rechte in nicht unerheblichem Umfang (§§ 3, 4, 6 Abs. 4, 5, 7, 8). Daß er diese Aufgaben nur aufgrund besonderer Erfahrung und Kenntnisse wahrnehmen kann, bedarf keiner besonderen Ausführung ... Es ist aber andererseits auch zu berücksichtigen, daß der Kläger als Chefarzt der Chirurgie in einer sehr herausgehobenen Vertrauensposition als leitender Angestellter beschäftigt war und gegenüber der ihm unterstellten Abteilung selbst Arbeitgeberfunktion ausgeübt hat."

In diesem Erkenntnis trat an die Stelle einer präzisen Subsumtion von Vertragsgestaltung und tatsächlicher Handhabung unter den Tatbestand des § 5 Abs. 3 BetrVG der unzulässige Schluß von der Bedeutung des Chefarztes für das Krankenhaus auf seine herausgehobene Stellung als leitender Angestellter. Eine mögliche Einflußnahme auf den Stellenplan durch ein Anhörungsrecht erfüllt, wie besehen, nicht die Anforderungen an eine selbständige Einstellungs- und Entlassungsbefugnis der höchstrichterlichen Rechtsprechung und der Literatur.

10.4.5 Die Entscheidung des LAG Baden-Württemberg (1977)

Nicht für einen Chefarzt, sondern für einen Werksarzt (oder Betriebsarzt) verneinte das LAG Baden-Württemberg 1977 die Einordnung als leitender Angestellter.[586] Dem Mediziner waren eigene Entscheidungen nicht überlassen, statt dessen übte er eine Gutachtertätigkeit aus, weshalb die Wahrnehmung unternehmerischer Teilaufgaben ausschied. Auch für den Bestand und die Entwicklung des Betriebes war die betriebsärztliche Tätigkeit nicht erforderlich, weil die medizinischen Aufgaben ohne weiteres durch nicht angestellte Ärzte besorgt werden konnten.[587]

10.4.6 Die Entscheidung des LAG Baden-Württemberg (1992)

Mit der Frage nach der arbeitsrechtlichen Bewertung der Krankenhausstrukturen befaßte sich 1992 der Rechtsstreit um die Qualifikation eines Chefarztes als leitender Angestellter vor dem LAG Baden-Württemberg. Im Mittelpunkt der Entscheidung[588] standen Fragen des Kündigungsschutzes. Das Gericht verneinte aber zugleich die Qualität als leitender Angestellter für den „Leiter der ärztlichen Abteilung", denn „der Kläger ist nicht leitender Angestellter im Sinne des § 5 Abs. 3 S. 2 Nr. 1 BetrVG. Das ergibt sich einmal aus dem Arbeitsvertrag. Nach

---

586 LAG Baden-Württemberg, AP Nr. 17 zu § 5 BetrVG 1972.
587 LAG Baden-Württemberg, AP Nr. 17 zu § 5 BetrVG 1972.
588 LAG Baden-Württemberg ArztR 1993, 115 = LAGE § 14 KSchG Nr. 2.

dessen § 2 Abs. 3 trifft der Kläger die Auswahl von neu anzustellenden Ärzten und Mitarbeitern der ärztlichen Abteilungen im Rahmen seines Stellenplanes selbständig; die Anstellung erfolgt im Einvernehmen mit der Geschäftsführung durch diese. Das Merkmal der Selbständigkeit bedeutet indes, daß der Angestellte hinsichtlich seiner Befugnisse nicht von Dritten abhängig sein darf. Das ist schon deswegen nicht der Fall, weil die Anstellung im Einvernehmen mit der Geschäftsführung durch diese erfolgt. Selbst wenn die Geschäftsführung nur die Entscheidung des Klägers vollzieht, ist von einer Selbständigkeit im Sinne dieser Vorschrift nicht mehr auszugehen. Der Leiter einer Fachabteilung, an dessen Votum die Geschäftsführung nicht vorbeigeht, nicht vorbeigehen kann, ist nicht leitender Angestellter nach § 5 Abs. 3 S. 2 Nr. 1 BetrVG, wenn er aus formellen Gründen den Vollzug durch die Geschäftsführung benötigt. Das ergibt sich daraus, daß die Berechtigung zur Einstellung und Entlassung von Arbeitnehmern nicht nur im Außenverhältnis zum Arbeitnehmer vorliegen muß, sondern auch im Innenverhältnis zum Arbeitgeber/Unternehmen vorliegen muß (BAG AP Nr. 28 zu § 5 BetrVG 1972).“[589]

Im Einklang mit der höchstrichterlichen Rechtsprechung befindet sich die Feststellung des LAG, wonach eine eigenverantwortliche Entscheidung nicht mehr vorliege, sobald sie sich intern an gewisse Formalien der Beteiligung der Geschäftsführung gebunden sieht.[590] Um eine Qualifikation des Chefarztes als leitender Angestellter zu erreichen, trug der beklagte Krankenhausträger außerdem vor, die praktische Handhabung sei in Abweichung vom Anstellungsvertrag erfolgt, vermochte damit aber letztlich nicht durchzudringen.[591] In der Tat müssen rechtliche und tatsächliche Befugnisse des Arbeitnehmers übereinstimmen.[592] Im Falle eines Widerspruchs bleibt die praktische Durchführung maßgebend[593], aus der sich am ehesten Rückschlüsse darauf ziehen lassen, von welchen Rechten und Pflichten die Parteien ausgegangen sind.

---

589 Zurückverwiesen werden mußte, da die im Innenverhältnis vorliegenden Einschränkungen bei Einstellungen und Entlassungen nicht festgestellt waren.

590 BAG, AP Nr. 28 zu § 5 BetrVG 1972; Fitting, § 5 BetrVG, Rdnr. 143.

591 Die Einstellungen betrafen vier Ärzte und die Entlassung eines Pflegers, weshalb das LAG annahm, dies habe nicht - wie höchstrichterlich gefordert - den wesentlichen Teil der Tätigkeit des Chefarztes ausgemacht.

592 Das ergibt sich aus dem Wortlaut des § 5 Abs. 3 S. 2 BetrVG „nach Arbeitsvertrag und Stellung ... im Betrieb“, vgl. BAGE 26, 36, 54 = AP Nr. 1 zu § 5 BetrVG (zum früheren Wortlaut „nach Dienstvertrag und Dienststellung“); BAG DB 1982, 1990.

593 St. Rspr., vgl. BAG NZA 1991, 267, 268.

10.5 Die arbeitsrechtliche Literatur

Das arbeitsrechtliche Schrifttum zeigt sich ähnlich uneinheitlich. Nach einer Auffassung zählt der Chefarzt wie der Ärztliche Direktor, „der in der Klinik bzw. Fachabteilung die uneingeschränkte ärztliche Führungs- und Handlungsverantwortung für die Patientenversorgung hat" zu den leitenden Angestellten mit dem Hinweis, beide würden keinen Weisungen in medizinischer Hinsicht unterliegen.[594] Anderer Auffassung nach heißt es etwa, „obwohl die Chefärzte in leitender Stellung tätig sind, gehören sie nur ausnahmsweise - z. B. als Mitglied der Krankenhausleitung - zu den leitenden Angestellten im Sinne ... des § 5 BetrVG."[595] Dementsprechend heißt es, die „Chefärzte (leitende Ärzte) sind nach herrschender Meinung Arbeitnehmer. Leitende Angestellte sind sie nur, wenn sie Mitglied der Krankenhausverwaltung sind ... Ihre Arbeitsverträge werden in der Regel auf Dauer oder auf Lebenszeit geschlossen"[596], ohne daß dieser Standpunkt eine nähere Erläuterung oder Begründung fände. Manche Autoren nennen den Chefarzt überhaupt nicht.[597]

10.6 Die medizinrechtliche Literatur

In der medizinrechtlichen Literatur finden sich - sofern die Fragestellung überhaupt aufgegriffen wird[598] - bejahende[599] ebenso wie offene Stellungnahmen.[600]

---

594 Richardi, § 5 BetrVG Rdnr. 227; ders., MünchArbR, § 197 Rdnr. 23: Der Oberarzt hingegen, auch als ständiger Vertreter des Chefarztes gehöre zu den einfachen Angestellten; Mayer-Maly, Krankenhausstruktur, Betriebsverfassung und Kirchenautonomie, Rechtsgutachten, S. 16 f. im Anschluß an Völpel, ArztR 1972, 107, 108.

595 W. Eichholz, AR-Blattei (D) Arzt I, I. Übersicht, Blatt 2.

596 Schaub, Arbeitsrechts-Handbuch, § 16 Rdnr. 21. - Die von vornherein zeitlich begrenzte Tätigkeit mancher leitender Angestellter, etwa bei Banken und Versicherungen, findet sich bei Chefärzten bislang selten.

597 Vgl. etwa Fitting, § 5 BetrVG, Rdnr. 144 ff. und 193 ff. sowie ErfK-Eisemann, § 5 Rdnr. 30 ff.

598 Ohne Angaben: Deutsch, MedizinR; Giesen, ArzthaftungsR und Steffen/Dressler, ArzthaftungsR.

599 „Wenn man jedoch einen Arbeitnehmer - allgemein umschrieben - dann als leitenden Angestellten einstuft, wenn er sich im Verhältnis zu anderen Angestellten durch ein besonderes Maß an Verantwortung und durch eine hervorgehobene Stellung im Betrieb auszeichnet, so werden vor allem Chefärzte regelmäßig leitende Angestellte sein", vgl. Büsken, a.a.O., S. 179.; ebenso Büsken/Klüglich, VersR 1994, 1141, 1150. - Ähnlich Reichel, a.a.O., S. 46 im Anschluß an die differenzierteren Ausführungen von Busse, Die Rechtsstellung der leitenden Krankenhausärzte, S. 137 f. und 163 ff.; Reinhardt, a.a.O., S. 37; Birk, Die arbeitsrechtliche Leitungsmacht,

Andere schließlich sehen in der Qualifikation von Chefärzten als leitende Angestellte eine Chance zur Modernisierung der Krankenhausstrukturen.[601] Ebenso gibt es Stimmen, die eine solche Qualifikation regelmäßig ablehnen[602], weil es an der Entscheidungsbefugnis bei der Einstellung ärztlicher oder nichtärztlicher Mitarbeiter fehle, sich das Weisungsrecht nur auf den medizinischen Bereich beziehe, im übrigen alle nichtmedizinischen, insbesondere wirtschaftlichen Fragen vom Arbeitgeber bestimmt würden. Diese Kritiker fordern, daß der Krankenhausträger gerade bei arbeitsrechtlichen Maßnahmen in Bezug auf die nachgeordneten Ärzte das uneingeschränkte Organisationsrecht erhalte. Indessen erhält die anerkannte Befugnis des Chefarztes, Personalvorschläge zu unterbreiten, nur dann eine angemessene Bedeutung, wenn der Krankenhausträger regelmäßig nur aus wichtigem Grund - etwa übergeordneter Versorgungsgründe[603] - davon abrücken kann. Das weiterreichende Postulat des Einvernehmens zwischen den Beteiligten läßt sich praktisch nicht realisieren.[604] In der Folge verfügt der Chefarzt nicht über eine den leitenden Angestellten im Sinne des § 5 Abs. 3 S. 2 Nrn. 1 bis 3 BetrVG entsprechende Stellung, sondern bleibt einfacher Arbeitnehmer.[605]

S. 367; Völpel, ArztR 1972, 107, 108; Erman-Küchenhoff, 4. Aufl. 1967, Vor § 611 BGB, Anm. 3a; Reinhard bei Kuhns I, S. 364; Schmelcher bei Kuhns I, S. 893.

600 In Abhängigkeit von der Ausgestaltung des Vertrages Sachweh/Debong, ArztR 1993, 141 ff. (insbesondere für den Ärztlichen Direktor); Siegmund-Schultze, ArztR 1992, 348, 363 (unter Hinweis auf BAGE 41, 67 = NJW 1984, 254 = AP Nr. 2 zu § 72 ArbGG = EzA § 5 KSchG Nr. 19); ders., ArztR 1991, 211. Für eine Anwendung des BetrVG auf den Chefarzt tritt ein: Narr, Ärztliches Berufsrecht, Rdnr. 1134 (Stand: 1988).

601 Dahm/Lück, MedR 1992, 1, 5 ff.: Der Arzt brauche ein Mitspracherecht bei der Einstellung, Versetzung und Entlassung sowie beim Einsatz von Mitarbeitern, ein Benehmensrecht in Fragen der Strukturgestaltung der Abteilung und Budgetverantwortung bis zur Einbeziehung in die Pflegesatzverhandlungen. Die Autoren plädieren für ein offensiveres Aushandeln der vertraglichen Aufgaben seitens der Chefärzte und im Ergebnis auch für eine mögliche Ausgestaltung des Chefarztvertrages mit leitenden Funktionen. - Bei künftig stärkerer Einbindung in die Verantwortung für Klinik und Abteilung ebenfalls befürwortend Rehborn/Jorzig, AuK 1998, 87; Moll, KH 1997, 316 ff.; Hoffmann, KH 1996, 502 ff.

602 Laufs, in: Laufs/Uhlenbruck, Handbuch des ArztR, § 12 Fußn. 14; Andreas, ArztR 1979, 99 f.; Rieger, Lexikon des Arztrechts, Rdnr. 505 u. 511; Pressemitteilung der Arbeitsgemeinschaft für Arztrecht, in: ArztR 1992, 348.

603 Genzel, in: Laufs/Uhlenbruck, Handbuch des ArztR, § 89 Rdnr. 25.

604 Zu Recht kritisch Rippel, ku 1986, 910, 912.

605 Diese Bewertung des Chefarztes hat die Mitbestimmungspflicht des Betriebsrates bei Einstellung und Entlassung desselben zur Konsequenz, so daß dieser zwangs-

10.7 Stellungnahme und Lösungsvorschlag

Im Hinblick auf die geläufigen Muster für Chefarztverträge scheidet die Tatbestandsalternative des § 5 Abs. 3 S. 2 Nr. 1 und Nr. 2 BetrVG aus. Und auch die Voraussetzungen des § 5 Abs. 3 S. 2 Nr. 3 BetrVG liegen - wie beschrieben - nach den Regelungen der geläufigen Musterverträgen nicht vor. Da der Chefarzt folglich regelmäßig nicht als leitender Angestellter im Sinne des BetrVG anzusehen ist, kommt im Krankenhaus die Bildung einer (von ärztlichen Zielsetzungen bestimmten) Interessenvertretung in Gestalt des Sprecherausschusses nicht in Betracht. Der Krankenhausträger unterliegt bei personellen Maßnahmen betreffend den Chefarzt nach § 99 BetrVG der Mitbestimmungspflicht, nicht allein der Mitteilungspflicht gemäß § 105 BetrVG.

Eine Vertragsgestaltung, welche die Qualifikation des Chefarztes als leitender Angestellter im Sinne des BetrVG zuläßt, scheint durchaus möglich[606] und wünschenswert[607] - zumal im Hinblick auf die dargestellte Bildung des Sprecherausschusses. Sofern aber Krankenhausträger nicht bereit sind, etwa die Personalhoheit für Einstellungen und Entlassungen auf den Chefarzt zu übertragen, vermögen die Parteien eine betriebsverfassungsrechtliche Stellung des Chefarztes als leitender Angestellter nicht zu vereinbaren.

Es verbleibt daher nur die Forderung an den Gesetzgeber, de lege ferenda den Chefarzt im Rahmen des BetrVG ebenso wie im Rahmen des KSchG zukünftig den leitenden Angestellten gleichzustellen. Es ergeben sich für den Gesetzgeber zweierlei Regelungsansätze. Wiederum könnte § 18 Abs. 1 Nr. 1 ArbZG als Muster dienen. In § 5 Abs. 3 S. 1 BetrVG müßte es dementsprechend heißen, dieses „Gesetz findet ... keine Anwendung auf leitende Angestellte *sowie Chefärzte*". Oder aber der Gesetzgeber änderte das Tatbestandsmerkmal des § 5 Abs. 3 S. 2 Nr. 1 BetrVG „zur selbständigen Einstellung und Entlassung von im Betrieb oder der Betriebsabteilung beschäftigten Arbeitnehmern berechtigt" etwa durch die Formulierung ab, wonach leitender Angestellter ist, wer „an der Einstellung und Entlassung von im Betrieb oder der Betriebsabteilung beschäftigten Arbeitneh-

---

läufig Einblick in den Arbeitsvertrag des Mediziners erhält. Ob dies ein Vorteil ist, wie Dahm/Lück meinen (MedR 1992, 1, 6), sei dahingestellt.

606 Etwa durch Einräumung der Befugnis zur Einstellung und Entlassung von Mitarbeitern.

607 Verwiesen sei insbesondere auf die entsprechenden Ausführungen zum Kündigungsschutzgesetz. - Für einen größeren Einfluß von Chefärzten auch Dahm/Lück, MedR 1992, 1, 6 f. Schwerlich läßt sich aber behaupten, wie die beiden Autoren annehmen, für den Fall der Ausweitung des Stellenplanes verliefen die rechtlichen Interessen von Betriebsrat und Chefärzten parallel.

mern *maßgeblich beteiligt*" ist. Letztgenannte Regelung träfe auch weitere Beschäftigte anderer Branchen.

Rechtsfolge der Qualifikation von Chefärzten als leitende Angestellte wäre dann die Bildung eines Sprecherausschusses innerhalb des Krankenhauses nach Maßgabe des SprAuG.[608] Die zu seiner Bildung nach § 1 Abs. 2 SprAuG erforderlichen zehn leitenden Angestellten im Betrieb wären in der überwiegenden Zahl der Kliniken schon durch die hohe Zahl an Chefärzten gegeben.[609] Der Sprecherausschuß übernähme die allgemeine Vertretung der Belange der leitenden Angestellten (§ 25 Abs. 1 SprAuG). Der Sprecherausschuß wäre, anders als der Betriebsrat, im Krankenhausbetrieb deutlich von den ärztlichen Bedürfnissen geprägt[610] - eine weitere, größere Gruppe von leitenden Angestellen jenseits der Ärzteschaft ließe sich nicht finden.[611] An Stelle einer Beteiligung des Betriebsrates, müßte in Entsprechung zu § 102 BetrVG[612] der Sprecherausschuß vor einer Kündigung gemäß § 31 Abs. 2 SprAuG gehört werden.[613]

10.8 Befristung von Chefarztverträgen

Die Diskussion um die bislang unübliche Befristung von Chefarztverträgen ist vor dem geschilderten Hintergrund zu sehen. Bei sich im Laufe der Zeit herausstellenden Komplikationen zwischen den Parteien ist nach geltendem Recht zunächst an die einvernehmliche Aufhebungsvereinbarung der Parteien zu denken.

608 Die Bildung freiwilliger Sprecherausschüsse wäre dagegen unzulässig, vgl. Kramer, Rechtsfragen des Sprecherausschußgesetzes, S. 36 ff.

609 Zum - ähnlich dem BetrVG - eingeschränkten Anwendungsbereich des SprAuG vgl. dessen § 1 Abs. 3.

610 Dazu ein Beispiel: An die Stelle der Einsicht durch den Betriebsrat in die Bruttogehaltsliste nach § 80 Abs. 2 S. 2 BetrVG tritt das Einsichtsrecht des Sprecherausschusses, vgl. Löwisch, § 25 SprAuG, Rdnr. 20; Hromadka, § 25 SprAuG, Rdnr. 31 ff. gegen Wlotzke, DB 1989, 173, 179.

611 Bei Betrieben mit in der Regel 10 bis 20 leitenden Angestellten besteht der Sprecherausschuß aus einer Person, bei 21 bis 100 leitenden Angestellten aus drei Mitgliedern (§ 4 Abs. 1 SprAuG). Dahm/Lück (MedR 1992, 1, 6) schlagen vor, der Sprecher könne gleichzeitig die Funktion des Ärztlichen Direktors wahrnehmen, was in Krankenhäusern mit bis zu 20 leitenden Angestellten denkbar wäre.

612 Zwischen der Rechtsstellung des Sprecherausschußmitgliedes und Betriebsratsmitgliedes verbleiben aber Unterschiede, vgl. Abeln, Organrechtliche und kündigungsrechtliche Stellung des Sprecherausschußmitgliedes im Vergleich zum Betriebsratsmitglied, S. 195.

613 Für Arbeitnehmer, die erst für eine Position als leitende Angestellte vorgesehen sind, bleibt der Betriebsrat zuständig (§ 99 BetrVG), vgl. Hromadka, § 25 SprAuG, Rdnr. 7.

Scheitert die einvernehmliche Vertragsaufhebung an den unterschiedlichen Vorstellungen beider Parteien[614], besteht für den Krankenhausträger die Möglichkeit einer betriebsbedingten Kündigung des Chefarztes, etwa im Falle der Betriebseinschränkung oder -stillegung.[615] Der Ausspruch der Kündigung[616] bedarf der Schriftform.[617] Will der Krankenhausträger allerdings die Krankenhausabteilung weiterführen und allein ihre Anziehungskraft für Patienten durch die Neubesetzung des Chefarztpostens stärken, ist ihm die betriebsbedingte Kündigung verwehrt. Die fehlende Rentabilität der betreffenden Krankenhausabteilung berechtigt nur bei umfassenden Rationalisierungsmaßnahmen, die kaum je geplant sein werden, zur betriebsbedingten Kündigung des Leiter der Abteilung.[618] So bleibt dem Krankenhausträger nur die Betriebsstillegung, die einen radikalen Ausweg darstellt.

Der Ausspruch einer verhaltens- oder personenbedingten Kündigung, etwa im Anschluß an vom abteilungsleitenden Chefarzt zu vertretende vermehrte Behandlungszwischenfälle, kommt für den Krankenhausträger zumeist nicht ernsthaft in Betracht. Die Kündigung stünde ersichtlich im Widerspruch zur unternehmerischen Zielvorstellung des Klinikträgers, die Attraktivität der Einrichtung für die Patienten zu erhalten. Eine solche Ablösung des Chefarztes müßte im regelmäßig nachfolgenden Kündigungsschutzprozeß zur umfassenden Darlegung von Gründen führen, die weder dem Ansehen der Fachabteilung der Klinik noch dem der gesamten Klinik zu dienen bestimmt sind. Überdies gibt es schließlich Vertragsgestaltungen, welche die ordentliche Kündigung des Chefarztvertrages gänzlich auszuschließen.[619]

Führen die vorgeschilderten Handlungsalternativen in der Praxis häufig in die Sackgasse, verwundern die Bestrebungen nicht, Chefarztverträge von vornherein durch ihre Befristung - etwa auf fünf Jahre - „anpassungsfähig“ zu gestalten.[620]

---

614 Beispielsweise über den Zeitpunkt des Ausscheidens, die Höhe einer zu zahlenden Abfindung.

615 Schaub, Arbeitsrechts-Handbuch, § 131 Rdnr. 64; BAG ArztR 1989, 172.

616 Im Falle der Kündigung von Seiten des Krankenhausträgers wird der Chefarzt einen Rechtsstreit über die Frage der Wirksamkeit der Kündigung anstrengen.

617 Seit dem 01.05.2000 ist das Schriftformerfordernis in § 623 BGB geregelt, vgl. dazu Rolfs, NJW 2000, 1227 ff.; Richardi/Annuß, NJW 2000, 1231 ff.

618 Schaub, Arbeitsrechts-Handbuch, § 131 Rdnr. 57.

619 Vgl. Arbeitsgemeinschaft, Chefarztvertrag, § 20 Abs. 3. Die ordentliche Kündigung sehen vor DKG, Chefarztvertrag, § 18 Abs. 3, Münzel, Chefarztvertrag, § 21 Abs. 3, und Weber/Müller, Chefarztvertrag, § 6 Abs. 3.

620 So die Forderung der DKG, vgl. Pföhler, KH 1996, 329, 332. Ablehnend schon Kendel, ArztR 1993, 377; Narr, Ärztliches Berufsrecht, Rdnr. 1113; zu Fragen der Befristung differenzierend Zuck, NZA 1994, 961 ff. - Abzulehnen sind Versuche,

Nach Ablauf des befristeten Beschäftigungsverhältnisses käme es entweder zur Verlängerung des befristeten Beschäftigungsverhältnisses oder zur Beendigung der Tätigkeit und dem Ausscheiden des Chefarztes infolge Fristablaufs. Die den Chefarzt diskriminierende Wirkung einer Kündigung sowie der mit ihr möglicherweise einhergehende Ansehensverlust fehlte.[621]

Einwände gegen die Befristung gründen sich auf die geläufige Vorstellung, die Chefarztanstellung sei als Lebensstellung anzusehen[622] und deshalb einer Befristung nicht zugänglich.[623] Da die Stellung als Chefarztes erst nach vielen Jahren Berufstätigkeit erreicht werde, sei „rasch der Zeitpunkt erreicht, in dem es für den Chefarzt als älterem Angestellten gar keine Möglichkeit des Stellenwechsels [mehr] gibt", wird kritisch eingewandt.[624] Jedoch entfielen diese anfänglich gerechtfertigten Bedenken mit der bundesweiten Verbreitung von befristeten Chefarztverträgen. Nicht zu übersehen ist allerdings, daß auch die Befristung (ebenso wie die Stellung als leitender Angestellter) zu einer verschärften Wettbewerbssituation für Chefärzte führte.[625] Indes existieren auch in anderen Branchen befristete Verträge für gehobene Positionen und infolgedessen ein Wettbewerb der Führungskräfte, ohne daß dies gemeinhin als unbillig und unzumutbar empfunden würde. Die mit der Befristungsabrede möglicherweise sogleich verbundene Vereinbarung einer „Abfindung" für den Fall der ausbleibenden Anschlußbefristung könnte überdies eine gewisse Kompensation für den Verlust der Anstellung nach Fristablauf bieten.[626]

---

befristete Vergütungsregelungen zu vereinbaren, vgl. LAG Sachsen-Anhalt, Der Radiologe 1999, M 35 f.

621 Einer einstweiligen Verfügung auf Weiterbeschäftigung stattgebend, das LAG Brandenburg, ArztR 1998, 90, u.a. weil sonst der Chefarzt daran gehindert wird, Operationen durchzuführen, deren regelmäßige Tätigkeit für die Erhaltung und Sicherung seiner Qualifikation als Operateur unerläßlich ist.

622 Ein solches Verständnis kommt in dem Mustervertrag der Arbeitsgemeinschaft zum Ausdruck, vgl. § 20 Abs. 3.

623 Davon zu unterscheiden ist die Auflösung des Arbeitsverhältnisses mit Erreichen des 65. Lebensjahres, vgl. § 41 Abs. 4 S. 3 SGB VI und BAG AP Nr. 5 zu § 620 BGB Arbeitsvertrag = NZA 1993, 998.

624 Zuck, NZA 1994, 961, 962.

625 Zuck weist außerdem darauf hin, daß eine Ausflucht in die Niederlassung als Vertragsarzt durch die 55-Jahre-Altersgrenze des § 98 Abs. 2 Nr. 12 SGB V verwehrt wurde, NZA 1994, 961, 962.

626 Der von Krankenhausträger mit der Befristung angestrebte Einspareffekt sähe sich dadurch allerdings überwiegend konterkariert. Die besonders qualifizierten und dementsprechend begehrten medizinischen Fachkräfte würden solche Abfindungsregelungen durchsetzen können.

Beachtlich sind allerdings die juristischen Hürden für eine Befristung des Anstellungsvertrages. Es bedarf - neben der schriftlichen[627] - Befristungsabrede nach ständiger Rechtsprechung des BAG[628] eines sachlichen Grundes zu ihrer Rechtfertigung, andernfalls wird die Befristungsabrede als unzulässige Umgehung des Kündigungsschutzes bewertet.[629] Als Erfordernis gilt dies für Angestellte wie für leitende Angestellte gleichermaßen, weil beide Gruppen der Anwendung des KSchG unterfallen.[630] Ergeben kann sich ein solcher sachlicher Grund insbesondere auf Wunsch des Arbeitnehmers[631], aus Gründen der Erprobung des Arbeitnehmers, aus der Wahrnehmung nur vorübergehender Aufgaben oder aus branchentypischen Eigenheiten (wie etwa im Unterhaltungsgewerbe).[632] Rechtsgültige sachliche Gründe für eine Befristung sind demnach nur in Ausnahmefällen denkbar[633] oder nach Maßgabe des bis Ende 2000 geltenden Beschäftigungsförderungsgesetzes.[634] Im einzelnen zu beachten sind seit dem 01.01.2001 die Vorgaben des Teilzeit- und Befristungsgesetzes[635], wonach die Befristung eines Arbeitsvertrages zulässig ist, wenn sie durch einen sachlichen Grund gerechtfertigt ist (§ 14 Abs. 1 S. 1), sofern es sich nicht um eine kalendermäßige Befristung bis zur Dauer von zwei Jahren handelt (§ 14 Abs. 2 S. 1 u. 3).[636]

---

627 Vgl. § 14 Abs. 4 Teilzeit- und Befristungsgesetz; vormals: § 623 BGB, vgl. hierzu Richardi/Annuß, NJW 2000, 1231 ff.; Rolfs, NJW 2000, 1227 ff.

628 Auch etwa die kollektivrechtliche Regelung des § 60 BAT.

629 Vgl. BAG AP Nr. 34 zu § 620 BGB Befristeter Arbeitsvertrag; Schaub, Arbeitsrechts-Handbuch, § 39 Rdnr. 9. - Bis zur Gesamtdauer von zwei Jahren ist die Befristung nach Maßgabe des Beschäftigungssförderungsgesetzes (BeschFG) zulässig (vgl. § 1 Abs. 1 des BeschFG). Das in seiner Geltung befristete, indes mehrfach verlängerte Gesetz galt bis zum 31.12.2000 (§ 1 Abs. 6 BeschFG).

630 BAG AP Nr. 47 zu § 620 BGB Befristeter Arbeitsvertrag. - Erhält der Chefarzt tatsächlich die Stellung eines leitenden Angestellten führt die Abfindungsvereinbarung dazu, daß auch eine Befristung ohne sachlichen Grund arbeitsrechtlich zulässig ist, weil das Arbeitsverhältnis nach Auflösungsantrag ebenfalls gegen Zahlung einer Abfindung beendet würde, vgl. Schaub Arbeitsrechts-Handbuch, § 39 Rdnr. 30.

631 Für einen solchen Wunsch müssen objektive Interessen sprechen, BAG AP Nr. 68 zu § 620 BGB; BAG AP Nr. 144 zu § 620 BGB.

632 Einzelheiten bei Schaub, Arbeitsrechts-Handbuch, § 39 Rdnr. 35 ff. - Zu den engen Voraussetzung einer Befristung aus wirtschaftlichen Gründen, BAG AP Nr. 56 zu § 620 BGB Befristeter Arbeitsvertrag.

633 Bohle, ku 1997, 729. Die Umstände, die einen Ausnahmefall begründen, hat der Arbeitgeber zu beweisen, BAG NZA 1985, 561.

634 Danach konnten Arbeitsverträge für die Dauer von zwei Jahren auch ohne sachlichen Grund abgeschlossen werden (vgl. § 1 Abs. 1 BeschFG).

635 BGBl. I 2000, 1966 ff. Vgl. hierzu Hromadka, NJW 2001, 400 ff.

636 Der Gesetzgeber kehrte folglich den bisherigen Grundsatz um, wonach die Befristung eines Arbeitsverhältnisses eines sachlichen Grundes bedurfte, wenn durch die

Chefärzte lassen sich unter die anerkannten, aufgezählten Sonderfälle nicht generell subsumieren.[637] Zwar erscheint es nicht als ausgeschlossen, daß sich in der Rechtsprechung des BAG dereinst weitere Fallgruppen etablieren, gegenwärtig läßt sich aber ein innerer Befristungsgrund jedenfalls nicht aus der ärztlichen Tätigkeit selbst oder aus den Erfordernissen des klinischen Betriebs schöpfen. Chefarzt wie Krankenhausträger bedürfen vielmehr eines Vertrauensverhältnisses, das gerade dann begünstigt wird, wenn die Vertragsbeziehungen auf Dauer[638] angelegt sind.[639] Um eine Rechtsänderung zu erreichen, wäre daher jedenfalls eine gesetzliche Sonderregelung für Chefärzte zu schaffen.[640]

Es stellt sich damit die Frage nach dem Sinn und Zweck einer speziellen gesetzlichen Befristungsregelung, wenngleich sie für den medizinischen Bereich nicht ohne Beispiel wäre.[641] Gegen eine Normierung spricht, daß die wichtigste Fallgruppe einer Befristung längst anerkannt ist. Der gebräuchliche[642] Abschluß eines befristeten Probearbeitsverhältnisses erleichtert beiden Vertragspartnern den Vertragsschluß.[643] So kann der Krankenhausträger die Eignung des Chefarztanwärters überprüfen[644], jener seine (regelmäßig erweiterte) Tätigkeit und

---

Befristung der Kündigungsschutz umgangen werden konnte, und nur durch das Beschäftigungsförderungsgesetz Arbeitsverträge für die Dauer von zwei Jahren auch ohne sachlichen Grund abgeschlossen werden durften, vgl. Hromadka, NJW 2001, 400, 403.

637 Bei Fehlen des sachlichen Grundes liegt eine Umgehung des KSchG vor, wenn der leitende Angestellte keine abfindungsgleiche Ausgleichszahlung erhält, vgl. BAG AP Nr. 47 zu § 620 BGB Befristeter Arbeitsvertrag; kritisch schon Hess, KHA 1970, 25, 39.

638 Zu den Folgen der Unwirksamkeit tariflicher Beendigungsklauseln wegen Rentenalters vgl. Boemke, JuS 1994, 461 ff., zu BAG, NJW 1994, 538 (Assistenzärztin); dazu auch BAG, ArztR 1993, 323.

639 Zuck, NZA 1994, 961, 967. - Gegen eine Befristung für Teile von Vergütungsvereinbarungen des Chefarztes entschied das LAG Sachsen-Anhalt, ArztR 1998, 287.

640 Für eine Verankerung im KHG oder dem KSchG tritt die DKG ein, vgl. Pföhler, KH 1996, 329, 332.- Bejahend zum Erreichen der Altersgrenze als sachlichem Befristungsgrund, wenn § 41 Abs. 4 S. 3 SGB VI wegen Nichtigkeit unwirksam ist, jedoch das SGB VI Änderungsgesetz von 1994 (BGBl I, 1797) eingreift, vgl. BAG DB 1997, 2280; ArbG Hannover MedR 1993, 236. Kritisch Boecken, ArztR 1998, 158 f. und ArztR 2000, 60.

641 Vgl. etwa das Gesetz zur Befristung der Ärzte in der Weiterbildung, dazu Haage, MedR 1998, 109 ff.

642 Narr, Ärztliches Berufsrecht, Rdnr. 1130 (Stand: Okt. 1993).

643 Zum Probearbeitsverhältnis vgl. § 14 Abs. 1 S. 2 Teilzeit- und Befristungsgesetz.

644 DKG, Chefarztvertrag, § 18 Abs. 1 S. 2; Arbeitsgemeinschaft, Chefarztvertrag, § 20 Abs. 1 S. 2, Münzel, Chefarztvertrag, § 21 Abs. 1 S. 2; Weber/Müller, Chefarztvertrag, § 6 Abs. 1, regeln übereinstimmend eine Probezeit von sechs Monaten - besteht das Arbeitsverhältnis länger, greift das KSchG gemäß § 1 Abs. 1 ein. Allein

sein berufliches Umfeld kennenlernen. Deshalb bedeutet die Neuanstellung eines Chefarztes für den Krankenhausträger kein unangemessenes Wagnis, das durch eine Befristung zusätzlicher Kompensation bedürfte.

Möglicherweise wird ein in späteren Jahren sich den dynamischen Anforderungen seines Faches verweigernder leitender Arzt zur Belastung des Krankenhausträgers wie seiner Abteilung, ohne daß eine Auflösung des Vertrages unter adäquaten Umständen möglich wäre. Ob sich aber - wie die Verfechter einer Befristung[645] zu glauben scheinen - alle denkbaren zur Auflösung berechtigenden Gründe innerhalb einer fünfjährigen Befristungszeit erweisen, darf bezweifelt werden. Eine über fünf Jahre hinausreichende Befristung wäre dem Chefarzt im Hinblick auf die eigene Lebensplanung wohl nicht zumutbar.

Verhallt demnach die Forderung zu Recht ungehört, de lege ferenda Befristungsregeln für Chefarztverträge zu kodifizieren, sollte aber das Bedürfnis der Rechtspraxis nicht außer Betracht bleiben, den Arbeitsvertrag des Chefarztes unter den Voraussetzungen auflösen zu können, die für leitende Angestellte gelten.

---

§ 3 Abs. 7 des Chefarztvertrages von Schaub, Chefarztvertrag, sieht eine auf fünf Jahre befristete Laufzeit vor.

645 Schaub, Chefarztvertrag, § 3 Abs. 7.

11 Entwicklungsklausel, Teil- und Änderungskündigung

11.1 Entwicklungsklausel

In Chefarztverträgen sichert die notwendige Anpassungsfähigkeit des Vereinbarten eine oder mehrere Entwicklungsklauseln.[646] Sie vermögen künftige Veränderungen in tatsächlicher oder rechtlicher Hinsicht nicht vorwegzunehmen, gewähren aber dem Krankenhausträger ein einseitiges Leistungsbestimmungsrecht zur Vertragsanpassung. Dieses einseitige Leistungsbestimmungsrecht ist nach billigem Ermessen gemäß § 315 BGB auszuüben. Was im Einzelfall billigem Ermessen entspricht, läßt sich nur durch sorgfältiges Abwägung der Interessenlage beider Vertragsparteien ermitteln[647], wobei der Arbeitgeber im Prozeß die Beweislast dafür trägt, daß die Ausübung des Direktionsrechts billigem Ermessen entspricht.[648] Die Entwicklungsklauseln vermeiden eine allzu enge vertragliche Bindung des Krankenhausträgers und erlauben eine einfache Vertragsanpassung, ohne daß eine Änderungskündigung ausgesprochen werden müßte.

Dienen die Entwicklungsklauseln also vorrangig Zwecken des Krankenhausträgers, besteht für den Chefarzt das Bedürfnis nach präzisen vertraglichen Festlegungen, um sich seiner Arbeitsbedingungen zu versichern und um auf der Grundlage des bestehenden Vertrages die eigene Lebensplanung verwirklichen zu können. Bei der Verwendung von Entwicklungsklauseln sind Interessenkollisionen demnach vorprogrammiert.[649]

Das BAG[650] akzeptiert in ständiger Rechtsprechung generell die „für Chefarztverträge typischen Entwicklungs- und Anpassungsklauseln"[651]. Entwicklungsklauseln sind danach nur dann nichtig, „wenn sie zur Umgehung des zwin-

646 Dazu allgemein: Genzel, in: Laufs/Uhlenbruck, Handbuch des ArztR, § 90 Fußn. 51; Zuck, KH 1983, 411, 413.

647 Hueck/v. Hoyningen-Huene, § 2 KSchG, Rdnr. 22; zudem eine Berücksichtigung des in vergleichbaren Fällen Üblichen forderte das BAG, vgl. NJW 1977, 1119.

648 Als diejenige Partei, der das Recht zusteht, vgl. Hueck/v. Hoyningen-Huene, § 2 KSchG Rdnr. 27a; BAG EzA § 611 BGB Direktionsrecht Nr. 16; BAG NJW 1973, 581.

649 Siegmund-Schultze, ArztR 1989, 265.

650 BAG NJW 1977, 1119 Ls = ArztR 1977, 150 = AuK 1977, 34; BAG NJW 1980, 1915.

651 BAG AP Nr. 36 zu § 611 BGB Arzt-Krankenhaus-Vertrag m. Anm. Popp = DMW 1997, 1537 m. Anm. Rieger = ArztR 1997, 235.

genden Kündigungsschutzes führen.“[652] Dies ist der Fall, wenn wesentliche Elemente des Arbeitsvertrages einer einseitigen Änderung durch den Krankenhausträger unterliegen, was das Gleichgewicht zwischen Leistung und Gegenleistung grundlegend stören könnte.

Nach der neueren Spruchpraxis können bei der Beurteilung der Zulässigkeit von Entwicklungsklauseln zum einen die Stellung des Chefarztes und zum anderen die Höhe seiner Vergütung nicht außer Betracht bleiben. Mit der Anknüpfung an Spitzenposition und Spitzenverdienst von Chefärzten verbindet die Rechtsprechung im Ergebnis weitgehende Bestimmungsrechte des Krankenhausträgers[653]: Sei eine Maßnahme sachlich geboten und entspreche sie billigem Ermessen (§ 315 BGB), dürfe sie etwa auch das Liquidationsrecht einschränken.[654] „Der Krankenhausträger ist nicht gehalten, die für den Chefarzt jeweils schonendste Lösung zu verwirklichen. Aber er ist berechtigt, das eigene Interesse und das der Allgemeinheit an einer optimalen Krankenversorgung höher zu stellen als das Interesse des Chefarztes an möglichst weitgehender Beibehaltung seines bisherigen Aufgabenbereichs mit den daraus resultierenden Liquidationsmöglichkeiten.“[655]

Das Privatliquidationsrecht genoß schon in der Vergangenheit keinen umfassenden Bestandsschutz.[656] Die neuere Rechtsprechung gebietet es dem Chefarzt nunmehr um so dringender, die Abrede von Entwicklungsklauseln einzugrenzen

---

652 BAG AP Nr. 36 zu § 611 BGB Arzt-Krankenhaus-Vertrag m. Anm. Popp. = DMW 1997, 1537 m. Anm. Rieger. - Im Ergebnis ebenso für die Vereinbarung eines Widerrufsvorbehaltes LAG Hamm, KH 1998, 346, m. krit. Anm. Wagener.

653 Unklar bleibt, ab welcher Verantwortungs- und Einkommensschwelle diese herausragende Qualität angenommen werden kann, vgl. Popp in seiner Anm. zu BAG AP Nr. 36 zu § 611 BGB Arzt-Krankenhaus-Vertrag.

654 BAG AP Nr. 36 zu § 611 BGB Arzt-Krankenhaus-Vertrag m. Anm. Popp. In dem entschiedenen Fall wurde u. a. die Bettenzahl der Abteilung von 100 auf 60 verringert. Doch stellte das BAG in Bezug auf den klagenden Chefarztes einer chirurgischen Abteilung fest, „seine Bezüge belaufen sich aber weiter auf erheblich mehr als das dreifache des höchsten Tarifgehaltes ... eine Absenkung muß der Kläger ... entschädigungslos hinnehmen.“ Fragwürdig ist indes die Beurteilung der eingetretenen Veränderung allein unter Bewertung der schließlich verbleibenden Vergütung. Die eingetretene Veränderung läßt sich überzeugend nur durch die Ermittlung der ursprünglichen Einkünfte im Vergleich mit den verbliebenen beurteilen. - Ähnlich zuvor BAG MedR 1991, 157, für den Fall, daß die Krankenhausorganisation dem geänderten Bedarf der Zukunft angepaßt werden soll.

655 Rieger, DMW 1997, 1539.

656 BVerfGE 52, 303.

und jedenfalls auf die Regelung eines finanziellen Ausgleichs zu drängen[657], für den Fall von Vertragsanpassungen.

11.2 Teilkündigung und Änderungskündigung

Im Gegensatz zu Entwicklungsklauseln sind Teilkündigungen des Chefarztvertrages stets als unzulässig anzusehen. Entfiele ein Teil des Arbeitsvertrages durch Kündigung, würde das Gefüge von Leistung und Gegenleistung aus dem Gleichgewicht gebracht.[658] Die Teilkündigung läßt sich deshalb erfolgreich mit der Kündigungsschutzklage angreifen.[659]

Entsprechendes gilt für die Änderungskündigung. Der Chefarzt sollte allerdings zugleich mit der fristgerechten Klageeinreichung beim zuständigen Arbeitsgericht gegenüber dem Krankenhausträger eine Vorbehaltserklärung dergestalt abgeben, er nehme das Angebot an, falls das Gericht eine wirksame Kündigung zuerkenne.

---

657 Weitergehend für die Vereinbarung eines garantierten Mindestverdienstes plädiert Narr, Ärztliches Berufsrecht, Rdnr. 1128.

658 BAG ArztR 1988, 295: Der Arbeitsvertrag wurde gekündigt, soweit "er den Regelungen der BPflVO vom 21.8.1985 widerspricht".

659 ErfK-Ascheid, § 2 KSchG Rdnr. 7.

12 Das Liquidationsrecht des Chefarztes

12.1 Die Krankenhausfinanzierung

Der seit 1972 geltenden dualen Krankenhausfinanzierung entsprechend leisten grundsätzlich die Bundesländer die Investitionen zur Schaffung von Krankenhäusern[660], die Krankenkassen tragen deren finanziellen Folgelasten. Diese Aufgabenteilung begründete wirtschaftliche Fehlentwicklungen, die tiefgreifende Korrekturen erzwingen und eine Beteiligung der Krankenkassen an den Entscheidungen ebenso wie an den Investitionen erforderlich machen. Wurden früher Unterhaltungskosten und der Aufwand der Krankenhausleistung nach dem Selbstkostendeckungsprinzip für einen begrenzten Zeitraum berechnet und führten zu einem einheitlichen Pflegesatz, werden die Krankenhausleistungen jetzt durch den Grundsatz leistungsgerechter Vergütung bestimmt - in Gestalt von Pflegesätzen, Sonderentgelten und Fallpauschalen (§ 4 KHG).[661] An deren Stelle treten soll zukünftig ein patienten- und fallorientiertes Fallpauschalsystems als flächendeckendes Vergütungssystem.[662]

In den Jahren 1997 bis 1999 wurden die Instandhaltungskosten pflegesatzfähig, wobei die einhergehenden Mehraufwendungen von den Versicherten durch das - systemfremde - Sonderopfer „Krankenhaus" finanziert wurden.[663] Während die finanziellen Leistungen der Bundesländer auf dem Krankenhaussektor nahezu

660 KHG v. 29.6.1972 (BGBl. I S. 1009). - Vgl. dazu das gescheiterte Krankenhausfinanzierungsänderungsgesetz (BT-Drucks. 13/2745), das auf eine Beteiligung der Patienten an der Instandhaltung abzielte. Jetzt greift die Neuregelung des § 17 Abs. 4b KHG ein, wonach Instandhaltungskosten nunmehr pflegesatzfähig sind, sofern nicht das Bundesland die Kosten trägt (§ 9 Abs. 1 und 3 KHG); auch das Krankenhaus-Neuordnungsgesetzes 1997 (BT-Drucks. 13/3608) scheiterte.

661 Vgl. Genzel, MedR 1994, 83 ff. - Zu Instandhaltungskosten und Schadensersatzaufwendungen vgl. BVerwG NJW 1993, 2394.

662 Zu dem ab 01.01.2003 geltenden Fallpauschalensystem (aufgrund des Gesundheitsreformgesetzes 2000 v. 22.12.1999, BGBl. I S. 2626), den „Diagnosis Related Groups" (DRG) nach australischem Vorbild vgl. Clade, DÄBl 2001, S. C 821 f., ders. DÄBl 2000, S. C 1453 ff., ders., DÄBl 2000, S. C 1071.

663 BPflVO v. 26.9.1994 (BGBl I 2750) geändert durch Art. 11 des 2. GKV-NOG v. 23.6.1997 (BGBl I 1520), geändert durch das GKV-Gesundheitsreformgesetz 2000 v. 22.12.1999 (BGBl I 2626).

stagnieren[664], sind die politischen Forderungen auf eine monistische Finanzierung der Krankenhäuser durch die Krankenkassen gerichtet[665] - wenngleich über die Finanzierung und den Umfang der zu reduzierenden Planungsbefugnisse der Länder[666] bislang keine Einigkeit besteht.[667] Die politischen Vorgaben sehen nun ein durchgängiges, leistungsorientiertes und pauschalierendes Vergütungssystem vor, auf dessen Grundstrukturen sich die Spitzenverbände einigen.[668]

Mit den Einnahmen aus den Pflegesätzen, Sonderentgelten und Fallpauschalen entlohnt der Krankenhausträger die Ärzte, einschließlich der Chefärzte. Neben einer Vergütung, die regelmäßig nach BAT erfolgt[669], erhalten die Chefärzte zumeist eine eigene Liquidationsbefugnis bei denjenigen Patienten eingeräumt, die ihnen durch eine Wahlleistungsabrede verbunden sind.[670] Es handelt sich also um die Kombination zweier Vergütungen: der Geldleistung und der Naturalleistung. Durch die Einräumung der Privatliquidation wird eine weitere Verdienstmöglichkeit eröffnet.[671] Allerdings zählen die den Chefarzt zur Liquidation be-

---

664 Clade, DÄBl 1998, S. A 2003, obgleich der Anteil der Investitionen nur bei 8 % der Gesamtkosten liegt.

665 Weiterführend Clade, DÄBl 1998, S. A 2437 f. und ders., DÄBl 1999, S. B 357.

666 Die Forderung der DKG geht dahin, es müsse bei einer staatlichen Letztverantwortung für die Kliniken bleiben, vgl. Clade, DÄBl 1999, S. B 357, 358.

667 Zur GKV-Gesundheitsrefom 2000 vgl. Igl, MedR 2000, 157, 161 f.

668 § 17b KHG i.d.F. des Gesundheitsreformgesetzes 2000, BGBl I S. 2626.

669 Vgl. Siegmund-Schultze, ArztR 1991, 215; regelmäßig in Anlehnung an die höchste Vergütungsgruppe (BAT I) oder der AVR (AVR I) bei kirchlichen Trägern. Bei beamteten Chefärzten zwischen Besoldungsstufe A 13 und 16, bei Hochschullehrern C 3 und C 4.

670 Vgl. DKG, Chefarztvertrag, der in § 8 nurmehr eine Beteiligung an den Liquidationserlösen vorsieht, allerdings in seinem § 8a Abs. 2 alternativ die Einräumung der Liquidation vorsieht; ein eigenes Liquidationsrecht empfiehlt die Arbeitsgemeinschaft, Chefarztvertrag, § 8 Abs. 2 (wobei von der Beteiligungslösung in den Erläuterungen abgeraten wird, um eine Lohnsteuerpflicht zu umgehen). Münzel, Chefarztvertrag, § 8 Variante A, formuliert ein eigenes Liquidationsrecht; in einer Variante B wird eine Beteiligung formuliert und in Variante C eine Budgetverantwortung. Weber/Müller, Chefarztvertrag, formulieren in § 8 Abs. 2 ein eigenes Liquidationsrecht und alternativ eine Beteiligung.

671 Reichel, a.a.O., S. 52. Die Bedeutung dieser Erwerbschance läßt sich nicht zu gering veranschlagen, sie dient als Anreiz für qualifizierte Kräfte, die Krankenhausträger nicht adäquat bezahlen könnten, vgl. BVerfGE 52, 303 = NJW 1980, 1327. Allerdings handelt es sich nur um eine Erwerbschance, die keine Einnahmegarantie beinhaltet, vgl. Dahm/Lück, MedR 1992, 1, 6. - Sie steht aber regelmäßig in der Kritik, vgl. etwa Göben, Lizenz zum Gelddrucken?, Forschung & Lehre 1997, 565; Schwabe, ZRP 1987, 270 ff.; Hess, ZRP 1987, 274 ff.; Jansen, Nebentätigkeit im Beamtenrecht, S. 129 ff.; Ulsamer, Das Liquidationsrecht der Leitenden Krankenhausärzte nach der Neuordnung durch das Krankenhausfinanzierungsgesetz und die Bundespflegesatzverordnung, S. 6 f.; Wirzbach, KH 1968, 420, 422.

rechtigenden Wahlleistungen nach § 2 Abs. 1 BPflVO ebenfalls zu den Krankenhausleistungen.[672] Sie sind gemäß § 22 Abs. 1 S. 1 BPflVO andere als die allgemeinen Krankenhausleistungen, also dem Wesen nach deren Erweiterung.

12.2 Historische Entwicklung

Grundsätzlich stand bis in die fünfziger Jahre das originäre Liquidationsrecht[673] des Chefarztes außer Frage, die ureigene Berechtigung des Chefarztes bei seinen Wahlleistungspatienten selbst zu liquidieren. Mit der zunehmend defizitären Entwicklung der Pflegesätze wurden die Belastungen der Krankenhausträger höher, was Forderungen nach höheren Abgaben von den Wahlleistungshonoraren der Chefärzte zur Folge hatte, weshalb um das Liquidationsrecht Streit entbrannte. Ein lediglich derivatives Recht der Chefärzte zur Liquidation wurde von manchen verfochten mit der Begründung, die Behandlung der Selbstzahler sei eine ärztliche Dienstpflicht; nur der Krankenhausträger, nicht aber der Chefarzt[674] werde Vertragspartner des Patienten, weshalb letzterer nur ein vom Krankenhausträger abgeleitetes Recht zur Liquidation habe.[675]

Die Auseinandersetzungen wurden zunächst durch die „Grundsätze für die Gestaltung von Verträgen zwischen Krankenhausträgern und leitenden Abteilungsärzten (Chefärzten)" aus dem Jahre 1957[676] beigelegt, die das Liquidationsrecht des Chefarztes mit einer Abgabepflicht an den Krankenhausträger verbanden. Später wurde der Streitpunkt durch die Vorgaben der BPflVO beseitigt.[677] Liegt ein totaler Krankenhausaufnahmevertrag vor, leitet sich die Liquidationsbefugnis des Chefarztes vom Krankenhausträger ab - das Liquidationsrecht ist also zwingend derivativ. Handelt es sich hingegen um einen totalen Krankenhausauf-

672 Dadurch wird klargestellt, daß sie mit dem Krankenhausträger zu vereinbaren sind, vgl. Tuschen/Quaas, § 2 BPflVO, S. 168.

673 Ein Argument sei das Gewohnheitsrecht, vgl. dazu Knur, KHA 1951, 131, 134, und ein weiteres Argument liefere der freiberufliche Charakter der ärztlichen Tätigkeit, so Nipperdey, a.a.O., S. 4.

674 Molitor, a.a.O. S. 52.

675 W. Eichholz, KH 1975, 163, 173. Eingehend Luxenburger, a.a.O., S. 89 ff.

676 Abgedruckt in KH 1957, 138 ff.

677 Uhlenbruck, NJW 1973, 1399, 1400. - Zur geschichtlichen Entwicklung instruktiv Kistner, a.a.O., S. 27-32, der die Gesetzgebungskompetenz des Bundes anzweifelt und den Streit deshalb für weiterhin offen hält; der BGH bejaht eine Kompetenz (etwa in der Entscheidung BGHZ 138, 91 = NJW 1998, 1778): Die BPflVO 1985 stütze sich auf §§ 16, 17 Abs. 2 KHG 1984. Vgl. ferner auch BVerfG NJW 1980, 1327.

nahmevertrag mit Arztzusatzvertrag kann ein originäres Liquidationsrecht[678] des Chefarztes aus dem Zusatzvertrag mit dem Patienten bestehen[679], sofern eine Wahlleistungsvereinbarung zwischen Patient und Krankenhausträger wirksam begründet wurde.

Die Folgen der Unterscheidung von originärem[680] und derivativem[681] Liquidationsrecht sind heute praktisch gering.[682] Die Wahlleistungsvereinbarung in Stellvertretung des Chefarztes und die Abrechnung der Wahlleistung[683] erfolgen regelmäßig durch den Träger.[684] Geläufig sind auch bloße Beteiligungen am Wahlleistungshonorar des Krankenhausträgers. Einzig für den beamteten Chefarzt besteht aus besoldungsrechtlichen Gründen die Notwendigkeit der direkten

---

678 In seiner Wirksamkeit bleibt es abhängig von der förmlichen Vereinbarung durch den Krankenhausträger, an die hohe Anforderungen zu stellen sind (§ 22 BPflVO), vgl. BGHZ 138, 91 = NJW 1998, 1778 = = VersR 1998, 728 = LM § 139 BGB Nr. 88 m. Anm. Katzenmeier = MedR 1998, 361 m. Anm. Peris = DMW 1998, 1328 m. Anm. Rieger = KH 1998, 544 m. Anm. Wagener/Meister = AuK 1998, 228 m. Anm. N. H. Müller = ArztR 1998, 314 sowie Haberstroh VersR 1999, 8 ff.; ebenso OLG Hamm, NJW 2000, 3437. - Zweckmäßig jedenfalls die Ausgestaltung bei Münzel, Chefarztvertrag, § 8 Variante A (Abs. 2): Es obliege dem Krankenhausträger, Wahlleistungsvereinbarungen zu treffen, und bei Weber/Müller, Chefarztvertrag, § 8 Abs. 7: Bei obkjektiven Fehlern des Krankenhausträgers sei der Chefarzt berechtigt, Regreß zu nehmen. Vgl. auch LG Tübingen MedR 1998, 473 Ls. 2: „Eine Unterschrift des liquidationsberechtigten Krankenhausarztes ohne einen entsprechenden Vertretungszusatz genügt diesen Erfordernissen nicht."

679 Für die erbrachte wahlärztliche Leistung vermag dann nur der Chefarzt zu liquidieren, vgl. Büsken, a.a.O., S. 39 f. Zu den Folgen der Delegation für die Liquidation, Luxenburger, a.a.O., S. 228. - Grundsätzlich ist vom Chefarzt die medizinische Versorgung geschuldet, die auch die wahlärztliche umfaßt, sofern sie nicht nach der vertraglichen Vereinbarung zur Nebentätigkeit des Chefarztes gehört, vgl. DKG, Chefarztvertrag, § 3 Abs. 1 S. 2.

680 So § 8 Abs. 2 des Chefarztvertrages der Arbeitsgemeinschaft für Arztrecht, § 8 Variante A (Abs. 2) des Chefarztvertrages von Münzel; Weber/Müller, Chefarztvertrag, § 8 Abs. 2 (1. Alternative).

681 Eine Beteiligung an den Liquidationseinnahmen formuliert § 8 Abs. 2 des Chefarztvertrages der DKG, der immerhin als Alternative in § 8a die Einräumung eines Liquidationsrechts vorsieht.

682 Versuche die Unterscheidung arbeitsrechtlich für die eingeschränkte Arbeitnehmerhaftung nutzbar zu machen, wie etwa von Annuß (a.a.O., S. 142 ff.), überzeugen nicht und schaffen erhebliche Abgrenzungsschwierigkeiten, wie dieser Autor selbst einräumt, a.a.O., S. 146 Fußn. 600.

683 Dies ist in § 22 Abs. 3 S. 2 BPflVO 1995 angelegt.

684 Der Krankenhausträger kann dann den Anspruch an den Chefarzt abtreten oder ihn zur Einziehung ermächtigen. - Die ärztliche Schweigepflicht wird insoweit nicht verletzt, denn schließt der Patient den Vertrag mit dem als Boten oder Stellvertreter auftretenden Krankenhausträger ab, willigt er auch in Abrechnung und Einzug des Honorars durch den Träger ein.

Bewilligung einer Privatliquidation durch den Krankenhausträger, weil es § 2 Abs. 2 BBesG verbietet, Beamten für dienstliche Verrichtungen eine höhere als die ihnen gesetzlich zustehende Besoldung zu gewähren.[685] So bleibt[686] bis heute für den angestellten Arzt die Privatliquidation für den stationären (und unter Umständen auch den ambulanten) Bereich eine variable Vergütung[687], die Teil der Gesamtvergütung ist.[688]

Die ambulante Wahlbehandlung in der Chefarztambulanz schließlich gehört überwiegend zur Nebentätigkeit und nicht zur Dienstaufgabe, weshalb der Verdienst für die selbständige Dienstleistung ohnehin dem Chefarzt gebührt.[689] Wird nun die zur ambulanten Tätigkeit erforderliche Nebentätigkeitsgenehmigung vom Krankenhausträger widerrufen[690], führt dies möglicherweise zu einer Störung des Synallagmas von Leistung und Gegenleistung aus dem Anstellungsvertrag.[691]

12.3 Voraussetzungen der Wahlleistungsvereinbarung

12.3.1 Unterrichtungspflicht

Wahlleistungen sind gemäß § 22 Abs. 2 S. 1 BPflVO 1995 schriftlich vor der Erbringung mit dem Patienten zu vereinbaren, wobei der Patient vor dem Abschluß über die Entgelte und deren Inhalt im einzelnen zu unterrichten ist. [692] Die Wahlleistungsvereinbarung erstreckt sich nach § 22 Abs. 3 S. 1 BPflVO 1995 auf alle liquidationsberechtigten Chefärzte, in deren Fachgebiet eine Diagnose- und

---

685 Reiling, MedR 1995, 443, 451. Anders wohl Deutsch, MedizinR, Rdnr. 93. - Zum Liquidationsrecht des beamteten Chefarztes grundlegend auch BVerfG NJW 1980, 1327.

686 Der Entfall des Liquidationsrechts führt nach den Regeln des Wegfalls der Geschäftsgrundlage zur Vertragsanpassung, vgl. BAGE 42, 336.

687 BAG ArztR 1993, 148.

688 BAG AP Nr. 4 Arzt-Krankenhausvertrag = ArztR 1978, 160; BAG AP Nr. 6 Arzt-Krankenhausvertrag = ArztR 1980, 264; BAGE 42, 336 = AP Nr. 12 zu § 611 BGB Arzt-Krankenhausvertrag = ArztR 1983, 208. - Mit Schließung der Klinik wird dieses Recht gegenstandslos, es berechtigt nicht zu Ausgleichsansprüchen, vgl. BVerwG NJW 1974, 1140; Deutsch, MedizinR, Rdnr. 93.

689 BAG NJW 1981, 646.

690 Zu den Anforderungen an den Widerruf LAG Hamm, ArztR 1998, 74.

691 LAG Baden-Württemberg, ArztR 1984, 88 f.: „Die Liquidationsmöglichkeit ist jedenfalls auf Seiten des Chefarztes wesentliche Anstellungsvoraussetzung, wenn nicht gar condicio sine qua non für den Vertragsabschluß.“

692 Indessen bedarf es nicht einer Aufklärung darüber, daß die betreffende Behandlungsmaßnahme ohnehin vom Chefarzt übernommen worden wäre, vgl. OLG Stuttgart MedR 1995, 320.

Therapiemaßnahme für den Wahlleistungspatienten anfällt, es besteht also eine Liquidationskette zugunsten der selbst liquidationsberechtigten Chefärzte.[693]

Der Abschluß einer Wahlleistungsvereinbarung ermöglicht entweder die gesonderte Berechnung von Institutsleistungen des Krankenhausträgers nach § 22 Abs. 3 S. 2 BPflVO 1995 oder die gesonderte Berechnung wahlärztlicher Leistungen durch den dazu berechtigten Krankenhausarzt.[694] Für den Regelfall der Inanspruchnahme ärztlicher Wahlleistungen, dem totalen Krankenhausaufnahmevertrages mit Arztzusatzvertrag müssen allerdings zwei zivilrechtliche Leistungsbeziehungen unterschieden werden: die Wahlleistungsvereinbarung zwischen Krankenhausträger und Patient einerseits und die hinzutretende Abrede zwischen dem liquidationsberechtigtem Arzt und dem Patienten andererseits, der Arztzusatzvertrag. Nicht selten schließt allerdings der Krankenhausträger in Stellvertretung des Chefarztes mit dem Patienten beide Verträge zugleich ab.

---

693 Zu den Voraussetzungen der Vertretung des Chefarztes durch nachgeordnete Ärzte bei der stationären wahlärztlichen Behandlung vgl. Jansen, MedR 1999, 555 ff.; Kuhla, NJW 2000, 841 ff. sowie Tuschen/Quaas, BPflVO, S. 398. - Die im Falle vorhersehbarer Abwesenheit eingreifende formularmäßige Vertreterklausel ist wegen Verstoßes gegen § 10 Nr. 4 AGBG unwirksam, vgl. OLG Hamm, NJW 1995, 794 (a.A. Jansen, MedR 1999, 555, 557, Wolf, in: Wolf/Horn/Lindacher, § 9 AGBG Rdnr. K 28, die zu Unrecht meinen, die Benennung eines ständigen Vertreters auch bei Urlaubsabwesenheit könne genügen). Nach ausdrücklichem Hinweis auf die vorhersehbare Abwesenheit des Wahlarztes ist eine die Wahlleistungsvereinbarung abändernde Individualvereinbarung mit dem Patienten zulässig, wonach sich dieser mit einer Untersuchung und Behandlung durch einen Stellvertreter des Wahlarztes einverstanden erklärt. Für diese Individualvereinbarung gilt das Schriftformerfordernis des § 22 Abs. 2 BPflVO (ebenso Wienke/Sauerborn, MedR 1997, 81, 83; Kuhla, NJW 2000, 841, 846: wesentliche Inhaltsänderung der Wahlleistungsvereinbarung), das vor der Erbringung wahlärztlicher Behandlungsschritte erfüllt sein muß; der Nachweis des Zustandekommens der (schriftlichen) Individualvereinbarung wird den hohen Anforderungen des § 1 Abs. 2 AGBG selten genügen; a.A. Kuhla, NJW 2000, 841, 846. Miebach/Patt, NJW 2000, 3377, 3384 f. meinen, der Chefarzt müsse bei Abschluß der Individualvereinbarung jedenfalls zur persönlichen Leistungserbringung bereit stehen. Im übrigen ist die formularmäßige Vereinbarung eines bestimmten Vertreters für den Ausnahmefall der nichtvorhersehbaren Abwesenheit möglich, vgl. OLG Düsseldorf NJW 1995, 2421 m.w.N. - Unabhängig davon ist die gebührenrechtliche Frage, unter welchen Voraussetzungen eine Leistung als eigene Leistung des Chefarztes anzusehen ist, insoweit bestimmt § 4 Abs. 2 GOÄ das Nähere.

694 Zur Angemessenheit von Wahlleistungsentgelten vgl. Patt, NZS 2000, 71 ff. und - erstmals - BGH NJW 2001, 892 = MedR 2000, 592 m. Anm. von Patt sowie Quaas, NJW 2001, 870 f.

12.3.2 Schriftformerfordernis

Die wirksame Wahlleistungsvereinbarung setzt - über die ordnungsgemäße Unterrichtung hinaus - die Einhaltung der Schriftform nach § 22 Abs. 2 S. 1 BPflVO 1995[695] voraus. Das Schriftformerfordernis verlangt gemäß § 126 Abs. 2 S. 1 BGB die Unterzeichnung beider Parteien auf derselben Urkunde, ohne daß die allgemeinen Vertragsbedingungen des Krankenhausträgers - davon wirksam dispensieren könnten.[696] Für den Arztzusatzvertrag reicht indessen, da eine entsprechende Formvorschrift fehlt, die mündliche Abrede aus.

Gleichwohl vermag der Chefarzt aus einem mündlich geschlossenen Arztzusatzvertrag keinen Vergütungsanspruch gegen den Patienten abzuleiten, wenn der Krankenhausträger die für die Wahlleistungsabrede gebotene Schriftform nach § 22 Abs. 2 S. 1 BPflVO 1995 mißachtete und überdies den Patienten vor der Erbringung von Wahlleistungen nicht hinreichend über deren Entgelte unterrichtete.[697] Der BGH entschied[698], die sich aus dem Formmangel nach § 125 S. 1 BGB ergebende Nichtigkeit der Wahlleistungsvereinbarung mit dem Klinikträger schlage auf den formlos gültigen Arztzusatzvertrag mit dem Chefarzt gemäß § 139 BGB durch; beide Abreden stellten eine rechtliche Einheit dar, weil jede Krankenhausleistung auch die ärztliche Behandlung umfasse.[699]

Die höchstrichterliche Entscheidung verdient Zustimmung. Weil der Arztzusatzvertrag nicht zwingend erforderlich ist für die Erbringung wahlärztlicher Leistung[700], wäre es widersprüchlich, könnte der gleichwohl abgeschlossene Arztzusatzvertrag letztlich einen selbständigen Anspruch auf das Wahlleistungshonorar begründen.

Die erstmalig getroffene Feststellung des BGH, es bedürfe nach § 126 Abs. 2 S. 1 BGB der Unterschrift beider Parteien unter den Vertrag, stellt eine klare Absage an das etwa vom LG Flensburg favorisierten Vorgehen dar, bei Wahlleistungsvereinbarungen entgegen dem Wortlaut des § 22 Abs. 2 S. 1 BPflVO 1995[701] eine schriftliche Annahmeerklärung durch den Bevollmächtigten des

695 Früher § 7 Abs. 2 S. 1 BPflVO 1986.

696 Etwa für den Fall der tatsächlichen Leistungserbringung.

697 BGH MedR 1996, 184; BGH NJW 1990, 761, 766 = MedR 1990, 136, 140.

698 BGHZ 138, 91 = NJW 1998, 1778 = LM § 139 BGB Nr. 88 m. Anm. Katzenmeier = MedR 1998, 361 m. Anm. Peris.

699 § 2 Abs. 1 S. 1 i.V.m. § 1 Abs. 1 BPflVO. - Konsequent heißt es weiter, es scheide ein Anspruch des Arztes aus ungerechtfertigter Bereicherung aus, da andernfalls der Schutzzweck der in der BPflVO enthaltenen Formvorschrift unterlaufen werde.

700 BGHZ 95, 63, 68 f. = MedR 1986, 137, 139 f.; anders aber wohl Steffen/Dressler, ArzthaftungsR, Rdnr. 30, wonach stets alle selbstliquidierende Ärzte in die Vertragspartnerstellung einrücken und honorarberechtigt werden.

701 Die Entscheidung erging zu § 7 Abs. 2 S. 1 BPflVO 1986.

Krankenhausträgers oder durch den Chefarzt für verzichtbar zu erachten. Das Landgericht befand seinerzeit[702], die Warn- und Beweisfunktion werde auch bei alleiniger Unterzeichnung des Patienten und lediglich konkludenter Annahmeerklärung durch den Krankenhausträger und den Chefarzt gewahrt, sofern das Antragsformular erkennbar vom Krankenhausträger stamme. Ähnlich urteilte das OLG Stuttgart[703], das Schriftformerfordernis diene dem Übereilungsschutz des Patienten und beweise den Honoraranspruch des selbstliquidierenden Arztes, sei im übrigen aber für Chefarzt wie Krankenhausträger ohne Funktion, weshalb in der üblichen Vertragspraxis nicht gegengezeichnet werde.[704] Diese einschränkende Interpretation der Formvorschrift genügt möglicherweise der vornehmlich auf den Patienten zielenden Warnfunktion, der ebenso gebotenen Beweissicherung[705], die in ihrer Funktion Patient, Krankenhausträger und Chefarzt zu dienen bestimmt ist, entspricht sie indessen nicht.[706]

12.3.3 Bedeutung des Arztzusatzvertrages

Das Urteil belegt, daß es bei Wahlleistungen aufgrund totalen Krankenhausaufnahmevertrages mit Arztzusatzvertrag[707] für den Arzt von Rechts wegen ohne Bedeutung bleibt, ob er selbst einen Arztzusatzvertrag mit dem Patienten schließt, sofern er nicht bei dem Vertragsschluß gemeinsam mit dem Krankenhausträger vorgeht. Die - mit den Worten des BGH - „lediglich konstruktive Folge" eines Arztzusatzvertrages, eine gesonderte Berechnung der ärztlichen Wahl-

---

702 MedR 1993, 200, 201 mit dem zutreffenden Hinweis, eine gleichzeitige Unterzeichnung sei nicht erforderlich.

703 OLG Stuttgart VersR 1994, 1476, 1477, unter Bezugnahme auf OLG Köln VersR 1989, 1264.

704 Vgl. etwa das von der DKG herausgegebene Muster einer Wahlleistungsvereinbarung (Anlage zum Vertragsmuster der allgemeinen Vertragsbedingungen).

705 So das LG Hamburg MedR 1995, 333, 335 im Anschluß an Genzel, MedR 1993, 200.

706 Eine mündliche Individualvereinbarung setzt eine wirksame Wahlleistungsvereinbarung voraus, vgl. OLG Düsseldorf, VersR 1999, 496. Biermann/Ulsenheimer/Weißauer, MedR 2000, 107, 112, empfehlen, eine Individualvereinbarung mit dem Patienten, die Behandlung durch einen Stellvertreter des Chefarztes als vertragsgerechte Wahlleistung gelten zu lassen, was nicht zielführend ist. Die Individualvereinbarung greift nicht nur in den Arztzusatzvertrag, sondern auch in die Wahlleistungsvereinbarung ein und unterfällt wegen der wesentlichen Inhaltsänderung derselben dem Schriftformerfordernis der BPflVO. Die ggf. bereitgehaltene, vorformulierte schriftliche „Individualvereinbarungen" ist wegen des AGBG unwirksam.

707 BGHZ 95, 63 = NJW 1985, 2189 = MedR 1986, 137. Kritisch dazu Reiling, MedR 1995, 443, 448 ff.

leistung aus „originärem Recht" des Chefarztes zu gestatten, begründet im Streitfalle für den auf sein Honorar klagenden Chefarzt einen Anspruch nicht.[708] Denn hängt die Wirksamkeit des Arztzusatzvertrages nach § 139 BGB vom Schicksal der Wahlleistungsvereinbarung des Krankenhausträgers ab, besteht diese vermeintlich „originäre" Liquidationsbefugnis des Chefarztes in völliger Abhängigkeit von der Wahlleistungsvereinbarung durch den Krankenhausträger.[709]

Der Lösungsweg des BGH überzeugt letztlich, wenngleich die Argumentation des BGH vordergründig umständlich und bemüht anmutet, wenn es heißt, die sich normativ aus der Teilnichtigkeit der Wahlleistungsvereinbarung ergebende Gesamtnichtigkeit nach § 139 BGB führe zur Unwirksamkeit des Arztzusatzvertrages. Die konstruktiv einfachere analoge Anwendung der Formvorschrift des § 22 BPflVO 1995 auf den Arztzusatzvertrag[710] bewahrte den Patienten gleichfalls vor übereilten Entscheidungen und nicht überschaubaren Kostenrisiken, eines Rückgriffs auf § 139 BGB bedürfte es nicht. Doch die kumulative, dem Arzt auferlegte nochmalige schriftliche Vereinbarung und die wiederholte Unterrichtung über das zu zahlende Entgelt scheint in der Praxis entbehrlich, sie beschwerte den Arzt zudem in seiner täglichen Arbeit. Der BGH sah deshalb mit Grund davon ab, übereinstimmende formale Anforderungen an Wahlleistungsvereinbarung und Arztzusatzvertrag zu fordern. Im Ergebnis vermag der Chefarzt in dem seiner direkten Einflußnahme zugänglichen eigenen Vertragsverhältnis zum Patienten einen wirksamen Honoraranspruch nicht selbst zu begründen.[711]

---

708 Die eingreifende vertragliche Einstandspflicht des Chefarztes ist für den Patienten durchaus positiv.

709 Dieser ist ohnehin gesetzlich nicht verpflichtet, Verträge über Wahlleistungen abzuschließen, vgl. BGH NJW 1990, 761, 762 = MedR 1990, 136, 137 f.

710 Ähnlich Genzel in seiner Problemstellung zu LG Hamburg, MedR 1995, 333 f. - Die BPflVO wendet sich grundsätzlich auch an den Chefarzt, da die Krankenhausleistung gemäß §§ 2 Abs. 1 i. V. m. 1 Abs. 1 BPflVO auch die ärztliche Behandlung umfaßt.

711 Aufschlußreich für die Tragweite der Entscheidung ist auch die Frage nach dem finanziellen Ausgleich zwischen Chefarzt und Krankenhausträger. Der streitentscheidende Mangel der Wahlleistungsvereinbarung entstand außerhalb des Machtbereiches des klagenden Chefarztes, da der Abschluß der Wahlleistungsvereinbarung stets dem Krankenhausträger obliegt (vgl. BGHZ 95, 63 = NJW 1985, 2189 = MedR 1986, 137). Handelt es sich im Innenverhältnis von Krankenhausträger und Chefarzt insoweit um einen Verstoß des Krankenhausträgers gegen eine Nebenpflicht aus dem Chefarztvertrag oder gegen die beamtenrechtliche Fürsorgepflicht, begründet dies einen Anspruch des Chefarztes aus positiver Forderungsverletzung. Aber die in § 70 BAT geregelte Ausschlußfrist von sechs Monaten für die Geltendmachung von Ansprüchen aus dem Arbeitsverhältnis wird einen Regreß des Angestellten bei dem Arbeitgeber praktisch selten zulassen.

Pflegesatzrechtlich liegt das Monopol zum Abschluß der Wahlleistungsvereinbarung[712] nach alledem beim Krankenhausträger.[713]

Allerdings behält die rechtswirksame Zusatzvereinbarung mit dem Patienten Bedeutung für den angestellten Chefarzt, der selbst die Liquidation betreiben möchte, und für den beamteten festbesoldeten Chefarzt, der nur auf diesem Wege zu einer variablen Vergütung gelangen kann.[714] Aus der GOÄ kann sich ebenfalls die Notwendigkeit einer Zusatzvereinbarung zwischen Arzt und Patient aus Gründen der Honorargestaltung ergeben. Gemäß § 22 Abs. 3 S. 7 BPflVO 1995 findet für die Berechnung der wahlärztlichen Leistungen die GOÄ Anwendung. Seit dem 1.1.1996 ergibt sich aus § 2 Abs. 2 GOÄ für von der rechtlich vorgesehenen Gebührenhöhe abweichende privatrechtliche Vereinbarungen das zwingende Erfordernis der persönlichen Absprache durch den Arzt und der schriftlichen Niederlegung noch vor Erbringung der Leistung.[715] Allerdings ist die Honorarvereinbarung von einem auf die Erbringung von Wahlleistungen gerichteten Arztzusatzvertrag formularmäßig strikt zu trennen, da die Honorarvereinbarung weitere Erklärungen nicht enthalten darf.[716]

Welche Bedeutung haben die in der höchstrichterlichen Entscheidung aufgestellten Grundsätze für den gespaltenen Krankenhausaufnahmevertrag, der die Ausnahme bei der Inanspruchnahme von Wahlleistungen darstellt? Ist den gesteigerten Anforderungen an seine Vereinbarung Genüge getan[717], schuldet der Krankenhausträger nur die sonstigen stationären Wahlleistungen, wohingegen der selbstliquidierende Chefarzt dem Patienten durch die mit ihm (oder mit dem Klinikträger in Stellvertretung) geschlossene ärztliche Vereinbarung verbunden ist. Auch diese auf die sonstigen stationären Wahlleistungen durch den Krankenhausträger gerichtete Abrede muß den Formerfordernissen des § 22 Abs. 2 BPflVO 1995 entsprechen. Der Patient ist zunächst über die Entgelte und deren Inhalt zu unterrichten, einigen sich die Parteien, bedarf der Vertrag der Schriftform, und erst im Anschluß daran sind die nichtärztlichen Wahlleistungen für den Patienten gebührenpflichtig zu erbringen. Die Wahlleistungsvereinbarung und die separate Vereinbarung mit dem Chefarzt über die zu erbringende ärztliche Leistung sind rechtlich verknüpft. Denn der BGH bejahte die normative Einheit für

---

712 Entsprechendes ergäbe sich für die allein vom Chefarzt getroffene Vereinbarung einer Wahlleistungskette (§ 22 Abs. 3 S. 1 BPflVO) - sie wäre unwirksam.

713 Dieser ist nicht einmal zum Abschluß von Wahlleistungsvereinbarungen gezwungen, vgl. BGH NJW 1990, 761 = MedR 1990, 136.

714 Reiling, MedR 1995, 443, 451.

715 Vgl. dazu Taupitz, MedR 1996, 533 ff.

716 Vgl. § 2 Abs. 2 S. 3 GOÄ.

717 Vgl. dazu BGHZ 121, 107 = NJW 1993, 779 = MedR 1993, 191 = JZ 1993, 1061 m. zust. Anm. Reiling.

alle „ärztliche Leistungen, gleichgültig ob sie als allgemeine oder als Wahlleistung erbracht werden", da sie als Krankenhausleistungen gelten (§§ 2 Abs. 1 S. 1 i. V. m. 1 Abs. 1 BPflVO 1995).

Im Sonderfall des gespaltenen Wahlbehandlungsvertrages zwischen Patient und Belegarzt läßt sich eine normative Einheit nicht mittels der BPflVO begründen, da nach § 2 Abs. 1 S. 2 BPflVO die Leistungen der Belegärzte nicht zu den Krankenhausleistungen zählen. Die vertragsärztliche Tätigkeit des Belegarztes wird vielmehr aus der vertragsärztlichen Gesamtvergütung abgegolten[718], die privatärztliche Tätigkeit direkt liquidiert. Mängel der Wahlleistungsvereinbarung des Krankenhausträgers bleiben für den Honoraranspruch des Belegarztes deshalb ohne Belang, das Schriftformerfordernis gilt für die Abrede zwischen Belegarzt und Patient nicht.

12.4 Die Kostenerstattung

Die Liquidationseinnahmen des selbstliquidierenden Chefarztes sind seit dem Gesundheitsstrukturgesetz durch eine erhöhte Kostenerstattungspflicht bei privatärztlicher Liquidation geschmälert.[719] Die Benutzung von Personal und Ausstattung des Krankenhauses soll - entsprechend dem Praxiskostenanteil einer niedergelassenen Praxis - durch den Chefarzt entgolten werden. Das Gesundheitsstrukturgesetz differenzierte[720] zwischen Neuverträglern und Altverträgler - letztere sind Chefärzte deren Liquidationsberechtigung vor dem 01.01.1993 vereinbart worden ist - und erlaubte den Krankenhausträgern zusätzlich zur vertraglich vereinbarten Kostenerstattung eine weitere 10%-Abgabe von den GOÄ-Gebühren.[721] Voraussetzung ist eine entsprechende arbeitsrechtliche Anpassung des

718 Vgl. § 121 Abs. 3 S. 1 SGB V.

719 Jansen, Das Liquidationsrecht des Chefarztes nach dem Gesundheitsstrukturgesetz 1993, MedR 1993, 51. - Ohnehin müssen nach § 2 Abs. 1 S. 3 BPflVO 1996 die Kosten in einem angemessenen Verhältnis zu den Leistungen stehen: Verhandelbarer Gegenstand der Wahlleistungsvereinbarung ist nur die Wahlleistung als solche, nicht die Höhe ihrer (leistungsbezogenen) Vergütung, die vom Krankenhausträger als Wahlbehandlungstarif festgelegt wird, vgl. Tuschen/Quaas, BPflVO, S. 394.

720 Art. 26 S. 1 bis 3 GSG.

721 Zum Streit um die neu eingeführte 10 %-Abgabe vgl. BAG MedR 1998, 423 = AP Nr. 33 zu § 611 BGB Arzt-Krankenhaus-Vertrag = NJW 1999, 886; BAG MedR 1997, 324: „Keine unzulässige Sonderabgabe"; a.A. Schleswig-Holsteinisches OVG, MedR 2000, 40 (nrk): „Die Regelung des § 13 Abs. 3 Nr. 6a Buchst. b BPflVO i.V.m. § 11 Abs. 3a BPflVO i.d.F. des GSG (10% Zusatzabgabe für Altvertragler) ist verfassungswidrig."

Chefarztvertrages an die Neuregelung des Gesetzes, das die Rechtsbeziehungen zwischen Krankenhausträger und Chefarzt nicht selbst unmittelbar regelt oder in die bestehenden Verträge eingreift.[722] Diese Überlegungen gelten nach höchstrichterlicher Rechtsprechung entsprechend für diejenigen Chefärzte, die aufgrund eines vor dem 01.01.1993 geschlossenen Chefarztvertrages über eine Beteiligung an den Liquidationserlösen des Krankenhausträgers verfügten.[723]

Die Kostenerstattung knüpft an bei dem nach beamtenrechtlichen Regelungen zu gewährenden Nutzungsentgelt.[724] Sie dient[725] als Ausgleich für die Inanspruchnahme von Einrichtungen, Personal und Material des Krankenhausträgers. Die Berechnung erfolgt meist pauschaliert nach einem bestimmten Prozentsatz der Bruttoeinnahmen kombiniert mit Sachkostenpauschalen.[726] Ein Kostenanteil ist zu entrichten, weil es andernfalls zu einer Doppelbelastung von Wahlleistungspatienten käme, dürfte der Arzt die Gebühren für seine Behandlung nach der GOÄ beim Patienten selbst liquidieren und müßte das Krankenhaus dem Patienten den Pflegesatz voll in Rechnung stellen.[727]

12.5 Der Vorteilsausgleich

Zur (Teil-)Erstattung der durch die Kostenerstattung nicht erfaßten wirtschaftlichen Vorteile, die mit der Bereitstellung von Einrichtungen, Personal und Material verbunden sind, hat der Chefarzt zudem einen weiteren Teil seiner Bruttohonorareinnahmen als Vorteilsausgleich[728] an den Krankenhausträger abzuführen.[729]

---

722 BAG MedR 1997, 324. Im zu entscheidenden Fall hatte der Krankenhausträger von einem vertraglich vereinbarten Widerrufsvorbehalt Gebrauch gemacht.

723 BAG MedR 1998, 423 = NJW 1999, 886.

724 Das Hauptamt für den Krankenhausträger sei bei beamteten Chefärzten oft zur eigentlichen Nebentätigkeit geworden und so das eigentliche legislatorische Ziel der Nebentätigkeit in ihr Gegenteil verkehrt worden, kritisiert Voitl, BayVBl 1995, 129, 139.

725 Vgl. dazu Kistner, a.a.O., S. 19 f.

726 Rieger, FS Narr, S. 172.

727 Denn einerseits umfaßt der vom Krankenhausträger in Rechnung zu stellende Pflegesatz unter anderem die Behandlung durch Ärzte. Andererseits sind im Wahlleistungshonorar des selbstliquidierenden Chefarztes nach § 4 Abs. 3 GOÄ auch Raumvorhaltungs-, Sach- und Personalkosten enthalten. Ohne den Abzug eines entsprechenden Kostenanteiles ergäbe sich eine doppelte Abrechnung.

728 Jansen, MedR 1993, 51 ff.; Rieger, FS Narr, S. 173, 179 ff. - Von Nutzungsentgelt wird bei beamteten Chefärzten gesprochen.

729 Mit Einführung des GSG im Jahre 1993 ist zu unterscheiden zwischen Chefärzten, die aufgrund von „Altverträgen" tätig sind, von denjenigen, die aufgrund von nach

12.6 Die Mitarbeiterbeteiligung

Die Mitarbeiter der Fachabteilung werden durch die Regelung eines Poolsystems an den Einnahmen des Chefarztes beteiligt, der Anteile seines Honorars an den Pool abzuführen hat.[730]

Allerdings besteht eine Poolpflicht nur in einzelnen Bundesländern.[731] Sie ist unterschiedlich gefaßt[732] und gilt zwingend nur für beamtete Ärzte.[733] Es bedarf daher überwiegend einer vertraglichen Vereinbarung zwischen Chefarzt und den jeweiligen Mitarbeitern.[734] Chefarztverträge mit Regelungen zugunsten Dritter, wie der nachgeordneten Ärzte, sind nicht mehr die Regel, obgleich die Beteiligung am Pool „eine gute Möglichkeit ist, die Mitarbeiter zu motivieren".[735] Die Beteiligung der Mitarbeiter orientiert sich am Nettohonorar des Chefarztes.[736]

---

dem 1.1.1993 abgeschlossenen „Neuverträgen" beschäftigt werden unabhängig davon, ob es sich um angestellte oder um beamtete Chefärzte handelt.

730 In Bayern etwa erhält der Chefarzt gemäß Art. 8 a BayHSchG von den Nettoliquidationserlösen 120.000 DM frei, im weiteren müssen sie 20 %, und ab 480.000 DM 25 % an den Krankenhausträger abführen, der die Überschüsse an die Mitarbeiter verteilt, so Voitl, BayVBl 1995, 129,139. - Zu einem selbständigen Klagerecht der Beteiligten gegen die Einbehaltung von Mitteln durch den Träger vgl. etwa AG Gießen, DMW 1998, 436 m. Anm. Rieger.

731 Allein aus der Berufsordnung, dem Standesrecht, ergibt sich ein Anspruch nicht, vgl. Sandvoß/Andreas, ArztR 1998, 153. Denn die monatliche Zahlung des Chefarztes an seinen Mitarbeiter entspricht zwar seiner standesrechtlichen Pflicht, begründet aber keine rechtgeschäftliche Verpflichtung, vgl. BAG ArztR 1994, 185 (anders BAG ArztR 1992, 230) und Ratzel, in: Ratzel/Lippert, § 29 MuBO Rdnr. 6.

732 Vgl. dazu Genzel, in: Laufs/Uhlenbruck, Handbuch des ArztR, § 84 Rdnr. 22 und § 91 Rdnr. 64 ff; Blümel/Scheven, in: Flämig (Hrsg.), Handbuch des Wissenschaftsrechts, S. 480 ff.; Schlüpers-Oehmen, NJW 1979, 2345 f.; Münzel, NJW 2001, 1752 ff.

733 Der Krankenhausträger darf aber die Anhebung der Grundvergütung von Bedingungen abhängig machen, wie etwa der Beteiligung der Mitarbeiter an Einkünften aus privater Liquidation, vgl. BAG NJW 1982, 1348; Deutsch, MedizinR, Rdnr. 90.

734 Zwar besteht zwischen Chefarzt und Mitarbeiter kein Arbeitsverhältnis, doch ist das Arbeitsverhältnis des Mitarbeiters mit dem Krankenhausträger Rechtsgrund für seine Tätigkeit, weshalb auch ein Anspruch nach § 812 BGB ausscheidet, vgl. BAG MedR 1990, 291. - Soweit eine gesetzliche Regelung fehlt, besteht ein Mitbestimmungsrecht des Betriebsrates bei der Verteilung des Pools, den der Krankenhausträger treuhänderisch verwaltet, vgl. BAG MedR 1999, 37 = ArztR 1999, 60. Dagegen die Anmerkung von Löwisch: Es handele sich aus Sicht der nachgeordneten Ärzte nicht um Arbeitsentgelt, weshalb ein Mitbestimmungsrecht ausscheide (vgl. ArztR 1999, 64).

735 Sandvoß/Andreas, ArztR 1998, 153, 157, im übrigen durchaus ambivalent. - Zur Empfehlung des Verbandes der leitenden Krankenhausärzte an die nachgeordneten Ärzte für die von diesen selbständig erbrachten ärztlichen Leistungen im Rahmen

12.7 Kritische Stimmen

Die Überlegungen gehen dahin, an die Stelle des mit der Kostenerstattung verbundenen Liquidationsrechts zukünftig eine Festvergütung treten zu lassen, die mit einer vom wirtschaftlichen Erfolg der einzelnen Abteilung abhängigen Prämie verknüpft wird. Die Liquidation erfolgte dann gegenüber allen Patienten gleichermaßen allein durch den Träger. Da sich aber derartig tiefgreifende Einschnitte in die bestehenden Beschäftigungsverhältnisse verbieten, einvernehmliche Änderungen die Ausnahme bleiben werden, könnte ein solcher Wandel der Vergütungsstruktur nur langsam vonstatten gehen. Auch im Bereich der Hochschulkliniken gibt es Reformüberlegungen, das Liquidationsrechts vollständig abzuschaffen.[737] Ob solche Modelle für qualifizierte Chefärzte hinreichende Leistungsanreize bieten werden, ist ungewiß.

Die Kritik am Liquidationsrecht der Chefärzte ist alt. Weil das Liquidationsrecht ein Anachronismus sei, stelle seine Abschaffung nicht nur einen sozialen Fortschritt für die Patienten, sondern auch für die Ärzte selbst dar, hieß es[738] - ohne daß sich diese Auffassung in der Vergangenheit je durchsetzen konnte. Einschneidende Änderungen hat das Gesundheitsstrukturgesetz im Jahre 1993 nicht normiert[739] - von der Erhöhung der Kostenerstattung abgesehen. Die Feststellung, mit der „schrittweisen Erhöhung der Abgaben aus den stationären Liquidationserlösen und des Verzichts der Chefärzte auf die Vergütung der Rufbereitschaft, die in den Dienstverträgen üblich ist, hat das bisherige Chefarztsystem in den kleineren und mittleren Krankenhäusern seine Basis verloren“[740], erwies sich allerdings als überzogen. Leistungsgerechte Pflegesätze und (neu) vereinbarte Fallpauschalen und Sonderentgelte, die aus dem Krankenhausbudget ausgegliedert sind, werden von den Selbstverwaltungsorganen vereinbart[741] und schließen ein Liquidationsrecht des Chefarztes nicht aus. Die gesetzgeberischen Reformbemühungen werden jedoch auch weiterhin am Liquidationsrecht ansetzen und

---

der liquidationsberechtigten Tätigkeit 50 % der Nettoliquidation zu zahlen, vgl. Hess, KHA 1970, 25, 26 u. 30: Die Beteiligung müsse auch abhängig sein, von der Kostenerstattung an den Krankenhausträger.

736 LG München, NJW 1992, 442.

737 Schulenburg, DÄBl 1996, S. A 2354, 2356.

738 W. Eichholz, KH 1975, 163, 168.

739 Sachweh/Debong, ArztR 1996, 182.

740 Weißauer, ZaeF 1995, 613, 618. Zur Abgeltung des Bereitschaftsdienstes wie der Rufbereitschaft vgl. DKG, Chefarztvertrag, §§ 8 Abs. 4, 8a Abs. 7 und Anmerk. 35; Weber/Müller, Chefarztvertrag, § 8 Abs. 6 (problembewußt aber Erläuterung Rdnr. 99); differenzierter Münzel, Chefarztvertrag, § 8 Abs. 4 Anmerk. 5. Reserviert jedoch Arbeitsgemeinschaft, Chefarztvertrag, § 4 Abs. 2.

741 § 17 Abs. 2 a S. 3 u. 6 KHG n. F., vgl. dazu Noftz, VSSR 1998, 393, 433.

dazu beitragen, daß Reibungspunkte zwischen Krankenhausträgern und Chefärzten bestehen bleiben.[742]

12.8 Budgetverantwortung des Chefarztes

Die Einbindung des Chefarztes in die Budgetverantwortung mag pflegesatzrechtlich angesichts des neuen Wettbewerbs zwischen den Kliniken unabdingbar erscheinen[743], zumal die bisher mangelnde Beteiligung von Ärzten an wirtschaftlichen Entscheidungen eine Schwachstelle der Krankenhausorganisation darstellt.[744] Die Teilhabe an wirtschaftlichen Entscheidungen setzt jedoch Kenntnisse voraus, weshalb nur die Weiterqualifikation von Ärzten mit Hilfe der Ausbildung im Krankenhausmanagement einen erfolgversprechenden Ausweg bieten kann.[745] Letztlich verbindet sich mit dem neuen Aufgabenfeld eine Aufwertung der Rolle von Ärzten im Krankenhaus.

Allerdings läßt sich auch in Zukunft der Chefarzt mit am Ertrag beteiligten leitenden Angestellten in der freien Wirtschaft nur eingeschränkt vergleichen. Auf Seiten des Krankenhausträgers stehen weniger wirtschaftliche Erwartungen an den Chefarzt im Vordergrund als vielmehr Ansprüche an dessen medizinische Fähigkeit. Weil Krankenhäuser zu den Nonprofit-Organisationen zählen, bereitet die nur eingeschränkt mögliche Bewertung der Leistungsfähigkeit einer Krankenhausabteilung Schwierigkeiten.[746] Denn „kein Patient sucht eine bestimmte Abteilung aus, weil dort ein exzellenter Manager wirkt, sondern weil er sich auf die medizinische Kompetenz verläßt".[747] Die Fähigkeit eines Medizin-Managers mag dem Chefarzt angesonnen werden[748], auch eine Budgetverantwortung des Chefarzt kann in Erwägung gezogen werden[749], doch rührten diese Überlegungen

---

742 Luxenburger, in: 50 Jahre saarländische Arbeitsgerichtsbarkeit 1947-1997, Festschrift, S. 265, 281.

743 Genzel, in: Laufs/Uhlenbruck, Handbuch des ArztR, § 89 Rdnr. 10c; weitergehend die Einbindung des gesamten ärztlichen Dienstes fordern Genzel/Siess, MedR 1999, 1, 7.

744 Siess, a.a.O., S. 306.

745 Das verbleibende Gefälle wird indessen gleichberechtigter Teamarbeit zwischen Verwaltung und leitendem Arzt im Wege stehen; a.A. Siess, a.a.O., S. 275.

746 Zum Krankenhaus als Nonprofit-Organisation vgl. Siess, a.a.O., S. 54 ff.; Hoffmann, KH 1996, 502, 506.

747 Leitites, QualiMed 1997/5, 13, 14.

748 Braun/Egner, DÄBl 1996, S. A 2204; Ehlers, RPG 1999, 85.

749 Für eine Einstandspflicht Siegmund-Schultze, ArztR 1993, 269.

stets zugleich an die Therapiefreiheit des Arztes.[750] Der Mustervertrag der DKG formuliert in seinem § 3 Abs. 1 deshalb maßvoll, weil bar jeder Sanktion: „Der Arzt ist zu zweckmäßiger, wirtschaftlicher und sparsamer Behandlung im Rahmen des ärztlich Notwendigen und der Aufgabenstellung des Krankenhauses und der Abteilung verpflichtet.“[751] Über Mehrkosten verursachende neue Methoden „hat der Arzt Einvernehmen mit dem Krankenhausträger herbeizuführen, soweit nicht die medizinische Notwendigkeit in Einzelfällen solche Maßnahmen oder Methoden unabdingbar macht“.[752]

Doch bleibt der Einwand bestehen: ohne die - ausstehende - verantwortliche Beteiligung des Chefarztes bei der Aufstellung der internen, abteilungsbezogenen Budgets verbunden mit der Preisgabe der Alleinentscheidungskompetenz der Verwaltung[753] läßt sich eine Budgetverantwortung nicht begründen. Die ebenfalls diskutierte Vereinbarung eines Bonus-Malus-Systems[754] zeigt sich einer Beteiligung an der Budgetverantwortung nicht überlegen, denn gefährdet wäre wiederum die in § 1 Abs. 2 BÄO normierte ärztliche Unabhängigkeit, wenngleich auch die Verhaltenssteuerung nur indirekt erfolgte.

Wirkungsvoll wäre demgegenüber die Ausweitung des Mitwirkungsrechts, wie etwa bei Einstellung und Entlassung von Mitarbeitern.[755] Soll der Chefarzt für ein begrenztes Budget einstehen, benötigt er Einfluß auf die Ausgaben, insbesondere die Personalausgaben.[756] Erforderlich wird also sein, daß dem Chefarzt Gelegenheit gegeben wird, „maßgeblich an der Leistungs-, Kosten- und Erlösplanung“ mitzuwirken.[757]

---

750 Beruht eine Überschreitung des Budgets auf einem schuldhaften Unterlassen haftet der Chefarzt dem Krankenhausträger, vgl. LAG Hessen, ArztR 1994, 293; Andreas, ArztR 1997, 207. Vgl. zur Therapiefreiheit allgemein Laufs, NJW 1997, 1609 f.

751 Abs. 2 zielt ab auf eine verantwortliche Beteiligung. Er lautet: „Nach Anhörung des Arztes kann ein internes abteilungsbezogenes Budget erstellt werden, auf dessen Einhaltung der Arzt hinzuwirken hat. Der Arzt wird regelmäßig über die Budgetentwicklung im Pflegesatzzeitraum informiert.“

752 Laufs, NJW 1997, 1609, 1610.

753 Zuck, f & w 1997, 286.

754 Dazu Debong/Andreas, ArztR 1998, 11, 14.

755 Sigmund-Schultze, ArztR 1993, 269 ff.; Quaas, KH 1995, 528, 532. Für eine Ausweitung der Beteiligungsrechte, aber differenzierend Kendel/Hennies, ArztR 1993, 203, 208; Baur, DÄBl 1997, S. A 149.

756 Flankierend wäre die Festschreibung einer Mitarbeiterbeteiligung erforderlich, um sicherzustellen, daß die nachgeordneten Ärzte entsprechend ihrer Leistung Anteil am Ergebnis haben.

757 Vgl. Bohle, ku 1997, 729, 731 und 732: „Mit den eingeräumten Personalbefugnissen steht auch der Satz, der Chefarzt ist für die Wirtschaftlichkeit seiner Abteilung verantwortlich, nicht mehr nur auf dem Papier.“

Einhergehend mit einem größeren Gestaltungsspielraum des Chefarztes innerhalb der von ihm geleiteten Abteilung, steht die verstärkte Verknüpfung der Höhe der Vergütung des Chefarztes mit dem wirtschaftlichen Erfolg der Abteilung zu erwarten. Soll aber die Leitungsfunktion ihre Attraktivität behalten, darf das Entgelt eines Chefarztes nicht unter die Einkünfte eines in derselben Abteilung beschäftigten Oberarztes sinken, das heißt, sie sollte über das Grundgehalt hinaus durch einen Anteil an den Liquidationseinnahmen „erfolgsorientiert" ausgestaltet bleiben. Alle weitreichenderen Verpflichtungen auf das Wirtschaftlichkeitsgebot[758] scheiden aus; sie verbieten sich angesichts des begrenzten ärztlichen Einflusses auf die bestimmenden Kostenfaktoren.[759]

Im übrigen finden sich jenseits möglicher Einflußnahme durch Ärzte ebenfalls Ansatzpunkte zur Verbesserung der Krankenhausbetriebsführung. Eine ausgreifendere Verlagerung von Kompetenzen und Verantwortung des Krankenhausträgers auf die Klinikleitung, der Ebene der Problemerkennung und Problemlösung, scheint einer wirtschaftlicheren Betriebsführung von Krankenhäusern dienlich. Die Beteiligung eines hauptberuflichen medizinischen Direktors an der Klinikleitung sei wünschenswert[760], lautet eine weitergehende Forderung.

12.9 Steuerrechtliche Entwicklung

Galten die Liquidationseinnahmen früher unbestritten als der Einkommenssteuer unterfallende Einkünfte aus selbständiger Arbeit, wird inzwischen für Chefarztverträge, welche die stationären Wahlleistungen zu den Dienstaufgaben[761] zählen, auch die gegenteilige Auffassung vertreten, als Einkünfte aus nichtselbständiger Tätigkeit seien die Liquidationseinnahmen dem monatlichen Lohnsteuerabzug unterworfen.[762] Die dienstvertragliche Pflicht zur Erbringung von Wahlleistungen deutet insoweit durchaus auf eine in Abhängigkeit erbrachte

758 Anders als es der zitierte Mustervertrag der DKG in seinen §§ 3 und 4 vorsieht.

759 Nach Angaben der Deutschen Krankenhausgesellschaft entfallen ein Drittel aller Ausgaben auf die Sachkosten, zwei Drittel auf die Personalkosten, wobei davon rund 20 Prozent auf den ärztlichen Dienst entfallen, vgl. Zahlen, Daten, Fakten '96.

760 Siess, a.a.O., S. 277 ff., zum Konzept der „Lean-Organization", das er in der Rechtsform der GmbH am besten verwirklicht sieht.

761 DKG, Chefarztvertrag, § 4 Abs. 1; Münzel, Chefarztvertrag, § 3 Abs. 1 und Abs. 2; Weber/Müller, Chefarztvertrag, § 3 Abs. 2; Arbeitsgemeinschaft, Chefarztvertrag, § 4 Abs. 1 Ziff. 1.

762 Der damit einhergehende Abzug von Werbungskosten anstelle von Betriebsausgaben erweist sich für den Chefarzt als ungünstiger. Weiterführend Klostermann, AuK 1998, 74 ff. der meint, in dem entstehenden Verwaltungsaufwand seien Nachteile für den Träger zu erkennen.

lohnsteuerpflichtige Tätigkeit hin, allerdings sprechen die an den Krankenhausträger abzuführende Kostenerstattung, die Abrechnung nach Maßgabe der GOÄ und das beim Chefarzt liegende unternehmerische Risiko der Insolvenz der Privatpatienten weiterhin entscheidend für eine selbständige Tätigkeit[763] des Chefarztes.[764] Eine darüber hinausgehende Beteiligung von Chefärzten an möglichen finanziellen Verlusten der Krankenhausabteilung sind für die Beurteilung als selbständige Tätigkeit nicht geboten.[765]

763 Klostermann, AuK 1998, 74, 80 f.

764 Vgl. etwa das umfassende Gutachten von Tiedtke, AuK 1995, 342 ff.

765 Wenn das Grundgehalt des Chefarztes demjenigen eines Oberarztes entspricht, sollten die regelmäßig höheren Fertigkeiten, Kenntnisse und Erfahrungen sowie die gestiegene Verantwortung des Chefarztes nicht mit höherem wirtschaftlichen Risiko verbunden sein.

13 Das Haftungsrecht des klinischen Sektors

13.1 Haftung des Krankenhausträgers

Der klinische Sektor der Medizin ist der schadensträchtigste.[766] Im Schadensfall kommt für den Patienten nicht nur eine Inanspruchnahme des Krankenhausträgers, sondern auch die des leitenden Krankenhausarztes und der nachgeordneten Ärzte in Betracht.[767] Allerdings haften beide nicht in jedem Falle kumulativ.[768] Die zweispurige, inzwischen weitgehend parallel ausgestaltete[769], konkurrierende vertragliche und deliktische Haftung[770] von Krankenhausträger und leitendem Arzt genügt - jedenfalls in ihren Grundzügen - den haftungsrechtlichen Bedürfnissen. Längst sind etwa die vertragsrechtliche Einstandspflicht für Fehlverhalten des Erfüllungsgehilfen nach § 278 BGB und die deliktsrechtliche mit Exkulpationsmöglichkeit versehene Vermutung eigenen Verschuldens bei der Auswahl und der Überwachung des Verrichtungsgehilfen nach § 831 BGB weitgehend angenähert.[771]

---

766 Giesen, ArzthaftungsR, Rdnr. 13; Tätigkeitsbericht der Bundesärztekammer `97, S. 82. Genaue Angaben fehlen, vgl. Seehafer, Der Arzthaftungsprozeß in der Praxis, 1991, S. 14; Pelz, DRiZ 1998, 473 ff.

767 Unbestritten haftet indes der Belegarzt für eigenes Fehlverhalten ausschließlich selbst. Dazu kritisch der 1. Senat des BGH, vgl. NJW 1990, 2317 = MedR 1990, 266: „Belegkrankenhäuser weisen ... deutliche Nachteile auf ... Derartige Nachteile sind ... rechtlicher, insbesondere haftungsrechtlicher Natur, darunter der Umstand, daß das Krankenhaus für Belegärzte keine Haftung übernimmt“; ebenfalls kritisch die Arbeitsgemeinschaft RAe im Medizinrecht (Hrsg.), Das Belegarztsystem, 1994.

768 Mit Grund wollen daher Abgeordnete im Rahmen einer Großen Anfrage ermitteln, in wie vielen Fällen geschädigte Patienten bei nachgewiesener Falschbehandlung keinen Schadensersatzanspruch erhalten haben, weil sie nicht den richtigen Gegner verklagt haben, vgl. BT-Drucks. 13/10701, S. 14 (Frage 67).

769 Zu verzeichnende Unterschiede bleiben nur das deliktisch geschuldete Schmerzensgeld (§ 847 BGB) und der Ersatzanspruch Dritter bei Tötung (§ 844 BGB) und wegen entgangener Dienste (§ 844 BGB) sowie die Verjährung: Beträgt die regelmäßige Verjährungsfrist dreißig Jahre für vertragliche Ansprüche (§ 195 BGB), verjähren deliktische in drei Jahren von dem Zeitpunkt an, in welchem der Verletzte von dem Schaden und der Person des Ersatzpflichtigen Kenntnis erlangt (§ 852 Abs. 1 BGB).

770 Zur Anknüpfung Steffen/Dressler, ArzthaftungsR, Rdnr. 1.

771 Die hohen Anforderungen an den Entlastungsbeweis werden kaum je erreicht, vgl. BGH VersR 1984, 67. Für eine Neubestimmung des § 831 BGB Schmitz, Die de-

Diese schrittweise erfolgte Angleichung im Wege richterlicher Rechtsfortbildung verdient deshalb die Verteidigung gegen die Reformbestrebungen, an die Stelle der zweispurigen Haftung eine verschuldensunabhängige Gefährdungshaftung treten zu lassen. In diesem Falle ginge unweigerlich die präventive, verhaltenslenkende Funktion des Haftpflichtrechts verloren[772], die Leistung von Schmerzensgeld wäre in Frage gestellt[773] und auch das erhaltenswerte Prinzip der Totalreparation stünde zur Disposition[774], was einen Systemwechsel bedeutete.[775]

Die bestehende - jedenfalls deliktische - persönliche Haftung des Arztes stellt das unverzichtbare Korrelat der personalen Arzt-Patienten-Beziehung dar und gewährleistet dem Patienten den gebotenen Schutz, insbesondere in den zu Massenbetrieben gewordenen Großkrankenhäusern. Und keinen Widerspruch stellt es dar, wenn niedergelassene wie Krankenhausärzte über die Musterberufsordnung[776] berufsrechtlich gehalten sind (§ 21), durch den Abschluß einer privaten Vermögensschadensversicherung einen eventuell die Ersatzpflicht begründenden

---

liktische Haftung für Arbeitnehmer. Ein Beitrag zur deliktischen Verhaltenszurechnung, S. 92; Schlechtriem, Vertragliche und außervertragliche Haftung, in: Bundesminister der Justiz (Hrsg.), Gutachten und Vorschläge zur Überarbeitung des Schuldrechts, S. 1591, 1616 f.

772 Laufs, NJW 1996, 2413 f.; ders., in: Laufs/Dierks/Wienke/Graf=Baumann/Hirsch (Hrsg.), Die Entwicklung der Arzthaftung, 1997, S. 1 ff.; Katzenmeier, in: Laufs/ Dierks/Wienke/Graf=Baumann/Hirsch (Hrsg.), Die Entwicklung der Arzthaftung, 1997, S. 59 ff.; a.A. Fahrenhorst, NZA 1991, 544, 549 (die im Falle der beschränkten Arbeitnehmerhaftung zusätzlich eine Beschränkung der Haftung auf Vorsatz und grobe Fahrlässigkeit einfordert).

773 Gefährdungshaftung und Schmerzensgeldzahlung schließen sich aus, vgl. Laufs, Unglück und Unrecht, S. 22 ff. - Anders indessen der (gescheiterte) Entwurf eines Zweiten Gesetzes zur Änderung schadensersatzrechtlicher Vorschriften, vgl. BRat-Drucks. 265/98, S. 5, 23 ff.; stellvertretend für die ablehnenden Stimmen Deutsch, ZRP 1998, 291 ff.

774 Fuchs, in: Köhler/Maydell, Arzthaftung - „Patientenversicherung" - Versicherungsschutz im Gesundheitssektor, 1997, S. 23, 24 = ArztR 1996, 319 ff.

775 Für eine Konvergenz von Deliktsrecht und Gefährdungshaftung Stoll, Richterliche Rechtsfortbildung und gesetzliche Überarbeitung des Deliktsrechts, 1984, mit Recht ablehnend Laufs, Unglück und Unrecht, 1994, S. 21 ff.; Larenz/Canaris, SchuldR II/2, § 75 I, S. 350 ff. Gegen einen Systemwechsel ebenfalls Francke/Hart, in ihrer Bestandsaufnahme mit dem Titel „Charta der Patientenrechte", S. 241 ff.: Die Ersetzung der ärztlichen Individualhaftung durch ein kollektives Haftungssystem sei im gegenwärtigen Stadium nicht wünschenswert; es sei eine wichtigere Aufgabe, das vorhandene System der ärztlichen Individualhaftung zu effektivieren, als einen grundlegenden Systemumbau vorzuschlagen. - Dem im wesentlichen folgend die Entschließung der 72. Konferenz der deutschen Gesundheitsminister, vgl. Laufs, NJW 2000, 846; Katzenmeier, MedR 2000, 24.

776 Abgedruckt in DÄBl 1997, S. A 2354 ff. = NJW 1997, 3076 ff.; dazu Laufs, NJW 1997, 3071 ff. und der Kommentar zur MuBO von Ratzel/Lippert.

Haftungsfall zu versichern.[777] Im Kern bleibt die persönliche Haftung des Arztes gleichwohl erhalten, allein die finanzielle Fühlbarkeit des Schadens wird abgeschwächt.[778]

Eine Einstandspflicht für Fehlverhalten ergibt sich aus dem Behandlungsvertrag (§ 611 BGB) nach den Grundsätzen der Schlechtleistung, und die deliktische Haftung folgt aus § 823 Abs. 1 BGB[779] - im übrigen entfällt der Vergütungsanspruch regelmäßig.[780] Vertragliche Ansprüche unterliegen der regelmäßigen Verjährungsfrist des § 195 BGB von dreißig Jahren, wohingegen die deliktische Verjährung des § 852 Abs. 1 BGB drei Jahre ab Kenntniserlangung von Schädiger und Schaden beträgt.[781] Der Krankenhausträger muß sich zur Erfüllung seiner Verbindlichkeit ärztlicher Hilfspersonen bedienen, für deren Verschulden er vertraglich nach § 278 BGB haftet, ebenso wie er deliktisch wegen vermuteten eigenen Auswahl- und Überwachungsverschuldens nach § 831 BGB für Verrichtungsgehilfen einstandspflichtig ist.

Entsprechendes gilt für den Chefarzt im Bereich der privatärztlichen Tätigkeit, nicht aber bei der Wahrnehmung von Aufgaben für den Krankenhausträger.[782] Die vertragliche Haftung des Chefarztes setzt eine eigene Vertragsbeziehung zum Patienten voraus, die im Rahmen der ambulanten oder der stationären Behandlung geknüpft werden kann.

Weil sich der Krankenhausträger dem Patienten mit Abschluß des Krankenhausvertrages zur ärztlichen wie nichtärztlichen Betreuung verpflichtet, haftet er im Schadensfall vertraglich gemäß § 278 BGB für seine Erfüllungsgehilfen, zu denen nach überwiegender Auffassung auch der Chefarzt zählt. Wegen des unbefriedigenderweise möglichen Entlastungsbeweises fragt es sich, ob es für den Krankenhausträger bei der deliktischen Haftung nach § 831 BGB bleibt.

---

777 Eine Rechtsvorschrift, die den Abschluß zwangsweise vorschreibt, gibt es indessen nicht. Eine dem § 51 BRAO (Berufshaftpflichtversicherung für Rechtsanwälte) ähnliche Satzungsregelung in der Berufsordnung fehlt für Ärzte, obgleich sie wünschenswert wäre, ebenso Ratzel/Lippert, § 21 MuBO Rdnr. 1 u. 4.

778 Sie wird durch die Höhe der Prämie vermittelt. - Soweit einzelne Fachrichtungen wie die Gynäkologie inzwischen kaum mehr versicherbar sind, mag die Bildung neuer Versicherungseinheiten mit Chirurgie oder Innerer Medizin Abhilfe schaffen.

779 Zu denken ist außerdem an die Einstandspflicht nach §§ 823 Abs. 2 BGB i. V. m. 223, 224 StGB.

780 Zu den Auswirkungen auf den Vergütungsanspruch des Arztes vgl. Kramer, MDR 1998, 324 ff.

781 Allerdings führt § 852 Abs. 1 BGB, wenn der Geschädigte jahrelang ohne Kenntnis ist, zu einer deutlichen Verlängerung der Verjährung.

782 Büsken/Klüglich, VersR 1994, 1141, 1146; Laufs, in: Laufs/Uhlenbruck, Handbuch des ArztR, § 102 Rdnr. 20.

13.2 Chefarzt als Organ des Krankenhausträgers

13.2.1 Deliktsrechtliche Grundsätze nach herrschender Auffassung

Für den Bereich der Deliktshaftung repräsentiert der Chefarzt den Klinikträger nach heute anerkannter Auffassung[783] analog §§ 31, 89 BGB[784], den Regeln über den verfassungsgemäß berufenen Vertreter. Der Krankenhausträger hat auf diese Weise für den leitenden Arzt deliktisch einzustehen, ohne daß § 831 BGB zur Anwendung kommt, der die Entlastungsmöglichkeit des Geschäftsherrn für den von den Weisungen abhängigen Verrichtungsgehilfen vorsieht.[785] Für die nachgeordneten Ärzte als Verrichtungsgehilfen bleibt die Haftung des Krankenhausträgers nach § 831 BGB bestehen.[786]

Für eine Zurechnung des fremden Verhaltens des Chefarztes als eigenes Verhalten des Krankenhausträgers sind die folgenden Überlegungen maßgeblich: „Eine Organstellung (§§ 89, 31 BGB) kommt in Frage, wenn ein Arzt *für das Krankenhaus* einen Aufgabenbereich wahrnimmt, der dem eines Vorstandes einer Gesellschaft oder eines Vereins im Hinblick auf Bedeutung, Selbständigkeit und Repräsentationswirkung nicht nachsteht (BGHZ 77, S. 74, 77 = NJW 1980, S. 1901). Das ist der Fall, wenn er selbständig und in eigener Verantwortung die

---

783 Zuletzt BGHZ 101, 215 = NJW 1987, 2925; BGH NJW 1986, 776; BGHZ 95, 63 = NJW 1985, 2189; BGH NJW 1981, 633; BGHZ 77, 74 = NJW 1980, 1905; BGH NJW 1972, 334 im Anschluß an BGHZ 49, 19, 21 = NJW 1968, 391 (Filialleiter). Die Entwicklungslinien der Rechtsprechung werden anschaulich nachgezeichnet von Baur, Die Organhaftung des Krankenhausträgers, Arzt- und Kassenarztrecht im Wandel, FS Narr, S. 150 ff.

784 Die analoge Anwendung des § 31 BGB auf nicht verfassungsgemäß berufene Repräsentanten der juristischen Person trägt dem Zweck der Norm Rechnung, mit dem sich das zu enge Kriterium der satzungsgemäßen (verfassungsgemäßen) Berufung von vornherein nicht vertrug. Zweck der Norm ist der Gedanke der Gleichstellung juristischer mit den natürlichen Personen und zugleich das Gebot materieller Gerechtigkeit im Interesse geschädigter Dritter, vgl. Kleindiek, Deliktshaftung und juristische Person, S. 334-340, 347, 479 u. 482; instruktiv zum Streitstand Erman-Westermann, § 31 BGB Rdnr. 1 m.w.N.

785 Soergel-Zeuner, § 831 BGB Rdnr. 39; Müko-Stein, § 831 BGB Rdnr. 63 ff. - Zu dessen allenthalben geforderter Abschaffung vgl. v. Bar, Deliktsrecht, in: Bundesminister der Justiz (Hrsg.), Gutachten und Vorschläge zur Überarbeitung des Schuldrechts, Bd. 2, S. 1681, 1706 f.; Schlechtriem, Vertragliche und außervertragliche Haftung, in: Bundesminister der Justiz (Hrsg.), Gutachten und Vorschläge zur Überarbeitung des Schuldrechts, Bd. 2, S. 1591, 1616 f.

786 Bei deren Fehlverhalten kann der Krankenhausträger die gesetzliche Verschuldensvermutung durch den Beweis entkräften (der strengen Anforderungen unterliegt und daher nur selten durchgreift), den Verrichtungsgehilfen ordnungsgemäß ausgesucht und auch im Hinblick auf die konkrete Tätigkeit hinreichend überwacht zu haben.

gesamte ärztliche und pflegerische Versorgung und Betreuung der Patienten für das Krankenhaus leitet (Daniels, NJW 1972, S. 305, 308). Es ist unerheblich, ob eine solche Tätigkeit etwa in einer Satzungsbestimmung vorgesehen ist. Es genügt vielmehr, daß ein Arzt durch die allgemeine Betreuungsregelung und allgemeine Handhabung bedeutsame, wesensmäßige Funktionen des Krankenhausträgers zur selbständigen, eigenverantwortlichen Erfüllung zugewiesen erhält, er also den Träger ‹auf diese Weise repräsentiert›."[787]

Dementsprechend sind ein Ärztlicher Direktor oder ein „federführender Chefarzt" als Organ des Krankenhausträgers angesehen worden, weil das praktische Gewicht der Einflußnahme eines solchen Arztes auf die Klinik in diesen Fällen von erheblicher Bedeutung ist.[788] Verneinte die höchstrichterliche Rechtsprechung zunächst für eine Chefärztin, die ausschließlich als Vorstand einer Fachabteilung eingesetzt wurde, die Organqualität[789], erkannte der BGH in einem weiteren Judikat[790] dann richtigerweise, daß der Chefarzt in seinem gesamten Tätigkeitsbereich für den Krankenhausträger eine Organfunktion wahrnimmt.[791]

Dabei stellte der BGH im Rahmen seiner an die Repräsentation anknüpfenden Argumentation nicht einmal auf das Vertragsverhältnis zwischen Chefarzt und Krankenhausträger ab, sondern argumentierte mit der tatsächlichen Stellung im Krankenhausgefüge. Für die gebräuchlichen Musterverträge trifft die Beurteilung des BGH, der Chefarzt habe eine Organstellung inne, wegen der Einräumung der Führungsfunktion ebenfalls zu.[792]

Die Zuweisung „bedeutsamer und wesensmäßiger Funktionen des Krankenhauses zur eigenverantwortlichen Erfüllung“, wie sie üblicherweise der Chefarzt, nicht aber der Ober- oder Stationsarzt erhält, war bestimmend für die Bewertung des BGH.[793] Doch wurde inzwischen sogar für einen für die Vertretung des

---

787 OLG Koblenz NJW 1990, 1534 im Anschluß an BGH NJW 1952, 658; BGH NJW 1972, 334.

788 OLG Koblenz NJW 1990, 1534.

789 BGH NJW 1975, 1463, 1465.

790 BGHZ 77, 74; BGHZ 96, 63 = BGH NJW 1985, 2189; BGH NJW 1986, 776.

791 BGH NJW 1983, 1374: Weil mangels ausdrücklicher anderweitiger Regelungen auch der Krankenhausträger die Erbringung wahlärztlicher Leistungen schuldet - sofern nicht ein gespaltener Krankenhausaufnahmevertrag vorliegt.

792 Baur, FS Narr, S. 150, 155 f. Nach § 3 Abs. 1 des DKG-Mustervertrages obliegt dem Arzt die Führung und fachliche Leitung seiner Abteilung, wobei er nach § 2 Abs. 1 S. 1 „in seiner ärztlichen Verantwortung bei der Diagnostik und Therapie unabhängig“ ist. Der Mustervertrag von Münzel bestimmt in seinem § 2 Abs. 1, „dem Arzt obliegt die Führung und fachliche Leitung seiner Abteilung“ und nach § 2 Abs. 2 ist der Arzt „in seiner ärztlichen Verantwortung bei Diagnostik und Therapie unabhängig.“

793 BGH NJW 1972, 334.

Chefarztes zuständigen Oberarzt eine Organstellung angenommen, weil dieser die Funktion des Chefarztes wahrzunehmen hatte.[794] Es kommt also für die Qualifikation als Organ nicht darauf an, ob dem Betreffenden rechtsgeschäftliche Vertretungsmacht eingeräumt ist.[795]

Dieses zu begrüßende[796], ausgreifende Verständnis der Organhaftung bietet dem klagenden Patienten den nicht zu unterschätzenden Vorteil[797], daß dem Krankenhausträger überwiegend der Entlastungsbeweis des § 831 Abs. 1 S. 2 BGB versagt bleibt[798]: „Für den durch seine Organe verursachten Schaden ist er stets verantwortlich; ein schadensstiftendes Verhalten des Organs wird dem Krankenhausträger als eigenes Handeln zugerechnet."[799] Dank der Organhaftung ergibt sich für die Rechtspraxis, daß der Patient nunmehr im Regelfall ausschließlich das Krankenhaus verklagen kann.

13.2.2 Problemfall: Gespaltener Krankenhausvertrag

Allerdings erweist sich die sorgsame Analyse des Krankenhausaufnahmevertrages weiterhin als zur Feststellung des Haftungsschuldners unumgänglich. Denn es unterstellt die herrschende Ansicht, es gebe eine Ausprägung des Krankenhausaufnahmevertrages, die zu einer Verneinung der Organstellung führen könne.[800]

---

794 BGHZ 101, 215 = NJW 1987, 2925. Das Gericht setzte hinzu, daß im Einzelfall die Organisation des Krankenhauses zu einer anderen Beurteilung führen kann; maßgeblich war also die durch Zuständigkeitsregelung bestimmte Wahrnehmung der Funktion durch den Oberarzt. Zu weit aber führt die Überlegung, kein Angehöriger des ärztlichen Dienstes sei a priori von dem Anwendungsbereich des § 31 BGB ausgenommen, so aber Annuß, a.a.O., S. 132, im Rahmen seines verfehlten Haftungskonzeptes: Eine Eingrenzung der Haftung des Krankenhausarztes ergebe sich, weil der Patient allein auf den Krankenhausträger vertraue (vgl. S. 163); kritisch auch die Rezension von Lippert, MedR 1998, 409.

795 Laufs, in: Laufs/Uhlenbruck, Handbuch des ArztR, § 104 Rdnr. 13; BGH NJW 1972, 334.

796 MüKo-Mertens, § 823 BGB Rdnr. 463.

797 Baur, a.a.O., S. 150, 157 f.: Wenn ein nachgeordneter Arzt die zum Schaden führende Handlung ohne eigenes Verschulden begangen habe und nur den Chefarzt ein Organisationsverschulden treffe, für das sich der Träger exkulpieren könne, dann greife immer noch die Organhaftung des Trägers.

798 Für die Gleichsetzung der Haftung des Krankenhausträgers im Regel- und Wahlleistungsbereich spreche auch § 2 Abs. 1 S. 1 BPflVO, wonach zu den Krankenhausleistungen auch Wahlleistungen gehören.

799 Baur, FS Narr, S. 150.

800 BGH NJW 1975, 1463, 1465; BGHZ 85, 393 = NJW 1983, 1374; Steffen/Dressler, ArzthaftungsR, Rdnr. 99, Laufs, Arztrecht, Rdnr. 576; Deutsch, MedizinR, Rdnr. 57; Hübner, ZGesVersW 1990, 55, 63; Daniels, NJW 1972, 305, 308 f.

Es bleibe zu prüfen, ob nicht etwa ausnahmsweise ein gespaltener Krankenhausaufnahmevertrag vorliege[801], mit der Folge eines Tätigwerdens des Chefarztes für eigene Rechnung. Diese wäre verbunden mit einer ausschließlich eigenen vertraglichen Haftung für Fehler innerhalb des ärztlichen Pflichtenkreises.[802]

13.2.3 Stellungnahme

Wenig schlüssig und nicht überzeugend erweist sich diese herrschende Auffassung, weil sie zur Ermittlung der Organqualität an dem Rechtsgeschäft „Krankenhausvertrag" zwischen Patient, Krankenhausträger und Chefarzt anknüpft[803], obgleich die Organhaftung grundsätzlich nicht rechtsgeschäftlich begründet, sondern als Repräsentantenhaftung verstanden wird. Die überwiegend vertretene Ansicht ist demnach abzulehnen, weil für die Organstellung lediglich vonnöten ist, daß „dem Vertreter durch die allgemeine Betriebsregelung und Handhabung bedeutsame, wesensmäßige Funktionen der juristischen Person zur selbständigen, eigenverantwortlichen Erfüllung zugewiesen sind, er also die juristische Person auf diese Weise repräsentiert".[804] Konsequenterweise sollte im Arzthaftungsrecht

---

801 Dies ist auf den ersten Blick nur zu bejahen, wenn es sich um die Tätigkeit eines Belegarztes handelt. Denn schwierig ist schon die Feststellung, ob mit dem Chefarzt überhaupt ein gespaltener Krankenhausvertrag geschlossen wurde und ob die Vereinbarung wirksam ist, denn deren Voraussetzungen sind hoch. So bedarf die Abweichung vom Regelfall des totalen Krankenhausvertrages im Wege der formularmäßigen Vereinbarung eines verdeutlichenden Hinweises, vgl. BGHZ 121, 107 = NJW 1993, 779.

802 BGHZ 85, 393 = NJW 1983, 1374; Laufs, Arztrecht, Rdnr. 576: Der selbstliquidierende Chefarzt betätige sich im Rahmen seiner Pflichten zur persönlichen Behandlung des Patienten aus dem gespaltenen Vertrag nicht nur für eigene Rechnung, sondern prinzipiell auch haftungsrechtlich für sich allein. - Allerdings kann sich eine Haftung des Krankenhausträgers, wenn nicht aus der Organhaftung, unter dem Gesichtspunkt des Organisationsverschuldens ergeben, vgl. Giesen, ArzthaftungsR, Rdnr. 26; Deutsch, MedizinR, Rdnr. 250; Steffen/Dressler, ArzthaftungsR, Rdnr. 99: Der Fehler des Arztes kann einen Organisations- oder Kontrollfehler des Krankenhausträgers aufdecken.

803 Ergibt sich eine eigene vertragliche Verpflichtung des Chefarztes aus einem Krankenhausvertrag mit Arztzusatzvertrag, gilt der Chefarzt ebenfalls als Organ des Krankenhausträgers, vgl. BGHZ 95, 63 = NJW 1985, 2189. Entscheidend für die Verneinung der Organstellung ist nach herrschender Ansicht also nicht, daß sich der Chefarzt dem Patienten selbst vertraglich verpflichtet, sondern daß der Krankenhausträger beim gespaltenen Vertrag nicht zur ärztlichen Leistung verpflichtet ist.

804 So der BGH selbst, allerdings in Bezug auf einen totalen Krankenhausvertrag (Z 49, 19, 21 = NJW 1968, 391, 392).

unbeachtet bleiben, ob der Chefarzt dem Patienten die Leistung selbst schuldet oder nicht.

Es verwundert in Anbetracht der wenig folgerichtigen und schwer zu handhabenden Differenzierung der herrschenden Meinung nicht, wenn die Tätigkeit von Chefärzten mancherorts generell als organschaftlich aufgefaßt wird.[805] Denn wenn der Chefarzt „vorstandsähnliche, repräsentative Funktion wahrnimmt, dann für sein ganzes Haus mit allen Patienten ohne Unterschied des Liquidationsrechts oder der Krankenversicherung".[806] Maßgeblich ist das tatsächliche Erscheinungsbild des Chefarztes und seiner Aufgaben gegenüber dem Publikum.[807]

Diese Einschätzung erhärtet auch die gesetzliche Wertung des § 2 Abs. 1 S. 1 BPflVO. Gehört zu den Krankenhausleistungen insbesondere auch die ärztliche Leistung, gleichgültig ob sie im Rahmen eines totalen oder gespaltenen Wahlleistungsvertrages erbracht wird, dann ist der Chefarzt in jedem Fall haftungsrechtlich als Organ zu qualifizieren - seine Leistung ist eine Krankenhausleistung, sie wird dem Krankenhausträger pflegesatzrechtlich zugerechnet.[808]

Allerdings bleibt ein Ausnahmefall[809] zu verzeichnen, der indes aus der Sicht des Patienten wie des Juristen unschwer zu erkennen ist, ohne daß die - regelmäßig zum Rechtsstreit führende - Auslegung des Krankenhausaufnahmevertrages erforderlich wäre. Der im Rahmen eines gespaltenen Krankenhausvertrages tätig werdende Belegarzt läßt sich nicht als Organ des Krankenhausträgers bewerten.[810] Neben seiner Bezeichnung als Beleg- und nicht als Krankenhausarzt weist ihn schon seine tatsächliche Stellung als nicht dem Krankenhaus zugehörig aus, da er nur seine eigenen Belegpatienten im Krankenhaus behandelt und im übrigen als niedergelassener Arzt eine Praxis betreibt.[811] Auch diese Wertung läßt

805 Vgl. MüKo-Reuter, § 31 BGB Rdnr. 2 f.; a.A. Brüggemeier, Deliktsrecht, Rdnr. 762, S. 446 f.

806 Überzeugend noch Laufs, Arztrecht, 4. Aufl. 1988, Rdnr. 413, unter Bezugnahme auf Luig, a.a.O., S. 253.

807 Büsken, a.a.O., S. 87 (unter Hinweis auf BGHZ 85, 393): Es besteht eine „unlösbare Verquickung aller Tätigkeiten des Organs mit der Institution des Krankenhauses"; ebenso Büsken/Klüglich, VersR 1994, 1141, 1145 Fußn. 42.

808 Zur Kritik an der extensiven Auslegung des § 31 BGB, insbesondere der Repräsentantenhaftung durch die herrschende Meinung (vgl. etwa MüKo-Reuter, § 31 BGB Rdnr. 3) vgl. Schmitz, a.a.O., S. 73 ff., der für eine weitreichende betriebliche Organisationspflicht plädiert.

809 Faktisch handelt es sich um den Hauptanwendungsfall des gespaltenen Arzt-Krankenhaus-Vertrages, vgl. Hübner, ZGesVersW 1990, 55, 62.

810 Insoweit steht die hier vertretene Auffassung wieder im Einklang mit der herrschenden Meinung, vgl. BGHZ 129, 6 = NJW 1995, 1611 = MedR 1995, 366; BGH NJW 1996, 2429 = MedR 1996, 466 = LM § 823 BGB (Aa) Nr. 165 m. Anm. Giesen. und Laufs, in: Laufs/Uhlenbruck, Handbuch des ArztR, § 104 Rdnr. 17.

811 Der Belegarzt ist „niedergelassener Arzt" im Krankenhaus.

sich pflegesatzrechtlich bestätigen, denn § 2 Abs. 1 S. 2 BPflVO formuliert klarstellend: „Zu den Krankenhausleistungen gehören nicht die Leistungen der Belegärzte (§ 23)...“.[812] Insoweit besteht nicht einmal eine Hinweispflicht des Krankenhausträgers auf die Haftungsverhältnisse, weil eine solche nur in Betracht kommt, wenn der Patient im Grundsatz die ärztliche Leistung vom Krankenhaus erwarten kann.[813]

Da sich die Zurechnung einer Repräsentantenhaftung gemäß §§ 31, 89 BGB über die Bewertung der rechtstatsächlichen Stellung, ergibt, vermag sich die Repräsentantenhaftung im Ergebnis - entgegen der überwiegend vertretenen Ansicht - von der Zuweisung der vertraglich begründeten Pflichtenkreise zu lösen.[814]

13.2.4 Übertragung der deliktischen Organhaftung auf die vertragliche Einstandspflicht

Die geschilderten Vorzüge einer deliktischen Einstandspflicht für den Chefarzt im Wege der Organhaftung strahlen auch auf die Betrachtung der vertraglichen Haftung des Krankenhausträgers aus. Bestimmt sich nach geltender Rechtsprechung die vertragliche Haftung des Krankenhausträgers für den Chefarzt nach § 278 BGB[815], findet die analoge Anwendung der §§ 31, 89 BGB im Rahmen der vertraglichen Haftung ebenfalls ihre Verfechter[816], wenn diese auch über den Willen des Gesetzgebers hinausreicht.[817]

Spricht für die letztere Auffassung schon die formal einheitliche Betrachtung[818], welche dem weitreichenden Gleichlauf von vertraglicher und deliktischer

812 Zur früheren Rechtslage Diederichsen, a.a.O., S. 9.

813 BGHZ 129, 6 = NJW 1995, 1611, 1613 = MedR 1995, 366 = LM § 823 BGB (Aa) Nr. 165 m. Anm. Giesen; Laufs, in: Laufs/Uhlenbruck, Handbuch des ArztR, § 104 Rdnr. 12 ff.; Giesen, ArzthaftungsR, Rdnr. 15.

814 Ein Fehlverhalten des Belegarztes kann allerdings Organisations- und Kontrollfehler des Krankenhausträgers belegen und dessen eigene deliktische Haftung wegen Organisationspflichtverletzung begründen (vgl. BGH NJW 1996, 2429 = MedR 1996, 466 = LM § 823 BGB (Aa) Nr. 165 m. Anm. Giesen).

815 BGHZ 1, 383 = NJW 1951, 798 (Ls); BGHZ 95, 63, 67 = NJW 1985, 2189.

816 Jauernig-Vollkommer, § 278 BGB Rdnr. 17; MüKo-Reuter, § 31 BGB Rdnr. 18, MüKo-Hanau, § 278 BGB Rdnr. 11, Soergel-Hadding, § 31 BGB Rdnr. 4; Erman-Westermann, § 31 BGB Rdnr. 10; Hübner, ZGesVersW 1990, 55. Dagegen a.A. Staudinger-Weick, § 31 BGB Rdnr. 3; Erman-Battes, § 278 Rdnr. 9; Flume, Allgemeiner Teil des Bürgerlichen Rechts, Bd. I 2, § 11 III 5, S. 398.

817 Kleindiek, Deliktshaftung und juristische Person, S. 275.

818 Die Unterscheidung, ob der Chefarzt im Rahmen der vertraglichen Haftung als Erfüllungsgehilfe oder als (verfassungsmäßig) berufener Vertreter zu qualifizieren ist,

Haftung[819] dient, gewährleistet die Regelung des § 31 BGB darüber hinaus auch „die Sicherung einer Eigenhaftung der rechtlich selbständigen Organisation in Parallele zur Haftung für eigenes Handeln bei der natürlichen Person."[820] Die §§ 31, 89 BGB sollten daher entsprechende Anwendung im Vertragsrecht finden.[821]

13.3 Die vertragliche Haftung des Krankenhausträgers und des Chefarztes

Bei der Aufnahme in den stationären Bereich des Krankenhauses schließt der Patient einen Vertrag mit dem Krankenhausträger. Es handelt sich dabei um einen gemischten Vertrag bürgerlich-rechtlicher Natur[822], selbst wenn ein öffentlich-rechtlicher Krankenhausträger Vertragspartner wird.[823] Bestandteile der Leistungspflichten des Miet-, Dienst- und Werkvertrages bilden seinen Inhalt[824], denn über die medizinische Behandlung hinaus werden Krankenpflege, Verpflegung und Unterkunft, nicht aber der Heilerfolg geschuldet.[825]

Die konkrete Ausgestaltung des Krankenhausaufnahmevertrages ist variabel, obgleich durch die Empfehlung der Deutschen Krankenhausgesellschaft, „Allge-

---

bleibt für die jedenfalls eingreifende garantiemäßige Haftung des Krankenhausträgers ohne Bedeutung.

819 Vgl. Steffen/Dressler, ArzthaftungsR, Rdnr. 3.

820 MüKo-Reuter, § 31 BGB Rdnr. 18. Reuter verweist sorgenvoll auf die Möglichkeit, die Haftung für vorsätzliches Fehlverhalten des Gehilfen im voraus auszuschließen (§§ 278 S. 2 i.V.m. 276 Abs. 2 BGB) - allerdings hält er dann widersprüchlich den Ausschluß der Vorsatzhaftung bei leitenden Angestellten für angemessen. Im Bereich der Krankenhaushaftung wäre ein solcher Ausschluß der Vorsatzhaftung aber keinesfalls zulässig.

821 Jauernig-Vollkommer, § 278 BGB Rdnr. 17: Die Haftung für Eigenverschulden schließt die Anwendung des § 278 BGB aus.

822 BGH NJW 1985, 677, 678; BGHZ 89, 250 = NJW 1984, 1820.

823 BGHZ 9, 145, 148 f.; RGRK-Nüßgens, § 823 BGB Anh. II Rdnr. 32. - Zu den Ausnahmefällen wie etwa der Zwangsbehandlung nach Unterbringungsvorschriften vgl. BGH NJW 1995, 2412 und zur Behandlung durch den Amtsarzt BGHZ 126, 386 = NJW 1994, 3012.

824 Soergel-Kraft, Vor § 611 BGB, Rdnr. 106; MünchHandArb-Richardi, § 196 Rdnr. 27; Schmid, a.a.O., S. 79.

825 Da die ärztliche Leistung eindeutig im Vordergrund steht, überwiegt der Dienstleistungscharakter, vgl. BGHZ 2, 94, 96; zum Arztvertrag vgl. BGHZ 76, 249; 97, 277; MüKo-Müller-Glöge, § 611 BGB Rdnr. 44 ff. und 71 ff. Nach § 2 Abs. 1 BPflVO sind Krankenhausleistungen insbesondere ärztliche Behandlung, Krankenpflege, Versorgung mit Arznei-, Heil- und Hilfsmitteln, die für die Versorgung im Krankenhaus notwendig sind, sowie Unterkunft und Verpflegung. Zu Typenkombinationsverträgen vgl. Larenz/Canaris, SchuldR II/2, § 63 II.

meine Vertragsbedingungen für Krankenhausverträge" (AVB)[826], eine gewisse Vereinheitlichung angestrebt und inzwischen erreicht wird.

Offen bleiben mag der Streit, ob der Krankenhausträger einen Vertrag mit dem Kassenpatienten direkt abschließt, in dessen Rahmen der Patient dem Kliniktträger seinen Versicherungsanspruch abtritt, oder ob der Patient nur gemäß § 328 BGB Drittbegünstigter eines Vertrages der Krankenkasse mit dem Träger ist.[827] Denn jedenfalls ist das Verhältnis gleichermaßen für Privat- wie Kassenpatienten bürgerlich-rechtlicher Natur[828], da nach § 76 Abs. 4 SGB V der Träger auch bei der Behandlung des Kassenpatienten zur Sorgfalt nach den Vorschriften des bürgerlichen Vertragsrechts verpflichtet wird.[829]

Die vertraglich zu vereinbarenden Krankenhausleistungen werden unterteilt gemäß § 2 Abs. 1 2. Halbs. BPflVO in allgemeine Krankenhausleistungen[830] und in Wahlleistungen[831]. Herkömmlich werden drei Arten von Krankenhausaufnahmeverträgen unterschieden[832]:

- der totale Krankenhausvertrag,
- der gespaltene Arzt-Krankenhaus-Vertrag und
- der totale Krankenhausvertrag mit Arztzusatzvertrag.

---

826 5. Aufl., Jan. 1996. Die 4. Aufl. ist abgedruckt im BAnz 1994, Nr. 28, S. 1131.

827 Offengelassen in BGHZ 89, 250, 254 f.; BGHZ 97, 273, 276; BGH NJW 1992, 2962; Steffen/Dressler, ArzthaftungsR, Rdnr. 53 treten ein für einen Vertragsschluß des Patienten selbst, weil dieser „seinem Wahlrecht (§ 76 Abs. 1 SGB V), dem Umstand, daß eine Kostenübernahmeerklärung nicht Voraussetzung für das Behandlungsverhältnis ist und seinem Schutzinteresse eher entsprechen dürfte". Auch Genzel vertritt die Auffassung, wonach spätestens seit dem GRG, der Neugestaltung der Versorgungsverträge und der mit dem 2. GKV-NOG eingeführten Kostenerstattung innerhalb der GKV nicht länger von einem privatrechtlichen oder öffentlich-rechtlichen Vertrag zugunsten Dritter ausgegangen werden könne, in: Laufs/Uhlenbruck, Handbuch des ArztR, § 92 Rdnr. 6.

828 Laufs, Arztrecht, Rdnr. 87.

829 Für eine Streichung dieser Norm, weil es sich ohnedies um einen privatrechtlichen Vertragsschluß unter Berücksichtigung der Vorgaben des SGB V handele, Buddee, Der Arztvertrag nach dem SGB V, 1997.

830 Der Begriff ist identisch mit dem der Krankenhausbehandlung in § 39 SGB V, vgl. Tuschen/Quaas, § 2 BPflVO, S. 168.

831 Zu den formalen Erfordernissen vgl. § 22 BPflVO. Die Wahlleistungen sind aber nicht Gegenstand des SGB V; die BPflVO sieht insoweit ein offenes Vergütungssystem vor, vgl. Tuschen/Quaas, § 2 BPflVO, S. 169.

832 Zuletzt BGHZ 138, 91 = NJW 1998, 1778 = MedR 1998, 361; Uhlenbruck, in: Laufs/Uhlenbruck, Handbuch des ArztR, § 93 Rdnr. 2 ff.

13.3.1 Der totale Krankenhausvertrag

Bei dem totalen Krankenhausvertrag handelt es sich zum einen um die Vereinbarung einer Regelbehandlung, welche die erforderliche ärztliche und nichtärztliche Behandlung durch den Krankenhausträger vorsieht.[833] Zum anderen wird unter dieselbe Bezeichnung teilweise auch die Vereinbarung einer Wahlbehandlung mit dem Krankenhausträger gefaßt[834], bei welcher dieser ärztliche und nichtärztliche Leistungen nach Wahl des Patienten schuldet[835], und die (Aus-)Wahl sich nicht auf einen bestimmten Arzt, sondern auf alle an der Behandlung beteiligten Ärzte erstreckt.[836] Die Bezeichnung totaler Krankenhausvertrag wird doppeldeutig verwendet.[837]

Dabei begründet die eigens zu vereinbarende Wahlbehandlung das Anrecht des Patienten auf die persönliche Dienstleistung eines bestimmten Chefarztes, eben desjenigen *seiner Wahl*[838]. Es tritt dann an die Stelle des vom Krankenhausträger autonom bestimmten Arztes der vom Patienten ausgewählte Chefarzt.[839] Allerdings setzt die Wahlbehandlung vor ihrer Erbringung eine schriftliche Vereinbarung mit dem Krankenhausträger voraus, der den Patienten zuvor über die Entgelte unterrichtet haben muß.[840] Durch einen (Zusatz-)Vertrag zwi-

---

833 Die Eindimensionalität der sich bei der stationären Diagnose und Therapie ergebenden Vertragsbeziehungen allein zwischen Krankenhausträger und Patient galt zu Beginn des Jahrhunderts, vgl. Reiling, MedR 1995, 443, 445.

834 Kistner, a.a.O., S. 22-24.

835 Im weiteren verwandt wird der Begriff „totaler Krankenhausvertrag" für den Wahlbehandlungsvertrag.

836 Ohne daß der Chefarzt in Bezug auf die Wahlbehandlung selbst liquidationsberechtigt wird. Für den die ärztliche Wahlleistung abrechnenden Krankenhausträger kommt die GOÄ zur Anwendung, vgl. § 22 Abs. 3 S. 7 BPflVO 1995.

837 Demgegenüber unterstellt der BGH (Z 138, 91 = NJW 1998, 1778 = MedR 1998, 361), es gebe alle drei Vertragstypen in der Ausgestaltung als Regel- und Wahlbehandlung, wenn es heißt: „Trifft ein Patient mit einem Krankenhausträger eine Vereinbarung über wahlärztliche Leistungen ..., so ist es eine Frage der Vertragsgestaltung im Einzelfall, welchem Vertragstyp der jeweilige Krankenhausvertrag zuzuordnen ist. Jedoch handelt es sich sowohl bei einem gespaltenen Krankenhausvertrag als auch bei einem Krankenhausvertrag mit Arztzusatzvertrag stets um Fälle der Wahl eines Arztes."

838 Nach dem eindeutigen Wortlaut des § 22 Abs. 3 S. 1 BPflVO 1995 „erstreckt sich die Wahlleistungsvereinbarung auf alle an der Behandlung des Patienten beteiligten" Chefärzte, es besteht eine sog. „Wahlleistungskette".

839 Narr vertritt demgegenüber die Auffassung, daß gemäß § 2 Abs. 1 BPflVO einzig der Krankenhausträger die Wahlleistung schulde.

840 BGH MedR 1996, 184; BGH NJW 1990, 761, 766 = MedR 1990, 136, 140.

schen liquidationsberechtigtem Arzt und Patient allein läßt sich eine Wahlleistungsvereinbarung indes nicht begründen.[841]

13.3.2 Der gespaltene Krankenhausvertrag

Der gespaltene Krankenhausvertrag[842] besteht aus zwei selbständigen Verträgen[843], von denen der Patient den einen mit dem selbstliquidationsberechtigten Arzt in Bezug auf die ärztliche Leistung schließt und den anderen mit dem Krankenhausträger über die sonstigen Leistungen, wie Pflege, Unterbringung, Verköstigung und die Behandlung durch nachgeordnete Ärzte.[844] Da sich der Patient den Arzt auswählt, liegt stets eine Wahlbehandlung vor.[845]

Praktisch bedeutsamster Fall des gespaltenen Arzt-Krankenhausvertrages[846] ist die Vereinbarung des Patienten mit dem Belegarzt. Das Belegkrankenhaus verpflichtet sich im Wege des Aufnahmevertrages zur Krankenpflege und der üblichen sonstigen Leistungen, wohingegen die medizinische Betreuung vom Belegarzt persönlich geschuldet wird. Letztere zählt gemäß § 2 Abs. 1 S. 2 BPflVO nicht zu den Krankenhausleistungen.

---

841 BGHZ 138, 91 = NJW 1998, 1778 = MedR 1998, 361 m. Anm. Peris: Ohne wirksame Wahlleistungsvereinbarung zwischen Träger und Patient bleibt der Zusatzvertrag mit dem Arzt ohne Bedeutung; der Regreßanspruch des Chefarztes unterliegt der Ausschlußfrist des § 70 BAT; zu den Weiterungen vgl. Haberstroh, VersR 1999, 8, 10 ff. - Nach überholter Auffassung sollte die Wahlbehandlung alternativ entweder als vom Patienten gegenüber dem Arzt begründete oder als vom Patienten mit dem Träger vereinbarte entstehen, vgl. Kistner, a.a.O., S. 17.

842 Die Unterscheidung zwischen gespaltenem und totalem Vertrag entwickelte Nipperdey, KHA 1949, 4 f.; zum Begriff BGHZ 321, 323 f.

843 Heute unstreitig, vgl. etwa BGHZ 138, 91 = NJW 1998, 1778. Für einen einheitlichen Vertrag Uhlenbruck, Der Krankenhausaufnahmevertrag, S. 46 f.

844 BGH NJW 1986, 2883; Büsken, a.a.O., S. 25; unter Hinweis auf BGH NJW 1962, 1763; Hübner, ZGesVersW 1990, 55, 61; Luxenburger, a.a.O., S. 120. - Demgegenüber bezieht Wohlhage, a.a.O., S. 72 ff., die Pflicht nur auf die Verschaffung überhaupt einer ärztlichen Behandlung (im Anschluß an Busse, a.a.O., S. 73 f.).

845 Ähnlich Kistner, a.a.O., S. 21 f., mit dem Hinweis darauf, es bleibe offen, ob der Patient in Beziehung zum Krankenhausträger bei der Regelbehandlung bleiben könne. Dies bliebe jedenfalls begrifflich eine Wahlbehandlung.

846 Ehemals für Selbstzahler verbreitete Vertragskonstellation, vgl. Luxenburger, a.a.O., S. 83; bis zum Erlaß der BPflVO 1973, vgl. Reiling, MedR 1995, 443, 445.

13.3.3 Der totale Krankenhausvertrag mit Arztzusatzvertrag

Der totale Krankenhausvertrag mit Arztzusatzvertrag setzt sich ebenfalls aus zwei Verträgen zusammen. Insoweit schuldet der Krankenhausträger nichtärztliche wie ärztliche Leistungen, und zusätzlich vereinbart der Patient auch mit dem selbstliquidierenden Arzt seiner Wahl die ärztliche Behandlung.[847]

13.3.4 Regel- und Ausnahmeverhältnis

Die Abgrenzung der drei Vertragstypen[848] vereinfacht die übliche Praxis nicht, wonach der Krankenhausträger anläßlich des Krankenhausaufnahmevertrages[849] stellvertretend[850] für den Chefarzt kontrahiert. Anhand der am Vertragsschluß Beteiligten läßt sich eine Zuordnung der Vertragsbeziehung nicht treffen, vielmehr bedarf es der Untersuchung des Vereinbarten. Die Wahlbehandlung setzt ohnehin die Einhaltung der pflegesatzrechtlichen Formvorschriften voraus, die ein Abschlußmonopol des Krankenhausträgers normieren (§ 22 Abs. 2 BPflVO 1995).[851] Zur Reichweite der Wahlleistungsvereinbarung gilt im übrigen § 22 Abs. 3 BPflVO 1995[852], in dem es heißt, „eine Vereinbarung über wahlärztliche Leistungen erstreckt sich auf alle an der Behandlung des Patienten beteiligten

---

847 Krit. Schmid, a.a.O., S. 86 f.

848 Der, wie aufgezeigt, mehrdeutigen herkömmlichen Einteilung stellt Kistner, a.a.O., S. 24 den Regelbehandlungsvertrag und den Wahlbehandlungsvertrag gegenüber. Letzterer unterteilt sich in den einheitlichen, den gespaltenen und den kumulierten Vertrag. Diese präzisere Klassifizierung vermochte sich indes bisher nicht durchzusetzen.

849 Die wahlärztliche Leistung stellt einen Zusatz zur allgemeinen Krankenhausleistung dar, vgl. BGH NJW 1985, 2189, 2190 f., und nicht ein „aliud“ gegenüber der allgemeinen Krankenhausleistung, wie Luxenburger, a.a.O., S. 198 ff. meint; die letztere wird vielmehr teilweise substituiert.

850 OLG Düsseldorf, VersR 1988, 91, 92: „Bei der Wahlleistung ‹persönliche Behandlung durch Leitende Ärzte› wird das Angebot vom Krankenhaus zugleich im Namen und in Vollmacht der liquidationsberechtigten Ärzte unterbreitet“. Jedoch zu einer vom Chefarzt selbst vorbereiteten schriftlichen Erklärung vgl. OLG Köln VersR 1989, 1264.

851 In den Musterverträgen wird die chefärztliche Wahlleistung nicht zu den Dienstaufgaben gezählt, vgl. DKG, Chefarztvertrag, § 4; Münzel, Chefarztvertrag, §§ 3, 4; Arbeitsgemeinschaft, Chefarztvertrag, §§ 4, 5.

852 Die Regelung entspricht dem früheren § 7 BPflVO 1985.

Ärzte des Krankenhauses.“[853] Mit anderen Worten: Auch wenn der Patient vermittels eines Arztzusatzvertrages den Chefarzt an sich bindet, bezieht sich die Wahlleistungsvereinbarung stets auf alle an der Behandlung beteiligten Chefärzte, es entsteht eine Liquidationskette.[854]

Patient und Krankenhausträger vereinbaren im Normalfall die Regelbehandlung. Für die Abgrenzung zur Wahlbehandlung überwiegend anerkannt und unter Berücksichtigung der richtungsweisenden Rechtsprechung des BGH in den 80er Jahren gilt folgendes Regel- und Ausnahmeverhältnis: Trifft der Patient mit dem Krankenhausträger eine Vereinbarung über wahlärztliche Leistungen, ist es grundsätzlich eine Frage der Vertragsgestaltung im Einzelfall, welchem Vertragstyp der jeweilige Krankenhausvertrag zuzuordnen ist.

Die Entscheidung darüber, welche der drei aufgeführten Vertragskonstellationen im Einzelfall gegeben ist, bereitet seit je erhebliche praktische Schwierigkeiten. Regelmäßig unterzeichnet der Patient ein einziges Schriftstück bei seiner Aufnahme in das Krankenhaus[855], und nicht immer läßt der Wortlaut eindeutig erkennen, ob Klinikträger und Chefarzt gemeinsam oder alternativ zur ärztlichen Wahlbehandlung verpflichtet werden.[856] Beide Vertragskonstellationen - gespaltener Krankenhausvertrag als auch totaler Krankenhausvertrag mit Arztzusatzvertrag - stehen zur Verfügung, weshalb die Ermittlung des vertraglichen Haftungsschuldners durchaus Mühe zu bereiten vermag.[857] Knüpft nach überwiegender Ansicht auch die deliktische Organhaftung des Krankenhausträgers für den

---

853 Ausweislich des § 22 Abs. 3 S. 7 BPflVO 1995 findet die GOÄ entsprechende Anwendung, weshalb für die Patienten keine unterschiedlichen Kosten durch die Eigenliquidation des Krankenhausträgers entstehen.

854 Zu ihrer Rechtfertigung vgl. Genzel, in: Laufs/Uhlenbruck, Handbuch des Arztrechts, § 92 Rdnr. 2.

855 Denn „es ist ... der Krankenhausträger, nicht der einzelne Arzt, der dem Patienten bei dessen Aufnahme in das Krankenhaus als Vertragspartner entgegentritt“, so der BGH, NJW 1985, 2189, 2190.

856 Die - nicht einschlägige - Eigenhaftung des Arztes aus culpa in contrahendo, unabhängig von einer möglichen Wahlleistung, bei der Inanspruchnahme eines besonderen eigenen Vertrauens oder bei Bestehen eines eigenen wirtschaftlichen Interesses erörtert Annuß, a.a.O., S. 134 f.

857 Da manche Träger sich ausbedingen, selbst ausschließlich Wahlleistungsschuldner zu werden und gleichwohl den Chefarzt zur Liquidation der ärztlichen Leistung ermächtigen, besagt die Verteilung des Liquidationsrechts wenig. - Diese durchaus gängige Praxis bleibt im übrigen bedenklich, da die zur Anwendung gelangende GOÄ nach ihrem Sinn und Zweck auf ärztliche Leistungen und nicht auf trägereigene Leistungen zugeschnitten ist.

Chefarzt bei der konkreten Rechtsbeziehung zum Patienten an[858], „steht und fällt" die Haftung mit der Einordnung des Aufnahmevertrages.

Es handelt sich nach der Spruchpraxis im Regelfall um einen totalen Krankenhausaufnahmevertrag mit Arztzusatzvertrag[859], sofern der Patient als Wahlleistung gesondert abrechenbare ärztliche Leistungen in Anspruch nimmt.[860] Der Krankenhausträger ist also deliktisch nach §§ 30, 31 BGB, vertraglich nach §§ 30, 31 analog[861] haftbar.

Nur im Ausnahmefall liegt hingegen ein gespaltener Krankenhausaufnahmevertrag vor.[862] Die Abgrenzung wird grundsätzlich in Abhängigkeit von den Vorgaben des Rechts der Krankenhausfinanzierung (KHG) und der auf der Ermächtigung des § 16 KHG beruhenden BPflVO[863] erfolgen müssen.[864] Das KHG und die BPflVO lassen aber eindeutige Aussagen nicht erkennen.[865] Deshalb verweist der BGH in ständiger Rechtsprechung[866] auf die Sicht des Patienten unter Be-

---

858 Nach der hier favorisierten Lösung ist der Chefarzt auch im Rahmen des gespaltenen Vertrages Organ des Krankenhausträgers. Eine Verneinung der Organstellung bei gespaltenem Vertrag ergibt sich nur für Belegärzte.

859 BGHZ 138, 91 = NJW 1998, 1778 = MedR 1998, 361; BGHZ 121, 107 = NJW 1993, 779; BGHZ 95, 63 = NJW 1985, 2189. Die von Kistner, a.a.O., S. 22 ff. entwickelte Distinktion, wonach zwischen Regelbehandlung, Wahlbehandlung und Wahlbehandlung mit Arztzusatzvertrag zu unterscheiden sei, vermochte sich nicht durchzusetzen. Wenngleich für diese Unterscheidung die größere Anschaulichkeit spricht, soll die geläufige Einteilung der Verständlichkeit halber beibehalten bleiben. Überdies vermag die Frage, was Regel- und was Wahlbehandlung sei, dann in einem zweiten Schritt durch Bewertung der konkreten Vertragsgestaltung beantwortet werden.

860 Liegt kein ausdrücklicher Vertragsschluß zwischen Arzt und Patient vor, tritt der Träger ebenso wie bei einem gespaltenen Vertrag insoweit als Stellvertreter oder Bote auf.

861 Die Rspr. wendet - wie dargelegt - seit je § 278 BGB an, vgl. BGHZ 95, 63, 67 = NJW 1985, 2189.

862 BGHZ 138, 91 = NJW 1998, 1778 = MedR 1998, 361; BGHZ 121, 107 = NJW 1993, 779; BGHZ 95, 63 = NJW 1985, 2189.

863 Für den Belegarzt werden demgegenüber die Haftungsverhältnisse pflegesatzrechtlich bestimmt: Gehören seine Leistungen nach § 2 Abs. 1 S. 2 BPflVO nicht zu den Krankenhausleistungen, haftet der Träger nicht für den Belegarzt.

864 BGHZ 95, 63, 67 f. = MedR 1986, 137, 139 f.: „Die BPflV in § 6 (a. F. 1973) geht von dem Regelfall aus, daß der Krankenhausträger die gesamten ärztlichen und nichtärztlichen Leistungen für den aufgenommenen Patienten zu erbringen hat und ihm gegenüber einheitlich berechnet."

865 Reiling, MedR 1995, 443, 450; Büsken, a.a.O., S. 60; a.A. noch Uhlenbruck, NJW 1973, 1399; Busse, ArztR 1972, 185; Luxenburger, a.a.O., S. 204 f.; Ulsamer, a.a.O., S. 41.

866 BGHZ 138,91 = NJW 1998, 1778 = MedR 1998, 334; BGHZ 121, 107 = NJW 1993, 779; BGHZ 95, 63 = NJW 1985, 2189.

rücksichtigung der haftungsrechtlichen Tragweite der Zuordnung. Der Patient erwarte sämtliche Leistungen vom Krankenhausträger selbst.[867]

Es sei zu berücksichtigen, „daß der Patient, der ärztliche Wahlleistungen in Anspruch nimmt, sich damit die persönliche Zuwendung und besondere fachliche Qualifikation und Erfahrung des von ihm gewählten liquidationsberechtigten Arztes - und zwar ohne Rücksicht darauf, ob er nach Art und Schwere der Erkrankung auf die Behandlung durch einen besonders qualifizierten Arzt angewiesen ist - ‹hinzukaufen› will, ohne daß er deswegen den Krankenhausträger aus der Verpflichtung entlassen will, ihm die ärztliche Leistung gleichfalls zu schulden.“ Diesem Interesse wird der totale Krankenhausvertrag mit Arztzusatzvertrag umfassend gerecht.[868]

13.3.4.1 Neuere Auffassung

Demgegenüber stellt neuerdings *Reiling* auf den objektiven Bedeutungsgehalt der Willenserklärung des Patienten ab, welche die Wahlbehandlungsvereinbarung begründet, mit dem Ergebnis, gemäß § 164 Abs. 2 BGB läge im Zweifel regelmäßig ein totaler Krankenhausvertrag vor.[869] In § 164 Abs. 2 BGB heißt es, „tritt der Wille, in fremdem Namen zu handeln, nicht erkennbar hervor, so kommt der Mangel des Willens, im eigenen Namen zu handeln, nicht in Betracht.“ Wegen der fehlenden Offenlegung der Drittbezogenheit des Vertragsschlusses durch den Krankenhausträger, soweit er zusätzlich den Chefarzt gegenüber dem Patienten vertritt, träfen die Folgen des vorgenommenen Rechtsgeschäfts ausschließlich den Krankenhausträger.

13.3.4.2 Stellungnahme

Die Feststellung trifft zu, daß für den Patienten durchaus nicht ohne Schwierigkeiten zu erkennen ist, welche rechtlichen Beziehungen er zum Krankenhausträ-

---

867 Vgl. Michalski, VersR 1997, 137, 139.

868 Anderer Auffassung noch Steffen, Neue Entwicklungslinien der BGH-Rechtsprechung zum Arzthaftungsrecht, 1984, S. 5; Deutsch/Geiger, Medizinischer Behandlungsvertrag. Empfiehlt sich eine besondere Regelung der zivilrechtlichen Beziehung zwischen dem Patienten und dem Arzt im BGB?, in Bundesminister für Justiz (Hrsg.), Gutachten und Vorschläge zur Überarbeitung des Schuldrechts, Band II, 1981, S. 1049, 1062, der totale Vertrag mit dem Krankenhausträger sei der Regelfall, wie sich aus der BPflVO ergebe (S. 1066).

869 Als Fundament der Typenabgrenzung eigneten sich weder das Pflegesatz- noch das Liquidationsrecht, kritisiert Reiling, MedR 1995, 443, 451.

ger und zu den behandelnden Ärzten eingeht[870], wenn er, die Wahlbehandlung begehrend, die Formulare in der Krankenhausaufnahme unterzeichnet. Dies läßt - aus dem Blickwinkel des Patienten betrachtet - an die Anwendung des § 164 Abs. 2 BGB denken.

Allerdings ergibt sich aus der Sicht des Erklärungsempfängers, zumeist eines nichtärztlichen (seltener eines ärztlichen) Mitarbeiters des Krankenhausträgers, ein anderes Bild im Wege der Auslegung der Willenserklärung des Patienten. Der Mitarbeiter versteht den überwiegend formularmäßigen Antrag des Patienten als auf den Abschluß zweier Verträge gerichtet und darf den Antrag auch so auffassen. Zum einen soll der Krankenhausträger[871] und zum anderen der Chefarzt gebunden werden. Denn es wäre andernfalls nicht plausibel zu erklären, warum der Patient dem Chefarzt die Berechtigung zur gesonderten Liquidierung von Leistungen einräumen sollte, wenn dieser nicht im Gegenzug selbst Schuldner der medizinischen Leistung würde.[872] Des weiteren zielt die Abrede eines im Vergleich zur Regelbehandlung erhöhten Wahlleistungshonorars darauf ab, eine persönliche Leistungspflicht des Chefarztes zu vereinbaren, die der vertraglichen Bindung zwischen Chefarzt und Patient bedarf. Mit Blick auf das Haftungsrecht zutreffend erweist sich außerdem die höchstrichterliche Feststellung, der Patient wolle sich in Verbindung mit der höher zu vergütenden Wahlbehandlung nicht haftungsrechtlich schlechter stellen als bei der preisgünstigeren Regelbehandlung, indem er den Krankenhausträger aus der Haftung entlasse.

Die Auslegung der Willenserklärung des Patienten führt daher im Zweifelsfall stets zur Annahme einer vertraglichen Vereinbarung sowohl mit dem Krankenhausträger als auch mit dem Chefarzt, also dem totalen Krankenhausvertrag mit Arztzusatzvertrag. Demnach finden die haftungsrechtlichen Rahmenbedingungen der Krankenhausbehandlung Berücksichtigung, mittelbar auch die pflegesatzrechtlichen Bestimmungen.

---

870 Genzel, in: Laufs/Uhlenbruck, Handbuch des Arztrechts, § 92 Rdnr. 1. - In dem Muster einer Wahlbehandlungsvereinbarung der DKG (in der Anlage zum Muster der allgemeinen Vertragsbedingungen - AVB) heißt es, der Patient beantragt, „die ärztliche Leistung aller an der Behandlung beteiligten Ärzte des Krankenhauses, soweit diese zur gesonderten Berechnung ihrer Leistung berechtigt sind", 5. Aufl. 1996.

871 Bei Zweifeln an der Verpflichtung des Krankenhausträgers könnte die Regelung des § 164 Abs. 2 BGB helfen, indessen wird über die Verpflichtung des Krankenhausträgers nicht gestritten, fraglich ist vielmehr, ob der Chefarzt darüber hinaus gebunden wird.

872 Die Wahlbehandlung charakterisiert gerade die persönliche Leistungspflicht des Chefarztes.

13.3.5 Haftung im Rahmen des totalen Krankenhausvertrages

Der Krankenhausträger als Vertragspartner des Patienten haftet für Behandlungsfehler vertraglich nach den Grundsätzen der Schlechtleistung. Demgegenüber scheidet im Rahmen des totalen Krankenhausaufnahmevertrages die vertragliche Haftung des Arztes aus, weil der Arzt nicht selbst Vertragspartner des Patienten wird. Vielmehr haftet der Krankenhausträger vertraglich für den Chefarzt, für die nachgeordneten Ärzte und für das Pflegepersonal als Erfüllungsgehilfen gemäß § 278 BGB. Vertreten wird hier die Auffassung, daß nicht § 278 BGB auf den Chefarzt Anwendung finde, sondern daß es auch vertraglich zu einer Haftung nach §§ 31, 89 BGB komme.[873]

13.3.6 Haftung im Rahmen des gespaltenen Krankenhausvertrages

Da bei einem gespaltenen Krankenhausvertrag der Krankenhausträger die Pflege und Unterbringung vertraglich schuldet, wohingegen der selbst liquidationsberechtigte Chefarzt zur ärztlichen Behandlung des Patienten vertraglich verpflichtet ist, haftet der Krankenhausträger nicht für Fehler des Chefarztes, sondern grundsätzlich nur für die Fehler des nachgeordneten ärztlichen und nichtärztlichen Dienstes. Die Haftung ergibt sich, weil die nachgeordneten Ärzte regelmäßig gleichermaßen sowohl in Erfüllung von Aufgaben für den wahlbehandelnden Arzt als auch in Erfüllung von Aufgaben für den Kliniktäger tätig werden.[874] Der Chefarzt tritt für eigenes Fehlverhalten vertraglich wie deliktisch ein, für ihm assistierende nachgeordnete Ärzte finden § 278 BGB und § 831 BGB Anwendung.

Für den Patienten ist das Nebeneinander von zwei Vertragspartnern im Haftungsfall ungünstig[875], weshalb daraus der Schluß gezogen wurde, Arzt und Krankenhausträger müßten dem Patienten als eine Vertragseinheit gegenüberge-

---

873 Giesen, ArzthaftungsR, Rdnr. 15, bejaht eine Haftung des Trägers aus Positiver Vertragsverletzung i.V.m. §§ 31, 89 BGB im Anschluß an das Urteil des OLG Karlsruhe, VersR 1989, 808, 810, in dem es lediglich heißt, „Ansprüche aus PVV sind ohnehin nicht verjährt“.

874 Als Beispiele für die Alleinhaftung des Krankenhausträgers gegenüber dem Patienten nennen Büsken/Klüglich (VersR 1994, 1141, 1142) etwa das „Versehen in der Diätküche“. Denkbar ist allerdings eine Mitverantwortung des Chefarztes bei einem Anweisungsversäumnis, vgl. BGHZ 85, 393 = NJW 1984, 1400.

875 Problematisch ist die Vertragskonstellation insbesondere deshalb, weil der Patient bei Fehlern des nachgeordneten medizinischen und nichtmedizinischen Dienstes ermitteln muß, in wessen Pflichtenkreis derselbe tätig war.

stellt werden.[876] Allerdings geht diese Folgerung zu weit. Denn der Patient wäre ausreichend geschützt, wenn ihm der Krankenhausträger zukünftig in jedem Fall haften würde, sich also die Chefarztbehandlung nicht abspalten ließe. Auf diese Weise könnte der Patient Sicherheit über den Haftungsschuldner gewinnen, die Wahlfreiheit zwischen einem totalen Krankenhausaufnahmevertrag und einem totalen Krankenhausaufnahmevertrag mit Arztzusatzvertrag bliebe erhalten.

Eine solche Verallgemeinerung findet indessen ihre Grenzen. Für die längst bedeutsamste Fallgruppe des gespaltenen Krankenhausaufnahmevertrages, den Vertrag zwischen Patient und Belegarzt sowie Krankenhausträger, sollte der gespaltene Krankenhausvertrag Gültigkeit behalten. Der dem Patienten durch einen gespaltenen (Beleg-)Arzt-Krankenhausvertrag verbundene Belegarzt ist weder Erfüllungsgehilfe des Krankenhausträgers gemäß § 278 BGB noch Verrichtungsgehilfe im Sinne des § 831 BGB.[877] Er ist auch nicht Organ des Krankenhausträgers nach §§ 31, 89 BGB[878], weshalb eine Einstandspflicht des Krankenhausträgers für den Belegarzt ausscheidet.[879]

Für die Zuordnung der Haftung des für den Belegarzt tätig werdenden nachgeordneten ärztlichen wie nichtärztlichen Dienstes werden die § 2 Abs. 1 S. 2 und § 23 Abs. 1 S. 2 Nr. 3 BPflVO 1996 herangezogen, wonach zu den Krankenhausleistungen nicht die Leistungen der Belegärzte gehören, insbesondere nicht die von ihm veranlaßten Leistungen nachgeordneter Ärzte des Krankenhauses desselben Fachgebietes.[880] In der Folge besteht einzig die vertragliche Haftung des Belegarztes[881] - entsprechend seiner Liquidationsbefugnis.[882] Für die übrigen Leistungen haftet der Krankenhausträger vertraglich[883], ohne daß ihn im

---

876 Deutsch/Geiger, a.a.O., S. 1049, 1100: „Es sollte ... mit der Künstlichkeit des gespaltenen Arzt/Krankenhausvertrages aufgeräumt ... werden."

877 BGH MedR 1993, 67, 68; BGH NJW 1990, 2317 = MedR 1990, 2317.

878 Franzki/Hansen, NJW 1990, 737, 740 f.

879 Die Spruchpraxis behilft sich in der Praxis durch ein ausgreifendes Verständnis der Organisationspflichten, vgl. BGH NJW 1996, 2429 = MedR 1996, 466.

880 Für Belegpatienten werden dementsprechend gesonderte Fallpauschalen und Sonderentgelte vereinbart, vgl. § 23 Abs. 2 BPflVO 1995.

881 OLG Düsseldorf MedR 1993, 233. - Zur Tendenz in Österreich, ebenfalls den Krankenhausträger einstehen zu lassen, vgl. Steiner, RdM 1998, 70 ff.

882 Zum Belegarzt Franzki/Hansen, NJW 1990, 737, 740: Es solle ein genereller AGB-mäßiger Haftungsausschluß des Krankenhausträgers bezüglich der nachgeordneten Mitarbeiter wegen Verstoßes gegen §§ 3 und 9 AGBG unwirksam sein; unterschieden werden müsse, ob sie eigenverantwortlich oder nach Weisung des Belegarztes tätig geworden sind.

883 Mögliche Überschneidungen der Pflichtenkreise begründen ein Gesamtschuldverhältnis von Träger und Belegarzt, vgl. Laufs, Arztrecht, Rdnr. 563. Die vom BGH (Z 129, 6 = NJW 1995, 1611 = MedR 1995, 366) bejahte Stellung der Beleghebamme als Erfüllungsgehilfin des Belegarztes lehnt zu Recht ab K. Müller, MedR

übrigen gegenüber dem Patienten eine Hinweispflicht über den Ausschluß der Haftung für den Belegarzt träfe. Eine Hinweispflicht besteht allein dann, wenn der Patient im Grundsatz die ärztliche Leistung vom Krankenhausträger erwarten kann. Bei der Behandlung durch den Belegarzt „kann von der Umgehung einer an sich angezeigten Pflicht des Krankenhausträgers keine Rede sein. Mit Grund ist deshalb der gespaltene Krankenhausvertrag gerade für das Belegkrankenhaus entwickelt worden, und hier findet er seine Berechtigung.“[884] Im Ergebnis verbietet sich der gespaltene Krankenhausvertrag für die Behandlung durch den Chefarzt. Als einziger Anwendungsbereich des gespaltenen Krankenhausvertrages verbleibt die vertragliche Vereinbarung zwischen Patient, Krankenhausträger und Belegarzt.

13.3.7 Haftung im Rahmen des totalen Krankenhausvertrages mit Arztzusatzvertrag

Hat bei einem totalen Krankenhausvertrag mit Arztzusatzvertrag der Krankenhausträger vertraglich sowohl für den Chefarzt als auch für den nachgeordneten ärztlichen und nichtärztlichen Dienst einzustehen, trifft ihn eine umfassende Haftung. Dies vereinfacht dem Patienten die Rechtsverfolgung. Darüber hinaus hat der die Wahlbehandlung vereinbarende Patient einen vertraglichen wie deliktischen Haftungsanspruch gegen den Chefarzt - aus Sicht des Patienten werden die Vertragspartner kumuliert. Für den angestellten Chefarzt hat dies zur Folge, daß er einerseits aufgrund des eigenen Vertrages selbst bei dem Patienten zu liquidieren vermag. Andererseits haftet er diesem aber auch, insbesondere auf das allein im Rahmen der deliktischen Einstandspflicht zu gewährende Schmerzensgeld. Chefarzt und Kliniktträger haften also gesamtschuldnerisch.

13.3.8 Exkurs: Beamteter Chefarzt

Die Rechtsprechung begründete in der Vergangenheit für den über das Verweisungsprivileg des § 839 Abs. 1 S. 2 BGB gebietenden beamteten Chefarzt eine „Umkehr der Haftungsverhältnisse“. Während früher, als regelmäßig ein gespaltener Krankenhausvertrag angenommen wurde, der beamtete Chefarzt für Fehler

1996, 208: Das Berufsrecht der Hebamme steht einer solchen Stellung entgegen. - Zur Einstandspflicht des Trägers eines Belegkrankenhauses für die bei ihm angestellte Hebamme vgl. BGH NJW 2000, 2737, 2738 = MedR 2001, 197.

884 Spickhoff, VersR 1998, 1189, 1193.

bei der Behandlung, für die er selbst liquidierte, im Außenverhältnis allein einstand, haftet nunmehr im Außenverhältnis deliktisch ausschließlich der Krankenhausträger - auch und soweit der beamtete Chefarzt selbst für die ärztliche Behandlung liquidiert.[885] Denn der beamtete Chefarzt kann sich auf das Verweisungsprivileg des § 839 Abs. 1 S. 2 BGB berufen.

Die wegbereitende Entscheidung des BGH im 95. Band der Amtlichen Sammlung (S. 63 ff.)[886] kritisiert *Kistner* mit Grund, weil sie die gebotene Einheit von Liquidation und Haftung aufhebe[887] und forderte eine Rückkehr zum Trennungsmodell.[888] Auch *Deutsch* sieht es als bedauerlich an, daß der BGH die verfehlte Vorschrift des § 839 Abs. 1 S. 2 BGB nicht unter dem besonderen Aspekt der Eigenliquidation unanwendbar gelassen hat.[889]

Die wohlbegründete Kritik *Kistners* läßt indessen den das Arzthaftungsrecht bestimmenden Gesichtspunkt des Patientenschutzes außer Betracht.[890] Die konstruktiv einfachere und dem gerechten Ausgleich der Interessen der Beteiligten dienliche Lösung liegt nicht in der propagierten Spaltung des Krankenhausvertrages in Grundleistung des Krankenhausträgers und Wahlleistung des selbstliquidierenden Arztes, sondern in einer Konzentration der Haftung beim Krankenhausträger[891], der sich haftpflichtversichern kann. Diese Haftungskonzentration erreicht der BGH durch die Anwendung des Verweisungsprivilegs.

Die Rechtsprechung überzeugt mit Blick auf das wohlverstandene Interesse des Patienten.[892] Für seinen Rechtsschutz bedeutete die Entwicklung hin zum

---

885 Hanau, MedR 1992, 18, 21.

886 Die Auffassung, wonach der Aufnahmevertrag in einen Krankenhausvertrag einerseits und einen Zusatzvertrag mit dem Arzt andererseits aufgespalten sei, war früher geläufig.

887 Kistner, a.a.0., S. 62 f.

888 Kistner, a.a.O., S. 114 ff.

889 Deutsch, MedizinR, Rdnr. 249. Sein Vorschlag, das Verweisungsprivileg abzubedingen, wird in der Vertragspraxis nicht umgesetzt, die bestimmt wird durch die vorformulierten Vereinbarungen der Krankenhausträger.

890 Überdies besitzt die Eigenliquidation des Chefarztes kaum eigenständige Bedeutung, vgl. BGHZ 138, 91 = NJW 1998, 1778 = MedR 1998, 361 m. Anm. Peris.

891 Vgl. Hanau, MedR 1992, 16, 22, wonach wünschenswert sei, die vollständige Einbeziehung der Chefärzte in die Betriebshaftpflichtversicherung der medizinischen Einrichtung gegen eine Kostenbeteiligung. - Einen entsprechenden Trend erkennt Flatten, VersR 1994, 1019 ff.

892 Der Blickwinkel des Geschädigten entspricht dem Haftungsrecht des BGB, das weniger vom Gedanken einer Genugtuung, Vergeltung oder auch nur Prävention des mißbilligten Verhaltens als vom Bestreben gekennzeichnet ist, erlittene Nachteile auszugleichen. Das Haftungsrisiko der Ärzte läßt sich kalkulieren und versichern, „während sich der Patient oft in einer unvorhergesehenen und undurchschaubaren Situation befindet", vgl. Westermann, NJW 1974, 577, 581.

Kumulationsmodell eine wesentliche Vereinfachung für die Anspruchsverfolgung. Die oftmals angesichts der in der Praxis gebräuchlichen vielfältigen Krankenhausverträge nicht gerade übersichtliche Rechtslage muß den Geschädigten nicht belasten. Jedenfalls haftet ihm stets der Krankenhausträger. Eine Abweisung wird seltener mit der Begründung erfolgen können, die Klage treffe den Falschen.[893]

Vielleicht mag es verwundern, daß der BGH den beamteten Chefarzt trotz des eigenen Liquidationsrechts aus der Haftung entließ, doch gilt es zu beachten, daß auch den Krankenhausträger nach der Natur des totalen Krankenhausvertrages mit Arztzusatzvertrag eine Verschaffungspflicht hinsichtlich der chefärztlichen Leistung trifft - was die Haftung des Trägers letztlich rechtfertigt.[894]

Demgegenüber verfehlt ist die abweichende Auffassung, den Krankenhausträger treffe infolge der Wahlbehandlungsvereinbarung keine eigene Verpflichtung zur Verschaffung der Chefarztbehandlung.[895] Gerade der Träger hat nach Maßgabe des Aufnahmevertrages das medizinisch Notwendige zu leisten, und sei es auch die Behandlung durch den Wahlarzt, den Chefarzt.[896] Geht die Wahlleistung ihrem Wesen nach über die allgemeine Krankenhausleistung hinaus, ist sie Zusatzleistung und keine Anstattleistung.[897] Für eine mögliche Kumulation der Vertragsbeziehungen spricht bereits, daß die Vereinbarung der Wahlleistung gemäß § 22 Abs. 1 S. 1 BPflVO 199 „neben den Pflegesätzen"

---

893 Zusätzlich läßt sich ein Anspruch gegen den behandelnden Arzt als weiteren Schuldner geltend machen, sofern er Angestellter des Kliniktrögers ist.

894 Nolte, ZfSH/SGB 1993, 12, 14, grenzt demgegenüber ein: Die Verschaffungspflicht beziehe sich nur auf die sorgfältige Auswahl der Ärzte, weil das Sonderhonorar in erster Linie dem Arzt zugute komme.

895 Kistner, a.a.O., S. 52 f.

896 Auf die nachgeordneten Ärzte beschränkend Büsken, a.a.O., S. 25.

897 So Tuschen/Quaas, BPflVO, S. 393. - Von dieser Überlegung in Bezug auf den Umfang der Verpflichtung des Krankenhausträgers ist die Frage zu unterscheiden, ob den Träger überhaupt eine Pflicht zur Behandlung des Patienten treffen kann. Die damit angesprochene Frage nach der Koalitionsfreiheit des Trägers sieht sich in einigen Bundesländern durch einen gesetzlichen Koalitionszwang für allgemeine Krankenhausleistungen beantwortet, vgl. §§ 28, 29 LKHG Baden-Württemberg; § 22 LKG Berlin, §§ 4 ff. BremKHG; §§ 10, 11 Abs. 1 KHG Hessen; § 2 Abs. 1 KHG Nordrhein-Westfalen; § 1 Abs. 3 LKG Rheinland-Pfalz; § 24 Saarl KHG. In den Bundesländern, die eine Spezialregelung nicht getroffen haben, ergibt sich die Annahme eines Koalitionszwangs aus allgemeinen Regeln, vgl. Genzel, in: Laufs/Uhlenbruck, Handbuch des ArztR, § 94 Rdnr. 9. - Weil ihre Bereitstellung nur die tatsächliche Ebene betrifft, gilt dies jedoch nicht für die Wahlbehandlung, vgl. BGH NJW 1990, 761 = MedR 1990, 136; zustimmend Uhlenbruck in Laufs/ Uhlenbruck, Handbuch des ArztR, § 94 Rdnr. 9.

möglich ist. Die einheitliche Betrachtung des BGH sieht sich letztlich im Einklang mit der Gesetzeslage.[898]

Ferner sei aber - so folgerichtig *Kistner* - der wahlbehandelnde Chefarzt im Verhältnis zum Krankenhausträger für jede Fahrlässigkeit verantwortlich. Da er wie ein Unternehmer auf eigene Gefahr handele[899], müsse der Chefarzt selbst haften.[900] Diese Rechtsauffassung verkennt, daß für den angestellten Chefarzt die Grundsätze der beschränkten Arbeitnehmerhaftung[901] zur Anwendung gelangen und der beamtete Chefarzt sich nach beamtenrechtlichen Grundsätzen ebenfalls nur begrenzt einstandspflichtig sieht, weil zu seinen Gunsten das Verweisungsprivileg (§ 839 BGB) eingreift.[902]

Der für das Eigenverschulden des Chefarztes von *Kistner* angestrebte „Gesamtschuldnerregreß als Regulativ" scheitert infolgedessen daran, daß Haftungsbeschränkung und Haftungsverweisung auch zugunsten des wahlleistenden Chefarztes zur Anwendung gelangen.[903] Denn der angestellte Chefarzt schuldet arbeitsvertraglich die Wahlbehandlung, und für den beamteten Chefarzt hat sie dienstlichen Charakter.[904]

13.4 Haftung für den nachgeordneten ärztlichen Dienst

Weniger klar und bis heute nicht eindeutig abgegrenzt ist die Frage der Haftung für den nachgeordneten Dienst. Insoweit überschneiden sich die Haftung des

---

898 Zur aktuellen Rechtslage vgl. auch § 22 Abs. 3 S. 1 BPflVO 1996: „Eine Vereinbarung über wahlärztliche Leistungen erstreckt sich auf alle an der Behandlung des Patienten beteiligten Ärzte des Krankenhauses, soweit diese zur gesonderten Berechnung ihrer Leistung im Rahmen der vollstationären und teilstationären sowie einer vor- und nachstationären Behandlung (§ 115a des Fünften Buches Sozialgesetzbuch) berechtigt sind, einschließlich der von diesen Ärzten veranlaßten Leistungen von Ärzten und ärztlich geleiteten Einrichtungen außerhalb des Krankenhauses; darauf ist in der Vereinbarung hinzuweisen".

899 Zu Unrecht verneint der Kritiker die Bewertung des angestellten Chefarztes als Arbeitnehmer und des beamteten Chefarztes als Organ des Krankenhausträgers.

900 Kistner, a.a.O., S. 64.

901 Dazu im weiteren.

902 Hanau, MedR 1992, 18, 22, verweist für den beamteten Chefarzt auf die beamtenrechtlichen Haftungsbeschränkungen (Vorsatz und grobe Fahrlässigkeit).

903 Kistner, a.a.O., S. 65; Burck, VersR 1968, 613, 621; Heinze, MedR 1983, 6, 7; Rieger, Lexikon des Arztrechts, Rdnr 779.

904 Die für den Beamten gebotene formelle Ausgestaltung als Nebentätigkeit ist unerheblich, vgl. BGHZ 85, 393, 398, gegen diesen Doppelcharakter führt Kistner, a.a.O., S. 83 f., rechtslogische Bedenken ins Feld.

Chefarztes wie des Krankenhausträgers bei gespaltenem Arzt-Krankenhausvertrag und bei totalem Krankenhausvertrag mit Arztzusatzvertrag.

13.4.1 Historische Entwicklung

Um Abgrenzungsschwierigkeiten zu vermeiden, wurde in der Vergangenheit erwogen, eine Gesamtschuldnerschaft zwischen Krankenhausträger und Chefarzt gemäß 426 BGB und § 840 BGB im Haftungsfall anzunehmen.[905] Dann wäre die Auseinandersetzung um eine Zuordnung der Risiken nur in das Innenverhältnis verlagert, immerhin zum Wohle des rechtsuchenden Patienten.

Ferner wurde nach der Anstellungstheorie der gesamte nachgeordnete Dienst als in dem Verantwortungsbereich des Trägers stehend gesehen[906]. Gegen diesen Ansatz richtete sich die Kritik[907], weil die nachgeordneten Ärzte zwar beim Krankenhausträger angestellt sind, sie aber zumeist nach Anleitung des selbstliquidierenden Chefarztes (oder Belegarztes) arbeiten.[908] Auch die Frage danach, als wessen Repräsentant der Schadensstifter aus objektiver Sicht aufgetreten ist, wurde dem Wortlaut des § 278 BGB nicht gerecht, der gerade auf einen Pflichtenkreis und nicht einen Rechtsschein abstellt[909].

13.4.2 Haftungskreise

Lassen sich die Verantwortungsbereiche nicht voneinander trennen, so bildet etwa die Operation[910] eine unteilbare Leistung des gesamten Krankenhausapparates einschließlich des Chefarztes mit der Folge, daß der Krankenhausträger und der Chefarzt als Gesamtschuldner für Versehen und Versäumnisse des nachgeordne-

---

905 Für die Annahme einer Gesamtschuld Kleinewefers/Wilts, NJW 1965, 332, 334; und dies., VersR 1964, 201, 205: Es bestehe eine Innengesellschaft bürgerlichen Rechts gemäß § 705 BGB, so daß die Leistung als gesamtschuldnerische erbracht würde. Dieser Gedanke sei auf die Haftung zu übertragen.

906 BGH NJW 1962, 1763.

907 Laufs, Arztrecht, Rdnr. 563; vgl. Schmid, a.a.O., S. 129 ff.

908 Der Chefarzt wird dadurch aber noch nicht selbst zum Geschäftsherrn, vgl. OLG Düsseldorf 1986, 893.

909 Repräsentationstheorie; ausführlich zu beiden Theorien vgl. Uhlenbruck, NJW 1964, 2187 ff.

910 Büsken, a.a.O., S. 32; Daniels, NJW 1972, 305, 307. Dogmatisch ergäbe sich diese aus § 431 BGB, so Büsken, a.a.O., S. 33, da die Assistenz als unteilbare Leistung aufzufassen sei, nachdem sie Zusammenarbeit voraussetze.

ten ärztlichen Dienstes bei der Operation haften. [911] Dem Patienten ist es anheim gestellt, gegen einen der beiden Haftungsschuldner oder beide zugleich vorzugehen.[912]

Es gehört aber die Verschaffung der ärztlichen und nichtärztlichen Assistenz, auf die der selbstliquidierende Chefarzt angewiesen ist, ebenso wie die Bereitstellung des technischen Apparates grundsätzlich zur Behandlungsaufgabe des Krankenhausträgers.[913] Demgegenüber hat der Chefarzt - neben seiner persönlichen Tätigkeit - die Organisation der Rufbereitschaft und die von ihm veranlaßten Arbeiten nachgeordneter Ärzte des Krankenhauses zu leisten.[914] Sofern das nachgeordnete Personal dem wahlbehandelnden Arzt assistiert oder infolge Delegation dessen Aufgaben wahrnimmt, haftet der Arzt selbst. Der Grund ist einsichtig, denn die Weitergabe eigener Aufgaben soll nicht die Haftung des Trägers begründen können.[915]

Außerdem hat der Arzt das Pflegepersonal hinsichtlich der Behandlungspflege zu unterweisen. Kommt es in der Folge zu Schädigungen des Patienten haftet er neben dem Träger[916]. Schließlich haftet der Arzt für Fehler des fremden Faches „nur, wenn sie durch eigene Fehler in der Koordination, Kommunikation, Information gesetzt worden sind, für die er mitverantwortlich ist".[917]

Die Abgrenzung der Haftung erfolgt demnach durch Betrachtung der Pflichtenkreise. Das Pflegepersonal und die nachgeordneten Ärzte sind Erfüllungsgehilfen desjenigen, in dessen Pflichtenkreis sie arbeiten.[918] Es besteht „die für den

---

911 MüKo-Stein, § 831 BGB Rdnr. 31; Laufs, Arztrecht, Rdnr. 563: „Soweit sich der ärztliche Assistenzdienst ... dem selbstliquidierenden Arzt zurechnen läßt, trifft den Klinikträger überhaupt keine Einstandspflicht für Fehler der nachgeordneten Mediziner. Dies wird sich freilich nur in den Fällen annehmen lassen, in denen es der Chef- oder Belegarzt tatsächlich in der Hand hat, die ihm bei der Operation assistierenden Ärzte individuell auszuwählen und durch Erteilung von Weisungen in deren Verrichtungen konkret einzugreifen."

912 Hübner, ZGesVersW 1990, 55, 65.

913 Steffen/Dressler, ArzthaftungsR, 78; BGH NJW 1984, 1400.

914 Kistner, MedR 1990, 51, 56 f.

915 BGHZ 85, 393 = NJW 1983, 1374. Zu Zulässigkeit und Grenzen der Delegierung ärztlicher Aufgaben Hahn, NJW 1981, 1977 ff; anderer Auffassung Cadmus, Zivilrechtliche Haftung des nachgeordneten ärztlichen Dienstes, S. 162 f.

916 Koordination und erforderliche Anweisung hinsichtlich der Pflege sind Sache des Arztes. Im Ergebnis wurde gleichwohl Gesamtschuld zwischen Träger und dem wahlbehandelnden Arzt angenommen, vgl. BGHZ 89, 263 = NJW 1984, 1400, 1402.

917 Steffen/Dressler, ArzthaftungsR, Rdnr. 83; Steffen, a.a.O., S. 26, 82 ff.

918 Hahn, NJW 1981, 1977, konstatiert, weder aus rechtswissenschaftlicher noch medizinischer Sicht sei es bislang gelungen, brauchbare Grenzen zu definieren, in welchem Umfang Tätigkeiten auf nichtärztliche Mitarbeiter delegiert werden dürften.

Patienten ungünstige Situation, daß im konkreten Einzelfall festgestellt werden muß, ob ein Verschulden dieser Hilfspersonen dem Arzt oder dem Krankenhaus gemäß § 278 BGB zugerechnet werden kann."[919]

13.5 Gespaltene Verträge

Gesondert zu untersuchen bleibt im weiteren die nach der bisherigen Spruchpraxis zumeist aufrechterhaltene Spaltung der Verträge für den Bereich der ambulanten Behandlung.[920]

13.6 Der Haftungsausschluß durch AGB

Durch AGB kann - so die Judikatur - in Abweichung vom Regelfall des totalen Krankenhausaufnahmevertrages mit Arztzusatzvertrag ein gespaltener Krankenhausaufnahmevertrag weiterhin vereinbart werden. Der Haftungsausschluß[921] zugunsten des Krankenhausträgers soll nicht prinzipiell unwirksam sein. „Wird abweichend vom Regelfall des Arztzusatzvertrages in vorformulierten Vertragsbedingungen ein sog. gespaltener Krankenhausvertrag vereinbart, so muß dem Patienten hinreichend - etwa durch Hinweis in dem von ihm unterzeichneten Vertragstext - verdeutlicht werden, daß der Krankenhausträger nicht Schuldner der ärztlichen Leistung ist und ihm auch für etwaige Fehlleistungen nicht haftet".[922] In einer vom BGH nicht zur Revision angenommenen Entscheidung des OLG

---

919 Deutsch/Geiger, a.a.O., S. 1049, 1066, im Anschluß an Kleinewefers/Wilts, NJW 1965, 332 ff.

920 BGHZ 105, 189 = NJW 1989, 769 = MedR 1989, 88, für einen Privatpatienten und BGHZ 100, 363 = NJW 1987, 2289 = MedR 1988, 86, 88, für einen Kassenpatienten.

921 Anders hinsichtlich eines AGB-mäßigen Haftungsausschlusses in Bezug auf die vertragswesentlichen Pflichten, vgl. Spickhoff, VersR 1998, 1189, 1190 m.w.N.

922 BGHZ 121, 107 = NJW 1993, 779 = JZ 1993, 1062 mit zust. Anm. Reiling = MedR 1993, 191 ff. Nach Auffassung des OLG Koblenz war der nachfolgende Haftungsausschluß weder überraschend noch verstieß er gegen § 9 AGBG: „Die Universität (Klinikum) übernimmt für Schäden, die durch liquidationsberechtigte Ärzte sowie deren Beauftragte im Rahmen wahlärztlicher Leistungen ... verursacht werden, keine Haftung", vgl. NJW 1998, 3425 = VersR 1998, 1283 = ArztR 1998, 150: „Der großflächige auf einer Seite (DIN A 4) angebrachte, in Absätzen gegliederte, verständlich formulierte und mit deutlichen Hervorhebungen ausgestaltete Haftungsausschluß war selbst für einen flüchtigen Betrachter derart auffällig und eindeutig, daß ein Verstoß gegen § 3 AGBG ausscheidet."

Bamberg[923] scheiterte der Versuch des Krankenhausträgers an § 3 AGBG, im Rahmen des totalen Krankenhausaufnahmevertrages mit Arztzusatzvertrag die gesamtschuldnerische Haftung für den ärztlichen Behandlungsfehler auszuschließen.

Die höchstrichterliche Rechtsprechung wird inzwischen mit Blick auf § 9 AGBG kritisiert[924] ebenso wie die des OLG Bamberg.[925] Zwar läßt sich aus dem Pflegesatzrecht nicht ableiten, der totale Krankenhausvertrag sei als Regelfall angelegt, weil die BPflVO allein das Vergütungssystem regelt[926], gleichwohl bestehen aber zwei Bedenken gegen eine durch AGB bedingte Vertragsaufspaltung: Zum einen, daß aus der Sicht des Patienten die Tätigkeit des Chefarztes eng mit der Institution des Krankenhauses verknüpft ist[927], weshalb der Patient die strikte Rollenverteilung nicht erwartet. Zum anderen wird das Haftungsrecht der Vorstellung des Patienten nicht gerecht[928], sich einen Haftungsschuldner hinzuzukaufen.[929] Sinngemäß handele es sich nicht um eine der Inhaltskontrolle unzugängli-

---

923 VersR 1994, 813; OLG Köln NJW 1990, 776. § 9 AGBG gelangte nicht zur Anwendung.

924 So Kramer, NJW 1996, 2399, 2403: Die Spaltung bedeute eine wesentliche Benachteiligung des Patienten, ohne ihm dafür Vorteile zukommen zu lassen, die mit den Geboten von Treu und Glauben unvereinbar sei. Ebenso Rombach, a.a.O., S. 157, indes mit zu enger Begründung: Weil die Wahlleistung nur die höchstpersönliche Leistung allein des Chefarztes sei, benachteilige es den Patienten unangemessen, wenn er ein Honorar für eine Leistung zahlen solle, die ohnehin durch den allgemeinen Pflegesatz abgedeckt sei. - Einen Verstoß gegen § 3 AGBG bejaht Schlund, FS Trinkner, S. 337, 350.

925 Spickhoff, VersR 1998, 1189, 1190 u. 1192 f.: § 11 Nr. 7 AGBG finde Anwendung.

926 Kritisch Reiling, MedR 1995, 443, 450 (zu BGHZ 95, 63, 67 = NJW 1985, 2189), der dies aus dem Schweigen der Verordnungsmaterialien sowie aus der gleichrangigen Nennung von chefärztlichem Gebührenanspruch und Eigenliquidationsrecht der Klinik in § 22 BPflVO ableitet. Im Anschluß daran Rombach, a.a.O., S. 153.

927 Zumal dieses mit dem Patienten regelmäßig in Vertretung des Chefarztes die Wahlleistung verabredet. Kritisch zur Stellvertretung aber OLG Stuttgart MedR 1995, 320; OLG Köln VersR 1989, 1264; OLG Düsseldorf VersR 1988, 91.

928 BGHZ 121, 107 = JZ 1993, 1062 m. zust. Anm. Reiling.

929 Rombach kritisiert, a.a.O., S. 156, der Patient wähle die Chefarztbehandlung als gesondert zu vergütende Wahlleistung aber nicht deshalb, um im Falle eines Kunstfehlers einen potenten Schuldner für etwaige Schadensersatzansprüche zu haben, sondern um eine solche Behandlung zu erfahren, die Schadensersatzansprüche nach Möglichkeit gar nicht erst verursacht. Dabei läßt Rombach den Krankenhausträger außer Betracht und verkennt, daß der Patient primär zu den Diensten des Krankenhauses auch diejenigen des als qualifiziert angesehenen Chefarztes (und folglich sekundär dessen Haftung) erlangen möchte, ohne den Krankenhausträger aber aus der Haftung entlassen zu wollen.

che leistungsbeschreibende Vertragsklausel, so ein Kritiker, sondern um einen den Wirksamkeitsschranken unterworfenen sog. verhüllten Haftungsausschluß.[930]

Zu Recht steht der BGH auf dem Standpunkt, durch einfaches „Ankreuzen" zusätzlicher Wahlleistungen könne sich am Bestehen eines totalen Krankenhausaufnahmevertrages mit Arztzusatzvertrag nichts ändern.[931] Es hat sich - auch infolge dieser Judikatur - das Leitbild eben dieser Vertragsgestaltung herauskristallisiert[932], die eine „wünschenswerte Haftungsverdichtung"[933] beim Krankenhausträger herbeiführt. Fragwürdig bleibt aber das kautelarjuristisch nutzbar verbliebene Schlupfloch[934]: Können deutlich hervorgehobene Hinweise des Trägers über einen Haftungsausschluß den gebotenen Patientenschutz ernsthaft leisten?[935]

Bedenken gegen die Spruchpraxis gründen sich ferner darauf, daß für Ärzte, anders als etwa für Rechtsanwälte (§ 51 BRAO), eine umfassende Berufshaftpflichtversicherung nicht zwingend vorgeschrieben ist.[936] Solange der Gesetzgeber den gebotenen Schluß der Schutzlücke unterläßt[937], bleibt das Risiko des Patienten, begründete Ansprüche nicht realisieren zu können, im Rahmen der Haftungsverteilung zu berücksichtigen. Zwar besteht im Hinblick auf Wahlleistungen kein Kontrahierungszwang des Trägers[938], aber die volle Einstandspflicht sollte

---

930 Spickhoff, VersR 1998, 1189, 1192.

931 BGHZ 95, 63 = NJW 1985, 2189.

932 BGHZ 120, 376 = NJW 1993, 779, 780; Reiling, MedR 1995, 443, 447; Kramer, NJW 1996, 2398, 2399.

933 Reiling, MedR 1995, 443, 447.

934 Instruktiv dazu die verfehlte Entscheidung des OLG Koblenz NJW 1998, 3425 = VersR 1998, 1283 = ArztR 1998, 150 (Ls 2) zu einem gespaltenen Vertrag: „Überraschend i. S. v. § 3 AGBG ist dieser Ausschluß dann nicht, wenn der Patient etwa einen gesonderten Bogen, überschrieben mit ‹Vereinbarung zum Haftungsausschluß›, unterschreibt, der inhaltlich den Haftungsausschluß klarstellt. Betrifft der Haftungsausschluß ausschließlich ärztliche Behandlungsfehler, so verstößt der Krankenhausträger auch nicht gegen § 9 AGBG."

935 Kritisch Spickhoff, VersR 1998, 1189, 1190 u. 1197, der sich insbesondere auf die Richtlinie 93/12/EWG v. 5.4.1993, abgedruckt in NJW 1993, 1838, stützt. Zweifelnd auch Deutsch, MedizinR, Rdnr. 77: Der Patient rechne nicht mit einer Haftungsfreistellung, er könne sich auch in der für ihn existentiellen Situation schlecht darauf einstellen.

936 § 21 MuBO 1997 lautet: „Der Arzt ist verpflichtet, sich hinreichend gegen Haftpflichtansprüche im Rahmen seiner beruflichen Tätigkeit zu versichern." Zu optimistisch zeigt sich daher die Auffassung, es genüge dem Patienten die Arzthaftung, vgl. OLG Bamberg VersR 1994, 813, 815; OLG Koblenz NJW 1998, 3425 = VersR 1998, 1283 = ArztR 1998, 150.

937 Diese Pflicht wäre der Verbesserung des Ansehens des ärztlichen Berufsstandes dienlich, meint Flatten, VersR 1994, 1019, 1023.

938 BGH NJW 1990, 761 = MedR 1990, 136.

mit dem Wahlleistungsvertragsschluß einhergehen[939], wenn er denn angeboten wird.

Erhoben wird ferner der Einwand, daß die Spaltung des Vertragsverhältnisses zu einer Zersplitterung der Haftung führt. Weil der „für den Eingriff ausgewählte Chefarzt nicht für etwaige Fehler anderer privatliquidierender Ärzte einzustehen hat“[940], knüpft die Haftung bei der horizontalen Arbeitsteilung an, das heißt bei Gebietsbezeichnungen, Vereinbarungen und konkreten Rollenverteilungen.[941]

Will der Krankenhausträger die Verantwortlichkeit der Ärzte herausstellen, erscheint der Abschluß einer umfassenden Betriebshaftpflichtversicherung unter finanzieller Beteiligung der Ärzte an den Versicherungskosten vorzugswürdig gegenüber der AGB-mäßigen Vertragsaufspaltung.[942] Dadurch wird für den Krankenhausträger nicht nur das Risiko unterbunden, in Betracht kommende Regreßansprüche gegen selbstliquidierende Ärzte nicht durchsetzen zu können[943], sondern es wird auch die möglicherweise zugunsten der Mediziner eingreifende beschränkte Arbeitnehmerhaftung aufgefangen.[944]

Wenn sich ein Behandlungszwischenfall ergeben hat, verpflichtet die arbeitsvertragliche Treuepflicht den Chefarzt an der Aufklärung des Sachverhaltes mitzuwirken.[945] Begrenzt wird diese Treuepflicht nur, wenn „ausnahmsweise weder auf der Seite des Trägers noch auf der Seite des Arztes eine Haftpflichtversicherung besteht".[946] Dann hat der betroffene Chefarzt Regreßforderungen des Krankenhausträgers zu gewärtigen und müßte sich andernfalls selbst belasten.

---

939 Ebenso Spickhoff, VersR 1998, 1189, 1194: „Gerade auch im Arzt- und Krankenhausvertragsrecht ist die Pflicht zum Schadensersatz nach einer Pflichtverletzung zum Schutz der Interessen der Patienten erforderlich. Sie scheint als eine aus der Natur des Krankenhausvertrages folgende wesentliche Pflicht.“

940 Spickhoff, VersR 1998, 1189, 1195 im Anschluß an Kramer NJW 1996, 2398, 2400 f.

941 Steffen/Dressler, ArzthaftungsR, Rdnr. 234.

942 Kramer, NJW 1996, 2399, 2405.

943 Spickhoff, VersR 1998, 1189, 1195.

944 Eine Tendenz zum Abschluß von Betriebshaftpflichtversicherungen erkennt Flatten, VersR 1994, 1019.

945 Lippert, MedR 1987, 176.

946 Scholz, VersR 1996, 817.

14 Das Haftungsrecht des ambulanten Sektors

14.1 Einführung und Begriff

Seit Inkrafttreten des Gesundheitsstrukturgesetzes 1993 besteht ein Anspruch des gesetzlich Krankenversicherten auf vollstationäre Behandlung nach § 39 Abs. 1 S. 2 SGB V nurmehr, wenn eine derartige Krankenhausaufnahme erforderlich ist, weil das Behandlungsziel nicht durch teilstationäre, vor- und nachstationäre oder ambulante Behandlung erreicht werden kann.[947] Die in § 115a SGB V[948] geregelte ambulante Behandlung im Krankenhaus von medizinisch geeigneten Fällen umfaßt die vor- und nachstationäre Behandlung ohne Unterkunft und Verpflegung, sowie nach § 115b SGB V die ambulant durchführbaren Operationen[949] und neuerdings auch stationsersetzende Eingriffe[950], bei denen der Patient die Nacht vor und nach dem Eingriff außerhalb der Klinik verbringt. Das heißt also: Soweit der Krankenhausträger die Behandlung selbst übernimmt, ersetzt er den „ermächtigten" Chefarzt als Träger der Ambulanz im Krankenhaus. Bietet der Krankenhausträger damit die nach § 115a SGB V zugelassene ambulante vor- und nachstationäre Behandlung ebenso wie die nach § 115b SGB V möglichen ambulanten Operationen[951] und sonstigen stationsersetzenden Eingriffen an, wird

---

947 Gesetzlich definiert sind die Begriffe ambulant und stationär nicht, vgl. zur Abgrenzung Vreden, KH 1998, 333, 336: Die Gewährung von Unterkunft und Verpflegung unterscheide die stationäre von der ambulanten Behandlung.

948 Jansen, ZaeF 1995, 663.

949 Die mit dem Gesundheitsstrukturgesetz (v. 21.12.1992, BGBl I S. 2266) eingeführte Regelung zielt ab auf eine bessere Verzahnung des stationären und ambulanten Leistungsbereiches.

950 Ergänzung durch das Gesundheitsrefomgesetz 2000 v. 22.12.1999, BGBl. I S. 2626; die Erweiterung des Kataloges ambulanter Operationen um einen Katalog sonstiger stationsersetzenden Leistungen (wie etwa Herzkathetermessungen) soll bis spätestens 31.12.2000 erfolgen, vgl. § 115b Abs. 1 S. 2 SGB V. Hierzu Clade, DÄBl 2000, S. C 804, 805.

951 Für ambulante Operationen in den Leistungsbereichen der stationären Krankenhausbehandlung sind die Kliniken grundsätzlich zugelassen, vgl. § 1 S. 1 des dreiseitigen Vertrages zwischen der Deutschen Krankenhausgesellschaft, der Kassenärztlichen Bundesvereinigung und den Spitzenverbänden der Krankenkassen, vgl. DÄBl 1993, S. A 1955 ff.; auch MedR 1993, 254 ff. - Kern, NJW 1996, 1561, 1564, bezweifelt, daß sie regelmäßig wirtschaftlich durchführbar seien, doch ver-

die entsprechende Einrichtung als „Krankenhausambulanz“ oder auch synonym als „Institutsambulanz“ bezeichnet.

Diese Bezeichnung erweist sich aber als durchaus mehrdeutig, weil der Begriff „Krankenhausambulanz“ häufig als bloße Ortsangabe dient[952] oder Gebrauch findet als Oberbegriff für alle Typen der Ambulanz. Auch der Begriff „Institutsambulanz“ scheint untauglich, weil ein „Institut“ (ebensowenig wie ein „Krankenhaus“) die Qualität eines Rechtssubjekts besitzt. Verwandt werden sollen deshalb im weiteren die gegensätzlichen Begriffe „Trägerambulanz“ für die Ambulanz des Trägers und „Chefarztambulanz“ für diejenige des Chefarztes.

Klarzustellen ist indessen, daß sich die gebräuchliche Bezeichnung „Chefarztambulanz“ längst ebenfalls als unscharf erweist. Denn inzwischen hebt die Norm des § 116 SGB V (i.V.m. § 95 SGB V) für den zulässigen Betrieb einer Ambulanz auf eine Ermächtigung ab, die alle Krankenhausärzte mit abgeschlossener Weiterbildung[953] erlangen können.[954] Doch zumeist übernehmen weiterhin Chefärzte die Ambulanz in eigener Verantwortung und Liquidation, weshalb der geläufige Begriff „Chefarztambulanz" im weiteren beibehalten wird.[955]

---

heißt die Ausnutzung ambulanter Versorgungsmöglichkeit durchaus Einsparpotential, vgl. Genzel, ArztR 1998, 43, 44.

952 Vgl. etwa BGHZ 100, 363, 370 = NJW 1987, 2289.

953 Die Zahl der ermächtigten Krankenhausärzte liegt bei 11.257 (1997), vgl. Tätigkeitsbericht der Bundesärztekammer '98, S. 116; dort zutreffend: Bei der Überprüfung der Bedarfslage zur Sicherstellung der ambulanten Versorgung bemißt sich nicht nur nach quantitativen, sondern auch nach qualitativen Maßstäben, ob das vom Krankenhausarzt erbrachte Leistungsspektrum erforderlich und in freien Praxen ausreichend vorhanden ist. - Niedergelassene Ärzte haben keine Klagebefugnis gegen Chefarzt-Ermächtigungen, vgl. BSG ArztR 1998, 291.

954 Die bis 31.12.1988 geltende Vorschrift ließ die Beteiligung von Krankenhausärzten zu, die eine Gebietsbezeichnung führen durften, vgl. Krauskopf, in: Laufs/Uhlenbruck, Handbuch des ArztR, § 27 Rdnr. 45; Zuck, Rechtsfragen der Ambulanz, Rdnr. 62. - Zu den engen Voraussetzungen einer vertragsärztlichen Zulassung des Chefarztes der Pathologie in seinem Privathaus, vgl. BSG NJW 1998, 3442 = MedR 1998, 279 (nicht ausschließlich im Wege der Ermächtigung); dazu die Verfahrensbevollmächtigten Schlarmann/Buchner, NJW 1998, 3401; zu Recht ablehnend die Anmerkung von Schimmelpfeng-Schütte, SGb 1998, 660: „Das Erfordernis der Ermächtigung ... macht nur Sinn, wenn und weil der Weg über eine Zulassung verschlossen ist.“

955 Für die Frage der Vergütung des Chefarztes ist zu differenzieren zwischen Neuverträgen, die den Arzt regelmäßig zur ambulanten Tätigkeit ohne zusätzliche Vergütung verpflichten, wohingegen die vor 1993 geschlossenen Altverträge ambulante Operationen für den Träger regelmäßig nicht vorsahen, weshalb die Erweiterung der Dienstaufgabe eine zu vereinbarende Mehrvergütung erforderlich macht, vgl. Münzel, in: Madea (Hrsg.), Innere Medizin und Recht, 1996, S. 149, 152; Jansen, MedR 1993, 252, 254.

War die ärztliche Befugnis zum Betrieb einer Ambulanz im Krankenhaus bis zum Inkrafttreten des Gesundheitsstrukturgesetzes unangefochten[956], nimmt die Anzahl der Trägerambulanzen zu.[957] Wird zukünftig das kooperative Belegarztsystem ausgebaut, soweit die Einrichtung von Hauptfachabteilungen wegen der erforderlichen Abteilungsgröße nicht möglich ist[958], könnten die Chefarztambulanzen zurückgedrängt werden.[959] Am grundsätzlichen Vorrang der niedergelassenen Ärzte, dem „Primat der Vertragsärzte" bei der ambulanten Behandlung, soll aber nach dem Willen des Gesetzgebers festgehalten werden[960]. Die Einfüh-

956 Vorher nur im Bedarfsfalle ermächtigt, sind nach dem Gesundheitsstrukturgesetzes (GSG) v. 21.12.1992, BGBl I S. 2266, Krankenhäuser nun zum ambulanten Operieren zugelassen. Soweit die Kliniken von dieser Befugnis Gebrauch machen, werden Chefärzten für die gleichen Leistungen eine Nebentätigkeitserlaubnis und auch eine Ermächtigung nach § 116 SGB V nicht mehr erhalten. Ob eine erteilte Nebentätigkeitsgenehmigung einseitig widerrufen werden kann, wie Rieger meint (in: Graf=Baumann/Hirsch/Weißauer/Welter (Hrsg.), Ambulantes Operieren, S. 71, 79) oder ob es zu ihrer Aufhebung einer Vereinbarung zwischen Träger und Chefarzt bedarf, wie Jansen (MedR 1993, 252, 254) und Andreas (ArztR 1996, 13, 14) anführen, soll dahinstehen. § 4 Abs. 1 Nr. 5 des aktuellen DKG Chefarztvertrages sieht die Erbringung von Institutsleistungen im ambulanten Bereich als Dienstaufgabe vor; ebenso Münzel, Chefarztvertrag, § 3 Abs. 2 Buchst. e und Buchst. f, der dies für neu abzuschließende Verträge als unbedenklich möglich bezeichnet. Demgegenüber kritisch Andreas, ArztR 1993, 77, 93, ebenso wie die Arbeitsgemeinschaft, Chefarztvertrag, § 4 Abs. 1 Nr. 3 b: Die gesamte ambulante Tätigkeit gehöre zur freiberuflichen Nebentätigkeit.

957 Es sei eine in die Zukunft weisende Krankenhauspolitik, wenn Krankenhäuser sich um Institutsambulanzen bemühen, meint Zuck, Rechtsfragen der Ambulanz, Rdnr. 170. Allerdings kann jedes Krankenhaus frei darüber entscheiden, ob und welche der im Katalog genannten ambulanten Leistungen als Krankenhausleistungen erbracht werden sollen, vgl. BSG MedR 2000, 242. - Bisher fehlen Informationen über die Ausbreitung von Trägerambulanzen anstelle von Chefarztambulanzen. - Ein gesetzgeberischer Auftrag, bestehende Chefarztambulanzen in Trägerambulanzen umzuwandeln, besteht nicht. Im übrigen kann auch über die Vertragsarztzulassung für Krankenhausärzte eine generelle Öffnung der Krankenhäuser für die ambulante Versorgung nicht erreicht werden, sie bedürfte vielmehr einer Entscheidung des Gesetzgebers, vgl. Schlarmann/Buchner, NJW 1998, 3401, 3403.

958 Konsenspapier des 101. Deutschen Ärztetages zur ambulanten und stationären Versorgung, DÄBl 1998, S. A 1428.

959 Wegen der Kontinuität der Behandlung sei das Belegarztsystem auch der Trägerambulanz vorzuziehen, meint die Bundesärztekammer, vgl. Tätigkeitsbericht '98, S. 113 ff. Sie sieht das Schwergewicht auf der personalen Verknüpfung und nicht auf der institutionellen Verbindung von ambulanter und stationärer Behandlung.

960 BSGE 73, 25 = NJW 1994, 1612 = MedR 1994, 73. Ebenso, weil dies die wohnortnahe individuelle fachärztliche Betreuung gewährleiste, das Konsenspapier des 101. Deutschen Ärztetages zur ambulanten und stationären Versorgung, vgl. DÄBl 1998, S. A 1428 ff.: „Je spezialisierter und durch Geräteeinsatz kostenaufwendiger die

rung einer umfassenden ambulanten Behandlung von Patienten in Krankenhäusern bedeutete einen Systembruch ohne wirtschaftlichen Vorteil.[961]

14.2 Vertragsverhältnis und Haftung im Rahmen der Chefarztambulanz und Trägerambulanz nach herrschender Ansicht

Patient und Krankenhausträger treffen in der Trägerambulanz die Behandlungsabrede.[962] Hinzutreten kann für die ambulante vor- und nachstationäre Behandlung eine Wahlleistungsvereinbarung (ähnlich wie bei der stationären Versorgung) mit dem Chefarzt, wenn der Patient dessen persönliche Behandlung sicherstellen möchte.[963]

Demgegenüber kommt bei der Behandlung in der Chefarztambulanz nach ganz überwiegend vertretener Meinung grundsätzlich nur ein Vertrag zwischen Patient und Chefarzt zustande.[964] Demzufolge haftet dem Kranken nicht der Krankenhausträger, sondern der Arzt allein.

Jedoch gilt es diese Rechtsauffassung zu hinterfragen, denn sie steht den geltenden Regeln für den stationären Bereich diametral entgegen. Aus diesem Grunde entbehrt bisher der medizinische Grundsatz, wonach das ambulante Operieren insgesamt nicht mit größeren Risiken behaftet sein soll[965] als das stationäre Operieren[966], seiner juristischen Entsprechung: Für den Patienten erweist sich eine

---

fachärztliche Betreuung wird, desto intensiver besteht jedoch die Notwendigkeit, am Krankenhaus vorhandene Spezialeinrichtungen, die über freie Kapazitäten verfügen, auch ambulant nutzen zu können. Aus diesem Grund ist es notwendig, durch neue kooperative Strukturen eine bessere Verzahnung zwischen ambulanter und stationärer Versorgung zu erreichen."

961 Genzel, in: Laufs/Uhlenbruck, Handbuch des ArztR, § 93 Rdnr. 1.

962 Die §§ 115a, 115b SGB V verpflichten den Krankenhausträger, nicht den Chefarzt, gleichgültig ob es sich um einen Kassen- oder um einen Privatpatienten handelt.

963 Für ambulante Operationen besitzt der Patient ein solches Wahlrecht nicht.

964 Für die Rechtsprechung BGHZ 120, 376 = NJW 1993, 784 m.w.N.; Geiß/Greiner, ArzthaftpflichtR, Rdnr. A 62 und für die Literatur exemplarisch Schmid, a.a.O., S. 61.

965 Ein entsprechendes Ziel aus juristischer Sicht formuliert Bergmann, in: Arbeitsgemeinschaft Rechtsanwälte im Medizinrecht e.V. (Hrsg.), Krankenhaus im Brennpunkt, S. 37, 40, ohne daß er allerdings die Haftungsstrukturen vertiefte.

966 Weshalb der Arzt im Zweifel stationär vor ambulant zu behandeln habe, vgl. Kern, NJW 1996, 1561, 1562. - Nicht näher untersucht werden soll indessen die Frage, unter welchen Voraussetzungen überhaupt ambulant behandelt werden kann, vgl. dazu Jansen, ZaeF 1995, 663 ff., und welche Anforderungen dabei an den Qualitätsstandard zu stellen sind. Als Grundregel gilt, daß das ambulante Operieren insgesamt nicht mit einem größeren Risiko behaftet sein darf, als das stationäre Operie-

ambulante Behandlung nur in der Trägerambulanz, nicht aber in der - bisher verbreiteteren - Chefarztambulanz als haftungsrechtlich der stationären Krankenhausbehandlung ebenbürtig. So haftet der Krankenhausträger für Behandlungsfehler des Chefarztes in der Chefarztambulanz nicht, wohingegen er bei der stationären Regelbehandlung ebenso wie bei der stationären Wahlbehandlung für den Chefarzt einzustehen hat.[967]

In einer ersten Entscheidung vertrat der BGH 1987[968] den Standpunkt, es lasse sich für die Frage der ambulanten Haftung aus Sicht des Kassenpatienten der folgende Regelfall ausmachen. Ein Vertrag komme ausschließlich zwischen Patient und liquidationsberechtigtem Chefarzt zustande, weil allein der Chefarzt sozialversicherungsrechtlich[969] gegenüber dem Kassenpatienten zur ambulanten Behandlung befugt sei.[970] Eine Ausnahme gelte nur für die Einweisung zur sta-

---

ren, vgl. Kern, NJW 1996, 1561, 1562. Es entsprechen die Aufklärung und der zu gewährleistende Standard beim ambulanten Operieren dem stationären Operieren, insbesondere die postoperative Phase bedarf indes erhöhter Sorgfalt, vgl. Kienzle, ZaeF 1995, 666 ff. Allgemein dazu Bonvie, MedR 1993, 43 ff., und Jansen, MedR 1993, 252 ff.; außerdem die Vereinbarungen zwischen den Spitzenverbänden der Krankenkassen, der DKG und der KBV, DÄBl 1993, S. B 1413, und DÄBl 1994, S. B 1594, sowie die Richtlinien zur Qualitätssicherung der Bundesärztekammer, DÄBl 1994, S. B 1868.

967 Aus Sicht des Haftungsrechtes ist demnach für den potentiell haftungsberechtigten Patienten weiterhin die stationäre der ambulanten Behandlung vorzuziehen.

968 BGHZ 100, 363 = NJW 1987, 2289.

969 Vgl. auch Steffen/Dressler, ArzthaftungsR, Rdnr 45; a.A. Wohlhage, a.a.O., S. 122; Luxenburger, a.a.O., S. 130 ff. Zum Zeitpunkt der Entscheidung galt § 368a Abs. 8 RVO, vgl. BGHZ 105, 189 = NJW 1989, 769 = MedR 1989, 88, 89: „Die ambulante Versorgung von Kassenpatienten ist nach geltendem Recht nicht in erster Linie Aufgabe des Krankenhausträgers, sondern der zugelassenen Kassenärzte und, wenn sie im Krankenhaus anfällt, der an der kassenärztlichen Versorgung nach § 368n Abs. 8 RVO ‹beteiligten› Chefärzte. Das Krankenhaus als Institution kann eine ambulante Krankenhausbehandlung nur übernehmen, wenn sie um eine Einweisung zur stationären Behandlung oder um eine Notfallbehandlung in der Ambulanz geht, für die weder ein Kassenarzt noch ein ‹beteiligter› Chefarzt zur Verfügung steht, ferner bei einer besonderen ärztlichen Versorgungsleistung aufgrund besonderer Vereinbarungen zwischen Kassenärztlicher Vereinigung und Krankenhausträger gemäß § 368n Abs. 6 RVO."

970 Zweifelhaft war aber die Annahme des BGH, es habe im konkreten Fall eine Überweisung des Kassenpatienten an den Chefarzt und nicht an den Träger gegeben, denn ausweislich des Sachverhaltes hatte sich die Überweisung des Hausarztes gerade an den Träger gerichtet. Diese Klippe umschiffte das Gericht in fragwürdiger Eleganz mit dem Hinweis, die Überweisung hätte auf den Chefarzt lauten müssen und wäre für die Krankenkasse, die Kassenärztliche Vereinigung und den Chefarzt unmißverständlich gewesen (BGHZ 100, 393, 398). Noch das OLG Stuttgart als Berufungsgericht hatte aber einen Vertrag zwischen Patient und Träger bejaht.

tionären Behandlung oder falls es um eine Notfallbehandlung in der Ambulanz gehe[971]. Ein wichtiges Indiz für diese Rechtsauffassung sei überdies die Handhabung der Liquidation, die bei dem Chefarzt liege. Auf den Chefarzt sei die ambulante Behandlung der Kassenpatienten zugeschnitten, sie stelle zahlenmäßig den Behandlungsalltag dar und präge damit die Organisation, ebenso wie das Vorverständnis des Patienten.[972] Dieser rechtlichen Beurteilung stünde nicht entgegen, daß der Chefarzt seiner Verpflichtung zur persönlichen Behandlung nicht nachgekommen ist, sondern diese Behandlung vollständig dem Oberarzt überließ.[973]

Die zweite Entscheidung des VI. Zivilsenates betraf die Rechtsansprüche eines ambulant behandelten Privatpatienten. Die sozialversicherungsrechtliche Befugnis des Chefarztes, Kassenpatienten zu versorgen, konnte für die Behandlung des Privatpatienten nicht unmittelbar maßgeblich sein, denn in Bezug auf Privatpatienten fehlte jedwede gesetzliche Zuweisung der Behandlungsaufgaben.[974] Es bedurfte daher eines neuen Kriteriums zur Abgrenzung der Vertragsbeziehungen.

Der BGH suchte mit Hilfe der in der ersten Entscheidung getroffenen Zuordnung der Behandlungsaufgaben zu dem Chefarzt Anhaltspunkte für die Auslegung der geschlossenen Vereinbarung zu gewinnen. Das Gericht entschied, dem eingeschlagenen Pfad der Argumentation folgend: Es liege nahe „die für den Kassenpatienten vorgeprägte Zuständigkeitsregelung auch als von den Parteien erklärten und gewollten Inhalt der Vereinbarungen zwischen Privatpatient und Chefarzt über die Behandlung in der Chefarztambulanz anzusehen." Dies gelte selbst dann, wenn - wie in dem zu entscheidenden Fall - in Abwesenheit des Chefarztes nur der diensthabende nachgeordnete Krankenhausarzt tätig werde. Die Organisation des Krankenhauses stelle darauf ab, daß die Patienten ganz

971 BGHZ 100, 363 = NJW 1987, 2289.

972 BGHZ 100, 363 = NJW 1987, 2289. Ebenso Steffen/Dressler, ArzthaftungsR, Rdnr. 45. Sie führen weiter aus, nur so sei die Gleichstellung des Privat- mit dem Kassenpatienten hinsichtlich des Anspruchs auf persönliche Behandlung durch den Chefarzt gesichert. Inzwischen hat der Gesetzgeber durch die Stärkung der Trägerambulanzen verdeutlicht, daß eine höchstpersönliche Behandlung durch den Chefarzt in Entsprechung zur gebotenen höchstpersönlichen Behandlung durch den niedergelassenen Vertragsarzt nicht schlechterdings unverzichtbar sein soll.

973 BGHZ 100, 363, 368 = NJW 1987, 2289.

974 Die als weiteres Argument ins Feld geführte, infolge der gesondert vereinbarten ambulanten Leistung eigene Liquidation des Chefarztes eignet sich kaum als Indiz für oder gegen einen ausschließlichen Vertragsschluß zwischen Arzt und Patient. Denn für den Laien ist die Unterscheidung zwischen derivativem und originärem Liquidationsrecht schwer verständlich, zumal der Kassenpatient bislang über die Abwicklung der Liquidation nicht Kenntnis erhält. Für die juristische Beurteilung ist die Differenzierung entbehrlich, vgl. Luxenburger, a.a.O., S. 128.

überwiegend sozialversichert seien. Diese Organisation präge auch das Vorverständnis des Privatpatienten, der sich in die Krankenhausambulanz begebe. Auch käme er in eine Ambulanz, die ganz auf die Person des Chefarztes zugeschnitten sei. Daß der Privatpatient anderen Vertragspartnern gegenübertrete als die Kassenpatienten, sei schwer vorstellbar.[975]

In einer dritten Entscheidung[976] bestätigte der BGH seine Rechtsprechung und entschied folgerichtig, der beamtete Chefarzt werde bei der Behandlung seiner Patienten alleiniger Vertragspartner und im Rahmen der genehmigungsbedürftigen Nebentätigkeit tätig, weshalb nur er nach § 823 BGB hafte und sich nicht auf das Verweisungsprivileg des § 839 Abs. 1 S. 2 BGB berufen könne.[977] Dies gelte auch für seinen Vertreter.[978] Betreibe hingegen der Krankenhausträger eine „Institutsambulanz", gehöre die ärztliche Leistung zu den Dienstaufgaben, mit der Folge, daß dem Chefarzt auch das Verweisungsprivileg zustehe.

Die Literatur nahm diese am Kassenarztrecht orientierten Erwägungen der Rechtsprechung durchweg positiv auf.[979]

14.3 Stellungnahme

14.3.1 Nicht aufzulösende Fragen und ein Widerspruch

Jedoch waren die Feststellung eines Vorverständnisses des Kassenpatienten von der Krankenhausorganisation und die vermeintlich „naheliegenden" Schlußfolge-

---

975 BGHZ 105, 189, 195 = NJW 1989, 769 = MedR 1989, 88, 90. Darin heißt es, der Privatpatient wolle nicht schlechter gestellt sein als der Kassenpatient, dem persönliche Behandlung zustehe, mit der Folge, daß eine persönliche Bindung an den Arzt erforderlich sei, wozu die Annahme eines Vertrages diene. Indessen liegt es näher, zwei Vertragsschlüsse anzunehmen: einen Vertrag zwischen Patient und Krankenhausträger über eine ambulante Behandlung und zusätzlich einen weiteren Vertrag zwischen Arzt und Privatpatient - entsprechend dem im stationären Bereich anerkannten Regelfalles eines totalen Krankenhausvertrages mit Arztzusatzvertrag.

976 BGHZ 120, 376 = NJW 1993, 784 = MedR 1993, 194.

977 Offen gelassen noch in BGHZ 85, 393 = NJW 1983, 1374 = MedR 1983, 104.

978 Nicht aber für die nachgeordneten Mitarbeiter, die zur Behandlung herangezogen wurden.

979 Narr, Problemstellungen zu BGH MedR 1988, 86 und MedR 1989, 88; Zuck, Rechtsfragen der Ambulanz, Rdnr. 133; Kern, Problemstellung zu BGH MedR 1993, 194; Giesen, ArzthaftungsR, Rdnr. 6, 11 u. 23 (anders sei es aber in Österreich); Uhlenbruck, in: Laufs/Uhlenbruck, Handbuch des ArztR, § 95 Rdnr. 1 ff.; Ulsenheimer, in: Laufs/Uhlenbruck, Handbuch des ArztR, § 115 Rdnr. 18; Laufs, in: Laufs/Uhlenbruck, Handbuch des ArztR, § 98, Rdnr. 10; ders., Arztrecht, Rdnr. 88; ders., NJW 1990, 1505, 1509; Reiling, MedR 1995, 443, 454.

rungen für den Privatpatienten schon damals nicht wirklich überzeugend. Zunächst ist kritisch zu bemerken, daß die Entscheidungen Feststellungen zum tatsächlichen Inhalt der Erklärung der Parteien nicht erkennen lassen. Dies steht im Widerspruch zu den allgemeinen Grundsätzen des Vertragsrechts, wonach der Wortlaut einer Vereinbarung den Ausgangspunkt für die Auslegung darstellt. Jedoch ist für die Frage, ob der Chefarzt, der Krankenhausträger oder beide Vertragspartner des Patienten geworden sind, maßgeblich das im Einzelfall von den Parteien vertraglich Vereinbarte.[980] Demgegenüber finden sich in der ersten höchstrichterlichen Entscheidung hinsichtlich des Vertragsinhaltes nur verallgemeinernde Ausführungen zum Vorverständnis der (Durchschnitts-)Patienten von der Krankenhausorganisation nach Maßgabe der kassenarztrechtlichen Aufgabenzuweisung. Diese Überlegungen treten an die Stelle der gebotenen Auslegung des Erklärten und überzeugen nicht. Denn im Rahmen der verallgemeinernden Überlegungen wird aus Sicht des Patienten zwischen Chefarzt- und Trägerambulanz differenziert. Es bleibt jedoch völlig offen, auf welche Weise der Patient vor Ort Chefarzt- und Trägerambulanz unterscheiden kann[981].

Fragwürdig ist die Argumentation des BGH zudem in Ansehung der konkreten Umstände der vertraglichen Vereinbarungen. Denn die Sachverhalte der drei höchstrichterlichen Entscheidungen belegen, daß die tatsächlichen Umstände des Vertragsabschlusses aus Sicht der Patienten wenig eindeutig waren: In allen drei judizierten Fällen wurden in der Krankenhausambulanz die Oberärzte anstelle der Chefärzte tätig - der BGH rückte diesen Aspekt stets zur Seite. Wäre jeweils auf die tatsächliche Behandlung des Patienten durch den Oberarzt abgestellt worden, hätte sich die Frage nach dem Vertragspartner des Patienten in aller Schärfe gestellt. Welches Vorverständnis von der Krankenhausorganisation hat der Patient: Unterscheidet er Chefarztambulanz und Trägerambulanz? Welche Erwartungen bestehen von Seiten des Patienten, wenn ihm der Oberarzt in der Ambulanz gegenübertritt? Und: Glaubt der Patient in dieser Situation, er trete ausschließlich mit dem Chefarzt in vertragliche Beziehungen?

Mit der Behauptung eines Vorverständnisses, nur mit dem Chefarzt zu kontrahieren, läßt sich die im ersten Urteil getroffene (richtige) Feststellung nicht in Einklang bringen, neben dem Chefarzt sei auch dem Krankenhausträger als Institut die ambulante Behandlung (mit Hilfe angestellter Ärzte) erlaubt.[982] Kom-

---

980 Steffen/Dressler, ArzthaftungsR, Rdnr. 45.

981 Zutreffend konstatiert Kern (MedR 1993, 194), der Grund für die unterschiedliche Behandlung von Chefarztambulanz und Institutsambulanz sei nicht leicht zu erkennen.

982 BGH NJW 1989, 769, 770 unter Verweis auf BGHZ 70, 158, 166 f. = NJW 1978, 589, und BSG NJW 1962, 200. Soweit und solange eine Versorgungslücke bestand, waren ärztliche geleitete Einrichtungen von Krankenhäusern zur Teilnahme an der

men also seit je zwei potentielle Vertragspartner in Betracht, ließ sich höchstrichterlich schwerlich feststellen, der Patient habe ein Vorverständnis dahingehend, Vertragspartner werde allein der Chefarzt. Denkbar und vertretbar wäre ebenso die Annahme gewesen, Vertragspartner werde der Krankenhausträger.[983] Die gebotene - aus der Sicht des Patienten vorzunehmende - Abgrenzung zwischen Chefarztambulanz und Trägerambulanz fehlte in der Entscheidung.

Nicht zu überzeugen vermag außerdem die Behauptung, der Krankenhausträger schaffe keinen Vertrauenstatbestand. Zwar nehme der Patient an, im Krankenhaus behandelt zu werden, dies aber nur, weil er in das Krankenhaus zu gehen habe, das in seinen Räumen eine Ambulanz unterhalte.[984] Zum einen bestanden aber schon damals neben den Chefarztambulanzen Trägerambulanzen, für welche die Krankenhausträger einstandspflichtig waren. Zum anderen stellt sich die Eingliederung der Krankenhausambulanz in das Krankenhaus nicht als zufällig dar, sondern sie liegt in den praktischen und nachfrageorientierten Vorzügen begründet, dem Patienten eine umfassende Behandlung anbieten und das Personal vielerorts einsetzen zu können.

Überdies fehlt in den zitierten Entscheidungen jede Auseinandersetzung mit den damals vorhandenen abweichenden Literaturlösungen. Gegenstimmen verfochten schon seinerzeit die Auffassung, wonach es dem natürlichen und nächstliegenden Willen des Selbstzahlers jedenfalls in Eil- und Notfällen entspräche, mit dem Krankenhausträger in Vertragsbeziehung zu treten. Für den Vertragsschluß mit dem Träger spreche insbesondere der vom ihm unterhaltene Bereitschaftsdienst in der Krankenhausambulanz. Handele ein nachgeordneter Arzt, binde er den Krankenhausträger jedenfalls nach dem Rechtsscheinprinzip.[985]

Ohne Überlegungen in Bezug auf einen möglicherweise entstandenen Rechtsschein stellte der VI. Zivilsenat hingegen in der zitierten Ausgangsentscheidung fest: „Es spricht manches dafür, daß die Ambulanz ... weitgehend unter dem falschen Etikett einer Chefarztbeteiligung unzulässigerweise zur Krankenhausambulanz geworden ist (vgl. dazu schon BVerfGE 16, 280, 301 ff.).“

---

kassenärztlichen Versorgung ermächtigt, vgl. BGHZ 120, 376, 381; Schmid, a.a.O., S. 12 u. 101.

983 Immerhin Zweifel bewegen auch den Befürworter der Spruchpraxis Zuck, Rechtsfragen der Ambulanz, Rdnr. 132 u. 135: Es „wird die öffentliche Meinung die Ambulanz im Krankenhaus stets dem Krankenhaus zurechnen, und aus Sicht des Krankenhauses ist das unter Marketing-Aspekten auch so gewollt.“... „Die ... BGH-Rechtsprechung sollte vom Krankenhausträger deshalb nicht als Freibrief für Ambulanz-Wildwuchs mißverstanden werden. Der Träger muß vielmehr ... beachten: ‹Optisch› bleibt die Ambulanz im Krankenhaus eine Ambulanz des Krankenhauses.“

984 BGHZ 100, 363, 371 = NJW 1987, 2289.

985 Wohlhage, a.a.O., S. 123 ff.; Luxenburger, a.a.O., S. 130 ff.

Lebensfern scheint weiterhin die - letztlich die bisherige Judikatur bestimmende - Vorstellung, der Durchschnittspatient sei mit den kassenärztlichen Rechtsregeln vertraut, erschließe sich so die Krankenhausorganisation und sei daher geprägt von einem entsprechenden Vorverständnis. Endlich steht dieses behauptete Vorverständnis des Patienten, der Kontrakt binde den kassenarztrechtlich ermächtigten Chefarzt, im Widerspruch zu der gleichfalls getroffenen und durchaus realistischen höchstrichterlichen Feststellung: „Der Kassenpatient wird sich in der Regel kaum eigene Gedanken darüber machen, wer von den in der Krankenhausambulanz tätigen Ärzte als Vertragspartner anzusehen ist.“[986]

Wenn aber der Patient Gewißheit über die Person des ihm vertraglich verbundenen Arztes nicht erlangen kann, wird er doch innerhalb des Krankenhauses jedenfalls den Krankenhausträger als Schuldner[987] erwarten.[988] Auch wenn der Patient den behandelnden Arzt kennt (und wählt), wird er dennoch mit Blick auf das umfängliche, auch stationäre Leistungsangebot sowie mit Blick auf den möglichen Haftungsfall den Krankenhausträger für sich als vertraglichen Leistungsschuldner und Einstandspflichtigen zu gewinnen suchen.[989] Im Falle der ambulanten Behandlung des Kassenpatienten durch einen Gemeinschaftspraxispartner zog der BGH unlängst mit Blick auf die Interessenlage und die Verkehrsauffassung einen ähnlichen Schluß: Es sei anzunehmen, der Patient wolle zu allen Pra-

---

986 BGHZ 100, 363, 368 = NJW 1987, 2289. - In Betracht käme dann folgerichtig auch ein Vertragsschluß mit dem jeweils behandelnden Arzt - hier dem Oberarzt, möglicherweise aber auch einem Assistenzarzt.

987 Anderes mag gewiß gelten etwa bei der Bewirtung in einer Cafeteria oder dem Einkauf an einem Kiosk innerhalb des Gebäudes.

988 Ohne die Rechtsfrage näher zu beleuchten, stellte das OLG Hamm unlängst in einer Entscheidung (Urt. v. 18.08.1999, 3 U 216/98) fest: Der Patient, „auf dessen Sicht es insoweit ankommt, mußte, als er die auf dem Gelände des Universitätsklinikums liegende Ambulanz eines im Dienste der Beklagten [Universität] stehenden Hochschullehrers aufsuchte, dort untersucht wurde und auch die Durchführung des [stationären] Eingriffe absprach, davon ausgehen, daß die Beklagte sein Vertragspartner nicht nur hinsichtlich ambulant erbrachter Leistungen, sondern auch hinsichtlich der Durchführung des Eingriffs wurde. Alles andere hätte dem Patienten gegenüber unzweideutig zum Ausdruck gebracht werden müssen.“

989 Dies konzediert selbst die DKG: Die Struktur des Krankenhauses sei für den ambulanten Bereich „sehr vorteilhaft. Durch die Konzentration verschiedener Fachrichtungen sowie des spezialisierten medizinischen Personals innerhalb des Hauses steht eine Vielzahl von diagnostischen und therapeutischen Möglichkeiten zur Verfügung. Hinzukommt die erforderliche Integration von Prävention und Nachsorge in das Krankenhaus als Ziel einer ganzheitlichen Patientenversorgung. Nicht zu verkennen sind dabei die kurzen Wege einer qualifizierten Weiterbehandlung des Patienten“, vgl. Pföhler, KH 1996, 329, 330.

xisinhabern in vertragliche Beziehungen treten, sofern gleichartige Leistungen auf einem bestimmten Fachgebiet in der Gemeinschaftspraxis auftreten.[990]

14.3.2 Veränderte Rechtslage

Selbst wer - im Einklang mit der Rechtsprechung - ein kassenarztrechtlich geprägtes Vorverständnis des Patienten von der Krankenhausorganisation annehmen wollte, wird zum Umdenken gezwungen. Das für die Haftungszuweisung zentrale Argument des BGH, die kassenarztrechtliche Übertragung der Ambulanz auf den Chefarzt, besteht nicht länger. Der verfehlte Standpunkt der herrschenden Meinung zeigt sich längst überholt.[991]

Nach der durch das Gesundheitsstrukturgesetz veränderten Rechtslage läßt sich eine solche rechtliche Zuweisung der Ambulanz an den Chefarzt nicht länger ausmachen. Deshalb gilt: Ein durch gesetzliche Vorgaben festgelegter Regelfall, wonach Kassen- wie Privatpatienten einen ambulanten Behandlungsvertrag mit dem Chefarzt schließen, besteht nicht.

Die Trägerambulanz erhielt mit Einführung des Gesundheitsstrukturgesetzes neben der Chefarztambulanz einen breiten Raum in der Versorgung. Gemäß § 115a SGB V ist der Krankenhausträger zur vor- und nachstationären Behandlung sowie nach § 115b SGB V zum ambulanten Operieren berechtigt.[992] Findet außerdem eine dem Kassenpatienten anstelle des Sachleistungsprinzips zugestandene Wahl der Kostenerstattung durch die gesetzliche Krankenversicherung Berücksichtigung, die dem Kranken die Freiheit zum Abschluß von Behandlungs-

---

990 BGH NJW 1999, 2731, 2734 = LM § 278 BGB Nr. 138 m. Anm. Laufs/Jungemann = MedR 1999, 561, 565: „Es liegt auf der Hand, daß der Patient die ihm angebotenen Vorteile einer Gemeinschaftspraxis nutzen und in Anspruch nehmen möchte. Dazu zählen vor allem der jederzeit mögliche Eintritt eines Vertreters im Falle der Verhinderung des primär behandelnden Arztes, ohne daß es bei Kassenpatienten einer Überweisung bedarf, die Gelegenheit kollegialer Besprechungen sowie die gesteigerten Möglichkeiten der personellen und apparativen Ausstattung. Die vertragliche Verpflichtung aller Praxisinhaber dient dazu, sich diese Vorteile nutzbar zu machen." Offen ist, ob dies auch für Privatpatienten gilt, wenn sich die Mitglieder einer Gemeinschaftspraxis als Belegärzte im selben Krankenhaus und im Rahmen des dortigen Einsatzplanes vertreten, vgl. G. Müller, DRiZ 2000, 259, 260.

991 Im allgemeinen wird der Vorrang des Vertragsrechts für die Arzthaftung nie bezweifelt, vgl. nur Deutsch/Geiger, a.a.O., S. 1049, 1091.

992 Der politische Wille richtet sich auch für die Zukunft auf eine ausgreifende Beteiligung der Krankenhäuser als Institution an der ambulanten Versorgung, vgl. Clade, DÄBl 1999, S. B 357.

verträgen verschafft[993], untergräbt auch dies den bislang unverändert aufrechterhaltenen Standpunkt der herrschenden Meinung.[994] Mit der Einschränkung des Sach- und Dienstleistungsprinzips wählt sich auch der Kassenpatient seinen Vertragspartner tatsächlich selbst aus. Deshalb ist die Suche nach Kriterien für eine Zuordnung der möglichen Vertragsverhältnisse zwischen den beteiligten Parteien neu eröffnet. Zunächst sei aber der Blick in die Vergangenheit zurückgewendet, denn so finden sich weitere Argumente gegen die überwiegend vertretene Auffassung.

14.3.3 Alte Abgrenzungsschwierigkeiten

Die Mühen bei der Ermittlung der Vertragsverhältnisse im Rahmen der ambulanten Behandlungen sind seit jeher größer, als die drei Leitentscheidungen des BGH[995] vermitteln. Wird etwa ein Kassenpatient nach einem stationären Krankenhausaufenthalt wegen notwendiger ambulanter Nachbehandlung erneut in das Krankenhaus überwiesen, soll es nach Auffassung des OLG Frankfurt zu einer vertraglichen Beziehung nur mit dem die Ambulanz aufgrund kassenärztlicher Bestellung betreibenden Chefarzt kommen, nicht aber mit dem Krankenhausträger.[996] Dieses auf der Grundlage der im Jahre 1981 gültigen kassenarztrechtlichen Bestimmung des § 368a Abs. 8 RVO ergangene Judikat forderte (schon nach alter Rechtslage) zum Widerspruch heraus. Eine solche strenge Sicht der

---

993 Für den Abschluß eines Vertrages zwischen Arzt und Patient und gegen einen Vertrag zwischen Krankenkasse und Arzt zugunsten des Patienten zuletzt Buddee, Der Arztvertrag nach dem SGB V, 1998; ähnlich Steffen/Dressler, ArzthaftungsR, Rdnr. 53: Ein Vertragsschluß des Patienten entspreche eher dessen Wahlrecht nach § 76 Abs. 1 SGB V und der Umstand, daß eine Kostenübernahmeerklärung nicht Voraussetzung für das Behandlungsverhältnis und schließlich das Schutzinteresse des Patienten ist.

994 Steffen/Dressler, ArzthaftungsR, Rdnr. 46, deuten eine mögliche Neuorientierung an: „Inwieweit sich die Neuordnung der gesetzlichen Krankenversorgung auf die Vertragsgestaltung für den Privatpatienten auswirkt, hat der VI. Zivilsenat des BGH bisher (31. Januar 1999) nicht zu entscheiden brauchen.“ - Auch Hager zeigte unlängst auf, nachdem die Reform der §§ 39, 115a, 115b SGB V die Zuständigkeit des Krankenhauses für die ambulante Versorgung erweitert habe, sei jedenfalls der Kassenpatient nicht mehr automatisch Patient nur des Chefarztes, sondern dieser könne auch im Rahmen seiner Dienstpflichten tätig werden (in: Staudinger, § 823 BGB Rdnr. I 5).

995 BGHZ 120, 376 = NJW 1993, 784; BGHZ 105, 189 = NJW 1989, 769; BGHZ 100, 363 = NJW 1987, 2289.

996 VersR 1994, 430. Zur zugelassenen Revision kam es - soweit ersichtlich - nicht.

Aufgabenverteilung[997] vermag den Fall der noch nicht abgeschlossenen stationären und einstweilen ambulant erfolgenden Behandlung nicht zu erfassen.

Nur im Wege der wertenden Betrachtung läßt sich eine Zuordnung vornehmen. Wenn die ambulante Nachbehandlung sich als geplante Fortführung der stationär begonnenen und erkennbar nicht abgeschlossenen Behandlung darstellt, liegt weiterhin ein einheitlich stationäres Vertragsverhältnis zwischen Patient und Krankenhausträger vor. Insoweit gilt der allgemeine Grundsatz, wonach sich aus dem Zweck des Arztvertrages ergibt, daß das Vertragsverhältnis erst in dem Zeitpunkt endet, in dem der Patient genesen und damit der Zweck des Arztvertrages erreicht ist[998]. Für die ambulante Nachbehandlung der stationär erfolgten Maßnahmen dauert der abgeschlossene stationäre Behandlungsvertrag daher fort.[999]

In einem anderen höchstrichterlichen Fall war die Zuordnung der präkonzeptionellen genetischen Beratung zum ambulanten oder zum stationären Bereich zu beurteilen. Überzeugt die richterliche Einschätzung der Leistung als zur ambulanten Tätigkeit gehörig, mußte weiter entschieden werden, wer den in der Ambulanz Ratsuchenden vertraglich verbunden war - der Chefarzt oder der Krankenhausträger. Verschiedene Kriterien boten sich zu einer Abgrenzung an. Lautete einerseits die Überweisung des Hausarztes auf die entsprechende Abteilung der Klinik, war anderseits der Chefarzt kassenärztlich zur Leistung ermächtigt. Zusätzlich bestand die landesgesetzlich geregelte Aufgabenverteilung, wonach die Universität im Rahmen der Dienstaufgaben die genetische Beratung bei sozialversicherten Patienten durchzuführen habe.

Der BGH stellte zu den widerstreitenden Zuweisungskriterien lapidar fest, es komme nicht auf die öffentlich-rechtliche Zuweisung der Aufgabe innerhalb der Universität an, „sondern vielmehr auf die Frage [an], wer vom Zulassungsausschuß zur entsprechenden Versorgung der Patienten ermächtigt worden“ sei - Vertragspartner werde der Chefarzt.[1000] Die bisherigen Zuordnungsgrundsätze wurden indessen trotz widerstreitender, ebenfalls öffentlich-rechtlicher Zuweisung nicht angezweifelt.[1001] Der BGH hielt an seiner kassenarztrechtlichen Ma-

997 Das OLG Frankfurt hielt die seinerzeit gültige Regelungen der RVO für maßgeblich. Es sei die „Aufgabe eines Krankenhauses aber primär die stationäre Behandlung der Patienten, während die ambulante Behandlung ... in erster Linie den frei praktizierenden Ärzten einschließlich der Belegärzte und ... den Chefärzten der Krankenhäuser vorbehalten“ bleibt.

998 Uhlenbruck, in: Laufs/Uhlenbruck, Handbuch des ArztR, § 46 Rdnr. 2.

999 Auch sozialrechtlich ist die Abgrenzung problematisch, vgl. BSGE 56, 228 = ArztR 1984, 317 und BSGE 74, 263 = MedR 1995, 207.

1000 BGH NJW 1994, 788 = MedR 1994, 441, 443.

1001 Es mag sein, daß das Liquidationsrecht des zur kassenärztlichen Versorgung ermächtigten Chefarztes im Außenverhältnis - verbunden mit einer Verpflichtung zur

xime fest, indessen fehlt eine vertiefte Auseinandersetzung oder ausführliche Begründung der Rechtsauffassung.

14.3.4 Neue Abgrenzungsschwierigkeiten

Rechtsstreitigkeiten, in denen die Frage der Zuordnung der ambulanten Tätigkeit unklar ist und in denen nurmehr eine wertende Betrachtung die Zuordnung erlaubt, werden allerdings zunehmen, je stärker die angestrebte Verzahnung von ambulanter und stationärer Tätigkeit fortschreitet. Weil die gesetzliche Einführung einer ambulanten Behandlung im Krankenhaus durch das Gesundheitsstrukturgesetz zum 1.1.1993 darauf abzielte, bisher stationär behandelte Patienten künftig ambulant zu behandeln mit dem Ziel der Kostensenkung im Krankenhaus, verwischen nun die Grenzen, die bislang sozialrechtlich klar waren.[1002] Zuvor waren Institutsambulanzen auf die poliklinischen Einrichtungen von Hochschulen sowie die wenigen Fälle einer ärztlich geleiteten Einrichtung mit Ermächtigung zur Teilnahme an der kassenärztlichen Versorgung beschränkt[1003], also Ausnahmeerscheinungen[1004]. Heute gehört die ambulante Versorgung der Patienten (auch) zum Aufgabenbereich des Krankenhausträgers. Zwar wollte der Gesetzgeber die Chefarztambulanzen nicht generell beseitigen, weshalb er für Trägerambulanzen eine sachliche Beschränkung auf die ambulante vor- und nachstationäre[1005] Behandlung sowie das ambulante Operieren[1006] formulierte.[1007] Zu konsta-

---

Weiterleitung an den Krankenhausträger im Innenverhältnis - die Stellung als Vertragspartner mit dem um genetische Beratung Nachsuchenden nicht berührt, vgl. BGH NJW 1994, 788 = MedR 1994, 441, 443. Jedoch ist damit über ein (zusätzliches) Vertragsverhältnis der Ratsuchenden zum Klinikträger nichts ausgesagt.

1002 Auch das Bundessozialgericht vertritt zur gesetzlichen Neuregelung die Auffassung, ihr Sinn liege darin, statt der scharfen Trennung zwischen ambulanter und stationärer Behandlung eine Überschneidung beider Leistungsbereiche anläßlich der Durchführung vor- und nachstationärer Diagnostik zu erreichen, vgl. ArztR 1997, 299, 301: Auch die langjährige, jedoch immer wieder befristete Ermächtigung eines Chefarztes darf zu eigener ambulanter Tätigkeit des Krankenhausträgers im Hinblick auf einen abzuschließenden Vertrag über die vor- und nachstationäre Krankenhausbehandlung (nach § 115 Abs. 2 Nr. 4 SGB V) befristet werden.

1003 Schmid, a.a.O., S. 12, 100.

1004 Schmid, a.a.O., S. 15 f.

1005 Die Legaldefinition des § 115a Abs. 1 SGB V lautet: „Das Krankenhaus kann bei Verordnung von Krankenhausbehandlung Versicherte in medizinisch geeigneten Fällen ohne Unterkunft und Verpflegung behandeln, um

1. die Erforderlichkeit einer vollstationären Behandlung zu klären oder die vollstationäre Krankenhausbehandlung vorzubereiten (vorstationäre Behandlung) oder

tieren bleibt, daß immerhin diese Behandlungsbereiche nun in die Zuständigkeit von Krankenhäusern fallen und Chefärzte von angestammten Feldern verdrängen.[1008] Es bleibt noch einige Jahre abzuwarten, bis sich Aussagen treffen lassen, in welcher Zahl tatsächlich Trägerambulanzen eingerichtet werden[1009] oder ob es zu einer Verlagerung in die Praxis niedergelassener Ärzte kommt[1010]. Doch läßt sich feststellen:

Zum einen macht sich der eine Ambulanz aufsuchende Patient regelmäßig keine präzise Vorstellung davon, wer sein Vertragspartner wird - der Chefarzt oder der Krankenhausträger oder beide. Eine klar zu definierende Vorprägung besteht nicht mehr - wenn es sie je gab. Zum anderen liefern die äußeren Umstände der Leistungserbringung regelmäßig keinen Aufschluß darüber, ob die

---

2. im Anschluß an eine vollstationäre Krankenhausbehandlung den Behandlungserfolg zu sichern oder zu festigen (nachstationäre Behandlung)."

1006 Zur Präzisierung der Zuständigkeit zwischen den Spitzenverbänden wurde ein Katalog der ambulant durchführbaren Operationen vereinbart (§ 115b Abs. 1 Ziff. 1 SGB V). Es erweist sich aber die Zuordnung solcher medizinischen Leistungen als schwierig, die zwar ambulant, aber im Hinblick auf die stationäre Behandlung durchgeführt werden - wie etwa der präoperativen Eigenblutspende, (die der stationären Tätigkeit zugerechnet wird, vgl. BSG ArztR 1995, 269; weitere Beispiele bei Genzel, in: Laufs/Uhlenbruck, Handbuch des ArztR, § 83 Fußn. 32. Die Erweiterung des § 115b Abs. 1 S. 1 Ziff. 1 SGB V um sonstige stationsersetzende Eingriffe durch das Gesundheitsreformgesetz 2000 (BGBl I S. 2626) verschärft die Probleme zusätzlich.

1007 Neuerdings appelliert die DKG an den Gesetzgeber, die (verbleibende) Trennung von ambulanter und stationärer Versorgung zu überwinden und den Krankenhäusern einen generellen Zulassungsanspruch zu gewähren, um etwa auch die Tageschirurgie übernehmen zu können, vgl. Clade, DÄBl 1998, S. A 864, 865.

1008 Im Rahmen der Verzahnung von stationärem und ambulantem Bereich geht der Trend zur Institutsleistung, vgl. Jansen, KHuR 1999, 66, 70. - Soweit der Krankenhausträger zugelassen ist, ersetzt er den „ermächtigten“ Chefarzt, vgl. Uhlenbruck, in: Laufs/Uhlenbruck, Handbuch des ArztR, § 95 Rdnr. 1.

1009 Bisher erfolgt die Umsetzung wegen der lange unsicheren Vergütung und der erforderlichen Investitionskosten langsam, vgl. Hoffmann, KH 1996, 502, 503. Für eine Ausweitung der Trägerambulanzen die DKG, vgl. Pföhler, KH 1996, 329, 330 („der richtige Weg“). Gelänge es leistungsbezogene Vergütungselemente in das Entgelt der in der Trägerambulanz tätigen Ärzte einzubeziehen, wären die Chefarztambulanzen ein Auslaufmodell, geknüpft an ihre derzeitigen Inhaber. Für die neuen Bundesländer stellte das BSG aber den in § 311 Abs. 10 SGB V dokumentierten Willen des Gesetzgebers fest, die ambulante ärztliche Versorgung in erster Linie durch niedergelassene Ärzte und nicht durch Krankenhäuser sicherzustellen, vgl. BSG ArztR 1997, 217.

1010 Für ambulante Operationen sind Zuwächse zu verzeichnen, die bei manchen Operationsarten über den im Krankenhausbereich registrierten Rückgängen liegen, vgl. Weber DÄBl 1998, S. A 2374.

Ambulanz vom Chefarzt oder vom Träger betrieben wird. Werden dann - wie so oft - die Krankenstation und die Ambulanz räumlich in einem Gebäude vorgehalten, legt diese räumliche Einheit dem Patienten den Schluß auf die rechtliche Einheit nahe. Erfolgt ferner die Aufnahme in der Ambulanz, ähnlich der stationären Aufnahme, üblicherweise durch nachgeordnetes Personal[1011] und wird die Behandlung durch einunddieselben Mitarbeiter durchgeführt, wird der Patient den Krankenhausträger als Vertragspartner ansehen.[1012]

14.3.5 Geläufige Einwände gegen die Einstandspflicht des Krankenhausträgers für die Chefarztambulanz

Geht es um die Zuweisung der vertraglichen Beziehung in der Chefarztambulanz, werden häufig für einen ausschließlichen Vertragsschluß zwischen Chefarzt und Patient folgende Gesichtspunkte ins Feld geführt: die Gleichstellung der ambulanten Chefarzttätigkeit mit der des niedergelassenen Arztes, das Erfordernis der Einheit von Liquidation und Haftung, die Ausgestaltung im Chefarztvertrag als Dienstaufgabe oder Nebentätigkeit und schließlich die Bezeichnung als „Chefarztambulanz".

Aber der erste Einwand geht fehl, in Bezug auf die ambulante Behandlung unterscheide sich die Tätigkeit eines leitenden Krankenhausarztes von der eines frei niedergelassenen Arztes nur dadurch, daß er die ambulante Behandlung mit Genehmigung des Krankenhausträgers regelmäßig unter Verwendung sachlicher und personeller Mittel erbringe[1013]. Gerade die Verwendung von Sachmitteln und Personal des Krankenhausträgers, ebenso wie die jedenfalls für die Kassenpatienten eingreifende Liquidation durch den Krankenhausträger nach § 120 Abs. 1 S. 3 SGB V[1014], stellt einen wesentlichen Unterschied zur freien Praxis des Ver-

1011 Einer Abgrenzung wenig förderlich erscheint folglich die Unterscheidung danach, ob die Aufnahme während oder außerhalb der Sprechzeit des Chefarztes erfolgt, so aber Luxenburger, a.a.O., S. 130-139.

1012 Andernfalls wäre eine Fragelast des Patienten anzunehmen, den tatsächlichen Leiter der Einrichtung durch Nachfrage zu ermitteln - eine überzogene Vorstellung.

1013 Wohlhage, a.a.O., S. 122; Luxenburger, a.a.O., S. 129.

1014 „Die den ermächtigten Krankenhausärzten zustehende Vergütung wird für diese vom Krankenhausträger mit der Kassenärztlichen Vereinigung abgerechnet und ... an die berechtigten Krankenhausärzte weitergeleitet." Eingezogen wie von einer Zahlstelle werden auch die Honorare aus dem Ersatzkassenbereich, vgl. BSG MedR 1991, 356.

tragsarztes dar.[1015] Eine Entsprechung findet die Chefarztambulanz insoweit in der Ambulanz des Trägers, nicht aber in der Praxis des niedergelassenen Arztes.

Auch rechtfertigt der in der Literatur zu findende Verweis auf das divergierende Liquidationsrecht die bisher favorisierte haftungsrechtliche Unterscheidung von Träger- und Chefarztambulanz nicht. Vordergründig mag es wünschenswert scheinen, „daß derjenige, der selbst liquidiert oder an der Liquidation beteiligt ist, auch selbst haftet“[1016]. Eine strikte Trennung der Liquidation scheidet indes aus, da Chefärzte regelmäßig durch eine Beteiligungsvergütung an den Einnahmen der Trägerambulanz teilhaben, ebenso wie die Krankenhausträger an den Erlösen aus der Chefarztambulanz mittelbar partizipieren.[1017] Aus Sicht des krankenversicherten Patienten kommt dem Aspekt der Liquidation ohnehin geringe Bedeutung zu, weil ihn die Behandlungskosten kaum je selbst beschweren.[1018] Auch der BGH hat bislang interne Vereinbarungen über die Weiterleitung des Honorars unberücksichtigt gelassen und so zu erkennen gegeben, daß es nicht entscheidend auf die Liquidation ankommt.[1019] Die insoweit verwendete Sentenz „Liquidiere und hafte“ trägt zur Lösung nichts bei.

Ebenso unabhängig ist die Zuordnung davon, ob die ambulante Tätigkeit als Dienstaufgabe oder als Nebentätigkeit des Chefarztes[1020] vertraglich mit dem Krankenhausträger vereinbart wurde. Vielmehr soll die Ausprägung des Dienst-

---

1015 Eine Ähnlichkeit besteht nur in den wenigen Fällen einer räumliche Trennung - etwa bei Praxisräumen außerhalb des Klinikkomplexes.

1016 So aber Kern, MedR 1993, 194, und für den stationären Bereich Kistner, a.a.O., S. 128.

1017 Vgl. § 120 Abs. 1 S. 3 SGB V. - Zur Frage der Sachkostenerstattung, vgl. VG Würzburg ArztR 1993, 307.

1018 Zur Gebührenminderung bei ambulanter Behandlung für Privatpatienten nach § 6a GOÄ vgl. BGH MedR 1998, 269 und Niewerth/Vespermann, VersR 1998, 689 f.: Sie besteht unter drei kumulativen Voraussetzungen: (1.) Wenn der niedergelassene Arzt, vertraglich abgesichert, eingebunden in den Betrieb des Krankenhauses ist, (2.) seine Leistung die Hauptleistung des Krankenhauses ist und (3.) nur an raumnah stationär aufgenommenen Patienten durchgeführt werden kann. - Gegen eine Pflicht zur Honorarminderung im Regelfall Schlarmann/Schiederdecker, MedR 2000, 220 ff.

1019 BGH NJW 1994, 788 = MedR 1994, 441, 443.

1020 Inzwischen zählen die Vertragsmuster das ambulante Operieren in der Institutsambulanz zu den Dienstaufgaben, vgl. DKG, Chefarztvertrag, § 4 Nr. 4 u. 5; Münzel, Chefarztvertrag, § 3 Abs. 2 Buchst. e und f; anders dagegen Arbeitsgemeinschaft, Chefarztvertrag, § 19. Zu Recht kritisch Jansen, MedR 1993, 252, 254; Andreas, ArztR 1993, 77, 91 f.; Zuck, f & w 1993, 76.

verhältnisses als dem Patienten unzugängliches Internum außer Betracht bleiben[1021].

Im übrigen mögen die beiden - auf Hinweisschildern in den Kliniken geläufigen - Bezeichnungen „Chefarztambulanz" (gelegentlich nur „Privatambulanz“[1022]) oder „Institutsambulanz“ durchaus der Hervorhebung dienen. Aber selbst der BGH will eine Haftungsfreistellung des Klinikträgers nicht auf die jeweilige Bezeichnung auf Schildern gründen. Denn „organisatorische Maßnahmen, die nach außen hin sichtbar machen, welche Patienten in der Ambulanz Patienten des Krankenhauses sind ... und welche Kassenpatienten des Chefarztes sind, werden freilich wenig praktikabel sein".[1023] Die bisher versammelten Wertungsgesichtspunkte geben demnach keinen eindeutigen Aufschluß über die bestehenden Vertragsbeziehungen.

14.3.6 Maßgeblichkeit der Willenserklärung des Patienten

Zur Beantwortung der eingangs gestellten Frage, ob der Patient einen Behandlungsvertrag mit dem Krankenhausträger und/oder mit dem Chefarzt abschließt, bleibt als Anknüpfungspunkt allein die vom Patienten bei der Aufnahme in der Krankenhausambulanz abgegebene Willenserklärung.[1024] Der die Ambulanz aufsuchende Patient gibt einen Antrag auf Abschluß eines Behandlungsvertrages ab.[1025] Häufig liegt diesem Antrag - ähnlich wie bei der stationären Aufnahme -

---

1021 Ebenso Luxenburger, a.a.O., S. 131, Fußn. 9: Hinweise auf das Innenverhältnis von Arzt und Träger in den Ambulanzen ließen sich regelmäßig nicht finden. - Zu beantworten wird aber sein, ob sich der beamtete Arzt auf das Verweisungsprivileg wird berufen können, wozu es der Feststellung im Einzelfall bedarf, daß die ambulante Tätigkeit zu den Dienstaufgaben zählte, vgl. BGHZ 120, 376, 383 = NJW 1993, 784.

1022 Uhlenbruck, in: Laufs/Uhlenbruck, Handbuch des ArztR, § 91 Rdnr. 45.

1023 BGHZ 100, 393 = MedR 1988, 86, 89. Dort heißt es ferner: „Es spricht manches dafür, daß die Ambulanz mithin weitgehend unter dem falschen Etikett einer Chefarztbeteiligung unzuverlässiger Weise zur Krankenhausambulanz geworden war (vgl. dazu schon BVerfGE 16, 280, 301 ff.)."

1024 Ähnlich zeigt sich der Ausgangspunkt der Überlegungen von Michalski, der aber der herrschenden Auffassung verhaftet bleibt (VersR 1997, 137, 138): „Für den Privatpatienten sind die konkreten vertraglichen Beziehungen und Vereinbarungen maßgeblich.“

1025 Wegen möglicher Überlastung werden Klinikträger und Arzt sich die Annahmeerklärung - etwa konkludent durch eine Behandlungsaufnahme - vernünftigerweise vorbehalten und nicht selbst ein für jedermann gültiges Angebot unterbreiten.

eine vom Krankenhausträger (oder auch dem Chefarzt) vorformulierte Erklärung, eine invitatio, zum Abschluß des ambulanten Behandlungsvertrages zugrunde.[1026]

Diese Willenserklärung des Patienten ist aus Sicht des Krankenhauspersonals als dem objektiven Erklärungsempfänger dahingehend zu interpretieren, der Kranke wolle mit dem Kliniktträger einen Vertrag schließen. Der Antrag wird vom Klinikpersonal angenommen, ohne daß die Annahme ausdrücklich im fremden Namen des Krankenhausträgers erfolgen würde.

Gleichwohl wird dem Offenkundigkeitsprinzip des § 164 BGB genüge getan. Von Seiten des die Annahme erklärenden Personals wird konkludent erklärt (§ 164 Abs. 1 S. 2 BGB), stellvertretend für den Krankenhausträger handeln zu wollen, weil die Erklärung in Bezug auf die medizinische Betreuung innerhalb des Krankenhauses abgegeben wurde. Aus Sicht des objektiven Erklärungsempfängers[1027], des die Annahme vernehmenden Patienten, muß die Annahmeerklärung so verstanden werden, als kontrahiere er mit dem Träger. Dies gilt insbesondere auch dann, wenn der Patient den Vertrag persönlich mit dem Chefarzt abschließt, ohne daß über die Person des Vertragspartners ausdrücklich gesprochen wird.

Der isolierte Vertrag zwischen Chefarzt und Patient bleibt allerdings denkbar, sofern die Parteien diesen ausdrücklich vereinbaren.[1028] Läßt also die Vertragsvereinbarung bei der Krankenhausaufnahme ausdrücklich erkennen, mit wem der Patient kontrahiert - einem Vertreter des Trägers und/oder des Chefarztes[1029], kommt die Vereinbarung mit dem Bezeichneten zustande. Dieser Fall wird aber die Ausnahme sein, zumal das AGBG dem Vorformulierten Grenzen setzt.

1026 Vgl. Anlage 1 des Musters „Allgemeiner Vertragsbedingungen (AVB) für Krankenhäuser, 5. Aufl., (Stand Dezember 1995). - Unerheblich ist letztlich, ob der Patient als Antragender oder Annehmender qualifiziert wird, da jedenfalls die Behandlungsseite den Vertragsschluß bestimmt.

1027 Zweckmäßigerweise abzustellen ist nicht auf den individuellen, sondern auf den durchschnittlichen Patienten wegen der von der Behandlungsseite überwiegend formularmäßig gestellten und nicht einzeln ausgehandelten Vertragsbedingungen, vgl. Reiling, MedR 1995, 443, 451 Fußn. 148 m.w.N.

1028 Zu den Anforderungen, die an eine solche Vereinbarung zu stellen sind, im weiteren.

1029 Entgegen der Ansicht Luxenburgers (a.a.O., S. 134) kann es aber nicht darauf ankommen, ob der Arzt gerade Sprechstunde hat oder nicht. Entscheidend ist, welche Erklärung dem Patienten bei der Anmeldung zugeht.

14.3.7 Stellvertretung

Wie gestaltet sich nun die Stellvertretung des Krankenhausträgers durch das Krankenhauspersonal im einzelnen? Eine entsprechende ausdrückliche Vollmachtserteilung des Krankenhausträgers gegenüber dem Personal im Innen- oder Außenverhältnis läßt sich im Hinblick auf die bisher vertretene, überwiegende Ansicht nicht annehmen. Bislang wird ja der Vertragsschluß zwischen Krankenhausträger und Patient für den ambulanten Bereich verneint.

Jedoch liegen die Voraussetzungen der Duldungsvollmacht[1030] vor, weil der Krankenhausträger „es wissentlich geschehen läßt, daß ein anderer für ihn wie ein Vertreter auftritt und der Geschäftsgegner dieses Dulden nach Treu und Glauben dahin verstehen darf, daß der als Vertreter Handelnde bevollmächtigt ist."[1031] Der Aufnahme durch das Personal in der Ambulanz kommt unter den üblichen Umständen der konkludente Erklärungswert zu, es werde für den Träger abgeschlossen - ein Vertragsschluß ergibt sich nach den Regeln der Duldungsvollmacht[1032].

Die bisherige Verneinung eines solchen Vertrauenstatbestandes durch den BGH[1033] überzeugt nicht.[1034] Es scheint lebensfern anzunehmen, der Krankenhausträger schaffe durch sein Handeln keinen Vertrauenstatbestand, das Verhalten in der Ambulanz lege dies dem Kassenpatienten nicht in der Weise nahe, daß sein Vertrauen geschützt werden müsse, vielmehr werde er als seinen Vertragspartner [nur] den Arzt ansehen.[1035] Für den Patienten liegt eine besondere Attraktivität der Krankenhausambulanz im Vergleich zum Notfalldienst niederge-

---

1030 Vgl. dazu Larenz, BGB AT, § 33 I a, S. 638 f., der eine Rechtsscheinhaftung annimmt. Zur Kritik an diesem Rechtsinstitut Medicus, Bürgerliches Recht, Rdnr. 98 ff., der eine konkludente Erteilung unterstellt, unter Hinweis auf BGH NJW 1966, 1915.

1031 BGH VersR 1992, 989, 990. Die Anscheinsvollmacht liegt demgegenüber vor, wenn der Vertretene das Auftreten des anderen zwar nicht kennt, es aber bei pflichtgemäßer Sorgfalt hätte erkennen und verhindern können und wenn bei einem Dritten der Schein entsteht, der Vertretene kenne und dulde dieses Auftreten, vgl. Medicus, Bürgerliches Recht, Rdnr. 98; Larenz, BGB AT, § 33 I, S. 639 f.

1032 Gegen einen Vertrag zwischen Patient und Krankenhausträger sind ebenfalls: Wohlhage, a.a.O., S. 122 ff.; Luxenburger, a.a.O., S. 130 ff.

1033 BGHZ 100, 363 = MedR 1988, S. 86, 88.

1034 Schon Luxenburger, a.a.O., S. 134, meint im Jahre 1981, „der Krankenhausträger weiß, daß seine nachgeordneten Ärzte bei der ambulanten Behandlung tätig werden, ohne darauf hinzuweisen, daß Vertragspartner des Patienten der leitende Krankenhausarzt sein solle und daß die nachgeordneten Ärzte lediglich als dessen Erfüllungsgehilfen tätig werden".

1035 Noch die Vorinstanz hatte einen Vertrag zwischen Patient und Krankenhausträger angenommen.

lassener Ärzte in der für ihn beruhigenden Gewißheit, bei ernsterer Erkrankung oder gar Verletzung sogleich stationär aufgenommen werden zu können und die verschiedenen medizinischen Disziplinen an einem Ort in Bereitschaft zu wissen, insbesondere auch die Ambulanz überhaupt besetzt vorzufinden.[1036] Hinzukommt die beim Patienten vorhandene Erwartung einer umfangreicheren technisch-apparativen Ausstattung der Klinik.[1037] Auch in Fällen, in denen zunächst unklar bleibt, ob der Patient lediglich ambulant behandelt wird oder ob die Untersuchung schon einer vorstationären Behandlung dient, wird der Patient der Auffassung sein, den Träger verpflichtet zu haben und eine Maximalversorgung zu erhalten.

Der BGH meinte feststellen zu können, es sei schwerlich anzunehmen, daß der Krankenhausträger überhaupt den Willen habe, mit dem in die Ambulanz überwiesenen Kassenpatienten in vertragliche Beziehungen zu treten.[1038] Dem hier entwickelten Standpunkt stehen aber die Interessen des Krankenhausträgers nicht entgegen. Die Bedenken gegen eine vertragliche Beziehung von Krankenhausträger und in der Chefarztambulanz behandeltem Patient werden dadurch ausgeräumt, daß der Träger die ärztlichen Maßnahmen selbst zu liquidieren vermag. Insoweit greift § 120 Abs. 1 S. 3 SGB V ein, wonach der Krankenhausträger mit der Kassenärztlichen Vereinigung die dem ermächtigten Krankenhausarzt zustehende Vergütung abrechnet. Sogleich zum Abzug gelangen die mit diesen Leistungen verbundenen allgemeinen Praxiskosten, die durch die Anwendung von ärztlichen Geräten entstehenden Kosten sowie sonstige Sachkosten und anteilige Verwaltungskosten. Diese nicht unerheblichen Einkünfte und die sich regelmäßig ergebende bessere Auslastung vorhandener Ressourcen[1039] vermögen die vertragliche Einstandspflicht des Krankenhausträgers zu rechtfertigen. Es profitiert der Kliniktträger durchaus von der Chefarztambulanz, nicht zuletzt vermarktet sie das Leistungsangebot des Krankenhauses.

1036 Ähnlich Wohlhage, a.a.O., S. 123 f.

1037 Das LG Hamburg entschied, es mache aus Sicht des Privatpatienten keinen entscheidenden Unterschied, ob er die von einer Universitätsklinik bereitgehaltene strahlentherapeutische Einrichtung stationär oder ambulant in Anspruch nehme; in beiden Fällen werde er sich bei unbefangener Betrachtungsweise vorstellen, daß er sich zur Behandlung „in die Universitätsklinik" begebe, vgl. Urt. v. 30.5.1997, KRS II, Nr. 97.006 (mit fragwürdiger Feststellung, es habe sich um eine Institutsambulanz gehandelt).

1038 BGHZ 100, 363, 371 = NJW 1987, 2289.

1039 Dazu LAG Hamm, ArztR 1998, 74, 79.

14.3.8 Zusätzlicher oder gespaltener Vertrag mit dem Chefarzt

Zu klären bleibt ferner, ob zwischen Chefarzt und Patient ebenfalls ein Vertrag zustande kommt oder ob es stets bei dem beschriebenen totalen ambulanten Vertrag zwischen Krankenhausträger und Patient bleibt, der die Verschaffung der ärztlichen Leistung umfaßt. Außerdem stellt sich die Frage, ob sich ein solcher zusätzlicher Arztvertrag für die Chefarzt- wie die Trägerambulanz gleichermaßen bejahen läßt.

Für die Chefarztambulanz fällt die Antwort eindeutig aus. Weil zur ambulanten Behandlung nur der zur Teilnahme an der vertragsärztlichen Versorgung ermächtigte Krankenhausarzt[1040], nicht aber der Krankenhausträger selbst berechtigt ist, läßt sich stets der Abschluß eines (zusätzlichen) Vertrages zwischen dem Kassenpatienten[1041] und dem ermächtigten Arzt annehmen. Anders wäre ein Anspruch auf vertragsärztliche Vergütung nicht zu begründen. Entsprechendes gilt dann für den Behandlungsvertrag mit dem Privatpatienten.[1042]

In den Grenzen der dem Krankenhausträger[1043] gesetzlich eingeräumten Befugnis zur ambulanten Behandlungen ist der Abschluß eines Arztzusatzvertrages[1044] ebenfalls zulässig.[1045] Dieser Zusatzvertrag ist indessen ausdrücklich zu vereinbaren, oder es müssen besondere Umstände für seine konkludente Vereinbarung sprechen.[1046] Denn in der Praxis hat sich im Rahmen der ambulanten Behandlung eine den Verhältnissen bei der stationären Behandlung ähnliche Auf-

1040 Gemäß § 116 SGB V muß dieser über eine abgeschlossene Weiterbildung verfügen.

1041 Überzeugend tritt ein für einen Vertragsschluß von Vertragsarzt und Kassenpatient Buddee, Der Arztvertrag nach dem SGB V, 1997.

1042 Deutsch/Geiger, a.a.O., S. 1049, 1100: Unabdingbares Gebot sei das Prinzip der Gleichbehandlung, weshalb die Regeln über den medizinischen Behandlungsvertrag für Kassenpatienten ebenso wie für Privatpatienten gelten.

1043 Zu nennen sind das ambulante Operieren und die sonstigen stationsersetzenden Eingriffe (§ 115b SGB V), die vor- und nachstationären Behandlung (§ 115a SGB V), die in § 24b SGB V vorgesehenen Leistungen, die zur Teilnahme an der vertragsärztlichen Versorgung ermächtigten Einrichtungen (Polikliniken, psychiatrischen Institutsambulanzen sowie sozialpädiatrische Zentren, §§ 117-119 SGB V) sowie die nichtstationäre Notfallversorgung.

1044 Die vertragliche Einstandspflicht wird aufgewogen durch die vertraglich zu vereinbarende Beteiligungsvergütung; zur Liquidation vgl. Luxenburger, a.a.O., S. 135, und Wohlhage, a.a.O., S. 129.

1045 Ebenso Reiling, MedR 1995, 443, 455 m.w.N.; a.A. für das ambulante Operieren Steffen/Dressler, ArzthaftungsR, Rdnr. 46; Uhlenbruck, in: Laufs/Uhlenbruck, Handbuch des ArztR, § 95 Rdnr. 1.

1046 Giesen, ArzthaftungsR, Rdnr. 11, verkennt dies: Er will aus der Rechtsprechung zur Chefarztambulanz für die Trägerambulanz den Umkehrschluß ziehen und eine „vertragliche Haftung *auch* des Klinikträgers annehmen".

spaltung in Regel- und Wahlbehandlung bisher nicht herauskristallisiert. Die Wahl der Behandlung durch einen bestimmten Arzt seitens des Patienten stellt überwiegend noch die Ausnahme dar.[1047] Auch läßt sich nicht annehmen, daß der lediglich durch eine Beteiligungsvergütung entlohnte Chefarzt im Rahmen der Regelbehandlung den Willen hat, einen Zusatzvertrag mit dem Patienten abzuschließen. Eine solche Entwicklung bleibt aber jedenfalls für die ambulante Wahlbehandlung zu gewärtigen.

Daß der Patient dennoch wünscht, ausschließlich mit dem die Chefarztambulanz betreibenden Arzt vertraglich verbunden zu sein, wird nur ganz ausnahmsweise anzutreffen sein. Denn was für den Patienten an einer gespaltenen Verpflichtung des Arztes und des Krankenhausträgers sinnvoll sein sollte, läßt sich nicht erkennen.[1048] Der gelegentlich zu findende Hinweis auf eine entsprechende Verkehrssitte geht ebenfalls fehl.[1049] Gerechtfertigt ist die Feststellung: „Aus der Sicht des Patienten handelt es sich bei den Chefarztambulanzen im Krankenhaus um ein Behandlungsangebot des Krankenhauses."[1050] Ebenso wie im stationären Bereich erlebt der Patient den Chefarzt in der gewandelten Wirklichkeit des Krankenhausbetriebes, zumal der Großklinik, nicht als eigene Instanz, losgelöst von den Abläufen, sondern als integrierten Teil des Krankenhauses, wenn auch in leitender Stellung.[1051]

In Entsprechung zur stationären Krankenhausbehandlung läßt sich also für die Chefarztambulanz der Regelfall des totalen ambulanten Krankenhausvertrages mit Arztzusatzvertrag annehmen, für die Trägerambulanz der Regelfall des totalen ambulanten Krankenhausvertrages, insoweit ist der Abschluß eines privatärztlichen Zusatzvertrages möglich.

1047 Für eine Alleinhaftung des Trägers etwa Ulsenheimer, in: Laufs/Uhlenbruck, Handbuch des ArztR, § 115 Rdnr. 24. - Demgegenüber für eine gleichgerichtete Beurteilung der Rechtsbeziehungen bei ambulanter und stationärer Versorgung von Privatpatienten das LG Hamburg, Urt. v. 30.5.1997 - 303 O 20/96, KRS II, Nr. 97.006, S. 11.

1048 Anders aber Luxenburger, a.a.O., S. 132.

1049 So aber Busse, a.a.O., S. 93.

1050 Stindt, in: Arbeitsgemeinschaft Rechtsanwälte im Medizinrecht e.V. (Hrsg.), Krankenhaus im Brennpunkt, S. 27, 32.

1051 Kistner, a.a.O., S. 58, für die stationäre Behandlung unter Hinweis auf BGHZ 95, 63 = NJW 1985, 2189: „Für die Wahl des Krankenhauses durch den Patienten ist im allgemeinen nicht nur die Person eines der Chefärzte von Bedeutung, sondern meist eben so sehr der Ruf des Krankenhauses in ärztlicher und pflegerischer Hinsicht insgesamt."

14.3.9 Abdingbarkeit des totalen ambulanten Krankenhausvertrages mit Arztzusatzvertrag im Rahmen der Chefarztambulanz

Bei der Behandlung in der Chefarztambulanz[1052] läßt sich ein gespaltener Vertrag in Abweichung vom Regelfall des totalen ambulanten Krankenhausvertrages mit Arztzusatzvertrag vereinbaren. Es verbleibt möglicherweise ein Gestaltungsspielraum zum Abschluß eines Vertrages über ambulante Behandlung zwischen dem zur Teilnahme an der vertragsärztlichen Versorgung ermächtigten Chefarzt und dem Patienten, der eine Einstandspflicht des Krankenhausträgers für die chefärztliche Leistung ausschließt.[1053]

Jedoch sind entsprechend der Rechtsprechung und überwiegenden Literaturansicht zur stationären Krankenhausaufnahme an den Abschluß eines solchen Vertrages hohe Anforderungen zu stellen. Ähnlich den Aufnahmeformularen für die stationäre Behandlung erfordern die Aufnahmeformulare den deutlich hervorgehobenen Hinweis, daß der Krankenhausträger nicht Schuldner der ärztlichen Leistung wird, weshalb ihm auch ärztliche Fehlleistungen nicht angelastet werden können.[1054] Die Bedenken gegen die formularmäßige Aufspaltung der Vertragsbeziehungen im stationären Bereich greifen auch für den ambulanten Bereich ein.

14.3.10 Alternative Neuordnungsvorschläge

In der Literatur finden sich zwei Versuche, eine Haftung des Krankenhausträgers für die ambulante Tätigkeit zu begründen, die halbherzig anmuten, weil sie die Frage nach der Einstandspflicht für Behandlungsfehler ausklammern. Die erste Überlegung zielt auf eine (vor)vertragliche Beziehung zwischen Träger und Patient hinsichtlich der äußeren Gegebenheiten (des Zugangs zur Ambulanz, der räumlichen Sicherheit), die „noch nicht entschieden, aber wohl zu bejahen" sei.[1055] Mag diese Überlegung auch richtig sein, reicht sie aber nicht weit genug.

Durch die Ausdehnung einer extensiv interpretierten Organisationspflicht des Krankenhausträgers auf den Bereich der Ambulanz, soll eine Haftung des Trä-

---

1052 Für die Trägerambulanz scheidet er denknotwendig aus, weil allein der Krankenhausträger zur Teilnahme an der vertragsärztlichen Versorgung ermächtigt ist, weshalb der Träger stets die ärztliche Leistung schuldet.

1053 Sofern nicht - gleich einem niedergelassenen Arzt - eigene Praxisräume in räumlicher Trennung von der Klinik bestehen, was selten der Fall sein wird.

1054 Vgl. BGHZ 121, 107 = NJW 1993, 779.

1055 Deutsch, MedizinR, Rdnr. 55.

gers gegenüber Patienten eingreifen.[1056] Doch auch dieser zweite Ansatz überzeugt nicht. Denn unter Organisationspflichtverletzungen ließen sich nicht alle in der Ambulanz möglicherweise auftretenden Schädigungen von Patienten erfassen. Systemkonform bleibt daher einerseits an dem hergebrachten Verständnis der Organisationspflichten festzuhalten und andererseits eine Neubestimmung der vertraglichen Beziehungen vorzunehmen, wonach der Krankenhausträger im Regelfall auch in der Chefarztambulanz die ambulante Behandlung schuldet. In der Folge ergeben sich überdies die entsprechenden Organisationspflichten des Krankenhausträgers in Bezug auf die Chefarzt- und Trägerambulanz.

14.4 Ergebnis

Entsprechend der zu übertragenden, im Rahmen der stationären Aufnahme geltenden Grundsätze, wonach das Krankenhaus im Prinzip zum Anbieter aller Leistungen im Zusammenhang mit einem Krankenhausaufenthalt geworden ist[1057], schuldet der Krankenhausträger dem Patienten vertraglich die ärztliche Tätigkeit in der Chefarzt- wie in der Trägerambulanz.[1058] Der ambulante Krankenhausbehandlungsvertrag stellt also einen totalen Vertrag dar. Hinzutritt in der Chefarztambulanz ein mit dem Chefarzt geschlossener Arztzusatzvertrag[1059] - entsprechend dem stationären totalen Krankenhausaufnahmevertrag mit Arztzusatz-

1056 Stindt, a.a.O., S. 27, 33. Der Autor weist zutreffend darauf hin, daß bereits die Entscheidung des im Krankenhaus angestellten Arztes nach § 39 SGB V, ob eine ambulante oder stationäre Behandlungsform geboten ist, Haftungsfelder für den Krankenhausträger eröffnet. - Die hier vorgestellte Auflösung vermag die schwierigen Abgrenzungsfragen demgegenüber zu beseitigen.

1057 Vgl. Giesen, ArzthaftungsR, Rdnr. 15 ff. - Der BGH hatte die Übertragung der Grundsätze der maßgeblichen Entscheidung (Z 95, 63) früh abgelehnt mit der unzureichenden Begründung, der stationär aufgenommene Privatpatient schließe einen Krankenhausaufnahmevertrag von vornherein mit dem Krankenhausträger ab, den er durch Abschluß der Wahlleistungsvereinbarung möglicherweise aus der Haftung entlasse, nicht aber der ambulante Patient (vgl. BGHZ 100, 363, 372). Damit verstellte sich das Gericht den Weg zur aufgeworfenen Frage, mit wem der Patient in der Ambulanz kontrahiert.

1058 Deshalb ist auch die deliktische Organstellung des Chefarztes gemäß §§ 31, 89 BGB sowohl für die Chefarztambulanz als auch für die stationäre Tätigkeit einheitlich zu bewerten.

1059 Für die ambulante Institutsleistung verficht Rieger, in: Graf=Baumann/Hirsch/Weißauer/Welter (Hrsg.), Ambulantes Operieren, S. 71, 80, 86, bei Selbstzahlern die Kombination von ambulanter Operation als Institutsleistung und Wahlleistung des Chefarztes - sofern eine entsprechende Nebentätigkeitserlaubnis besteht.

vertrag. Auch in der Trägerambulanz läßt sich eine privatärztliche Zusatzvereinbarung abschließen.

Die wiederholt festgestellte und erwünschte[1060] Konzentration der Haftung und damit auch der Schadensregulierung beim Krankenhausträger ist folglich *de lege lata* fortzuschreiben.[1061] Die sozialversicherungsrechtlich angestrebte stärkere Verzahnung von ambulanter und stationärer Tätigkeit wird auf diese Weise ohne haftungsrechtliche Zäsur begleitet: Dem Patienten haftet in jedem Falle der Krankenhausträger.

Für den Schadensfall besteht ein praktisch bedeutsamer Vorzug der verfochtenen Lösung gegenüber der hergebrachten Auffassung von Rechtsprechung und Literatur, denn die Geltendmachung des Schadensersatzanspruches richtet sich in jedem Falle gegen den Krankenhausträger.

Für den Patienten entstehen nicht länger zusätzliche Kosten für die Rechtsverfolgung gegenüber den leitenden und nachgeordneten Ärzten, und auch die Gerichtsverfahren selbst verkürzten sich möglicherweise.[1062] Für Krankenhausträger wird dies nicht mit höheren finanziellen Belastungen verbunden sein, wenn die Krankenhausärzte an den Kosten der abzuschließenden umfassenden Versicherung für das ambulante Behandlungsgeschehen beteiligt werden. Daneben zeigt sich allerdings der mögliche Regreß des Krankenhausträgers bei dem Chefarzt infolge der arbeitsrechtlichen Haftungsbeschränkungen und des beamtenrechtlich eingeschränkten Rückgriffs wirtschaftlich von untergeordneter Bedeutung.[1063]

Zu wünschen bleibt, daß die derzeitige Beurteilung der ambulanten Behandlung durch die Rechtsprechung und herrschende Lehre einem raschen Wandel unterworfen sein wird.[1064] Vollzog sich seinerzeit in der Rechtsprechung zur sta-

---

1060 Fuchs, in: Köhler/Maydell, Arzthaftung - „Patientenversicherung“ - Versicherungsschutz im Gesundheitssektor, 1997, S. 23, 24 = ArztR 1996, 319 ff.

1061 Steffen/Dressler, ArzthaftungsR, Rdnr 46, führen dazu immerhin aus: Inwieweit sich die Neuordnung der gesetzlichen Krankenversorgung auf die Vertragsgestaltung für den Privatpatienten auswirkt, habe der VI. Zivilsenat bisher nicht zu entscheiden brauchen. Letztlich stellt sich die Frage jedoch für Kassen- wie Privatpatienten in der Chefarzt- wie Trägerambulanz.

1062 Die deliktische Eigenhaftung der Ärzte bleibt bestehen. Sie ermöglicht es aus prozeßtaktischen Gründen auch den Arzt zu verklagen.

1063 Der wünschenswerte präventive Effekt des Haftungsrechts (vgl. etwa Fuchs, ArztR 1996, 319, 327) auf die behandelnden Ärzte bliebe jedoch erhalten: Haften Beamte und Angestellte im Innenverhältnis weiterhin für Vorsatz und grobe Fahrlässigkeit, Angestellte gar quotal für mittlere Fahrlässigkeit, bestünde weiterhin eine Abschreckung, und es bliebe der noch gültige Teil des Verschuldensprinzips gewahrt. Im übrigen kommen arbeitsrechtliche Maßnahmen wie Abmahnung und Kündigungen, sowie berufsrechtliche und strafrechtliche Konsequenzen in Betracht.

1064 Denn die Entwicklung der Rechtsprechung des VI. Zivilsenats zur stationären Behandlung erforderte einige Anläufe von Patienten vor Gericht. - Der III. Senat sieht

tionären Behandlung der Wandel zum totalen Wahlbehandlungsvertrag mit Arztzusatzvertrag[1065] durchaus unerwartet[1066], sieht er sich doch überzeugend begründet.

Diese Haftungsgrundsätze lassen sich auf die Vertragsverhältnisse bei der ambulanten Behandlung übertragen, sie mögen als Muster dienen für die gebotene Neustrukturierung der Vertragsbeziehungen wie der Haftung bei der ambulanten Behandlung im Krankenhaus.[1067]

---

neuerdings patientengerecht für Honorarfragen die Ärzte jenseits ihrer ambulanten Tätigkeit für die stationäre Behandlung verantwortlich. Er stellte zur Verantwortung der Ärzte fest, es bestehe „eine Verantwortung ... für die Behandlung der Beklagten insgesamt, die nicht an ihrer Praxistür anfing und endete, sondern aus medizinischen Gründen auch die Zeit des stationären Krankenhausaufenthaltes einschloß."

1065 Längst ist für die stationäre Behandlung der totale Krankenhausvertrag mit Arztzusatzvertrag der Regelfall, der gespaltene stationäre Arzt-Krankenhaus-Vertrag hingegen die Ausnahme, an dessen wirksame Vereinbarung wegen der einhergehenden Beschneidung der Rechtsstellung der Patienten hohe Anforderungen zu stellen sind. BGHZ 121, 107, 112 = NJW 1993, 779 = JZ 1993, 1062 mit zust. Anm. Reiling; BGHZ 95, 63 = NJW 1985, 2189.

1066 Reiling, MedR 1995, 443, 446 verweist auf Steffen, Neue Entwicklungslinien der BGH-Rechtsprechung zum Arzthaftungsrecht, 1. Aufl. 1984, S. 5, der das gespaltene Vertragsmodell noch als „Normalfall" bezeichnete.

1067 Stellt der gespaltene Vertragsschluß mit dem die Ambulanz betreibenden Chefarzt und dem Krankenhausträger (zukünftig) den Ausnahmefall dar, wären an seinen Abschluß ebenso hohe Anforderungen zu stellen wie im Rahmen der stationären Tätigkeit.

15 Haftungsverteilung im Innenverhältnis

15.1 Haftung des angestellten Chefarztes

Der dem Patienten durch einen eigenen (Zusatz-)Vertrag verbundene selbstliquidierende Chefarzt haftet vertraglich und auch deliktisch gegenüber dem Patienten im Außenverhältnis. Beschränkungen der Haftung[1068] ergeben sich aber regelmäßig im Innenverhältnis zwischen Krankenhausträger und Arzt.[1069] Die nach § 840 Abs. 1 BGB im Außenverhältnis eingreifende gesamtschuldnerische Einstandspflicht, die sich nach § 840 Abs. 2 BGB gar als Alleinhaftung erweisen kann, wird überwiegend abgemildert durch einen Freistellungsanspruch[1070] des Arbeitnehmers gegen den Arbeitgeber nach den Grundsätzen der beschränkten Arbeitnehmerhaftung.[1071]

Die Abkehr von der „gefahrgeneigten Arbeit" [1072]hin zu einer generellen Beschränkung der Arbeitnehmerhaftung begünstigt den im Krankenhaus tätigen Arbeitnehmer[1073], wie etwa den für seine Tätigkeit selbstliquidierenden Chef-

1068 Haftpflichtversicherung und Regreß vermögen die allgemeinen Haftungsgrundsätze nicht zu verändern, sind deshalb hier nachrangig. Ausführlicher dazu Büsken/ Klüglich, VersR 1994, 1142 ff.

1069 Gegen eine Haftungsbeschränkung im Außenverhältnis, weil sie auf spezifisch arbeitsvertraglichen Erwägungen beruht, die sich nicht auf das Außenverhältnis zu einem Dritten übertragen lassen, BGH NJW 1994, 852; BGHZ 108, 305 = NJW 1989, 3273.

1070 Erfüllt der Arzt die Forderung wandelt sich der Freistellungsanspruch in einen Erstattungsanspruch um, Büsken, a.a.O., S. 68.

1071 Diese wird nicht mehr aus der das Arbeitsverhältnis beherrschenden Treue - und Fürsorgepflicht des Arbeitgebers abgeleitet, sondern es wird in analoger Anwendung des § 254 BGB dem Arbeitgeber das Betriebs- und Organisationsrisiko seines Betriebes als verschuldensunabhängiger haftungsrechtlicher Zurechnungsfaktor angelastet, vgl. BAG NJW 1995, 210. Demgegenüber verficht Annuß eine ausschließlich an der Schadensbeteiligung orientierten Abwägung der Einstandspflichten, vgl. NZA 1998, 1089, 1095, die gegen den fundamentalen Gedanken des Arbeitnehmerschutzes verstößt.

1072 Für eine generelle Anwendung der Grundsätze auf Ärzte etwa Uhlenbruck, FS Knorr, S. 371, 389.

1073 Die arbeitsrechtlichen Haftungsbeschränkungen finden auf alle Arbeitnehmer gleichermaßen Anwendung. Der personelle Anwendungsbereich umfaßt insbesondere auch leitende Angestellte, da sich das Haftungsrisiko durch eine regelmäßig speziellere Ausbildung nicht verringert und auch nicht durch die häufig höheren Ein-

arzt.[1074] Dessen Abschluß einer Wahlleistungsvereinbarung mit dem Patienten durch den Chefarzt vermag den Status als Arbeitnehmer nicht zu beseitigen[1075], weil ihn der Chefarztvertrag zur Erbringung von Wahlleistungen verpflichtet[1076] und er dienstrechtlich in das Krankenhaus und dessen Aufgaben ebenso wie Organisation eingebunden bleibt.[1077] Der Freistellungsanspruch kommt indessen nicht generell zur Anwendung.[1078]

---

künfte aufgefangen wird, vgl. Brox/Walker, DB 1985, 1469, 1476; Heinze, MedR 1983, 6, 8. Anderer Auffassung noch der BGH, VersR 1969, 474, 477, weil leitende Angestellte ihre Tätigkeit nach eigener Bestimmung und in eigener Verantwortung ausübten, also nicht weisungsgebunden seien. Aus der Literatur Monjau, DB 1969, 84, 86, mit dem Argument, in dem Gehalt sei eine „entsprechende Risikoprämie" mitenthalten und Fehlleistungen des leitenden Angestellten seien Schlechtleistungen in der eigentlichen Aufgabe.

1074 Selbstliquidierende Chefärzte, die als Vertragspartner des Patienten einstandspflichtig werden, sind ausschließlich in ihrer Eigenschaft als Arbeitnehmer tätig, weshalb sich im Haftungsfalle eine getrennte Betrachtungsweise für die Regelbehandlung und die Wahlbehandlung verbietet, denn der Chefarzt ist in seiner Entscheidung nicht frei, sondern arbeitsvertraglich zur Wahlbehandlung verpflichtet, vgl. Büsken, a.a.O., S. 187-193; ähnlich Uhlenbruck, FS Knorr, S. 371, 385; a.A. Burck, VersR 1968, 613, 621; Daniels, NJW 1972, 309; Heinze, MedR 1983, 6, 7 f. - Neuerdings kritisiert Annuß, a.a.O., S. 142 ff., diese Begründung als formaljuristisch. Abzustellen sei hingegen darauf, wo die unternehmerische Tätigkeit zu verorten sei: im Rahmen des derivativen Liquidationsrechtes beim Krankenhausträger, im Rahmen des originären Liquidationsrechtes beim Chefarzt. Indes verkennt Annuß zweierlei: Zum einen ist die Unterscheidung zwischen derivativem und originärem Liquidationsrecht inzwischen praktisch bedeutungslos, weil regelmäßig der Krankenhausträger den Vertragsabschluß und Liquidation durchführt, und zum anderen trägt selbst der mit einem originären Liquidationsrecht versehene und über ein Grundgehalt verfügende Chefarzt kein echtes, d. h. wirtschaftlich verstandenes Unternehmerrisiko. Die Erbringung von Wahlleistungen, zu der er arbeitsvertraglich verpflichtet ist, begründet zusätzliche Einnahmen, ohne daß zugleich eine Kostenverantwortung bestünde.

1075 Für eine Einzelfallentscheidung noch Uhlenbruck, FS Knorr, S. 371, 389.

1076 Dies ergibt sich aus § 4 Abs. 1 i.V.m. § 8; DKG Chefarztvertrag; Münzel, Chefarztvertrag, § 3 Abs. 1 i. V. m. § 8 (§ 8 Variante A weist schon den Vertragsschluß dem Krankenhausträger zu); Arbeitsgemeinschaft, Chefarztvertrag, § 4 Abs. 1 Nr. 1, verpflichtet den Chefarzt im Rahmen der Krankenhausleistungen, zu denen nach § 2 Abs. 1 S. 2 BPflVO auch die Wahlleistungen gehören.

1077 BGHZ 85, 393, 398 = NJW 1983, 1374, 1378 = MedR 1983, 104.

1078 Problematisch sind die gespaltenen Krankenhausaufnahmeverträge. Für Chefärzte bleibt es auch insoweit bei ihrer Eigenschaft als Arbeitnehmer, weshalb eine Haftungsfreistellung angemessen wirkt. Demgegenüber scheidet dies für Belegärzte aus, weil sie nicht zu den Angestellten des Krankenhauses zählen; vgl. Uhlenbruck, FS Knorr, S. 371 ff.; indifferent Fahrenhorst, NZA 1991, 544, 545.

Früher galt die ärztliche Tätigkeit „nicht in ihrer Gesamtheit, sondern nur situationsbezogen" als gefahrgeneigt[1079], die Haftungsbeschränkung war also früher für den Krankenhaussektor nicht die Regel.[1080] Inzwischen finden die Grundsätze über die Beschränkung der Arbeitnehmerhaftung für alle Arbeiten Anwendung, die durch den Betrieb veranlaßt sind und aufgrund eines Arbeitsverhältnisses geleistet werden, selbst wenn diese Arbeit nicht gefahrgeneigt ist.[1081] Danach hat der Arbeitnehmer bei grober Fahrlässigkeit in der Regel den gesamten Schaden zu tragen[1082], bei leicht(es)ter Fahrlässigkeit haftet er nicht, während bei normaler Fahrlässigkeit der Schaden regelmäßig zwischen Arbeitgeber und Arbeitnehmer quotal geteilt wird.[1083] Selbst bei grober Fahrlässigkeit sind allerdings

---

1079 Vgl. Annuß, a.a.O., S. 138 ff.; Büsken, a.a.O., S. 141 ff, 170 ff.; Büsken/Klüglich, VersR 1994, 1141, 1149 m.w.N.; Fahrenhorst, NZA, 1991, 544 ff. (umfangreiche Kasuistik). - Mit Ausnahme von schwierigen Operationen plädierte gegen eine gefahrgeneigte Tätigkeit des Krankenhausarztes etwa Bergmann, in: Bergmann/ Kienzle, Krankenhaushaftung, Rdnr. 673, unter Hinweis auf BAG DB 1990, 47. Als Kriterien galten: Ob und in welchem Umfang der Arbeitnehmer an den Schadensfolgen zu beteiligen ist, richtete sich bei Abwägung der Gesamtumstände, insbesondere von Schadensanlaß und Schadensfolgen, nach Billigkeits- und Zumutbarkeitsgesichtspunkten. Im Rahmen der gebotenen Einzelfallbetrachtung fanden insbesondere Berücksichtigung, der Grad des dem Arbeitnehmer zur Last fallenden Verschuldens, die Gefahrgeneigtheit der Arbeit, die Höhe des Schadens, ein vom Arbeitgeber einkalkuliertes und durch die Versicherung abdeckbares Risiko sowie die Stellung des Arbeitnehmers im Betrieb und die Höhe seines Arbeitsentgelts, in dem möglicherweise eine Risikoprämie enthalten ist. Es konnten auch die persönlichen Verhältnisse des Arbeitnehmers berücksichtigt werden, wie die Dauer seiner Betriebszugehörigkeit, sein Lebensalter, seine Familienverhältnisse und sein bisheriges Verhalten.

1080 Gleichwohl sprachen schon in der Vergangenheit die überwiegenden Gründe für eine Haftungsbeschränkung, weil es dem Krankenhausträger erstens möglich ist sich gegen Schäden zu versichern und die Kosten auf die Leistung umzulegen, zweitens weil er die primären Vorteile aus dem Arbeitsergebnis zieht (selbst wenn letztlich keine Gewinnerzielungsabsicht besteht); insoweit zweifelnd Fahrenhorst, NZA 1991, 544, 545 u. 547 f., die meint, daß bei gemeinnützigen oder kirchlichen Krankenhäusern wirtschaftliche Überlegungen völlig außer Betracht bleiben; doch wer dies verneint, wird nicht umhin kommen, die Zweckerreichung als äquivalenten Vorteil anzusehen.

1081 GS BAG NJW 1995, 210 = NZA 1994, 1083; ebenso der auch für die Arzthaftung zuständige VI. Zivilsenat des BGH, NZA 1994, 27 = NJW 1994, 852.

1082 Allerdings sind auch bei grob fahrlässiger Verursachung des Schadens Haftungserleichterungen nicht ausgeschlossen. Im Rahmen der gebotenen Einzelfallabwägung kann berücksichtigt werden, daß der Verdienst in deutlichem Mißverhältnis zum Schadensrisiko der Tätigkeit steht. Zuletzt bejaht bei monatlichen Bruttoeinkünften von 3.500,- DM gegenüber 150.000,- DM Schaden, vgl. BAG NZV 1997, 353.

1083 BAG NJW 1998, 1810 = MedR 1998, 334 m. Problemst. Peris. Bei öffentlichen Krankenhausträgern bleibt darüber hinaus an die nach Maßgabe des BAT eingrei-

Haftungserleichterungen nicht ausgeschlossen, wobei es entscheidend darauf ankommen kann, daß der Verdienst des Arbeitnehmers in einem deutlichen Mißverhältnis zum Schadensrisiko der Tätigkeit steht.[1084] Die Änderung der Rechtsprechung führt auch im klinischen Bereich zu einer Ausweitung der Haftungsbeschränkung, letztlich auch zu mehr Rechtssicherheit zugunsten des Arztes als Arbeitnehmer.[1085]

Eine Haftung im Innenverhältnis ohne Einschränkung hielt das BAG jedoch geboten im Falle einer Ärztin in der Weiterbildung, die unter Mißachtung mehrerer Sicherheitsmaßnahmen eine Blutkonserve verwechselte. Wegen der akuten Lebensgefährdung, die bei der Übertragung von Blut einer falschen Blutgruppe entsteht[1086], bewertete es das Verhalten als besonders grobe Fahrlässigkeit. Ein die Haftung ausschließendes Mißverhältnis zwischen Einkünften und Schaden erkannte das Gericht mit Blick auf die geltend gemachten rund 110.000,- DM nicht[1087], ohne indessen Feststellungen zur Höhe des Einkommens der Ärztin zu treffen.[1088] Weil eine summenmäßige Haftungsbeschränkung dem Gesetzgeber

---

fende Regreßbeschränkung zu denken. Dessen § 14 beschränkt die Haftung - entsprechend den für die Beamten geltenden Vorschriften - auf grob fahrlässiges und vorsätzliches Verhalten.

1084 BAG NZA 1998, 140 = NZV 1997, 352.

1085 Angesichts der durch den Chefarzt abzuführenden Abgaben ist es nicht unangemessen, den Krankenhausträger an dem Behandlungsrisiko zu beteiligen, vgl. Fahrenhorst, NZA 1991, 544, 546; a.A.: Kistner, a.a.O., S. 66.

1086 BAG NJW 1998, 1810 = MedR 1998, 334.

1087 Einer Haftungsmilderung nicht entgegen steht eine freiwillig abgeschlossene Berufshaftpflichtversicherung des Arbeitnehmers. Sieht der Gesetzgeber hingegen eine Pflichtversicherung vor, werden die Grundsätze der beschränkten Arbeitnehmerhaftung von dieser Wertung des Gesetzgebers überlagert. - Fehlt eine freiwillige Betriebshaftpflichtversicherung oder sind grob fahrlässig verursachte Schäden von dieser ausgeschlossen, besteht die Möglichkeit des Rückgriffs des in Anspruch genommenen Arbeitgebers auf den Arbeitnehmer, weshalb eine „nicht unbeträchtliche Deckungslücke bleibt", vgl. Bergmann, a.a.O., Rdnr. 676 a.E. Daher sei es geboten, daß der Krankenhausträger die grobe Fahrlässigkeit der mitversicherten Bediensteten in die Deckung bei dem Haftpflichtversicherer einbezieht und die entstehenden Kosten umlegt. Hanau, MedR 1992, 18, 21, belegt, daß es sich nicht um eine Überspannung der Arbeitgeberpflichten handelt: Wegen der tatsächlich schwierigen Feststellung von Fällen grober Fahrlässigkeit würde der Patient andernfalls zum Spielball von Klinikträger, Arzt und beider Versicherungen.

1088 Doch auch die Gesamteinkünfte des leitenden Arztes sind nicht so hoch, als daß nicht die Belastung mit dem vollen Risiko möglicherweise schwerwiegender Schäden existenzgefährdend sein könnte, vgl. Fahrenhorst, NZA 1991, 544, 546.

vorbehalten bleiben soll, bedarf es für Haftungserleichterungen eines deutlichen Mißverhältnisses zwischen Arbeitsentgelt und Haftungsrisiko.[1089]

Einen Regreß des Arbeitgebers ermöglicht für Angestellte im öffentlichen Dienst die Norm des § 14 BAT, der auf die einschlägigen beamtenrechtlichen Regelungen verweist[1090], oder die allgemeinen Grundsätze der positiven Vertragsverletzung.[1091]

15.2 Exkurs: Haftung des beamteten Chefarztes

Nur wenn der beamtete Chefarzt die stationäre medizinische Behandlung infolge einer Wahlleistungsvereinbarung selbst schuldet, haftet er dem Patient auch selbst vertraglich auf Schadensersatz.[1092] Die stets eingreifende deliktische Einstandspflicht des beamteten Arztes wird im Außenverhältnis zum Patienten entschärft im Falle fahrlässigen Handelns durch die Regelung des § 839 Abs. 1 S. 2 BGB. Die Subsidiaritätsregel besagt, daß der Beamte nur deliktisch haftet, wenn der Verletzte nicht auf andere Weise Ersatz zu erlangen vermag.[1093] Da aber zumeist der Krankenhausträger selbst in der Haftung ist, wird der Geschädigte den Arzt nur im kaum je gegebenen Falle vorsätzlicher Fehlbehandlung belangen können. [1094] Im Innenverhältnis erlauben beamtenrechtliche Regelungen des § 78

1089 Im Fall eines Bruttoeinkommens von 3.500,- DM und einem Schaden von 150.000,- DM war indes eine Anspruchskürzung auf 20.000,- DM geboten, vgl. BAG NZV 1997, 353.

1090 Beschränkt wird der Regreß auf vorsätzliche und grob fahrlässige Pflichtverletzungen im Bundesrecht gemäß § 78 BBG (auch § 24 SoldatenG) und in Verbindung mit § 46 BRRG in folgenden Ländern: § 96 LBeamtenG Baden-Württemberg; Art. 85 Bayerisches BeamtenG; § 41 Abs. 1 LBeamtenG Berlin; § 41 LBeamtenG Brandenburg; § 77 Bremisches BeamtenG; § 82 Hamburgisches BeamtenG; § 91 Hessisches BeamtenG; § 86 LBeamtenG Mecklenburg-Vorpommern; § 86 Niedersächsisches BeamtenG; § 84 BeamtenG Nordrhein-Westfalen; § 86 LBeamtenG Rheinland-Pfalz; § 93 Saarländisches BeamtenG; § 97 Sächsisches BeamtenG; § 78 BeamtenG Sachsenanhalt; § 94 BeamtenG Schleswig-Holstein, vgl. dazu Büsken/ Klüglich, VersR 1994, 1141, 1150; Geigel, Der Haftpflichtprozeß, Rdnr. 174 ff., S. 617; Taupitz, FS Deutsch, S. 825 ff.

1091 Bodenburg, VersR 1979, 308, 309.

1092 BGHZ 121, 107 = NJW 1993, 779; BGH NJW 1988, 2946; BGH NJW 1983, 1314.

1093 Das Verweisungsprivileg gilt auch für den selbstliquidierenden Chefarzt, der zwar vertraglich haftet, sich für das Schmerzensgeld aber auf das Subsidiaritätsprinzip berufen kann, vgl. BGHZ 95, 63 = NJW 1985, 2189; BGHZ 85, 393 = NJW 1983, 1374; Kern, VersR 1981, 316.

1094 Wenn der beamtete Chefarzt aus seiner beamtenrechtlichen Dienststellung heraus tätig wird, gilt dies auch dann, wenn der Patient ausnahmsweise einen gespaltener Krankenhausvertrag abschloß, vgl. BGHZ 85, 393 = NJW 1983, 1374.

Abs. 1 BBG, § 46 Abs. 1 S. 1 BRRG i.V.m. den Landesbeamtengesetzen den Rückgriff des Klinikträgers auf den Beamten nur bei vorsätzlicher oder grob fahrlässiger Pflichtverletzung. Anders als für angestellte Chefärzte kommt also bei Fällen von Fehlbehandlung mittlerer Fahrlässigkeit eine quotale Teilung des Schadens nicht in Betracht. Darüber hinaus sind weitere Haftungseinschränkungen zugunsten des Beamten aufgrund beamtenrechtlicher Fürsorgepflicht denkbar.[1095]

Die ambulante medizinische Behandlung in der Chefarztambulanz gehört hingegen nicht zu den Dienstaufgaben des beamteten Chefarztes, weshalb er nicht als Beamter tätig wird und sich infolgedessen nicht auf das Verweisungsprivileg berufen kann, sondern selbst einstandspflichtig ist.[1096] Anders verhält es sich mit dem beamteten Chefarzt, der innerhalb seiner Dienstaufgaben in einer Institutsambulanz tätig ist. Dieser darf sich auf die Subsidiarität seiner Einstandspflicht berufen.

15.3 Abgrenzung der Haftungskreise

15.3.1 Gegenüber dem Krankenhausträger

Es besteht eine umfangreiche eigene Haftung des Krankenhausträgers für den sich ständig ausweitenden Bereich der Organisationspflichten[1097] des Krankenhausträgers. Dieser umfaßt nicht allein die allgemeinen Verkehrssicherungspflichten für das Gebäude, die Pflicht zur Instandhaltung der Geräte und die Sicherstellung der im Krankenhaus erforderlichen Hygiene, sondern auch die Gewährleistung des medizinischen Standards. So haben Dienstanweisungen nicht nur die Beschäftigungszeiten zu regeln, sondern auch etwa die Aufklärung von

---

1095 BGH NJW 1994, 660, 663. Grundsätzlich besteht kein Anspruch auf eine weitere Haftungsminderung.

1096 Die persönliche Haftung erstreckt sich nicht auf die von ihm herangezogenen nachgeordneten Ärzte, vgl. BGHZ 120, 376 = NJW 1993, 784.

1097 Der Vorschlag für eine Richtlinie des Rates über eine Haftung bei Dienstleistungen durch die EU-Kommission (ABl. EG C 12 v. 18.1.1991, S. 8 ff.) hätte keine Ausweitung der Organisationspflichten, sondern eine Umwälzung des bestehenden Haftungsrechts bedeutet. Die vorgesehenen Umkehr der Beweislast zugunsten des Geschädigten scheiterte 1994, vgl. zur berechtigten Kritik Baumgärtel, JZ 1992, 321 ff.; befürwortend Giesen, JR 1991, 485 ff. Zu den gegenwärtigen Tendenzen Laufs, in: Laufs/Uhlenbruck, Handbuch des ArztR, § 97 Rdnr. 4; Laufs, NJW 1996, 2413; Katzenmeier, in: Laufs/Dierks/Wienke/Graf=Baumann/Hirsch (Hrsg.), Die Entwicklung der Arzthaftung, 1997, S. 59 ff.

Patienten und die ärztliche Erstversorgung von Unfallopfern.[1098] Insbesondere müssen die Zuständigkeiten der Mitarbeiter klar umgrenzt werden. Weiterhin umfaßt die Organisationshaftung die Personalverantwortung für die sorgfältige Auswahl und Überwachung der Mitarbeiter.

15.3.2 Gegenüber den nachgeordneten Ärzten

Der Krankenhausträger hat für die nachgeordneten Ärzte[1099] vertraglich gemäß § 278 BGB und deliktisch nach § 831 BGB einzustehen.[1100] Als problematisch stellen sich aber medizinische Wahlleistungen dar, weil die nachgeordneten Ärzte dann in den sich schneidenden Pflichtenkreisen von Chefarzt und Krankenhausträger tätig werden. So sind die nachgeordneten Ärzte im Rahmen der medizinischen Grundversorgung Erfüllungs- und Verrichtungsgehilfen des Krankenhausträgers, doch im Rahmen der Wahlleistung zugleich Erfüllungs- und Verrichtungsgehilfen des Chefarztes.

Zur Trennung der Pflichtenkreise ergeben sich verläßliche Anhaltspunkte aus dem Katalog der Leistungen, für den die Chefärzte nach der GOÄ liquidieren kann[1101], denn insoweit besteht eine Einstandspflicht des Chefarztes für nachgeordnete Ärzte. Lassen sich die Pflichtenkreise aber nicht trennen, haben Krankenhausträger und Chefarzt als Gesamtschuldner für den nachgeordneten Dienst einzustehen.

15.3.3 Gegenüber dem Pflegepersonal

Zur Abgrenzung der Haftungskreise zwischen Ärzten und Pflegepersonal ist eine individualisierende Betrachtungsweise unumgänglich, weil sich eine „faustre-

---

1098 Quaas, KH 1997, 542.

1099 Eine Haftung für eigene Koordinations- und Kooperationsfehler trifft den Arzt auch dann, wenn die zusammenarbeitende Stelle nicht Erfüllungsgehilfe ist, vgl. BGH NJW 1990, 2929: Aufklärungspflicht der Ärzte einer Klinik, die einem Patienten zum Eingriff raten, der daraufhin nach Abstimmung von Ärzten einer anderen Klinik vorgenommen wird.

1100 Der Chefarzt trägt eigene Verantwortung für die Auswahl, die Anleitung und die Überwachung der nachgeordneten Ärzte.

1101 Weißauer, ZaeF 1995, 613, 616: Offen bleibe die ärztliche Operationsassistenz, die in der GOÄ als eigene Leistung des assistierenden Arztes ausgewiesen ist, ohne daß Träger dafür ein Liquidationsrecht einräumen.

gelartige Entscheidungshilfe für die täglich mit der Entscheidung konfrontierten Ärzte und Krankenpflegepersonen außerordentlich schwierig gestaltet".[1102]

Gehört nach neuerer Auffassung der Bereich der Pflege in die Zuständigkeit des Pflegepersonals und die medizinische Behandlung in die der Ärzte[1103], zeigt sich die Abgrenzung der beiden Bereiche tatsächlich umkämpft[1104]. Ob es einen tragfähigen Kompromiß darstellt, die Grundpflege ausschließlich dem Pflegepersonal zuzuweisen und die Behandlungspflege mit einer zurückhaltenden Beteiligung von Ärzten zu verbinden, mag sich noch zeigen. Bedenken dagegen bleiben, da die Aufgaben der Behandlungspflege des ärztlichen Sachverstandes nicht entbehren können.[1105] Zweifelhaft scheint ferner, ob Grund- und Funktionspflege zu dem vom Krankenhausträger voll beherrschbaren Risikobereich[1106] gezählt werden können[1107], denn auch in diesen Sphären bleiben Unwägbarkeiten des menschlichen Körpers risikoträchtig.

Nach platzgreifender organisatorischer Verselbständigung des Pflegesektors obliegt die Klinikleitung nun vielfach dem Verwaltungsdirektor, dem Ärztlichen Direktor und dem - neugeschaffenen - Pflegedirektor.[1108]

Weiterhin bleibt die Heilbehandlung Sache des Arztes, die auch der Ergänzung durch die Behandlungspflege erfordert. Trägt der Arzt die Anordnungsverantwortung, obliegt der Pflegekraft die Durchführungsverantwortung. „In bezug auf spezifisch diagnostische und therapeutische Anforderungen an die Pflege hat der Arzt ein Weisungsrecht". Aber es gibt auch das Plädoyer für originär pflegerische Tätigkeit unter der Weisungs- und Überwachungsverantwortung allein der Pflegedienstleitung im Bereich der Grundpflege.[1109] Deshalb ist Kooperation er-

---

1102 Heinze/Jung, MedR 1985, 62, 63.

1103 Steffen, MedR 1996, 265.

1104 Heinze/Jung, MedR 1985, 62, 63 f. und 66, weisen zutreffend daraufhin, daß eine konkrete Tätigkeitsbeschreibung fehlt und es einen arztfreien Bereich der Krankenpflege nicht geben könne; auch Opderbecke, MedR 1996, 542, bezweifelt, daß der Patient „in einen pflegebedürftigen und in einen behandlungsbedürftigen Organismus aufzuteilen" sei; a.A. Molkentin, MedR 1999, 29, unter Hinweis auf BGH NJW 1991, 1540 (Heben des Patienten vom Nachstuhl) gegen BGH NJW 1988, 762 (Dekubitusprophylaxe).

1105 Gegen einen arztfreien Bereich auch Quaas, ku 1999, 444, 447.

1106 Frahm/Nixdorf, ArzthaftungsR, Rdnr. 132 ff.: Überall dort, wo Erfolg und Mißerfolg medizinischer Maßnahmen nicht von den Unwägbarkeiten aus der Eigenart des lebenden Organismus des Patienten heraus beeinflußt werden können, bleibt es bei der aus § 282 BGB entwickelten Beweislast.

1107 So aber Molkentin, MedR 1999, 29, 31.

1108 Opderbecke, MedR 1996, 542.

1109 Molkentin, MedR 1999, 29 m.w.N. - Opderbecke, MedR 1996, 542, 544, kritisiert zu Recht, die Grenzen zwischen Grund- und Behandlungspflege seien fließend und zitiert das Urteil des BGH, NJW 1988, 762, zur - nach modernem Verständnis der

forderlich und jedes Rang- und Konkurrenzdenken unangebracht.[1110] Es besteht zwischen den Professionen ein „Sachzwang zu wirkungsvoller Zusammenarbeit“[1111], wobei die Krankenpflege „als integraler Bestandteil der medizinischen Patientenversorgung“ verstanden werden muß.[1112]

Nicht rechtlich bindend für eine Abgrenzung, aber gleichwohl wegweisend sind die Stellungnahmen und Empfehlungen der Berufsverbände[1113], die etwa zu Injektionen, Infusionen, Blutentnahmen und Transfusionen existieren. So vermochte in einem Fall die für die Gabe einer falschen Blutkonserve einstandspflichtige Ärztin auch mit dem Einwand des Mitverschuldens wegen eines Fehlverhaltens der beteiligten Anästhesieschwester gegenüber dem Krankenhausträger nicht durchzudringen. Weil der behandelnde Arzt nach den Transfusionsrichtlinien die Verantwortung für die Eignung der Blutkonserve trägt, war es ihre Aufgabe, die unterstellte Pflegekraft zu kontrollieren.[1114]

15.3.4 Team oder Hierarchie?

Die dargelegte Aufwertung der Stellung des Chefarztes führt zwangsläufig in Konflikt mit anhaltenden Bemühungen, ein Teamarzt-Modell in Krankenhäusern zu etablieren, „in welchem Fachärzte im Team (mit einem Teamarzt als gewähltem Sprecher) zusammenarbeiten und in welchem freiberufliche Vertragsärzte in

---

Grundpflege zuzurechnenden - Dekubitus-Prophylaxe, in dem es mit Grund heißt: „Die Entscheidung über das, was zu tun war, durfte nicht allein dem Pflegepersonal überlassen werden“. Auch für die Funktionspflege, wie etwa die Verantwortung für die Wartung eines Narkosegerätes, ist nach Opderbeckes Auffassung eine Alleinverantwortung des Pflegepersonals problematisch.

1110 Steffen, MedR 1996, 265; gegen einen arztfreien Bereich Heinze/Jung, MedR 1985, 62, 66, mit dem Hinweis auf die Alleinverantwortung des Arztes für die Heilbehandlung. Kritisch auch Opderbecke, MedR 1996, 542, 543, der den bisher vorhandenen Wesensunterschied aufzeigt von ärztlicher Hierarchie (mit dem Ärztlichen Direktor als primus inter pares) und Pflegehierarchie (bisher noch unzureichend spezialisiert).

1111 Steffen, MedR 1996, 265.

1112 Opderbecke, MedR 1996, 542, 544.

1113 Vgl. etwa Opderbecke/Weißauer (Hrsg.), Entschließungen - Empfehlungen - Vereinbarungen.

1114 Für die Pflegekraft gilt: Sie muß sich selbstkritisch prüfen, ob sie nach ihren Kenntnissen und Fertigkeiten den Auftrag ausführen kann. Bedenken muß sie dem auftraggebenden Arzt mitteilen. Bei begründeten Zweifeln muß und darf sie den Auftrag ablehnen.

dieses Team integriert werden"[1115] und das auf eine Beseitigung der Hierarchien abzielt. Der Widerspruch reicht aber weniger tief, als es den Anschein hat. Soweit die Anstrengungen der Kritiker darauf gerichtet sind, autoritären Führungsstil innerhalb der bestehenden Strukturen abzubauen, besteht durchaus Übereinstimmung, da der erfolgreichen Vermittlung von Entscheidungen durch den Chefarzt wesentliche Bedeutung für die Motivation der Mitarbeiter zukommt.[1116] Im übrigen erforderte aber die Einführung des Teamarzt-Modells eine kaum lösbare Neuordnung des Haftungs- und des Vergütungssystems.

1115 Vgl. etwa die Forderung der Bundesärztekammer, Tätigkeitsbericht ′97, S. 13 u. 128.

1116 Junghanns, ArztR 2000, 88, 89: „Der Chefarzt der Zukunft muß deutlich kooperativer, flexibler und integrierender arbeiten als früher."

16 Ergebnisse

16.1 Der Chefarzt ist Arbeitnehmer und läßt sich entsprechend der Ausgestaltung der geläufigen Musterverträge regelmäßig weder als leitender Angestellter im Sinne des KSchG noch als leitender Angestellter im Sinne des BetrVG qualifizieren.

16.2 Die erstmals mit dem ArbZG gesetzlich festgeschriebene Ausnahmestellung des Chefarztes sollte de lege ferenda auch für das KSchG und das BetrVG kodifiziert werden. Die herausgehobene und einflußreiche arbeitsrechtliche Stellung des Chefarztes im Krankenhaus rechtfertigt einen eingeschränkten arbeitsrechtlichen Schutz.

16.3 Unabhängig von zukünftigen Gesetzesänderungen kann der Anstellungsvertrag des Chefarztes heute so ausgestaltet werden, daß die Qualifikation als leitender Angestellter sowohl im Sinne des KSchG als auch im Sinne des BetrVG möglich ist.

16.4 Die rechtlich zulässige Befristung des Chefarztvertrages entspricht weder den Bedürfnissen des Chefarztes noch denen des Krankenhausträgers, Entwicklungsklauseln sind einzugrenzen.

16.5 Der Chefarzt vermag bei Wahlleistungen aufgrund totalen Krankenhausaufnahmevertrages mit Arztzusatzvertrag einen wirksamen Honoraranspruch nicht selbst zu begründen.

16.6 Nur durch eine Ausweitung der regelmäßig vertraglich eingeräumten Beteiligungsrechte des Chefarztes läßt sich die gebotene Neuordnung der Krankenhausstruktur erreichen.

16.7 Im Interesse des Patientenschutzes ist die von der Rechtsprechung für den stationären Bereich entwickelte Haftungskonzentration beim Krankenhausträger nicht zu beanstanden. Die berechtigte Kritik, die gebotene Einheit von Liquidation und Haftung des Chefarztes werde aufgegeben, hat dahinter zurückzutreten.

16.8 Der Krankenhausträger hat sich entgegen der herrschenden Meinung auch im Rahmen des gespaltenen Arzt-Krankenhausvertrages das Verhalten des Chefarztes nach den Grundsätzen der Organhaftung gemäß §§ 31, 89 BGB zurechnen zu lassen.

16.9 Der gespaltene Krankenhausvertrag ist auf die Beziehung zwischen Krankenhausträger, Belegarzt und Patient zu beschränken.

16.10 Die für den stationären Bereich entwickelte Haftungskonzentration beim Krankenhausträger ist auf die Einstandspflicht für die ambulante Tätigkeit im Krankenhaus *de lege lata* zu übertragen. Die von der höchstrichterlichen Rechtsprechung bislang kassenarztrechtlich begründete unterschiedliche haftungsrechtliche Behandlung von Chefarztambulanz und Trägerambulanz läßt sich nicht länger aufrechterhalten. Sie ist im Hinblick auf die Erwartungen des Patienten aufzugeben, der Krankenhausträger werde jedenfalls einstehen.

Abkürzungsverzeichnis

a.A.	anderer Ansicht
a.a.O.	am angegebenen Ort
abl.	ablehnend
Äbl.	Ärzteblatt
Abs.	Absatz
a.E.	am Ende
a.F.	alte Fassung
AGB	Allgemeine Geschäftsbedingungen
AGBG	Gesetz zur Regelung des Rechts der Allgemeinen Geschäftsbedingungen
a.M.	anderer Meinung
Anh.	Anhang
Anm.	Anmerkung
AP	Nachschlagewerk des Bundsarbeitsgerichts (seit 1954, vorher: Arbeitsrechtliche Praxis)
ArbG	Arbeitsgericht
ArbGG	Arbeitsgerichtsgesetz
ArbZG	Arbeitszeitgesetz
Art.	Artikel
ArztR	Arztrecht
AT	Allgemeiner Teil
Aufl.	Auflage
AVB	Allgemeine Vertragsbedingungen
Az.	Aktenzeichen
AZO	Arbeitszeitordnung
Bad.-Württ.	Baden-Württemberg
BAG	Bundesarbeitsgericht
BAGE	Amtl. Sammlung der Entscheidungen des BAG
BAnz.	Bundesanzeiger
BAT	Bundesangestelltentarif
BÄO	Bundesärzteordnung
BayOblG	Bayerisches Oberstes Landesgericht
BayVBl	Bayerische Verwaltungsblätter

BB	Der Betriebs-Berater
Bd.	Band
Beschl.	Beschluß
BFH	Bundesfinanzhof
BFHE	Amtl. Sammlung der Entscheidungen des BFH
BGB	Bürgerliches Gesetzbuch
BGBl.	Bundesgesetzblatt
BGH	Bundesgerichtshof
Bl.	Blatt
BPflVO	Bundespflegesatzverordnung
BRRG	Beamtenrechtsrahmengesetz
BSG	Bundessozialgericht
BT	Besonderer Teil
BT-Dr.	Bundestagsdrucksache
Buchst.	Buchstabe
BVerfG	Bundesverfassungsgericht
BVerwG	Bundesverwaltungsgericht
DÄBl.	Deutsches Ärzteblatt
DB	Der Betrieb
ders.	derselbe
DGMR	Deutsche Gesellschaft für Medizinrecht
DKG	Deutsche Krankenhausgesellschaft
DMW	Deutsche Medizinische Wochenschrift
DÖV	Die öffentliche Verwaltung
DRiZ	Deutsche Richter-Zeitung
DVBl.	Deutsches Verwaltungsblatt
FamRZ	Zeitschrift für das gesamte Familienrecht
f.	folgende
ff.	folgende
Fußn.	Fußnote
FS	Festschrift
f & w	führen und wirtschaften im Krankenhaus
GewArchiv	Gewerbearchiv
GG	Grundgesetz
GmbH	Gesellschaft für beschränkte Haftung
GOÄ	Gebührenordnung für Ärzte
GSG	Gesundheitsstrukturgesetz

Halbs.	Halbsatz
h.L.	herrschende Lehre
h.M.	herrschende Meinung
Hrsg., hrsg.	Herausgeber, herausgegeben
i.S.d.	im Sinne des
i.S.v.	im Sinne von
JR	Juristische Rundschau
JZ	Juristenzeitung
KHG	Gesetz zur wirtschaftlichen Sicherung der Krankenhäuser und zur Regelung der Krankenhauspflegesätze
KHuR	Krankenhaus & Recht
KSchG	Kündigungsschutzgesetz
ku	Krankenhausumschau
LAG	Landesarbeitsgericht
LG	Landgericht
LM	Lindenmaier-Möhring, Nachschlagewerk des BGH
Ls	Leitsatz
LSG	Landessozialgericht
MDR	Monatsschrift für Deutsches Recht
MedR	Medizinrecht
MuBO	Musterberufsordnung
MüKo	Münchener Kommentar
m.w.N.	mit weiteren Nachweisen
n.F.	neue Fassung
NJW	Neue Juristische Wochenschrift
NVwZ	Neue Zeitschrift für Verwaltungsrecht
NZA	Neue Zeitschrift für Arbeitsrecht
NZS	Neue Zeitschrift für Sozialrecht
OLG	Oberlandesgericht
OVG	Oberverwaltungsgericht
Rdnr.	Randnummer
RdM	Recht der Medizin (Österreich)

RG	Reichsgericht
RGRK	Kommentar zum BGB, herausgegeben von Reichsgerichtsräten und Bundesrichtern
s.	siehe
S.	Seite, Satz (bei Rechtsnormen)
SG	Sozialgericht
SGG	Sozialgerichtsgesetz
st. Rspr.	ständige Rechtsprechung
u.	unten
u.a.	unter anderen(m); und andere
u.ä.	und ähnliche(s)
Urt.	Urteil
u.U.	unter Umständen
v.	von; vom
VersR	Zeitschrift für Versicherungsrecht
vgl.	vergleiche
VSSR	Vierteljahresschrift für Sozialrecht
z.B.	zum Beispiel
ZGesVersWiss	Zeitschrift für die gesamte Versicherungswirtschaft
ZRP	Zeitschrift für Rechtspolitik
z.T.	zum Teil

Literaturverzeichnis

I. Musterverträge

Deutschen Krankenhausgesellschaft, Beratungs und Formulierungshilfe Chefarzt-Vertrag, 5. Auflage, Düsseldorf 1996
(zit.: DKG, Chefarztvertrag)

Arbeitsgemeinschaft für Arztrecht, Mustervertrag für leitende Krankenhausärzte, ArztR 1997, S. 321-346
(zit.: Arbeitsgemeinschaft, Chefarztvertrag)

Bauer, Jobst-Hubertus, Chefarztvertrag, in: *Wurm/Wagner/Zartmann*, Das Rechtsfomularbuch, Praktische Erläuterungen und Muster für das Bürgerliche Recht, Arbeit-, Handels-, Wirtschafts- und Gesellschaftsrecht mit steuer- und kostenrechtlichen Hinweisen, 14. Auflage, Köln 1998

Grundsätze für die Gestaltung von Verträgen zwischen Krankenhausträgern und leitenden Abteilungsärzten der DKG und des Verbandes leitender Krankenhausärzte, KH 1957, 137 ff.

Münzel, Hartmut, Chefarzt- und Belegarztvertrag, Beck´sche Musterverträge Bd. 23, 2. Auflage, München 2001
(zit.: Münzel, Chefarztvertrag)

Weber, Ulrich, Müller, Knut, Chefarzt- und Belegarztvertrag, RWS-Vertragsmuster Bd. 10, Köln 1999
(zit.: Weber/Müller, Chefarztvertrag)

Schaub, Günther, Arbeitsvertrag mit einem leitenden Arzt (Chefarzt), in: Beck´sches Formularbuch zum Bürgerlichen, Handels- und Wirtschaftsrecht, 7. Auflage, München 1998
(zit.: Schaub, Chefarztvertrag)

Bölke, Günter, Robbers, Jörg, Vertragsmuster, in: Die stationäre Krankenbehandlung, Stuttgart 1991
(zit.: Bölke/Robbers, Chefarztvertrag)

Hans-Jürgen Rieger, Verträge zwischen Ärzten und Krankenhausträgern (Träger caritativer Einrichtungen), Heidelberger Musterverträge, Nr. 42, Heidelberg 1975
(zit.: Rieger, Chefarztvertrag)

II. Monographien

Abeln, Christoph, Organrechtliche und kündigungsrechtliche Stellung des Sprecherausschußmitgliedes im Vergleich zum Betriebsratsmitglied, Frankfurt 1993

Ackerknecht, Erwin, Murken, Axel, Geschichte der Medizin, 7. Auflage, Stuttgart 1992

Ahrens, Hans-Jürgen, Christian v. Bar, Gerfried Fischer, Andreas Spickhoff, Jochen Taupitz (Hrsg.), Festschrift für Erwin Deutsch zum 70. Geburtstag, Köln 1999

Annuß, Georg, Die Haftung des Arbeitnehmers unter besonderer Berücksichtigung der Haftung des angestellten Arztes, Heidelberg 1998

Arbeitsgemeinschaft Rechtsanwälte im Medizinrecht e.V. (Hrsg.), Das Belegarztsystem. Risiko für Arzt, Krankenhaus und Patient?, Köln 1994

Arbeitsgemeinschaft Rechtsanwälte im Medizinrecht e.V. (Hrsg.), Krankenhaus im Brennpunkt, Risiken - Haftung - Management, Köln 1997

AR Arbeitsrecht-Blattei, Handbuch für die Praxis, begr. v. Friedrich Sitzler, hrsg. v. Werner Oehmann u. a. Wiesbaden 1992

Ascheid, Volker, in: Erfurter Kommentar zum Arbeitsrecht, München 1998
(zit.: ErfK-Bearbeiter)

Ascheid, Volker, Preis, Ulrich, Schmidt, Ingrid (Hrsg.) Großkommentar zum Kündigungsrecht, München 2000
(zit.: APS-Bearbeiter)

Backmeister, Thomas, Trittin, Wolfgang, Kündigungsschutzgesetz mit Nebengesetzen, München 2000

Baeck, Ulrich, Deutsch, Markus, Arbeitszeitgesetz, Kommentar, München 1999

Bar, Christian v., Deliktsrecht, in: *Bundesminister der Justiz (Hrsg.),* Gutachten und Vorschläge zur Überarbeitung des Schuldrechts, Bd. 2, S. 1681-1778

Battes, Robert, in: *Erman, Walter (Hrsg.),* Bürgerliches Gesetzbuch, Handkommentar, 1. Band, 10. Auflage, Münster 2000
(zit.: Erman-Battes)

Baur, Ulrich, Die Organhaftung des Krankenhausträgers für die Tätigkeit des leitenden Krankenhausarztes, in: *Kamps, Hans, Laufs, Adolf (Hrsg.),* Arzt- und Kassenarztrecht im Wandel, Festschrift für Helmut Narr zum 60. Geburtstag, 1988, S. 150-158

Bauschke, Hans-Joachim, in: *Oehmann, Werner, Dieterich, Neef, Klaus, Schwab, Brent (Hrsg.),* Arbeitsrechts-Blattei, Systematische Darstellungen, Heidelberg 2000

Becker, Friedrich, Etzel, Gerhard (Hrsg.), Gemeinschaftskommentar zum Kündigungsschutzgesetz und zu sonstigen kündigungsschutzrechtlichen Vorschriften, 5. Auflage, Neuwied 1998
(zit.: KR-Becker)

Becker, Friedrich, in: *Becker, Friedrich, Etzel, Gerhard (Hrsg.),* Gemeinschaftskommentar zum Kündigungsschutzgesetz und zu sonstigen kündigungsschutzrechtlichen Vorschriften, 3. Auflage, Neuwied 1989
(zit.: KR-Becker)

Behrends, Behrend, Gerdelmann, Werner (Hrsg.), Krankenhaus-Rechtsprechung (KRS). Ergänzbare Sammlung aus dem gesamten Krankenhauswesen, Teil I: Entscheidungen bis 31.12.1994, Teil II: Entscheidungen ab 01.01.1995, Berlin 1999
(zit.: KRS I, KRS II)

Bergmann, Karl Otto, Kienzle, Hans Friedrich, Krankenhaushaftung. Organisation, Schadensverhütung und Versicherung. Leitfaden für die tägliche Praxis, Düsseldorf 1996

Bergmann, Karl-Otto, Haftungsrisiken bei ambulanten Operationen sowie vor- und nachstationäre Behandlung, in: *Arbeitsgemeinschaft Rechtsanwälte im Medizinrecht e.V. (Hrsg.),* Krankenhaus im Brennpunkt. Risiken - Haftung - Management, Berlin 1997

Biebl, Josef, in: *Ascheid, Volker, Preis, Ulrich, Schmidt, Ingrid* (Hrsg.) Großkommentar zum Kündigungsrecht, München 2000
(zit.: APS-Bearbeiter)

Birk, Rolf, Die arbeitsrechtliche Leitungsmacht, Köln 1973

Blümel, W., Scheven, D., in: *Flämig, Christian (Hrsg.),* Handbuch des Wissenschaftsrechts, Band 1, 2. Auflage, Berlin 1997

Borgwardt, J., Fischer, A., Janert, W.-R., Sprecherausschußgesetz für leitende Angestellte, 2. Auflage, Wiesbaden 1990

Brüggemeier, Gert, Deliktsrecht. Ein Hand- und Lehrbuch, Baden-Baden 1986

Buddee, Antje, Der Arztvertrag nach dem SGB V, Tübingen 1998

Büsken, Rainer, Haftungssystem, Freistellung und Regreß bei Krankenhausträger und angestelltem Arzt, Köln 1986

Bundesärztekammer, Tätigkeitsbericht'97, dem 100. Deutschen Ärztetag 1997 in Eisenach vorgelegt von Vorstand und Geschäftsführung, Köln 1997

Bundesärztekammer, Tätigkeitsbericht'98, dem 101. Deutschen Ärztetag 1998 in Köln vorgelegt von Vorstand und Geschäftsführung, Köln 1998

Buse, Henning, Geeignete Rechtsformen für kommunale Krankenhäuser, Köln 2000

Busse, Peter, Die Rechtsstellung der leitenden Krankenhausärzte, Würzburg 1964

Cadmus, Manuel, Die zivilrechtliche Haftung des nachgeordneten ärztlichen Dienstes, München 1982

Denecke, Johannes, Neumann, Dirk, Arbeitszeitordnung (AZO), Kommentar, 10. Auflage, München 1987

Deutsch, Erwin, Medizinrecht. Arztrecht, Arzneimittelrecht und Medizinproduktegesetz, 4. Auflage, Berlin 1999

Deutsch, Erwin, Geiger, Michael, Medizinischer Behandlungsvertrag. Empfiehlt sich eine besondere Regelung der zivilrechtlichen Beziehung zwischen dem Patienten und dem Arzt im BGB?, in Bundesminister für Justiz (Hrsg.), Gutachten und Vorschläge zur Überarbeitung des Schuldrechts, Band II, Köln 1981, S. 1049-1113

Deutsche Krankenhausgesellschaft (Hrsg.), Muster der allgemeinen Vertragsbedingungen - AVB, 5. Auflage, Düsseldorf 1996

Deutsche Krankenhausgesellschaft (Hrsg.), Zahlen, Daten, Fakten '96, Düsseldorf 1996

Deutsche Krankenhausgesellschaft (Hrsg.), Zahlen, Daten, Fakten '98, Düsseldorf 1998

Dieterich, Thomas, Hanau, Peter, Schaub, Günther (Hrsg.), Erfurter Kommentar zum Arbeitsrecht, München 1998
(zit.: ErfK-Bearbeiter)

Dorndorf, Eberhard, Weller, Bernhard, Hauck, Friedrich, Heidelberger Kommentar zum Kündigungsschutzgesetz, Heidelberg 1997

Dütz, Wilhelm, Arbeitsrecht, 3. Auflage, München 1997

Eichholz, Rainald, Die Rechtsstellung des Belegarztes. Umfassende Darstellung der Probleme, die sich aus der Tätigkeit frei praktizierender Ärzte am Krankenhaus ergeben, Stuttgart 1973

Eichholz, Wolf, Die Rechtsstellung der Krankenhausärzte, in: Arbeitsrechts-Blattei, Handbuch für die Praxis, (D) Arzt I, I. Übersicht, Wiesbaden 1974

Eichhorn, Siegfried, in: *Müller, Hans-Werner (Hrsg.),* Führungsaufgaben im modernen Krankenhaus. Ein Handbuch für Krankenhausträger, Stuttgart 1980

Eisemann, Hans-Friedrich, in: Erfurter Kommentar zum Arbeitsrecht, München 1998
(zit.: ErfK-Bearbeiter)

Erman, Walter (Hrsg.), Handkommentar zum Bürgerlichen Gesetzbuch, 1. Band, 4. Auflage, Münster 1967
(zit.: Erman-Bearbeiter)

Erman, Walter (Hrsg.), Bürgerliches Gesetzbuch, Handkommentar, 1. Band, 10. Auflage, Münster 2000
(zit.: Erman-Bearbeiter)

Etzel, Gerhard, Betriebsverfassungsrecht, Sytematische Darstellung, 6. Auflage, Neuwied 1998

Fabricius, Fritz, Kraft, Alfons, Wiese, Günther, Kreutz, Peter, Oetker, Hartmut (Hrsg.), Betriebsverfassungsgesetz, Band I: §§ 1-73 mit Wahlordnung, Gemeinschaftskommentar, 6. Auflage, Neuwied 1997
(zit.: GK-Bearbeiter)

Fitting, Karl, Kaiser, Heinrich, Heither, Friedrich, Engels, Gerd, Schmidt, Ingrid, Betriebsverfassungsgesetz, Handkommentar, 20. Auflage, München 2000
(zit.: Fitting)

Flämig, Christian (Hrsg.), Handbuch des Wissenschaftsrechts, Band 1, 2. Auflage, Berlin 1997

Flume, Werner, Allgemeiner Teil des Bürgerlichen Rechts, Zweiter Band: Das Rechtsgeschäft, 3. Auflage, Berlin 1978

Frahm, Wolfgang, Nixdorf, Wolfgang, Arzthaftungsrecht, Ein Leitfaden für die Praxis, Karlsruhe 1997

Francke, Robert, Hart, Dieter, Charta der Patientenrechte, Baden-Baden 1999

Freier, Bärbel, Der Tatbestand der freien Berufe als Anknüpfungspunkt für Steuerrechtsdifferenzierungen, Frankfurt 1996

Fuchs, Maximilian, Grundlagen und Probleme einer privatrechtlich gestalteten Arzthaftung - dargestellt am Beispiel der Bundesrepublik Deutschland, in: *Köhler, Peter A., Maydell, Bernd Baron v.,* Arzthaftung - „Patientenversicherung" - Versicherungsschutz im Gesundheitssektor, 1997, S. 23-38

Gamillscheg, Franz, Arbeitsrecht I, Arbeitvertrags- und Arbeitsschutzrecht, 8. Auflage, München 2000

Geigel, Robert (Hrsg.), Der Haftpflichtprozeß mit Einschluß des materiellen Haftpflichtrechts, 22. Auflage, München 1997
(zit.: Geigel-Bearbeiter)

Geiß, Karlmann, Greiner, Hans-Peter, Arzthaftpflichtrecht, 4. Auflage, München 2001

Genzel, Herbert, in: *Laufs, Adolf, Uhlenbruck, Wilhelm (Hrsg.),* Handbuch des Arztrecht, 2. Auflage, München 1999

Giesen, Dieter, Arzthaftungsrecht. Die zivilrechtliche Haftung aus medizinischer Sicht in der Bundesrepublik Deutschland, in Österreich und der Schweiz, 4. Auflage, Tübingen 1995

Gitter, Wolfgang, Zum Privatliquidationsrecht der leitenden Krankenhausärzte. Rechtsbeziehung zwischen Arzt, Krankenhaus und Patient, Köln 1975

Graf=Baumann, Toni, Hirsch, Günter, Weißauer, Walther, Welter Heiner F. (Hrsg.), Ambulantes Operieren. Medizinrechtliche Aspekte, Berlin 1994

Hadding, Walther, in: Soergel, Bürgerliches Gesetzbuch, Kommentar, Band 1, Allgemeiner Teil (§§ 1-240), 12. Auflage, Stuttgart 1987

(zit.: Soergel-Bearbeiter)
Hager, Johannes, in: *Staudinger, J. v.,* Kommentar zum Bürgerlichen Gesetzbuch, Zweites Buch, Recht der Schuldverhältnisse, 13. Auflage, Berlin 1999 (zit.: Staudinger-Hager)
Hanau, Peter, in: *Erman, Walter (Hrsg.),* Bürgerliches Gesetzbuch, Handkommentar, 1. Band, 10. Auflage, Münster 2000 (zit.: Erman-Hanau)
Hanau, Peter, in: Münchener Kommentar zum Bürgerlichen Gesetzbuch, Band 2, Schuldrecht Allgemeiner Teil (§§ 241-432), 3. Auflage, München 1994 (zit.: MüKo-Bearbeiter)
Hanau, Peter, Adomeit, Klaus, Arbeitsrecht, 11. Auflage, Neuwied 1994
Herschel, Wilhelm, Löwisch, Manfred, Kündigungsschutzgesetz, 6. Auflage, Heidelberg 1984 (zit.: Herschel/Löwisch)
Hess, Harald, Schlochauer, Ursula, Glaubitz, Werner (Hrsg.), Kommentar zum Betriebsverfassungsgesetz, 5. Auflage, Neuwied 1997 (zit.: Hess/Schlochauer/Glaubitz)
Hoffmann, Hermann, in: *Müller, Hans-Werner (Hrsg.),* Führungsaufgaben im modernen Krankenhaus, 2. Auflage, Stuttgart 1983
Hoyningen-Huene, Gerrick v., Betriebsverfassungsrecht, 4. Auflage, München 1998
Hromadka, Wolfgang, Maschmann, Frank, Arbeitsrecht, Band 1, Individualarbeitsrecht, Heidelberg 1998
Hromadka, Wolfgang, Das Recht der leitenden Angestellten im historisch-gesellschaftlichen Zusammenhang, München 1979
Hromadka, Wolfgang, Sprecherausschußgesetz, Kommentar, Neuwied 1991
Hueck, Alfred, Hoyningen-Huene, Gerrick v., Kündigungsschutzgesetz, Kommentar, 12. Auflage, München 1997
Jansen, Christoph, Nebentätigkeit im Beamtenrecht, Würzburg 1983
Jauernig, Othmar (Hrsg.), Bürgerliches Gesetzbuch mit Gesetz zur Regelung des Rechts der Allgemeinen Geschäftsbedingungen, Kommentar, 9. Auflage, München 1999 (zit.: Jauernig-Bearbeiter)
Jetter, Dieter, Das europäische Hospital. Von der Spätantike bis 1800, 2. Auflage, Köln 1987
Jetter, Dieter, Grundzüge der Hospitalgeschichte, Darmstadt 1973
Kamps, Hans, Ärztliche Arbeitsteilung und strafrechtliches Fahrlässigkeitsdelikt, Berlin 1981
Katzenmeier, Christian, Ersetzung der Arzthaftung durch Versicherungsschutz?, in: *Laufs, Adolf, Dierks, Christian, Wienke, Albrecht, Graf-Baumann, Toni,*

Hirsch, Günther (Hrsg.), Die Entwicklung der Arzthaftung, Heidelberg 1997, S. 59-72

Kienzle, Hans Friedrich, Podiumsdiskussion, in: *Arbeitsgemeinschaft Rechtsanwälte im Medizinrecht e.V. (Hrsg.),* Krankenhaus im Brennpunkt, S. 120-121

Kistner, Klaus, Wahlbehandlung und direktes Liquidationsrecht des Chefarztes, Berlin 1990

Kittner, Michael, Trittin, Wolfgang, Kündigungsschutzrecht, 4. Auflage, Köln 1999

Kleindiek, Detlef, Deliktshaftung und juristische Person. Zugleich zur Eigenhaftung von Unternehmensleitern, Tübingen 1997

Knorr, Gerhard, Bichlmeier, Gerd, Kremhelmer, Hans, Handbuch des Kündigungsrechts, 4. Auflage 1998

Knorr, Karl-Ernst, Wernick, Jens, Rechtsformen der Krankenhäuser, Köln 1994

Köhler, Peter A., Maydell, Bernd Baron v. (Hrsg.), Arzthaftung - „Patientenversicherung" - Versicherungsschutz im Gesundheitssektor, Baden-Baden 1997
(zit.: Bearbeiter, in:)

Kraft, Alfons, in: Fabricius, Fritz, Kraft, Alfons, Wiese, Günther, Kreutz, Peter, Oetker, Hartmut (Hrsg.), Betriebsverfassungsgesetz, Band I: §§ 1-73 mit Wahlordnung, Gemeinschaftskommentar, 6. Auflage, Neuwied 1997
(zit.: GK-Kraft)

Kraft, Alfons, in: *Soergel,* Bürgerliches Gesetzbuch, Kommentar, Schuldrecht III/1 (§§ 516-651), 12. Auflage, Stuttgart 1997
(zit.: Soergel-Bearbeiter)

Kramer, Stefan, Rechtsfragen des Sprecherausschußgesetzes, Frankfurt 1993

Krauskopf, Dieter, in: *Laufs, Adolf, Uhlenbruck, Wilhelm (Hrsg.),* Handbuch des Arztrechts, 2. Auflage, München 1999
(zit.: Bearbeiter, in: Laufs/Uhlenbruck)

Larenz, Karl, Allgemeiner Teil des Deutschen Bürgerlichen Rechts, 7. Auflage, München 1989
(zit.: Larenz, AT)

Larenz, Karl, Lehrbuch des Schuldrechts, Erster Band, Allgemeiner Teil, 14. Auflage, München 1987
(zit.: Larenz, SchuldR I/1)

Larenz, Karl, Canaris, Claus-Wilhelm, Lehrbuch des Schuldrechts, Zweiter Band, Besonderer Teil, 2. Halbband, München 1994
(zit.: Larenz/Canaris, SchuldR II/2)

Laufs, Adolf, Zur Freiheit des Arztberufs, in: Festschrift für Erwin Deutsch, Köln 1999, S. 625-633

Laufs, Adolf, Arztrecht, 5. Auflage, München 1993

Laufs, Adolf, Arztrecht, 4. Auflage, München 1988

Laufs, Adolf, Deliktische Haftung ohne Verschulden? - eine Skizze, in: Festschrift für Joachim Gernhuber zum 70. Geburtstag, Tübingen 1993, S. 245-258

Laufs, Adolf, Uhlenbruck, Wilhelm (Hrsg.), Handbuch des Arztrechts, 2. Auflage, München 1999
(zit.: Bearbeiter, in: Laufs/Uhlenbruck)

Laufs, Adolf, Unglück und Unrecht. Ausbau oder Preisgabe des Haftungssystems?, Heidelberg 1994

Laufs, Adolf, Dierks, Christian, Wienke, Albrecht, Graf-Baumann, Toni, Hirsch, Günther (Hrsg.), Die Entwicklung der Arzthaftung, Heidelberg 1997

Laufs, Adolf, Grundlagen des Arztrechts, in: Privatautonomie, Eigentum und Verantwortung. Festschrift für Hermann Weitnauer, Berlin 1980, S. 363-386

Leinemann, Wolfgang (Hrsg.), Kasseler Handbuch zum Arbeitsrecht, Band 1, Arbeitsverhältnis, Inhalt des Arbeitsverhältnisses und Arbeitsverhältnisse mit erhöhtem Schutz, 2. Auflage, Neuwied 2000
(zit.: Kasseler Handbuch-Bearbeiter)

Lieb, Manfred, Arbeitsrecht, 6. Auflage, Heidelberg 1997

Lippert, Hans-Dieter, Kern, Bernd-Rüdiger, Arbeits- und Dienstrecht der Krankenhausärzte von A-Z, 2. Auflage, Berlin 1993

Löwisch, Manfred, Taschenkommentar zum Betriebsverfassungsgesetz, 4. Auflage, Heidelberg 1996

Löwisch, Manfred, Kommentar zum Kündigungsschutzgesetz, 8. Auflage, Heidelberg 2000

Löwisch, Manfred, Kommentar zum Sprecherausschußgesetz, 2. Auflage, Heidelberg 1994

Lücke, Olaf, Die Hierarchie des Ärztlichen Dienstes im Spannungsfeld von Direktionsrecht und freiem Beruf, Frankfurt 1995

Luig, Klaus, in: Wolfgang Gitter (Hrsg.), Vertragsschuldverhältnisse, München 1974

Luxenburger, Bernd, Das chefärztliche Liquidationsrecht im Lichte der arbeitsrechtlichen Judikatur - ein Überblick -, in: 50 Jahre saarländische Arbeitsgerichtsbarkeit 1947-1997. Festschrift, 2. Auflage, Saarbrücken 1997, S. 265-281

Luxenburger, Bernd, Das Liquidationsrecht der leitenden Krankenhausärzte, Köln 1981

Madea, B. (Hrsg.), Innere Medizin und Recht. Konfrontation - Kommunikation - Kooperation, Berlin 1996

Mayer, Heinz, Die Führung von Krankenanstalten, in: Rechtsdogmatik und Rechtspolitik im Arbeits- und Sozialrecht. Festschrift für Theodor Tomandl zum 65. Geburtstag, Wien 1998, S. 547-557

Mayer-Maly, Theo, Krankenhausstruktur, Betriebsverfassung und Kirchenautonomie, Rechtsgutachten, Stuttgart 1975

Medicus, Dieter, Bürgerliches Recht. Eine nach Anspruchsgrundlagen geordnete Darstellung zur Examensvorbereitung, 17. Auflage, Köln 1996

Meisel, Peter G., Hiersemann, Walter, Arbeitszeitordnung, 2. Auflage, München 1977

Mertens, Hans-Joachim, in: Münchener Kommentar zum Bürgerlichen Gesetzbuch, SchuldR, BT III, Band V, 3. Auflage, München 1997,
(zit.: MüKo-Bearbeiter)

Michalski, Lutz, Der Begriff des freien Berufs im Standes- und im Steuerrecht, Köln 1989

Molitor, Erich, Krankenhaus und Chefarzt. Rechtsgutachten und Nachtrag, 2. Auflage, Köln 1953

Müller-Glöge, Rudi, in: Münchener Kommentar zum Bürgerlichen Gesetzbuch, Band 4, Schuldrecht, Besonderer Teil II (§§ 607-704) 3. Auflage, München 1997,
(zit.: MüKo-Bearbeiter)

Münchener Handbuch zum Arbeitsrecht, hrsg. v. *Richardi, Reinhard, Wlotzke, Ottfried,* Band 1 Individualarbeitsrecht I, 2. Auflage, München 2000 (§§ 1-110), Band 2 Individualarbeitsrecht II, München 1993 (§§ 111-232)
(zit.: MünchHandArbR/Autor)

Münchener Kommentar zum Bürgerlichen Gesetzbuch,
Band 1, Allgemeiner Teil (§§ 1-240), AGB-Gesetz, 3. Auflage, München 1993,
Band 4, Schuldrecht, Besonderer Teil II (§§ 607-704) 3. Auflage, München 1997,
Band 5, Schuldrecht, Besonderer Teil III (§§ 705-853), 3. Auflage, München 1997,
(zit.: MüKo-Bearbeiter)

Münzel, Hartmut, Änderungen des Chefarztvertragsrechts durch das GSG und die BPflV 1995, in: *Madea, B. (Hrsg.),* Innere Medizin und Recht. Konfrontation - Kommunikation - Kooperation, Berlin 1996, S. 149-153

Naegler, Heinz, Struktur und Organisation des Krankenhaus-Managements unter besonderer Berücksichtigung der Abgrenzung zwischen Krankenhausträger und Krankenhaus-Direktorium. Ergebnis einer empirischen Untersuchung, Frankfurt 1992

Narr, Helmut, Ärztliches Berufsrecht. Ausbildung - Weiterbildung - Berufsausübung, Band I, Köln 1988 (Stand 1988)
(zit.: Narr, Ärztliches BerufsR, Rdnr.)

Nüßgens, Karl, in: RGRK. Das Bürgerliche Gesetzbuch mit besonderer Berücksichtigung der Rechtsprechung des Reichsgerichts und des Bundesgerichthofes. Kommentar, 12. Auflage, Berlin 1989
(zit.: RGRK-Bearbeiter)

Nunius, Volker, Die ärztliche Weiterbildung im Krankenhaus, Gießen 1983

Oehmann, Werner, Dieterich, Neef, Klaus, Schwab, Brent (Hrsg.), Arbeitsrechts-Blattei, Systematische Darstellungen, Heidelberg 2000

Opderbecke, Hans Wolfgang, Weißauer, Walther, (Hrsg.), Entschließungen - Empfehlungen - Vereinbarungen. Ein Beitrag zur Qualitätssicherung in der Anästhesiologie, 2. Auflage, Melsungen 1991

Peter, Anne-Marie, Arbeitsteilung im Krankenhaus aus strafrechtlicher Sicht, Baden-Baden 1992

Raiser, Thomas, Mitbestimmungsgesetz, Kommentar, 3. Auflage, Berlin 1998

Ratzel, Rudolf, Lippert, Hans-Dieter, Kommentar zur Musterberufsordnung der deutschen Ärzte (MBO), 2. Auflage, Berlin 1998

Reichel, Hans Peter, Angestellte Chefärzte im Wandel der Krankenhausstrukturen, Frankfurt 1976

Reinhardt, Uwe, Die dogmatische Begründung der Haftungsbeschränkung des Arbeitnehmers, Göttingen 1977

Reuter, Dieter, in: Münchener Kommentar zum Bürgerlichen Gesetzbuch, Band 1, Allgemeiner Teil (§§ 1-240), AGB-Gesetz, 3. Auflage, München 1993,
(zit.: MüKo-Bearbeiter)

Richardi, Reinhard, Betriebsverfassungsgesetz mit Wahlordnung, Kommentar, 7. Auflage, München 1998

Richardi, Reinhard, Die Betriebsverfassung der evangelischen Kirche, in: Arbeitsrecht in der Bewährung. Festschrift für Otto Rudolf Kissel, München 1994, S. 967-982

Richardi, Reinhard, in: *Staudinger, J. v.*, Kommentar zum Bürgerlichen Gesetzbuch, Zweites Buch, Recht der Schuldverhältnisse, §§ 611-619, 13. Auflage, Berlin 1999
(zit.: Staudinger-Richardi)

Richardi, Reinhard, in: *Staudinger, J. v.*, Kommentar zum Bürgerlichen Gesetzbuch, Zweites Buch, Recht der Schuldverhältnisse, §§ 611-619, 12. Auflage, Berlin 1993
(zit.: Staudinger-Richardi)

Rieger, Hans-Jürgen, Die Arbeitszeit in Krankenanstalten, Tübingen 1963

Rieger, Hans-Jürgen, Lexikon des Arztrechts, Berlin 1984
(zit.: Rieger, Lexikon des Arztrechts)

Rieger, Hans-Jürgen (Hrsg.), Lexikon des Arztrechts, 2. Auflage, Berlin 2001
(zit.: Bearbeiter, in: Rieger (Hrsg.), Lexikon des Arztrechts)

Rieger, Hans-Jürgen, Rechts- und Vertragsbeziehungen, in: *Graf=Baumann, Toni, Hirsch, Günter, Weißauer, Walther, Welter Heiner F. (Hrsg.),* Ambulantes Operieren. Medizinrechtliche Aspekte, S. 71-87

Rieger, Hans-Jürgen, Zum Anspruch des Krankenhausträgers auf Chefarztabgaben bei Ausbleiben des Arzthonorars, in: Arzt- und Kassenarztrecht im Wandel, Festschrift für Helmut Narr zum 60. Geburtstag, 1988, S. 173-183

Rombach, Jan, Allgemeine Geschäftsbedingungen bei freien Dienstverträgen, Rechtsanwalts-, Steuerberater- und Wirtschaftsprüferverträge, Arzt- und Krankenhausbehandlungsverträge, Unterrichtsverträge, Köln 1997

Rost, Friedhelm, in: *Becker, Friedrich, Etzel, Gerhard (Hrsg.),* Gemeinschaftskommentar zum Kündigungsschutzgesetz und zu sonstigen kündigungsschutzrechtlichen Vorschriften, 5. Auflage, Neuwied 1998
(zit.: KR-Rost)

Rumler, Marie-Theres, Der Kündigungsschutz leitender Angestellter, Baden-Baden 1990

Rumler-Detzel, Pia, Arbeitsteilung und Zusammenarbeit in der Chirurgie. Rechtliche Verantwortlichkeit, in: *Rudolf Häring (Hrsg.),* Chirurgie und Recht, Berlin 1993, S. 207 ff.

Samland, Jürgen, Die Arbeitszeit der angestellten Krankenhausärzte. Ein Beitrag zu ihrer arbeitszeitrechtlichen Stellung, Düsseldorf 1981

Schaub, Günther, Arbeitsrechts-Handbuch, Systematische Darstellung und Nachschlagewerk für die Praxis, 9. Auflage, München 2000

Schipp, Johannes, Die Stellung des leitenden Angestellten im Kündigungsschutzprozeß, Frankfurt 1993

Schiwy, Peter, Dalichau, Günter, Deutsches Arztrecht. Kommentar und Sammlung des gesamten Medizinalrechts des Bundes und der Länder, Stuttgart 1997 (Stand: Dezember 1997)

Schlechtriem, Peter, Vertragliche und außervertragliche Haftung, in: Bundesminister der Justiz (Hrsg.), Gutachten und Vorschläge zur Überarbeitung des Schuldrechts, Bd. 2, S. 1591-1679

Schlegelmilch, Günter, in: *Geigel, Robert (Hrsg.), Der* Haftpflichtprozeß mit Einschluß des materiellen Haftpflichtrechts, 22. Auflage, München 1997
(zit.: Geigel-Bearbeiter)

Schliemann, Harald, Arbeitszeitgesetz, Kommentar mit Nebenrecht, Neuwied 1999 (Stand: Juli 1999)

Schlund, Gerhard H., Standardisierte Krankenhausaufnahmeverträge im Fokus des AGB-Gesetzes und auf dem „Prüfstand“ der Gerichte, in: Lebendiges Recht - Von den Sumerern bis zur Gegenwart. Festschrift für Reinhold Trinkner zum 65. Geburtstag, Heidelberg 1996, S. 337-360

Schmid, Eva-Maria, Die Passivlegitimation im Arzthaftpflichtprozeß. Unter Berücksichtigung der Organisation der Krankenversorgung, Berlin 1988

Schmitz, Frank Walter, Die deliktische Haftung für Arbeitnehmer. Ein Beitrag zur deliktischen Verhaltenszurechnung, Berlin 1994

Schwinge, Helmuth, Die Rechtsstellung des Chefarztes als Problem der Krankenhausreform, in: Persönlichkeit in der Demokratie, Festschrift für Erich Schwinge zum 70. Geburtstag, Köln 1973, S. 175-182

Seehafer, Winfried, Der Arzthaftungsprozeß in der Praxis, Berlin 1991

Siess, Martin A., Ärztliche Leitungsstrukturen und Führungsaufgaben im modernen Krankenhaus. Neue Organisationskonzepte auf der Grundlage medizinischer, juristischer und ökonomischer Analysen, München 1998

Soergel, Bürgerliches Gesetzbuch, Kommentar,
Band 1, Allgemeiner Teil (§§ 1-240), 12. Auflage, Stuttgart 1987
Schuldrecht III/1 (§§ 516-651), 12. Auflage, Stuttgart 1997
Schuldrecht IV (§§ 823-853), 12. Auflage, Stuttgart 1998
(zit.: Soergel-Bearbeiter)

Spilger, Andreas Michael, in: *Becker, Friedrich, Etzel, Gerhard (Hrsg.),* Gemeinschaftskommentar zum Kündigungsschutzgesetz und zu sonstigen kündigungsschutzrechtlichen Vorschriften, 5. Auflage, Neuwied 1998
(zit.: KR-Becker)

Staudinger, J. v., Kommentar zum Bürgerlichen Gesetzbuch, Zweites Buch, Recht der Schuldverhältnisse, §§ 611-619, 12. Auflage, Berlin 1993 und Erstes Buch, 13. Auflage, Berlin 1995
(zit.: Staudinger-Bearbeiter)

Statistisches Bundesamt, Fachserie 12 Gesundheitswesen, Reihe 6.1. Grunddaten der Krankenhäuser und Vorsorge- oder Rehabilitationseinrichtungen, Köln 1996

Steffen, Erich, Dressler, Wolf-Dieter, Arzthaftungsrecht. Neue Entwicklungslinien der BGH-Rechtsprechung, 8. Auflage, Köln 1999

Steffen, Erich, Neue Entwicklungslinien der BGH-Rechtsprechung zum Arzthaftungsrecht, 1. Auflage, Köln 1984

Stein, Ursula, in: Münchener Kommentar zum Bürgerlichen Gesetzbuch, Band 5, Schuldrecht, Besonderer Teil III (§§ 705-853), 3. Auflage, München 1997, (zit.: MüKo-Bearbeiter)

Steinmeyer, Heinz-Dietrich, Waltermann, Raimund, Casebook Arbeitsrecht, 2. Auflage, München 2000

Stindt, Johannes, Haftungsrechtliche Relevanz von Organisationsstrukturen, in: *Arbeitsgemeinschaft Rechtsanwälte im Medizinrecht e.V. (Hrsg.),* Krankenhaus im Brennpunkt. Risiken - Haftung - Management, Heidelberg 1997, S. 27-35

Taupitz, Jürgen, Der Regreß des Dienstherrn gegen den beamteten Arzt, in: Festschrift für Erwin Deutsch, Köln 1999, S. 825-848

Taupitz, Jürgen, Die Standesordnung der freien Berufe. Geschichtliche Entwicklung, Funktion, Stellung im Rechtssystem, Tübingen 1991

Teichner, Podiumsdiskussion, in: Arbeitsgemeinschaft Rechtsanwälte im Medizinrecht e.V. (Hrsg.), Krankenhäuser im Brennpunkt, S. 121

Tipke, Klaus, Kruse, Heinrich Wilhelm, Abgabenordnung, Finanzgerichtsordnung. Kommentar zur AO und FGO, 16. Auflage, Köln 1998 (Stand: Oktober 1997)

Tuschen, Karl Heinz, Quaas, Michael, Bundespflegesatzverordnung. Kommentar mit einer umfassenden Einführung in das Recht der Krankenhausfinanzierung, 4. Auflage, Stuttgart 1998
(zit.: Tuschen/Quaas, BPflVO)

Uhlenbruck, Wilhelm, Der Krankenhausaufnahmevertrag, Köln 1960

Uhlenbruck, Wilhelm, Die Schadensausgleichspflicht des Krankenhausträgers gegenüber dem angestellten Krankenhausarzt aus dem Gesichtspunkt der gefahren- oder schadensgeneigten Tätigkeit, in: Festschrift für Ernst Knorr, Düsseldorf 1968, S. 371-390

Ulsamer, Bertold, Das Liquidationsrecht der Leitenden Krankenhausärzte nach der Neuordnung durch das Krankenhausfinanzierungsgesetz und die Bundespflegesatzverordnung, Würzburg 1975

Ulsenheimer, Klaus, in: *Laufs, Adolf, Uhlenbruck, Wilhelm (Hrsg.),* Handbuch des Arztrechts, 2. Auflage, München 1999
(zit.: Bearbeiter, in: Laufs/Uhlenbruck)

Vollkommer, Max, in: *Jauernig, Othmar (Hrsg.),* Bürgerliches Gesetzbuch mit Gesetz zur Regelung des Rechts der Allgemeinen Geschäftsbedingungen, Kommentar, 9. Auflage, München 1999
(zit.: Jauernig-Bearbeiter)

Wank, Rolf, in: Erfurter Kommentar zum Arbeitsrecht, München 1998
(zit.: ErfK-Bearbeiter)

Weick, Günter, in: *Staudinger, J. v.,* Kommentar zum Bürgerlichen Gesetzbuch, Erstes Buch, Allgemeiner Teil, 13. Auflage, Berlin 1995
(zit.: Staudinger-Weick)

Westermann, Harm Peter, in: *Erman, Walter (Hrsg.),* Bürgerliches Gesetzbuch, Handkommentar, 1. Band, 10. Auflage, Münster 2000
(zit.: Erman-Westermann)

Wiemeyer, Joachim, Krankenhausfinanzierung und Krankenhausplanung in der Bundesrepublik Deutschland, Berlin 1984

Wilhelm, Dorothee, Verantwortung und Vertrauen bei der Arbeitsteilung in der Medizin. Zu den rechtlichen Grenzen ärztlicher Sorgfaltspflicht, Stuttgart 1984

Winter, U. J., Blümling, K., Sabin, G. V., Auswirkungen des neuen Arbeitszeitrechtsgesetzes auf den Versorgungsauftrag der Krankenhäuser, in: *Arbeitsgemeinschaft Rechtsanwälte im Medizinrecht e.V.* (Hrsg.), Krankenhaus im Brennpunkt. Risiken - Haftung - Management, Heidelberg 1997, S. 83-93

Wlotzke, Ottfried, Betriebsverfassungsgesetz, 2. Auflage, München 1992

Wohlhage, Franz, Das Liquidationsrecht der leitenden Krankenhausärzte bei Selbstzahlern (mit Sonderproblemen des ärztlichen Honorarrechts), Köln 1972

Wolf, Manfred, Horn, Norbert, Lindacher, Walter F., AGB-Gesetz, Gesetz zur Regelung des Rechts der Allgemeinen Geschäftsbedingungen, Kommentar, 4. Auflage, München 1999
(zit.: Bearbeiter, in: Wolf/Horn/Lindacher,)

Worzalla, in: *Leinemann, Wolfgang (Hrsg.),* Kasseler Handbuch zum Arbeitsrecht, Band 1, Arbeitsverhältnis, Inhalt des Arbeitsverhältnisses und Arbeitsverhältnisse mit erhöhtem Schutz, 2. Auflage, Neuwied 2000
(zit.: Kasseler Handbuch-Bearbeiter)

Zeuner, Albrecht, in: *Soergel,* Bürgerliches Gesetzbuch, Kommentar, Schuldrecht IV (§§ 823-853), 12. Auflage, Stuttgart 1998
(zit.: Soergel-Bearbeiter)

Zmarzlik, Johannes, Anzinger, Rudolf, Kommentar zum Arbeitszeitgesetz, Heidelberg 1995

*Zöllner, Wolfgang, Loritz, Karl-Geo*rg, Arbeitsrecht, Ein Studienbuch, 5. Auflage, München 1998

Zuck, Rüdiger, Rechtsfragen der Ambulanz, Deutsche Krankenhaus Verlagsgesellschaft, Düsseldorf 1991

III. Aufsätze

Andreas, Manfred, Das Anforderungsprofil des leitenden Krankenhausarztes. Aus der Sicht des Arztrechts, ArztR 1994, S. 210-214

Andreas, Manfred, Der Chefarzt und seine Mitarbeiter, ArztR 2000, S. 4-13

Andreas, Manfred, Chefarztrelevante Neuregelungen im Gesundheitsstrukturgesetz, ArztR 1993, S. 77-92

Andreas, Manfred, Chefarztverträge im neuen Umfeld des GSG aus der Sicht des Juristen, ArztR 1997, S. 291-292

Andreas, Manfred, Internes Budget und Therapiefreiheit, ArztR 1997, S. 207-209
Andreas, Manfred, Die gesellschaftliche Stellung des Leitenden Chirurgen nach Aktenlage, ArztR 1997, S. 263-264
Andreas, Manfred, Die Reaktion eines Chefarztes, wenn der Krankenhausträger eine höhere ambulante Kostenerstattung verlangt, ArztR 1994, S. 11-15
Andreas, Manfred, Die Stellung des Operateurs im Haftungsdreieck mit Hinweisen auf die Besonderheiten im Chefarztdienstvertrag, ArztR 1996, S. 14-16
Andreas, Manfred, Voller Arbeitnehmerschutz für den Chefarzt bei Kündigungen, ArztR 1993, S. 115-116
Andreas, Manfred, Wirksamkeitsvoraussetzungen bei der Kündigung angestellter Krankenhausärzte, ArztR 1979, S. 99-101
Andreas, Manfred, Debong, Bernhard, Die Änderung des Chefarztdienstvertrages, ArztR 1996, S. 15-18
Annuß, Georg, (Nichts) Neues zur Arbeitnehmerhaftung?, NZA 1998, S. 1089-1095
Baumgärtel, Gottfried, Die beweisrechtlichen Auswirkungen der vorgeschlagenen EG-Richtlinie zur Dienstleistungshaftung auf die Arzthaftung und das Baurecht, JZ 1992, S. 321-325
Baur, Ulrich, Arzthaftung bei ambulanten Operationen im Krankenhaus, AuK 1995, S. 385-387
Baur, Ulrich, Der Chefarztvertrag - praktische Hinweise zu den wesentlichen Inhalten, DÄBl 1998, S. A 149-151
Baur, Ulrich, Ist der Chefarzt leitender Angestellter?, Umfassender Kündigungsschutz für Chefärzte, AuK 1995, S. 353
Baur, Ulrich, Die Rechtsstellung des Arztes im Praktikum (AiP), MedR 1989, S. 111-118
Bergmann, Karl-Otto, Die Organisation des Krankenhauses unter haftungsrechtlichen Gesichtspunkten, VersR 1996, S. 810-817
Biermann, Elmar, Ulsenheimer, Klaus, Weißauer, Walther, Liquidation wahlärztlicher Leistungen - rechtliche Grundlagen - , MedR 2000, S. 107-113
Bodenburg, Reinhard, Die zivilrechtliche Haftungssituation des Medizinalstudenten während der praktischen Ausbildung in Krankenanstalten, VersR 1979, S. 308-312
Boecken, Winfried, Beamtenähnlich versorgte Krankenhausärzte: Absicherung der Versorgungszusagen bei Ausscheiden und Krankenhausprivatisierung nach geltendem und zukünftigen Recht, ArztR 1998, Heft 10, S. I-XVI
Boecken, Winfried, Zulässigkeit von frühzeitigen Altersgrenzen für leitende Krankenhausärzte, ArztR 2000, S. 60-65

Boecken, Winfried, Zur Wirksamkeit von Altersgrenzenvereinbarungen, ArztR 1998, S. 158-159

Boemke, Burkhard, Unwirksamkeit tariflicher Beendigungsklauseln wegen Rentenalters - BAG, NJW 1994, 538 - , JuS 1994, S. 461-466

Bohle, Thomas, Anreizsysteme und Gestaltung von Chefarztverträgen, ku 1997, S. 729-732

Bohle, Thomas, Haftung des Trägers, ZaeF 1995, S. 609-612

Bohle, Thomas, Haftungsfragen des ambulanten Operierens, f & w 1998, S. 280-285

Bohle, Thomas, Rechtsprobleme des Outsourcing im medizinischen Bereich des Krankenhauses, f & w 1997, S. 371-373

Bonvie, Horst, Rechtliche Risiken des ambulanten Operierens, MedR 1993, S. 43-50

Braun, Günther E., Egner, Dirk, Stellenanzeigen für Chefärzte. Mehr Managementkompetenz gefragt, DÄBl 1996, S. A 2204-2206

Brox, Hans, Walker, Wolf-Dietrich, Die Einschränkung der Arbeitnehmerhaftung gegenüber dem Arbeitgeber, DB 1985, S. 1469-1478

Buchner, Herbert, Das Gesetz zur Änderung des Betriebsverfassungsgesetzes, über Sprecherausschüsse der leitenden Angestellten und zur Sicherung der Montan-Mitbestimmung, NZA 1989, Beilage I, S. 2-20

Büsken, Rainer, Klüglich, Gabriele, Die Krankenhausbehandlung: Haftungssystem und innerbetrieblicher Schadensausgleich (Freistellung und Regreß), VersR 1994, S. 1141-1151

Büssing, André, Theis, Ursula, Welche Bedeutung hat die Rechtsfomenwahl für Krankenhäuser?, RPG 1996, S. 49-63

Burck, Gerhard, Die Haftung für Behandlungsfehler der Ärzte an Universitätskliniken unter dem Blickpunkt der gefahrgeneigten Tätigkeit, VersR 1968, S. 613-623

Busse, Die Bundespflegesatzverordnung und das Liquidationsrecht der leitenden Krankenhausärzte, ArztR 1972, S. 185 ff.

Clade, Harald, Arbeitsmarkt für Ärztinnen und Ärzte: Der Ärzteboom ebbt allmählich ab, DÄBl 2001, S. A 1367-1371

Clade, Harald, Arbeitsmarkt für Ärzte. Es wird enger, DÄBl 1997, S. A 1101

Clade, Harald, Arzt im Krankenhaus. Plädoyer für das Teamarzt-Modell, DÄBl 1998, S. A 1430-1434

Clade, Harald, Fallpauschalensystem. Kopernikanische Wende?, DÄBl 2000, S. C 1453-1455

Clade, Harald, Gesundheitsreform/Krankenhäuser. Hohe Erwartungen, DÄBl 1999, S. C 804-805

Clade, Harald, Gesundheitsreform/Krankenhäuser. Kassen wollen das Sagen haben, DÄBl 1999, S. B 357-358
Clade, Harald, Hochschullehrer an die Kandare, DÄBl 2001, S. C 459-460
Clade, Harald, Krankenhäuser, „Kleine Lösung“ favorisiert, DÄBl 2001, S. C 821-822
Clade, Harald, Klinikärzte sagen „Job-Killern“ den Kampf an. 93. Hauptversammlung des Marburger Bundes, DÄBl 1998, S. A 1519-1522
Clade, Harald, Klinikärzte. Handlungsdruck, DÄBl 2000, S. C 2233
Clade, Harald, Krankenhausärzte. Noch immer gilt die „Kuli-Ordnung“, DÄBl 1998 S. A 997-998
Clade, Harald, Krankenhäuser. Verstärkter Expansionsdrang, DÄBl 1998, S. 864-865
Clade, Harald, Krankenhäuser/Privatisierung. Pflichtaufgaben, DÄBl 1998, S. A 1949
Clade, Harald, Krankenhäuser. Schieflage bei der Finanzierung, DÄBl 1998, S. A 2003
Clade, Harald, Verzahnung ambulant/stationär. Größere Kooperationsbereitschaft, DÄBl 1998, S. A 654-655
Clade, Harald, Was Klinikmanager verdienen, DÄBl 2001, S. C 874-875
Dahm, Franz-Josef, Lück, Volker, Der Chefarzt: „Leitender Angestellter" im Sinne von § 5 Abs. 3 BetrVG oder nur „leitender Abteilungsarzt"?, MedR 1992, S. 1-7
Daniels, Jürgen, Probleme des Haftungssystems bei stationärer Krankenbehandlung, NJW 1972, S. 305-309
Debong, Bernhard, Das Arbeitszeitgesetz. Umsetzung im Arbeitsbereich des Chefarztes, ArztR 1996, S. 123-127
Debong, Bernhard, Der Kündigungsschutz des Chefarztes, ArztR 1987, S. 318-322
Debong, Bernhard, Wofür haftet der Chefarzt?, ArztR 1995, S. 71-74
Debong, Bernhard, Kollegialentscheidung oder Individualentscheidung, ArztR 1997, S. 95-100
Debong, Bernhard, Andreas, Manfred, Der Chefarztdienstvertrag. Die arbeitsrechtliche Situation in den neuen Ländern, ArztR 1998, S. 11-14
Debong, Bernhard, Andreas, Manfred, Die Änderung des Chefarztdienstvertrages, ArztR 1996, S. 15-18
Debong, Bernhard, Sachweh, D., Die Rechtsstellung des Ärztlichen Direktors heute und in der Zukunft. Ärztlicher Direktor oder Sprecher der Chefärzte?, MedR 1993, S. 141-147
Debong, Bernhard, Sachweh, D., Der Einfluß der neuen gesetzlichen Regelungen auf das Liquidationsrecht, ArztR 1996, S. 183-187

Deutsch, Erwin, Das Organisationsverschulden des Krankenhausträgers, NJW 2000, S. 1745-1749

Deutsch, Erwin, Die Zukunft des Schmerzensgeldes, ZRP 1998, S. 291-294

Dobrinski, Wolfgang, Zur Diskussion gestellt: Das Arbeitszeitgesetz aus der Sicht eines Krankenhausarztes, BayÄBl 1998, S. 9-10

Dreher, Daniel, Zum Spannungsverhältnis zwischen Ärztearbeitsvertragsgetz und Beschäftigungsförderungsgesetz, DB 1999, S. 1396-1398

Dütz, Wilhelm, Neue Grundlagen im Arbeitsrecht der katholischen Kirche, NJW 1994, S. 1369-1375

Ehlers, Alexander P. F., Der Arzt als Manager. Fallstricke der Behandlungsorganisation, RPG 1999, S. 85-93

Eichholz, Wolf, Die Entwicklung des Arztvertragsrechts in den Krankenhäusern seit 1945, KH 1975, S. 163-174

Engels, Gerd, Natter, Eberhard, Die geänderte Betriebsverfassung. Minderheitenschutz, Mitwirkung der Arbeitnehmer bei neuen Techniken, leitende Angestellte und ihre Sprecherausschüsse, BB 1989, Beilage VIII, S. 1-32

Fack, Werner G., Erfolgsbeteiligung im Krankenhaus. Ansätze, Möglichkeiten und Grenzen, KH 1990, S. 25-28

Fahrenhorst, Irene, Die Haftung des leitenden Krankenhausarztes gegenüber dem Krankenhausträger, NZA 1991, S. 544-549

Flatten, Jörg, Die Arzthaftpflichtversicherung, VersR 1994, S. 1019-1023

Flenker, Ingo, Schwarzenau, Michael, Ärztliche Arbeitslosigkeit. Vom Fremdwort zum Langzeitproblem, DÄBl 1998, S. A 85-87

Flintrop, Jens, Auslegung des Arbeitszeitgesetzes. Die EU-Kommission soll es richten, DÄBl 2001, S. C 871

Flintrop, Jens, Überstunden zu Wohle der Karriere, DÄBl 2000, S. A 671-675

Franzki, Harald, Hansen, Britta, Der Belegarzt - Stellung und Haftung im Verhältnis zum Krankenhausträger, NJW 1990, S. 737-743

Fuchs, Maximilian, Grundlagen und Probleme einer privatrechtlich gestalteten Arzthaftung - dargestellt am Beispiel der Bundesrepublik Deutschland, ArztR 1996, S. 319-327

Genzel, Herbert, Siess, Martin A., Ärztliche Leitungs- und Organisationsstrukturen im modernen Krankenhaus. Zu den zukünftigen Herausforderungen für das ärztliche Krankenhausmanagement aus medizinischer, rechtlicher und ökonomischer Sicht, MedR 1999, S. 1-12

Genzel, Herbert, Die Auswirkung des Gesundheits-Strukturgesetzes 1993 auf die Krankenhäuser. Die rechtliche, wirtschaftliche und organisatorische Bedeutung des Zielkonflikts von Leistungsfähigkeit, Humanität und Wirtschaftlichkeit, MedR 1994, S. 83-93

Genzel, Herbert, Die Neuordnung im Krankenhausbereich nach der 3. Stufe der Gesundheitsreform, ArztR 1998, S. 43-50
Genzel, Herbert, Zur Betriebsform des modernen kommunalen Krankenhauses, BayVBl 1985, S. 609-615
Genzel, Herbert, Zur Betriebsform des modernen kommunalen Krankenhauses, BayVBl 1984, S. 609-615
Giesen, Dieter, Zur Annäherung von Arzthaftung und Dienstleistung in Deutschland und Europa, JR 1991, S. 485-492
Göben, Jens, Ein Auslaufmodell? Privatliquidationsrecht leitender Abteilungsärzte, Forschung & Lehre 2000, S. 196-198
Göben, Jens, Lizenz zum Gelddrucken?, Forschung & Lehre 1997, S. 565
Gössler, Werner, Privatisierung aus Sicht eines kommunalen Krankenhausträgers, RPG 1999, S. 95-97
Grafe, S., Andreas, Manfred, Gehört die ambulante Versorgung ins Krankenhaus?, ArztR 1996, S. 11-14
Grafe, S., Debong, Bernhard, Kollegialentscheidung und Individualverantwortung, ArztR 1997, S. 95-100
Griebeling, Gert, Der Arbeitnehmerbegriff und das Problem der „Scheinselbständigkeit", RdA 1998, S. 208-216
Grupp, Rudolf, Strukturreform und Stabilität im Krankenhausbereich nach dem Gesundheitsstrukturgesetz 1993, NZS 1993, S. 46-53
Haage, Heinz, Befristungsmöglichkeit für Arbeitsverträge mit Ärzten in der Weiterbildung, MedR 1998, S. 109-112
Haage, Heinz, Reform des Medizinstudiums, MedR 1998, S. 209-214
Haberstroh, Dieter, Formnichtigkeit der Wahlleistungsvereinbarung und Unwirksamkeit des Chefarztvertrages, VersR 1999, S. 8-15
Hahn, Bernhard, Zulässigkeit und Grenzen der Delegierung ärztlicher Aufgaben, NJW 1981, S. 1977-1984
Hanau, Peter, Haftungssystem und Haftpflichtversicherung der medizinischen Einrichtungen der Universitäten und ihrer Mitarbeiter im stationären Bereich, MedR 1992, S. 18-22
Heilmann, Joachim, Der Stand der deliktischen Arzthaftung, NJW 1990, S. 1513-1520
Heinze, Meinhard, Zur Qualifikation der ärztlichen Tätigkeit als „gefahrgeneigte Tätigkeit", MedR 1983, S. 6-13
Heinze, Meinhard, Jung, Herbert jun., Die haftungsrechtliche Eigenverantwortlichkeit des Krankenpflegepersonals in Abgrenzung zur ärztlichen Tätigkeit, MedR 1985, S. 62-71
Heinze, Meinhard, Giesen, Reinhard, Das neue Arbeitszeitrecht im Krankenhaus, f & w 1995, S. 548-552

Heintzen, Markus, Neuere Entwicklungen im Organisationsrecht der Hochschulmedizin, DÖV 1997, S. 530-539

Hess, R., Vertragsgrundsätze und Vertragswirklichkeit, KHA 1970, S. 25-40

Hess, Rainer, Zur ärztlichen Liquidation, ZRP 1987, S. 274-277

Hess, Renate, Gebührenordnung für Ärzte. Rahmenbedingungen für die Privatliquidation, DÄBl 1998, S. A 938-942

Hoffmann, Hermann, Auswirkungen des neuen Arbeitszeitgesetzes auf den ärztlichen Dienst im Krankenhaus, AuK 1995, S. 366-369

Hoffmann, Hermann, Information für Krankenhausärzte! GmbH (Gesellschaft mit beschränkter Haftung) als Träger eines Krankenhauses, AuK 1993, S. 77-80

Hoffmann, Hermann, Die neue Rolle des leitenden Krankenhausarztes vom Nur-Mediziner zum Medizin-Manager. Aus Sicht des Arztes, AuK 1994, S. 218-223

Hoffmann, Hermann, Die Stellung des leitenden Arztes im deutschen Krankenhaus, KH 1996, S. 502-508

Hoffmann, Hermann, Erste konkrete gesetzgeberische Maßnahmen zum Gesundheitswesen durch die rot-grüne Bundesregierung in Bonn, AuK 1998, S. 290-295

Hohmann, Claas, Krankenhausmanagement: Klinikärzte sind gefordert, DÄBl 1997, S. A 1107

Hromadka, Wolfgang, Das neue Teilzeit- und Befristungsgesetz, NJW 2001, S. 400-405

Hromadka, Wolfgang, Der Begriff des leitenden Angestellten. Zur Auslegung des § 5 Abs. 3, 4 BetrVG i. d. F. vom 23. Dezember 1988, BB 1990, S. 57-64

Hübner, Ulrich, Die Versicherung der Haftpflicht im Heilwesen, ZGesVersW 1990, S. 55-79

Igl, Gerhard, Mengensteuerung im Gesundheitswesen durch Begrenzung des Zugangs für die Leistungserbringer am Beispiel der ambulanten und stationären „Bedarfsplanung“, MedR 2000, 157-165

Jansen, Christoph, Ambulantes Operieren im Krankenhaus, MedR 1993, S. 252-256

Jansen, Christoph, Das Liquidationsrecht beamteter Klinikdirektoren - ein hergebrachter Grundsatz des Berufsbeamtentums, MedR 1986, S. 49-53

Jansen, Christoph, Das Liquidationsrecht des Chefarztes nach dem Gesundheitsstrukturgesetz 1993, MedR 1993, S. 51-54

Jansen, Christoph, Die rechtliche Stellung des Chefarztes gegenüber dem Krankenhausträger, KHuR 1999, S. 66-70

Jansen, Christoph, Haftung bei ambulantem Operieren aus juristischer Sicht, ZaeF 1995, S. 663-666

Jansen, Christoph, Vertretung des Chefarztes bei stationärer Wahlbehandlung, MedR 1999, S. 555-557

Junghanns, K., Vorwort zur 7. aktualisierten Auflage eines Mustervertrages für leitende Krankenhausärzte, ArztR 1997, S. 319-320

Junghanns, K., Chefarzt 2000 - Die Zukunft der Chefarzttätigkeit, ArztR 2000, S. 88-91

Karthaus, Arnim, Schmehl, Arndt, Umsetzungsprobleme der Strukturreform der Hochschulklinika - eine Zwischenbilanz, MedR 2000, S. 299-310

Katzenmeier, Christian, Patientenrechte in Deutschland heute, MedR 2000, S. 24-25

Kempter, Fritz, Auswirkung des Arbeitszeitgesetzes auf die Arbeitszeitregelung in Kliniken, NZA 1996, S. 1190-1194

Kendel, K., Hennies, G., Welche Mitwirkungsrechte sollen dem Chefarzt bei Personalentscheidungen innerhalb seiner Abteilung zustehen?, ArztR 1993, S. 203-209

Kendel, K., Vorwort zur 6 erweiterten Auflage eines Mustervertrages für leitende Krankenhausärzte, ArztR 1993, S. 361-362

Kern, Bernd-Rüdiger, Die Haftpflicht des beamteten Arztes aus § 839 BGB, VersR 1981, S. 316-318

Kern, Bernd-Rüdiger, Haftungsrechtliche Fragen und Probleme des ambulanten Operierens, NJW 1996, S. 1561-1564

Kern, Bernd-Rüdiger, Organisationsverschulden - Ausdruck institutioneller Sorgfaltspflichtverletzungen - , MedR 2000, S. 347-351

Kienzle, Hans Friedrich, Jansen, Christoph, Das Arbeitszeitgesetz - Realität oder Fiktion?, DÄBl 1997, S. A 2477-2479

Kienzle, Hans Friedrich, Ärztliche Haftung bei ambulantem Operieren, ZaeF 1995, S. 666-672

Kistner, Klaus, Liquidiere und hafte? Zur Wahlbehandlung durch den beamteten Chefarzt, MedR 1990, S. 51-57

Kleinewefers, Herbert, Wilts, Walter, Die vertragliche Haftung bei gespaltenem Arzt-Krankenhaus-Vertrag, NJW 1965, S. 332-334

Kleinewefers, Herbert, Wilts, Walter, Vertragliche Schadensersatzansprüche des Patienten bei gespaltenem Arzt-Krankenhaus-Vertrag, VersR 1964, S. 201-205

Klitzsch, Wolfgang, Diagnosebezogene Fallpauschalen: Chancen und Risiken, DÄBl 2000, S. C 2078-2079

Klostermann, Bernd, Zur steuerlichen Behandlung der Liquidationseinnahmen von Chefärzten, AuK 1998, S. 74-82

Knur, Alexander, Bemerkungen zum Gutachten des Deutschen Städtetags zur Frage von Chefarztverträgen, KHA 1949, Heft 1, S. 24 ff.

Knur, Alexander, Chefarzt und Krankenhaus, KHA 1952, S. 81-87
Konsenspapier des 101. Deutschen Ärztetages zur ambulanten und stationären Versorgung, DÄBl 1998, S. A 1428
Kramer, Wolfgang, Die formularmäßige Spaltung des Krankenhausvertrages: ein Verstoß gegen das AGB-Gesetz, NJW 1996, S. 2398-2405
Kramer, Wolfgang, Keine Vergütungspflicht bei fehlendem Interesse an der Dienstleistung infolge Schlechterfüllung - dargestellt am Beispiel des Arztvertrages, MDR 1998, S. 324-332
Kubis, Dietmar, Der Honoraranspruch des vertretenen Chefarztes bei Delegation der Behandlungspflichten, NJW 1989, S. 1512-1515
Kuhla, Wolfgang, Schleusener, Aino, Die Befristung von Arbeitsverträgen mit Assistenzärzten, MedR 1999, S. 24-28
Kuhla, Wolfgang, Liquidation des Chefarztes für Vertreterleistungen. Grenzen bei der Gestaltung von Wahlleistungsvereinbarungen, NJW 2000, S. 841-846
Kullmann, Hans Josef, Übereinstimmung und Unterschiede im medizinischen, haftungsrechtlichen und sozialversicherungsrechtlichen Begriff des medizinischen Standards, VersR 1997, S. 529-532
Kurzawa, Thomas, Auswirkungen der unterschiedlichen Krankenhausorganisation der Krankenanstalten auf Art und Umfang der Arzthaftpflicht, VersR 1977, S. 799-802
Laufs, Adolf, Die Entwicklung des Arztrechts, NJW 1994, S. 1562-1571
Laufs, Adolf, Entwicklungslinien des Medizinrechts, NJW 1997, S. 1609-1618
Laufs, Adolf, Patientenrechte, NJW 2000, S. 846-848
Laufs, Adolf, Reform der Arzthaftung?, NJW 1996, S. 2413-2414
Laufs, Adolf, Zur neuen Berufsordnung für die deutschen Ärztinnen und Ärzte, NJW 1997, S. 3071-3073
Leitites, J. U., Qualität im Krankenhaus: Gemeinsames Unternehmensziel aller Beteiligten? - Veränderte Rolle für die Ärzte?, QualiMed 1997, Heft 5, S. 13-16
Leuze, Dieter, Die derzeitigen und künftigen Leitungsstrukturen in der Hochschulmedizin unter besonderer Berücksichtigung der Stellung des Verwaltungsdirektors, MedR 1996, S. 493-497
Lippert, Hans-Dieter, Das Organisationsverschulden in Hochschulklinika - zivilrechtliche Aspekte, NJW 1984, S. 2606-2611
Lippert, Hans-Dieter, Die Mitwirkungspflicht von Ärzten bei der Schadensaufklärung nach Fehlbehandlungen im Krankenhaus, MedR 1987, S. 176-178
Lippert, Hans-Dieter, Universitätsklinika - Rechtsformänderung - Privatisierung - Riskmanagement, RPG 1999, S. 99-103
Lübbers, Bernd, Rechtsform von Krankenhäusern, RPG 1999, S. 105-110

Martens, Klaus-Peter, Die Neuabgrenzung der leitenden Angestellten und die begrenzte Leistungsfähigkeit der modernen Gesetzgebung, RdA 1989, S. 73-88

Maydell, Bernd Baron v., Zur Möglichkeit individueller Gestaltung der Arbeitsverträge nicht-tarifgebundener leitender Krankenhausärzte trotz Bestehens eines Tarifvertrages, ArztR 1980, S. 150-152

Meysen, Thomas, Der haftungsrechtliche Beamtenbegriff am Ziel? - BGH, NJW 1996, 2431, JuS 1998, S. 404-408

Michalski, Lutz, (Zahn-)Ärztliche Aufklärungspflicht über die Ersatzfähigkeit von Heilbehandlungskosten, VersR 1997, 137-145

Miebach, Jürgen, Patt, Joachim, Persönliche Leistungserbringung und Vertretung des Chefarztes bei wahlärztlichen Leistungen, NJW 2000, S. 3377-3385

Moll, Stephan, Der Chefarzt als leitender Angestellter i. S. des Kündigungsschutzgesetzes, MedR 1997, S. 293-300

Moll, Stephan, Können Chefärzte leitende Angestellte sein? Vom „Halbgott in Weiß" zum „Manager in Weiß"?, KH 1997, S. 316-322

Moll, Wilhelm, Altersgrenzen am Ende?, NJW 1994, S. 499-501

Molkentin, Thomas, Arzt und Krankenhauspflege: Konfliktfelder und Kompetenzen. Eine Entgegnung auf zwei gleichnamige Beiträge von Erich Steffen und Hans Wolfgang Opderbecke, MedR 1999, S. 29-31

Monjau, H., Haftung leitender Angestellter, insbesondere bei Fehlentscheidungen, DB 1969, S. 84-87

Müller, Gerda, Spielregeln für den Arzthaftungsprozeß, DRiZ 2000, S. 259-271

Müller, Hans-Peter, Zur Präzisierung der Abgrenzung der leitenden Angestellten, DB 1988, S. 1697-1701

Müller, Knut, Die freiberufliche Hebamme als Erfüllungs- und Verrichtungsgehilfin eines Belegarztes, MedR 1996, S. 208-210

Müller, Norbert H., Weiterbildungsbefristungsgesetz, MedR 1998, S. 59

Müller, Norbert H., Befristung in der Weiterbildung, MedR 1997, S. 461

Münzel, Hartmut, Die Beteiligung nachgeordneter ärztlicher Mitarbeiter an Liquidationseinnahmen der Chefärzte, NJW 2001, S. 1752-1757

Münzel, Hartmut, Die Pflicht zur Anpassung von Chefarztverträgen nach § 11 I 3 BPflV, NJW 1993, S. 2969-2974

Murken, Axel, Die Entwicklung des Krankenhauses seit dem 19. Jahrhundert, KH 1971, S. 291 ff.

Musterberufsordnung für die Deutschen Ärzte, NJW 1997, S. 3076-3081

Narr, Helmut, Zur persönlichen Leistungserbringung des Chefarztes aus der Sicht der GOÄ und des Kassenarztrechtes, MedR 1989, S. 215-222

Neft, Hans, Anforderungen an stationäre Einrichtungen des Gesundheitswesens i. S. von § 30 Gewerbeordnung, Vollzugsrichtlinien zu § 30 Gewerbeordnung, BayVBl 1996, S. 40-45

Niewerth, Jochen, Vespermann, Arnt, Gebührenminderung nach § 6a GOÄ bei ambulanter Behandlung, VersR 1998, S. 689 f.

Nipperdey, Hans C., Rechtsgutachten „Chefarzt und Krankenhaus", KHA 1949, Heft 3, Seite 1 ff. und Heft 4, S. 4-22

Noftz, Wolfgang, Leistungsrecht und Leistungserbringungsrecht nach Inkrafttreten des 2. GKV-Neuordnungsgesetzes, VSSR 1998, S. 393-438

Nolte, Dirk, Die Haftung des angestellten Krankenhausarztes, ZfSH/SGB 1993, S. 12-14

Opderbecke, Hans Wolfgang, Arzt und Krankenpflege: Konfliktfelder und Kompetenzen. Anmerkungen zum gleichnamigen Beitrag von Erich Steffen, MedR 1996, S. 542-545

Patt, Joachim, Aktuelle Fragen des § 22 BPflV. Zur Angemessenheit von Wahlleistungsentgelten und zum Verbandsklagerecht des Verbandes der privaten Krankenversicherung. Anmerkung zum Urteil des LG Hannover vom 26.3.1999, NZS 2000, S. 71-76

Patt, Joachim, Miebach, Jürgen, Persönliche Leistungserbringung und Vertretung des Chefarztes bei wahlärztlichen Leistungen, NJW 2000, S. 3377-3385

Pelz, Franz Josef, Entwicklungstendenzen des Arzthaftungsrechts, DRiZ 1998, S. 473-481

Pföhler, Wolfgang, Die Stellung des Arztes im zukünftigen Gesundheitszentrum. Chefärzte als Manager im Krankenhaus, KH 1996, S. 329-332

Quaas, Michael, Chefarztverträge und die neue Bundespflegesatzverordnung, KH 1995, S. 528-535

Quaas, Michael, Chefarztvertrag und GSG. Zwischenbilanz eines Juristen, f & w 1994, S. 65-68

Quaas, Michael, Das unangemessen hohe Wahlleistungsentgelt, NJW 2001, S. 870-871

Quaas, Michael, Die Verantwortung liegt bei den Ärzten, Ärztliche Verantwortung - Abgrenzung zu den Aufgaben der Pflege, ku 1999, S. 444-447

Quaas, Michael, Finanzierungsengpässe und Haftung, KH 1997, S. 542-547

Ratzel, Rudolf, Personalbefugnisse leitender Krankenhausärzte, Der Frauenarzt 1994, S. 54-60

Reiling, Emil, Die Grundlagen der Krankenhaushaftung, MedR 1995, S. 443-455

Rehborn, Martin, Jorzig, Alexandra, Chefärztliche Tätigkeit im Wandel - aus arbeitsrechtlicher Sicht, AuK 1998, S. 87-90

Richardi, Reinhard, Der Begriff des leitenden Angestellten, ArbuR 1991, S. 33-45

Richardi, Reinhard, Annuß, Georg, Der neue § 623 BGB - Eine Falle im Arbeitsrecht?, NJW 2000, S. 1231-1235

Richardi, Reinhard, Die Mitbestimmung bei Kündigung im kirchlichen Arbeitsrecht, NZA 1998, S. 113-118

Richardi, Reinhard, Die Neuabgrenzung der leitenden Angestellten nach § 5 III und IV BetrVG, NZA 1990, Beilage I, S. 2-10

Rippel, Walter H., Grundsätze zum Chefarztvertragsrecht, ku 1986, S. 910-914

Rolfs, Christian, Schriftform der Kündigung und Beschleunigung des arbeitsgerichtlichen Verfahrens, NJW 2000, S. 1227-1231

Rumler-Detzel, Pia, Arbeitsteilung und Zusammenarbeit in der Chirurgie. Rechtliche Verantwortung, VersR 1994, S. 254-258

Sachweh, D., Debong, Bernhard, Die Rechtsstellung des Ärztlichen Direktors heute und in der Zukunft. Ärztlicher Direktor oder Sprecher der Chefärzte?, ArztR 1993, S. 141-147

Sachweh, D., Debong, Bernhard, Der Einfluß der neuen gesetzlichen Regelungen auf das Liquidationsrecht, ArztR 1996, S. 183-187

Säcker, Franz Jürgen, Die Rechtsstellung der leitenden Angestellten im kollektiven Arbeitsrecht, BB 1972, S. 1197-1201

Samland, Jürgen, Arbeitszeitordnung auch für angestellte Krankenhausärzte, NJW 1980, S. 629-630

Sandberger, Georg, Integration, Trennung, Koordination. Rechtsfragen der Organisationsreform der Hochschulmedizin, Forschung & Lehre 1997, S. 568-571

Sandvoß, G., Andreas, Manfred, Chefarztabgaben und Zuwendungen an nachgeordnete Ärzte, ArztR 1998, S. 153-158

Schlarmann, Hans, Schieferdecker, Bernd, Die Honorarminderung nach § 6a GOÄ für privatärztliche Leistungen niedergelassener Ärzte, MedR 2000, 220-225

Schlarmann, Hans, Buchner, Reimar, Die Vertragsarztzulassung von Krankenhausärzten, NJW 1998, S. 3401-3403

Schleusener, Aino, Kuhla, Wolfgang, Die Befristung von Arbeitsverträgen mit Assistenzärzten, MedR 1999, S. 24-28

Schlüpers-Oehmen, Reinhold, Verteilung von privaten Liquidationen leitender Krankenhausärzte an ärztliche Mitarbeiter, NJW 1979, S. 2345-2346

Scholz, Rainer, Haftung und Schadensberechnung bei ärztlichen Behandlungsfehlern. - Eine Übersicht über neuere Rechtsprechung - , VersR 1996, S. 817-823

Schulenburg, Dirk, Eingriff in den Status der Chefärzte, DÄBl 1996, S. A 3254-3258

Schwabe, Jürgen, Zur ärztlichen Privatliquidation, ZRP 1987, S. 270-274

Schwarzenau, Michael, Ärztliche Arbeitslosigkeit. Vom Fremdwort zum Langzeitproblem, DÄBl 1998, S. A 85-87

Siegmund-Schultze, G., Beratungshilfen für Chefarztdienstverträge, ArztR 1991, S. 211-221

Siegmund-Schultze, G., Direktionsrecht, Entwicklungsklauseln und Kündigungsschutz im Vertrag des leitenden Krankenhausarztes, ArztR 1989, S. 265-268

Siegmund-Schultze, G., Kündigung und Kündigungsschutz des Chefarztdienstvertrages, ArztR 1992, S. 45-47

Siegmund-Schultze, G., Rechtsprechung des Bundesarbeitsgerichts zum Chefarztdienstvertrag, ArztR 1992, S. 357-363

Siegmund-Schultze, G., Soll der Chefarzt die Budgetverantwortung übernehmen?, ArztR 1993, S. 269-272

Siegmund-Schultze, G., Zwingt das Geld die Medizin?, ArztR 1991, S. 43-46

Spickhoff, Andreas, Ausschluß der Haftung des Krankenhausträgers für ärztliche Leistungen durch AGB?, VersR 1998, S. 1189-1198

Stärker, Lukas, Sind Primarärzte leitende Angestellte?, RdM 1998, S. 67-70

Steffen, Erich, Arzt und Krankenpflege: Konfliktfelder und Kompetenzen, MedR 1996, S. 265-266

Steffen, Erich, Der sogenannte Facharztstatus aus der Sicht der Rechtsprechung des BGH, MedR 1995, S. 360 f.

Steffen, Ulrich, Worüber kann der Chefarzt selbständig entscheiden?, ArztR 1995, S. 263-267

Steiner, Peter, Zur inhaltlichen Unterscheidung zwischen Belegarzt und Konsiliararzt, RdM 1998, S. 70-75

Taupitz, Jochen, Ärztliche Honorarvereinbarungen nach der Neufassung der GOÄ, ArztR 1996, S. 209-215

Taupitz, Jochen, Vertragsfreiheit im privatärztlichen Gebührenrecht, MedR 1996, S. 533-541

Teichner, Matthias, Arbeitszeitgesetz und Arzthaftung, MedR 1999, S. 255-259

Tiedtke, Klaus, Gutachtliche Stellungnahme zu der Frage, ob die Einnahmen von Chefärzte aus dem Liquidationsrecht zu den Einkünften aus selbständiger oder nichtselbständiger Tätigkeit gehören und damit dem Lohnsteuerabzug unterliegen oder ob dies nicht der Fall ist, AuK 1995, S. 339-351

Tietje, Teemu, Ist Bereitschaftsdienst wirklich Arbeitszeit? NZA 2001, S. 241-245

Uhlenbruck, Wilhelm, Die vertragliche Haftung von Krankenhaus und Arzt für fremdes Verschulden, NJW 1964, S. 2187-2191

Uhlenbruck, Wilhelm, Die rechtlichen Auswirkungen der neuen Bundespflegesatzverordnung auf den Krankenhausaufnahmevertrag, NJW 1973, S. 1399-1402

Völpel, Dagobert, Betriebsrat und Krankenhaus, ArztR 1972, S. 107-111
Vogt, Gerhard, 1947/1997: Bundesärztekammer im Wandel (II), Arzt im Krankenhaus, DÄBl 1996, S. A 2934-2938
Voitl, Alexander, Das neue bayerische Nebentätigkeitsrecht, BayVBl 1995, S. 129-139
Vreden, Helmut, Zur Abgrenzung der ambulanten von der stationären Krankenhausbehandlung, KH 1998, S. 333-336
Wagener, Andreas, Die Sonderzulassung für Belegärzte gemäß § 103 Abs. 7 SGB V. - In: MedR 1998, S. 410-412
Wagener, Wolfgang, Leitende Angestellte: Verbesserung des Kündigungsschutzes, BB 1975, S. 1401-1407
Weber, Ingbert, Ambulantes Operieren. Arztpraxen verzeichnen spürbare Zuwächse, DÄBl 1998, S. A 2374-2375
Weißauer, Walther, Opderbecke, Hans Wolfgang, Eine erneute Entscheidung des BGH zur „Facharztqualität", MedR 1993, S. 447-451
Weißauer, Walther, Haftung nachgeordneter Ärzte, Haftung aus der Führungsverantwortung aus juristischer Sicht, ZaeF 1995, S. 613-620
Wendeling-Schröder, Ulrike, Gewissen und Eigenverantwortung im Arbeitsleben. Zugleich eine Auseinandersetzung mit den Urteilen des LAG Düsseldorf vom 22. 4. 1988, BB 1988, S. 1742-1748
Westermann, Harm Peter, Zivilrechtliche Verantwortlichkeit bei ärztlicher Teamarbeit, NJW 1974, S. 577-584
Wirzbach, Hans J., Ausgewählte Fragen des Chefarzt-Vertragsrechts, KH 1968, S. 420-426
Wlotzke, Ottfried, Die Änderungen des BetrVG und das Gesetz über Sprecherausschüsse der leitenden Angestellten, DB 1989, S. 111-123
Wlotzke, Ottfried, Die Änderungen des Betriebsverfassungsgesetzes und das Gesetz über Sprecherausschüsse der leitenden Angestellten, DB 1989, S.173-178
Zuck, Rüdiger, Die Auswirkungen des Krankenhausfinanzierungsrechts auf bestehende Chefarztverträge, NZA 1988, S. 763-767
Zuck, Rüdiger, Ambulantes Operieren und Chefarzt-Vertrag, f & w 1993, S.76-78
Zuck, Rüdiger, Die 5. geänderte Auflage des Chefarztvertrags-Musters der DKG, f & w 1997, S. 286-287
Zuck, Rüdiger, Können Chefarztverträge befristet werden? NZA 1994, S. 961-967
Zuck, Rüdiger, Können Chefarztverträge flexibler gestaltet werden?, f & w 1994, S. 162-166

Zuck, Rüdiger, Mitverantwortung des Chefarztes für die Wirtschaftlichkeit des Krankenhauses?, f & w 1988, S. 60-62

Zuck, Rüdiger, Wie kann der Krankenhausträger einen Chefarztvertrag ändern, KH 1983, S. 411-41

FSC
www.fsc.org
MIX
Papier | Fördert gute Waldnutzung
FSC® C083411

Kolibri 360 GmbH
Ferdinand-Jühlke-Straße 7
99095 Erfurt, Deutschland
produktsicherheit@kolibri360.de

Druck:
CPI Druckdienstleistungen GmbH
im Auftrag der
Kolibri 360 GmbH
Ferdinand-Jühlke-Str. 7
99095 Erfurt